MES 系统应用

主　编　赵　悦　吴慧玲　宋美蓉
副主编　朱琼玲　杨　欢　罗　飞
　　　　段成勇（企业）
主　审　游青山

北京理工大学出版社
BEIJING INSTITUTE OF TECHNOLOGY PRESS

内 容 简 介

本书以一套模拟手机实际生产全过程的生产线操作系统为载体，以 MES 系统应用与发展为背景，阐述了 MES 系统的标准框架及其各模块的功能，并通过项目式教学安排课程实践内容，涵盖了机电一体化和智能控制技术领域中有关"工业 4.0"和工业物联网的专业技术学习。

本书的教学内容围绕 MES 的应用特点，分别从基础知识认知、生产计划管理、资源管理、文档管理、物料管理、绩效管理、生产过程管理、设备管理、数据采集与获取管理、质量管理、产品跟踪与追溯十一大模块入手，详细讲解了 MES 的构成和功能含义，并以智慧工厂模拟生产为主线介绍了 MES 的应用过程。

本书编写坚持"以学生为主体，以职业标准为依据，以职业素养培养为目标"的核心思想，通过项目驱动任务，组织小组式学习、训练与考核评价模式，提高学生专业技能，增强学生学习自信，促进学生学习积极性，激发学生学习兴趣，引领学生团队协作意识和竞争意识，培养精益求精的高素质技术技能人才。

为方便学习，本书配有多媒体课件、习题库和微课视频资源以及在线课程供同学和老师们使用。由于 MES 软件是结合各企业生产需求而设计，所以不同企业使用的 MES 软件不尽相同，其功能存在差异。本书基本涵盖了 MES 软件应有的功能，全书内容清晰、结构完整、叙述简洁、资源丰富、适用性强，可作为高等院校等智能制造专业群的相关专业相应课程的配套教材使用，也可作为相关岗位技能培训教材，以及从事智能制造领域相关技术人员的参考书。

版权专有　侵权必究

图书在版编目(CIP)数据

MES 系统应用 / 赵悦, 吴慧玲, 宋美蓉主编. -- 北京：北京理工大学出版社, 2024.4
ISBN 978 - 7 - 5763 - 3816 - 4

Ⅰ.①M… Ⅱ.①赵… ②吴… ③宋… Ⅲ.①制造工业 - 工业企业管理 - 计算机管理系统 Ⅳ.
①F407.406.14

中国国家版本馆 CIP 数据核字(2024)第 077753 号

责任编辑：武君丽　　**文案编辑**：武君丽
责任校对：周瑞红　　**责任印制**：李志强

出版发行 / 北京理工大学出版社有限责任公司
社　　址 / 北京市丰台区四合庄路 6 号
邮　　编 / 100070
电　　话 / (010) 68914026（教材售后服务热线）
　　　　　　(010) 68944437（课件资源服务热线）
网　　址 / http：//www.bitpress.com.cn
版 印 次 / 2024 年 4 月第 1 版第 1 次印刷
印　　刷 / 三河市天利华印刷装订有限公司
开　　本 / 787 mm × 1092 mm　1/16
印　　张 / 19.25
字　　数 / 438 千字
定　　价 / 85.00 元

图书出现印装质量问题，请拨打售后服务热线，负责调换

前 言

党的二十大报告提出"加快建设制造强国"以及"推动制造业高端化、智能化、绿色化发展",坚持创新、协调、绿色、开放、共享的发展理念,推动制造业高质量发展,为制造业的发展提供了明确的指导。强调了制造业的转型升级、绿色制造、高端装备制造等领域的发展,为促进智能制造行业科技创新与成果转化、产学研交流与合作、产教融合人才培养奠定基础。

本书汇集新时代职业教育体系目标建设与特点、对接智慧工厂的生产需求与发展、结合现代企业岗位用人需求与标准、依据 MES 软件的功能与特点,以培养复合型智能制造技术技能型人才为先驱目标,通过先理论后实操的体系架构进行编写,使学生先对 MES 的十大功能有一个详尽的理解,其后通过所学内容与智能制造技术特点,推动学生自主创新与实践,培养学生自主学习、自主分析、自主解决问题的习惯。

本书由重庆工程职业技术学院赵悦、吴慧玲、朱琼玲、杨欢,重庆城市职业学院罗飞,四川信息职业技术学院宋美蓉,北京新大陆时代科技有限公司段成勇共同编写。其中第一部分项目一由赵悦、吴慧玲编写,项目二、项目三由朱琼玲编写,项目四由吴慧玲编写,项目五由杨欢编写,项目六由吴慧玲编写,项目七由杨欢编写,项目八由赵悦、段成勇编写,项目九由杨欢编写,项目十、项目十一由赵悦编写;第二部分项目一由赵悦、罗飞编写,项目二由赵悦、宋美蓉编写,项目三、项目四、项目五、项目六、项目七由赵悦编写,项目八由赵悦、宋美蓉编写。

本书在编写过程中,充分考虑行业特点、技术领域特点、专业特点、教学特点,注重学情。本书共分为两大部分:第一部分是理论篇,包括项目一基础知识认知、项目二 MES 系统生产计划管理、项目三 MES 系统资源管理、项目四 MES 系统文档管理、项目五 MES 系统物料管理、项目六 MES 系统绩效管理、项目七 MES 系统生产过程管理、项目八 MES 系统设备管理、项目九 MES 系统数据采集与获取、项目十 MES 系统质量管理、项目十一 MES 系统产品跟踪与追溯管理。此部分通过学习目标、项目背景、知识直通车以及课后拓展的结构组织编写,整体上从理论方面详细论述与讲解了 MES 系统十大功能具体含义和特点,构筑了一套完整的知识体系,从根本上明确了 MES 的强大功能及综合技术技能,如机械工程、控制工程、计算机科学和管理科学等多个学科的最新发展技术等。第二部分是实践篇,包括项目一 CP Lab 实训系统的构成、项目二 CP Lab 实训系统的传输带模块、项目三 CP Lab 实训系统的料仓工作站、项目四 CP Lab 实训系统的激光测量工作站、项目五 CP Lab 实训系统的钻孔加工工作站、项目六 CP Lab 实训系统的工件输出工作站、项目七 CP Lab 实训系统的MES 软件、项目八 CP Lab 实训系统的网络商城。此部分通过学习目标、项目描述、知识链接、项目实施、考核评价以及课后拓展的结构组织编写,通过一套完整的"工业 4.0"智慧生产设备,模拟手机生产过程的详细论述,使读者能从硬件到软件实施明确智慧生产的实施过程,对 MES 软件功能、使用与操作都有了清晰的认识。为培养熟悉企业生产流程、从事智能制造系统集成、智能制造生产线的安装调试、销售及技术支持等工作的高素质复合型技术技能人才提供知识支撑，让学生身临其境地感受智能制造的内涵与魅力。

教学实施过程可以用分组学习、讨论、研究的模式，通过小组分工、小组协作、小组竞技的方式激发学生的学习兴趣，提高学生操作技能，按照职业道德和职业能力测试项目与标准进行企业化生产标准训练，使学生真正了解现代化企业智能生产的现状与发展趋势，使学生真正明确企业用人需求的标准与学习目标，使学生真正体验企业生产的人、机、料、法、环管理用到的7S标准的重要性。

本书在编写过程中得到了FESTO厂家、北京新大陆时代科技有限公司、四川信息职业技术学院以及重庆城市职业学院的大力支持，也参阅了较多同类教材、期刊和网络资料，使得本书在内容层面上更加丰富，能追踪技术前沿，在此一并表示衷心的感谢。

由于编者水平有限，对于书中不妥之处，恳请广大读者批评指正。

编 者

目 录

第一部分　理论篇

项目一　基础知识认知 ·· 2
1.1　MES 的产生背景 ·· 3
1.2　MES 的发展历程 ·· 4
1.3　MES 的定义及标准框架体系 ·· 6
　　1.3.1　MES 定义 ·· 6
　　1.3.2　MES 的标准 ·· 7
　　1.3.3　MES 标准框架体系 ·· 8
　　1.3.4　MES 系统的特点 ·· 11
1.4　MES 的功能详解 ·· 12
1.5　MES 的主流技术 ·· 13
1.6　MES 的应用现状 ·· 13
1.7　MES 技术的发展趋势 ·· 16
1.8　MES 系统与 ERP 系统 ··· 17
　　1.8.1　ERP 的概述 ·· 17
　　1.8.2　ERP 与 MES 的区别 ··· 19
　　1.8.3　MES 系统与 ERP 系统的集成 ································· 20
　　1.8.4　MES 系统与 ERP 系统对接方式与交互数据项 ··················· 22

项目二　MES 系统生产计划管理 ·· 25
2.1　MES 的生产计划管理综述 ·· 25
2.2　生产计划与生产排产 ·· 27
　　2.2.1　滚动的生产计划 ·· 28
　　2.2.2　生产排产的约束与优化 ······································ 29
　　2.2.3　生产延迟策略对生产排产的影响 ······························ 30

2.3　生产计划管理数据组成和传递方式 …………………………………………… 31
　　2.3.1　ERP 传递给 MES 的生产计划数据 ……………………………………… 31
　　2.3.2　MES 传递给 ERP 的生产执行数据 ……………………………………… 32
　　2.3.3　MES 传递给设备以及生产者的生产信息 ………………………………… 33
　　2.3.4　MES 采集设备和生产者计划信息 ………………………………………… 34

项目三　MES 系统资源管理 …………………………………………………………… 37
3.1　资源管理概述 …………………………………………………………………… 38
　　3.1.1　制造资源管理的基本范畴及意义 ………………………………………… 38
　　3.1.2　制造资源管理研究现状 …………………………………………………… 40
3.2　MES 系统资源管理 ……………………………………………………………… 41
　　3.2.1　生产资源及其管理 ………………………………………………………… 41
　　3.2.2　资源质量及其管理 ………………………………………………………… 43
　　3.2.3　维护资源及其管理 ………………………………………………………… 47
　　3.2.4　库存资源及其管理 ………………………………………………………… 48

项目四　MES 系统文档管理 …………………………………………………………… 52
4.1　文档与文档管理 ………………………………………………………………… 53
　　4.1.1　文档 ………………………………………………………………………… 54
　　4.1.2　文档管理 …………………………………………………………………… 55
4.2　MES 系统文档管理 ……………………………………………………………… 58
　　4.2.1　生产计划 …………………………………………………………………… 59
　　4.2.2　生产过程 …………………………………………………………………… 60
　　4.2.3　MES 系统文档管理的意义 ………………………………………………… 63

项目五　MES 系统物料管理 …………………………………………………………… 65
5.1　物料管理概述 …………………………………………………………………… 66
5.2　MES 系统的物料管理 …………………………………………………………… 67
　　5.2.1　MES 系统物料管理的功能 ………………………………………………… 67
　　5.2.2　MES 系统中物料管理的作用 ……………………………………………… 68
　　5.2.3　MES 系统中物料管理的流程 ……………………………………………… 69

项目六　MES 系统绩效管理 …………………………………………………………… 70
6.1　绩效与绩效管理 ………………………………………………………………… 71
　　6.1.1　绩效 ………………………………………………………………………… 71
　　6.1.2　绩效考核 …………………………………………………………………… 72
　　6.1.3　绩效管理 …………………………………………………………………… 74

6.2 MES 系统绩效管理 ……………………………………………………………… 76
　　6.2.1 生产绩效管理 …………………………………………………………… 76
　　6.2.2 生产设备绩效管理 ……………………………………………………… 77
　　6.2.3 生产人员绩效管理 ……………………………………………………… 78

项目七　MES 系统生产过程管理 ……………………………………………………… 79

7.1 生产过程管理概述 ………………………………………………………………… 80
7.2 MES 系统生产过程管理 ………………………………………………………… 81
　　7.2.1 生产工单管理 …………………………………………………………… 82
　　7.2.2 生产监控及执行管理 …………………………………………………… 83

项目八　MES 系统设备管理 …………………………………………………………… 85

8.1 设备与设备管理概述 ……………………………………………………………… 86
　　8.1.1 设备的含义及分类 ……………………………………………………… 86
　　8.1.2 设备管理概述 …………………………………………………………… 89
8.2 设备管理体系 ……………………………………………………………………… 93
　　8.2.1 设备前期管理 …………………………………………………………… 93
　　8.2.2 设备后期管理 …………………………………………………………… 95
　　8.2.3 设备管理总体流程 ……………………………………………………… 95
8.3 MES 系统设备管理 ……………………………………………………………… 98
　　8.3.1 MES 系统设备基础数据信息管理 …………………………………… 99
　　8.3.2 MES 系统设备运行状态管理 ………………………………………… 100
　　8.3.3 MES 系统设备维护与维修管理 ……………………………………… 100
　　8.3.4 MES 系统设备备件管理 ……………………………………………… 101
　　8.3.5 MES 系统设备变动管理 ……………………………………………… 101
　　8.3.6 MES 系统特种设备管理 ……………………………………………… 102
　　8.3.7 MES 系统设备库存管理 ……………………………………………… 102
　　8.3.8 MES 系统设备盘点管理 ……………………………………………… 102
　　8.3.9 MES 系统设备日志权限管理 ………………………………………… 102
　　8.3.10 MES 系统设备智能语音播报模块 …………………………………… 102
　　8.3.11 MES 系统设备 OEE 分析模块 ……………………………………… 103

项目九　MES 系统数据采集与获取管理 …………………………………………… 105

9.1 MES 系统数据采集的方式 ……………………………………………………… 106
　　9.1.1 MES 系统集成数据传输方式 ………………………………………… 106
　　9.1.2 MES 系统自动生成方式 ……………………………………………… 107

9.1.3	MES系统扫描采集方式	107
9.1.4	MES系统采集设备数据方式	107
9.2	MES系统数据采集的目的	108

项目十 MES系统质量管理 110

10.1	质量与质量管理概述	111
10.1.1	质量概述	111
10.1.2	质量管理概述	116
10.2	MES系统质量管理	135
10.2.1	MES系统质量管理的特点	135
10.2.2	MES系统质量管理研究方向	136
10.2.3	MES系统质量管理具体功能	136

项目十一 MES系统产品跟踪与追溯管理 145

11.1	跟踪与追溯的概述	146
11.1.1	跟踪的含义	146
11.1.2	追溯与追溯系统概述	148
11.2	MES系统产品跟踪与追溯	151
11.2.1	MES系统产品跟踪与追溯的意义	151
11.2.2	MES系统产品跟踪与追溯	151

第二部分 实践篇

项目一	CP Lab实训系统的构成	160
项目二	CP Lab实训系统的传输带模块	169
项目三	CP Lab实训系统的料仓工作站	186
项目四	CP Lab实训系统的激光测量工作站	205
项目五	CP Lab实训系统的钻孔加工工作站	220
项目六	CP Lab实训系统的工件输出工作站	234
项目七	CP Lab实训系统的MES软件	247
项目八	CP Lab实训系统的网络商城	281
参考文献		297

第一部分

理论篇

项目一　基础知识认知

学习目标

● 知识目标

1. 了解 MES 的产生背景、发展历程；
2. 掌握 MES 的定义、标准、MES 标准框架体系；
3. 明确 MES 的特点和发展趋势、主流技术；
4. 掌握 MES 系统的功能。

● 技能目标

1. 掌握 MES 系统的功能构成；
2. 掌握 ERP 的含义、ERP 与 MES 的对接方式。

● 素质目标

1. 引领学生实时关注中国制造，挺直技能报国的民族脊梁；
2. 引领学生实时关注智能生产、智慧工厂、智能创造领域的新科技、新发展、新目标；
3. 培养学生科技报国、工程伦理、智造未来的学习理念，弘扬中国品牌精神的使命感、责任感。

MES 系统应用课程介绍

项目背景

伴随着工业互联网时代的发展、网络信息化技术的发达、大数据信息产业的创新、智能制造业的变革，使得传统的制造企业生产进入了一个全新的时代。国务院于 2015 年 5 月正式印发了部署全面推进实施制造强国的战略文件"中国制造 2025"，是中国实施制造强国战略第一个十年的行动纲领，为中国制造业未来十年设计了顶层规划和路线图，以实现中国制造向中国创造、中国速度向中国质量、中国产品向中国品牌三大转变，推动中国迈入制造强国行列。2021 年 11 月 4 日，中国工业和信息化部等四部门对外发布《智能制造试点示范行动实施方案》，提出了到 2025 年建设一批技术水平高、示范作用显著的智能制造示范工厂。

工业互联网与"工业 4.0"从表面论述来看各有侧重，一个侧重工业服务，一个侧重工业制造，但究其本质都是实现智能制造与智能服务，具体就是个性化定制，服务延伸化。"工业 4.0"驱动新一轮工业革命，其核心特征是互联。而互联网技术又很大程度上降低了生产与销售之间信息的不对称，加速了二者之间的相互联系与反馈，促使产生了消费者驱动的商业模式。其中"工业 4.0"是实现这一模式的关键环节。因此，"工业 4.0"代表了"互联网 + 制造业"二者于一体的智能生产，能够真正实现"C2B2C"（消费者到企业到消费者）的商业模式。

在目前原材料价格和人工成本普遍迅速上涨的情况下，C2B 的商业模式使得企业集中批量采购成本下降，商品快速流通使仓储占用和库存积压等风险显著下降，企业的"人、机、物"等生产主体的协调管理技术明显提高，从根本上解决了企业的"三高"问题，即较高的订单延迟率、高库存、高成本。

与此同时，在 C2B 模式中，以消费者为核心，消费者根据自己的需求来定制商家服务。消费者不用再花心思去跟商家砍价，就可以获取自己喜欢的商品。

智能制造不是万能的，但它一定是企业转型升级的突破口之一。对于未来新模式、新技术下的制造业转型升级，仅有良性的商业模式还远远不够，更重要的是还要与成熟的管理方式相配套，采用各种新思维、新技术打造大规模的按单定制与个性化生产方式，升级管理模式以迎接新时代的到来。

那么，在实现转型的过程中，首先需要将人、机器、物料以及生产销售全过程的相关信息进行整合控制。由于 ERP（Enterprise Resource Planning）为代表的管理信息系统大规模的应用，我国工业企业的生产自动化水平也有了长足的发展。然而，由于单纯依靠 ERP 并不能帮助和指导工厂分析其生产的瓶颈，不能使生产与管理有机紧密结合，使得 ERP 应用效果不太理想，虽有生产控制模块，但难以真正在生产车间层中使用。

随着"工业 4.0"时代的发展，智能制造已成为传统制造业创新升级的潮流，智慧工厂、智能生产、智能物流等不断地广泛兴起与应用，使企业信息化管理转型升级的关键技术之一即制造执行系统 MES（Manufacturing Execution System）顺势而起，作为生产管理信息化技术在智能制造中已经成为生产环节智能化的主要工具，及时打通了管理与设备层之间的瓶颈问题，其发展速度非常迅猛，是继生产装备自动化和企业决策管理信息化技术之后，新兴的一项生产管理领域的智能信息化技术。

MES 系统将生产管理由落后、低效、粗放的传统人工管理模式改进为智能信息化管理模式，从根本上解决了企业生产的提质增效和节能降耗等根本性问题，加快了新一代信息技术与制造业深度融合，提高了企业管理的质量，促进了智能制造业的发展，满足了经济社会发展对重大技术装备的需求，强化了工业基础能力，提高了综合信息化集成水平，推动了产业转型升级。MES 正在成为企业实现生产活动与经营活动的有效集成，是优化运行、控制与管理的桥梁和纽带，也是提高企业竞争力的重要技术之一。

知识直通车

1.1 MES 的产生背景

自 20 世纪 80 年代中期以后，伴随着消费者对产品的需求愈加多样化，制造业的生产模式开始由大批量的刚性生产转向多品种、少批量的柔性生产；以计算机网络和大型数据库等 IT 技术和先进的通信技术的发展为依托，企业的信息系统也开始从局部的事后处理方式转向全局指向的实时处理方式。

发展期间，在制造管理领域出现了 JIT、LP、TOC 等新的理念和方法，并依此将基于订单的生产过程进行更科学的预测和制订更翔实可行的计划；在管理系统软件领域出现了从 MRP（物料需求计划）到 MRPI（制造资源计划），直至 ERP（企业资源计划）系统的迅速普及，在过程控制领域应用的 PLC（可编程逻辑控制器）、PCS（过程控制系统）等得到广泛应用。

可以说企业信息化在各个领域都有了长足的发展，企业取得了一定的经济效益。以 ERP 为代表的管理信息系统，以及以先进控制、操作优化为代表的过程控制技术（PCS），在流程制造行业已经大规模应用。但尽管这两类系统的推广取得了一定效果，但却忽略了两者之间的有效配合，导致企业上层经营管理缺乏有效的实时信息支持、下层控制环节缺乏优化的调度与协调。具体表现为两个方面：

一方面，在计划过程中无法准确及时地把握生产实际状况，单位的各个部门之间由于种种原因造成部门与部门之间完全孤立，各种信息无法在部门与部门之间有效传输，导致出现相互之间数据冗余、功能重叠等问题，从而严重影响企业内部各部门的协调性、阻碍了企业信息化的发展。

另一方面，经营管理层与车间执行层无法进行良好的双向信息流交互，使企业对生产情况难以实时反应，在生产过程中无法得到切实可行的作业计划做指导。由于客户对产品要求的多样化，势必要求企业的生产方式进行不断调整和更新。而工厂管理人员和操作人员难以在生产过程中跟踪产品的状态数据、无法得到及时准确的实际生产信息，不能把握生产现场的真实情况，造成上层计划的制订越来越困难，生产现场人员与设备得不到切实可行的生产计划与生产指示，使车间调度系统失去了它应有的作用。用户在交货之前也无法了解订单的执行状况。

产生这些问题的主要原因仍然在于生产管理业务系统与生产过程控制系统的相互分离，计划系统和过程控制系统之间的界限模糊、缺乏紧密的联系。针对这种状况，必须把"生产"与"计划"实时关联起来。但 MRPII/ERP 本身无法直接与生产现场的控制层相联系，作为连接两者的桥梁，MES 填补了计划与控制之间的鸿沟，应运而生。如图 1-1 所示。

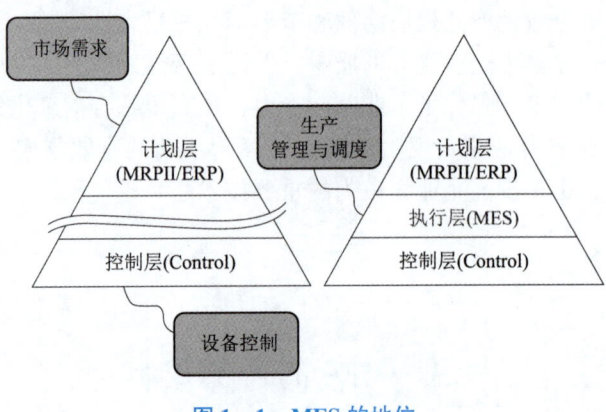

图 1-1　MES 的地位

1.2　MES 的发展历程

20 世纪 60 年代末到 70 年代初，从会计系统衍生出 MRP，主要协助工厂做物料需求规划。

20 世纪 70 年代末到 80 年代初，由 MRP 衍生为 MRPII。由于 MRPII 不具备预测及管理需求分配的功能，而且也缺乏现场管理功能，因此，伴随其出现了很多单一功能的系统，如设备状态监控系统、质量管理系统，包括生产进度跟踪、生产统计等功能的生产管理系统。也就是说，在未实施整体解决方案或信息系统以前，各企业应用的只是单一功能的软件产品和个别系统，MRP 和 PCS 层的工作也是分别进行的，由此产生了两个问题：一是横向系统之间的信息孤岛；二是信息断层。

20 世纪 80 年代中期至 90 年代初，这些系统通过扩大功能来解决"信息孤岛问题"。随后，MRPII 变成 ERP，DRP 衍生为 SCM，集成的 MES 起到了现场管理的作用。生产现场的信息系统开始发展，包括生产进度跟踪信息系统、质量信息系统、绩效信息系统、设备信息系统及其整合。同时，原来底层的过程控制系统和上层生产计划系统也得到发展，形成了 MES 原型（即传统的 MES，T-MES），其主要功能是生产现场管理 POP（Point of Production）和车间级控制系统 SFC（Shop Floor Control）。可见，MES 是由原来的会计系统发展而来的，通过信息传递对从订单下达到产品完成的整个生产过程进行优化管理。当工厂发生实时事件时，MES 能及时作出反应、报告，并利用该实时数据进行处理，有助于减少企业内部无附加值的活动，并有效指导工厂的生产运行过程，提高了工厂及时交货的能力，并改善了物料的流通性能；同时，又能够提高生产回报率。此外，MES 还通过双向直接通信，为整个企业和产品供应链提供有关产品的关键信息。

到 90 年代，MES 发展为 I-MES（集成 MES）和 MES-II。这时 MES 则作为整个工厂生产现场的集成系统出现，故又称为 Integrated MES（I-MES）。主要功能为工厂管理（资源、调度、维护）、工厂工艺设计（文档、标准、过程优化）、过程管理（回路监督控制、数据采集）和质量管理（SQC-统计质量管理、LIMS-实验室信息管理系统）。

MES 在 90 年代初期的重点是生产现场信息的整合。对离散工业和流程工业来说，MES 有许多差异。就离散 MES 而言，由于其多品种、小批量、混合生产模式，如果只是依靠人工提高效率是有限的。而 MES 则担当了整合、支持现场工人的技能和智慧，充分发挥制造资源效率的功能。

90 年代中期，提出了 MES 标准化和功能组件化、模块化的思路。这时，许多 MES 软件实现了组件化，也方便了集成和整合，这样用户就可以根据需要灵活快速地构建自己的 MES。因此，MES 不只是工厂的单一信息系统，而是横向之间、纵向之间、系统之间集成的系统，即所谓经营系统，对于 SCP、ERP、CRM、数据仓库等近年被关注的各种企业信息系统来说，只要包含工厂这个对象就离不开 MES。

1990 年 11 月，美国先进制造研究中心 AMR（Advanced Manufacturing Research）首次提出 MES 的概念，为解决企业信息集成问题提供了一个被广为接受的思想。

1992 年，美国成立以宣传 MES 思想和产品为宗旨的贸易联合会——MES 国际联合会（MESA International）。

1995 年，由仪表、系统和自动化协会投票通过的 ISA-SP95 是企业系统与控制系统集成的国际标准，95 代表的是 ISA 的第 95 个标准项目。

从 1997 年开始，国际电工委员会 IEC（International Electrotechnical Commission）启动编制了一系列相关标准，主要包括 SP95.01 模型与术语标准、SP95.02 对象模型与属性标准、SP95.03 制造运作管理的活动模型标准、SP95.04 制造运作管理的对象模型与属性标准。

SP95.01 规定了生产过程涉及的所有资源信息及其数据结构和表达信息关联的方法，

SP95.02 对 SP95.01 定义的内容做了详细的规定和解释，SP95.03 提出了管理层与制造层间信息交换的协议和格式。其中 SP95.01 已经被国际标准化组织 ISO（International Organization for Standardization）和 IEC 批准为国际标准 ISO 62264 的第一个标准，我国也引进了该文件作为国家标准。

企业运用 SP95.03 中给出的模型作为需求分析、体系结构、设计和实施的模板进行 MES 和 ERP 集成的实施，据统计，实施时间缩短了 75% 以上。目前，MES 系统主要参照 ISA - SP95 标准，其定义了 MES 系统集成时所用的术语和模型。预计由于这个标准的应用，最终进行 MES 和 ERP 集成所花费的时间将会由现在的 6~9 个月减少到 6~9 个星期。

1997 年，MESA 发布修订后的 6 个关于 MES 的白皮书，对 MES 的定义与功能、MES 与相关系统间的数据流程、应用 MES 的效益、MES 软件评估与选择以及 MES 发展趋势等问题进行了详尽的阐述。

1999 年，美国国家标准与技术研究所（NIST）在 MESA 白皮书的基础上，发布有关 MES 模型的报告，将 MES 有关概念规范化。

2000 年，美国国家标准协会（ANSI）致力于 MES 标准化工作（ANSI/ISA - SP95）。

2004 年，MESA 更新了 MES 模型，提出了协同 MES 体系结构（C - MES），MESA 改名为"制造企业解决方案协会"。该模型侧重于核心业务活动如何与业务运营交互集成。

2005 年后，中国自有知识产权的 MES 开始在市场上出现。当前 MESA 采用的最新 MES 模型为 2008 年开发，该模型涵盖了从企业级战略计划到业务运营，以及工厂运营和实际生产，它显示了战略、企业级运营和工厂运营之间的相互关系。

2015 年后，随着"德国工业 4.0""美国工业互联网""中国制造强国"的战略和相关政策出台，智能制造成为全球制造业的发展目标，MES 作为实现智能制造的重要推手得到了广泛关注。

1.3　MES 的定义及标准框架体系

1.3.1　MES 定义

1. AMR 对 MES 的定义

美国先进制造研究机构 AMR（Advanced Manufacturing Research）首次提出 MES 系统的概念，并把 MES 定义为"位于上层计划管理系统与底层工业控制之间、面向车间层的管理信息系统"，为操作人员、管理人员提供计划的执行、跟踪所有资源（人、设备、物料、客户需求等）的当前状态信息。AMR 提出了决策层、执行层和控制层的企业信息集成三层业务模型：第一层决策层（ERP），主要为企业提供全面管理决策；第二层执行层（MES），主要负责车间级的协调、跟踪、发现并监控相关趋势；第三层控制层（SFC），直接负责工厂生产控制的环节。

2. MESA 对 MES 的定义

制造执行系统协会 MESA（Manufacturing Execution System Association）对 MES 系统作出定义，即"MES 能够通过信息的传递对从订单下达至产品完成的整个制造过程进行优化管理。当工厂发生实时事件时，MES 能够及时做出反馈，并用当前的准确数据对此进行指导和处理"。

MESA 对 MES 的定义强调了以下三点：

（1）MES 是对整个车间制造过程的优化，而不是单一解决某个生产瓶颈。

（2）MES 必须提供实时收集生产过程数据的功能，并做出相应的分析和处理。

（3）MES 需要与计划层和控制层进行信息交互，通过连续信息流来实现企业的信息集成。

3. Michael McClellan（曾任 MESA 主席）的定义

MES 是一个集成的计算机化系统，它是用来完成车间生产任务的各种方法和手段的集合。

4. NIST 对 MES 的定义

美国标准技术研究院 NIST（National Institute of Standards and Technology）有关 MES 的定义是：为使从接受订货到制成最终产品全过程的管理活动得以优化，采集硬件、软件的各种数据和状态信息。

5. e-works 对 MES 的定义

e-works 认为，MES 是一套对生产现场综合管理的集成系统。MES 用集成的思想替代原来的设备管理、质量管理、生产排程、分布式数控 DNC（Distributed Numerical Control）、数据采集软件等车间需要使用的孤立软件系统。MES 涉及车间现场管理的人、机、料、法、环、测、能，从生产排产、生产计划执行、生产工艺指导、生产过程追溯、车间现场数据采集、生产物料供应、设备管控、生产质量管控、在制品管理、人员排班、生产绩效分析等多个维度对生产现场进行集成管理。

1.3.2　MES 的标准

1997 年，美国仪器、系统和自动化协会 ISA（Instrumentation, system, and Automation Society）和美国国家标准协会 ANSI（American National Standards Institute）共同发起了编制 ISA-SP95 企业控制系统集成标准的工作。在 2000 年发布了《ISA-SP95 企业控制系统集成标准》（简称：ISA-SP95 标准），其目的是建立企业信息系统的集成规范性，ISA-SP95 标准文件内容包含以下四个部分：

第一部分：模型和术语（Models and Terminology）；

第二部分：数据结构和属性（Data Structures and Attributes）；

第三部分：制造业运作模型（Models of Manufacturing Operations）；

第四部分：事务处理技术报告（Transactions Technical Report）。

该标准目前被公认为 MES 标准的基本框架。ISA-SP95 标准定义了企业级计划管理系统与工厂车间级控制系统进行集成时使用的术语和标准，其内容主要包括信息化和标准化两个方面。ISA-SP95 标准所涉及的信息内容有产品定义信息、生产能力信息、生产进度信息、生产绩效信息。除此之外，其重要组成部分就是生产对象的模型标准化。ISA-SP95 标准的生产对象模型根据功能分成了四类九大模型，即资源（人力资源、设备资源、材料资源和过程段对象四个模型）、能力（生产能力和过程段能力两个模型）、产品定义（产品定义信息模型）、生产计划（生产计划和生产性能两个模型）。

ISA-SP95 标准定义了企业商业系统和控制系统之间的集成，主要可以分成三个层次，

项目一　基础知识认知　▶　7

即企业功能部分、信息流部分和控制功能部分。为了研发出高效的 MES，恰当地定义软件功能、物理模型、业务流程和生产流程是必要的。从这个角度考虑，ISA – SP95 标准是把简单的生产活动通过模型应用到了主要的制造区域中。最终的模型比 MESA 定义的模型更加宽泛。该标准的目标是降低风险和成本，减少在应用企业系统和 MES 时出现的错误。

ISA – SP95 延伸出了生产运营系统 MOS（Manufacturing Operation System）的概念，该概念引入了流程制造的制造类型，将 MES 的概念扩展到整个制造业范围。该标准基于下面的三层架构模型，包括协同管理、MOS/MES 及自动化设备层。如图 1 – 2 所示。

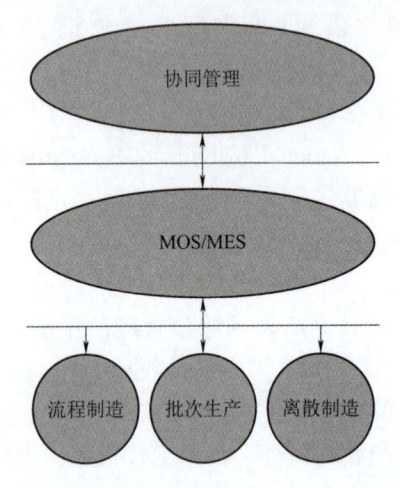

图 1 – 2　ISA – SP95 定义的 MOS 三层架构模型

在该标准中，ISA – SP95 增加了在第一层和第二层之间的接口描述，并且第二层（MOS/MES）主要包括生产管理、数据采集、与自动化设备层的接口、缺陷管理、生产状态跟踪等，并重点关注了 MES 的数据结构和数据模型。

MES 的应用架构从设计到应用模块上均参照 ISA – SP95 标准的要求，其主要模块质量、生产和效率均与 ISA – SP95 标准一致。各个模块中贯穿了生产计划、设备、生产过程、资源等 ISA – SP95 对象模型，通过各种标准的生产事件实现 ISA – SP95 的标准功能，ISA – SP95 中的各种对象、信息流、功能描述在 MES 中得到了空前的统一和完整的体现。在与 ERP 系统连接上，MES 采取了 ISA – SP95 的标准 XML 接口，从而直接连接符合标准的各大 ERP 厂家。如与 SAP 连接，以前的做法是各应用程序编写各自的 SAP 接口且需要 SAP 的认证，而 MES 的做法则是遵循 ISA – SP95 标准与 SAP 相连，从而无须认证而达到比认证程序更为有效的连接功能和效率。

ISA – SP95 为信息交换提供了标准，减少了 MES 与 ERP 集成的费用，和产品的生命周期管理协同工作，提供生产能力和状态，提高了生产制造的灵活性，提供了一套信息集成的架构和标准模型，定义了 ERP 和 MES 的界限和信息流。

1.3.3　MES 标准框架体系

MES 标准框架体系可从外部和内部两个视角进行描述，外部描述是 MES 与其他业务模块之间的关系，内部描述是从 MES 本身看生产业务如何运行。下面以 ISA – SP95 企业运作模型和 ISA – SP95 MES 流程模型两个模型为例来具体说明 MES 的标准框架体系。

一、ISA－SP95 MES 企业运作模型

MES 在企业的所有系统中，不是孤立存在的。在产、供、销三大制造业业务模块中，生产作为产品增值的一环，也作为制造业的核心业务，和其他业务模块有着紧密的联系。根据 ISA－SP95 企业运作模型可以看出，MES 和物流、质量、研发、财务等模块都有数据交互接口，如图 1－3 所示。

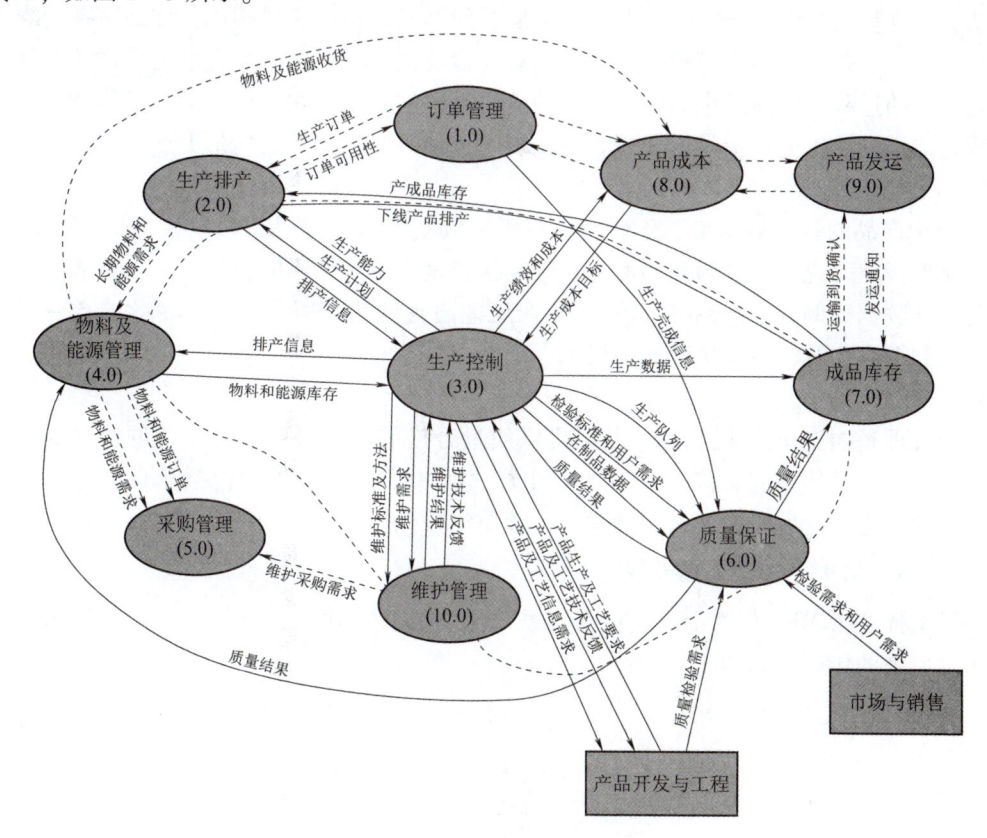

图 1－3　ISA－SP95 企业运作模型

1. MES 与生产计划

生产计划和生产排产是两个比较重要的概念。生产计划是确定一段时间内，每天生产产品的数量；而生产排产则是确定具体产品的生产顺序，生产排产可以是基于批次的。

MES 主要完成生产排产的任务，生产计划主要由上游业务模块完成。在生产排产时，企业应综合考虑产线的产能及工时平衡的要求，甚至当生产线贯穿多个车间时，应考虑多个车间的需求。

2. MES 与物流

物流在该模型中包含两个部分，一个是物料和能源控制，另一个是库存管理。MES 的主要关注点在生产线部分，主要关注物料能否及时按照一定的顺序或者一定的量，在一定的时间配送到生产线以满足生产。

对于物流和能源控制来说，MES 要实时监控线边物料的使用情况，当物料达到安全库存时，应及时通知物料配送人员生产叫料信息，并在适当的时候进行二次提醒。在很多案例中，零件库存都拥有多级库存。在生产过程中，MES 应根据实际物料消耗通知相应库存区

的相应配送人员进行物料配送，同时还需要兼顾物料拣货的防错。

此外，MES 应发送相应的产品信息给成品库，以及时进行成品入库操作。

3. MES 与工厂维护

MES 重点关注现场设备。现场设备能否稳定运行，关系到生产线的整体生产效率。MES 应根据生产线或者设备的实际状况，知晓具体的维护需求，同时也需要获悉设备维护的标准和方法，在维护后将设备维护的情况和记录反馈回系统。在这个过程中，详细完备的维护记录十分重要。设备维护需要经验的积累，设备巡检及设备检修在一定程度上是循环往复、不断迭代更新的过程，实际发生的问题和新的解决问题的思路，对于以后的任务执行而言，可以实现正向反馈，正向反馈将形成强大的知识库，最终成为企业的无形财产。

4. MES 与产品研发

MES 中产品的基础数据来源于研发。对于离散制造行业来说，表现为产品 BOM；而对于流程制造行业来说，表现为产品配方。数据接口是需要持续不断更新的，具体表现为更新产品的基础数据。例如，产品 BOM 或者生产工艺出现变化的时候，这一变化应该及时、准确地传递到下游，及时更新生产相关要求。

5. MES 与产品质量

质量管理是 MES 的终极目标，及时提供质量合格的产品是对生产环节的最终要求，质量管理应贯穿生产环节的始终。MES 收集生产过程中的质量数据，包括从自动化设备中自动收集，同时也包括生产线工人手动输入。该质量数据会一直跟随产品，直到产品下线。

二、ISA – SP95 MES 流程模型

该模型描述了 MES 作为上层企业管理系统与下游自动化设备和生产线之间的桥梁，发挥着承上启下的作用，如图 1 – 4 所示。

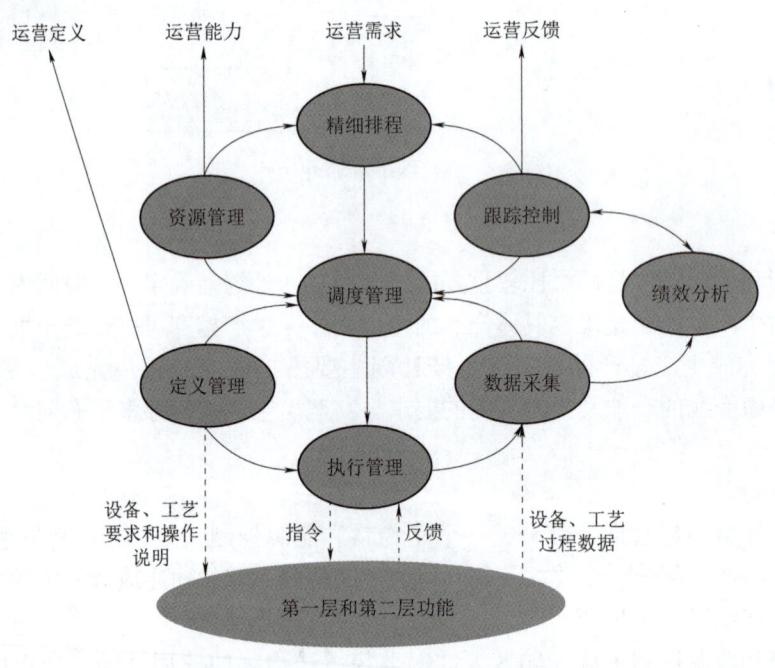

图 1 – 4　ISA – SP95 MES 流程模型

下面具体阐述各个功能模块的作用。

1. 资源管理

资源管理是 MES 的基础功能模块，资源包括生产资源、质量资源等，管理是指构建资源的相关信息，包括资源的基本信息、配置信息、容量信息等。

2. 定义管理

该功能模块包含定义和管理生产过程中产生的对象特性、过程指示、规则及其他功能模块的特殊定义。

3. 精细排程

精细排程功能模块是指在现有的条件和时间约束下，利用资源进行优化排产。

4. 调度管理

调度管理的主要功能为协调和指导现场生产活动，确保各个生产活动符合排程的要求，例如，协调产品各个部件之间生产的一致性等。

5. 执行管理

执行管理的目的是基于排产、订单及作业标准，管理和优化生产流程。

6. 数据采集

数据采集包括数据获取、计算和管理等一系列动作。通常来说，数据来自下层的生产线或者设备，同时也可能由工人手动输入或利用手持式设备读取。

7. 跟踪控制

跟踪控制功能模块主要是指从生产过程中比较重要的站点获取产品或物料的关键状态，这个信息将成为系统报表的重要组成部分。

8. 绩效分析

绩效分析的主要功能为分析所有数据，并生成和展示统计报表。

1.3.4 MES 系统的特点

（1）采用强大数据采集引擎、整合数据采集渠道（RFID、条码设备、PLC、Sensor、IPC、PC 等）覆盖整个工厂制造现场，保证现场数据的实时、准确、全面采集；

（2）打造工厂生产管理系统数据采集基础平台，具备良好的扩展性；

（3）采用先进的 RFID、条码与移动计算技术，打造从原材料供应、生产、销售物流闭环的条码系统；

（4）全面完整的产品追踪追溯功能；

（5）生产 WIP 状况监视；

（6）Just – In – Time 库存管理与看板管理；

（7）实时、全面、准确的性能与品质分析 SPC；

（8）基于 Microsoft. NET 平台开发，支持 Oracle/SQL Sever 等主流数据库。系统是 C/S 结构和 B/S 结构结合，安装简便，升级容易；

（9）个性化的工厂信息门户（Portal），通过 Web 浏览器，随时随地都能掌握生产现场实时信息；

（10）强大的 MES 技术队伍，保证快速实施，降低项目风险。

1.4　MES 的功能详解

典型的 MES 环境能有效帮助客户回答下面几个关键的生产问题：
（1）如何生产——生产能力；
（2）可以生产什么——产品定义；
（3）在什么时间生产什么——计划排产；
（4）在什么时间已生产什么——生产绩效。

MESA 提出了 MES 应具有的标准功能模块如下：

（1）生产计划管理：根据生产计划和详细排产，指导作业、订单、批次、工作指令等形式的生产单位的工作流程。以适当的顺序分派信息，使在正确的时间到达正确的地点。它具有变更预定排程/生产计划、以及通过缓冲管理来控制在制品数量的能力。MES 主要完成生产排产的任务，生产计划主要由上游业务模块完成。在生产排产时，企业应综合考虑产线的产能及工时平衡的要求，甚至当生产线贯穿多个车间时，应考虑多个车间的需求。

（2）资源管理：资源管理是 MES 的基础功能模块，资源包括生产资源、质量资源等，管理是指构建资源的相关信息，包括资源的基本信息、配置信息、容量信息等。

（3）文档管理：控制、管理与交付与生产单位关联的信息包，包括工作指令、制造方法、图纸、标准操作规程、零件加工程序、批次记录、工程更改通知以及交班信息等。它支持编辑预定信息和维护文档历史版本。

（4）物料管理：管理物料（原料、零件、工具）及可消耗品的运动、缓冲与储存。这些运动可能直接支持过程操作或其他功能，如设备维护或安装调整。

（5）绩效管理：提供最新的人员状态信息，包括时间和出勤记录、资质跟踪以及追踪其间接活动的能力。它与资源分配进行交互以确定最优的人员分派。

（6）生产过程管理：监视生产过程，自动纠偏或为操作者提供决策支持以纠正和改善在制活动。它可包括报警管理，可能通过数据采集/获取提供智能设备与 MES 的接口。

（7）设备管理：跟踪和指导设备及工具的维护活动，以保证这些资源在制造进程中的可获性，保证周期性或预防性维护调度，以及对应急问题的反应（报警），并维护事件或问题的历史信息以支持故障诊断。

（8）数据采集与获取：获取和更新用于产品跟踪、维护生产历史记录以及其他生产管理功能的生产信息。它可使用扫描仪、输入终端、与制造控制者的软件界面以及其他软件等方式相结合来完成上述功能。它以手工或自动方式在车间采集最新的数据。

（9）质量管理：及时提供产品和制造工序测量尺寸分析以保证产品质量控制，辨别需要引起注意的问题。它可推荐一些矫正问题的措施，也可以包括 SPC/SQC 跟踪、离线检测操作以及在实验室信息管理系统（LIMS）中分析。

（10）产品跟踪与追溯：可随时根据产品机身唯一条码追溯该产品的所有生产过程信息，查明用到该批次物料的产品库存、出货信息以便主动召回。

当然，并不是所有的 MES 都必须具有以上全部功能组件，企业可以根据实际的生产需要进行灵活使用和配置。

1.5　MES 的主流技术

MES 的主流技术如下：

(1) 支持平台方面，主要有 Windows NT、Windows 2000、Windows XP、Unix、Linux 等。与 2004 年相比，MES 的开发厂商对 Windows NT 平台的平均支持率下降到了 68%，而大部分厂商转向支持 Windows 2000、Windows 2003 以及 Windows XP 等平台，特别是对 XP 的支持率达到了 96%；Unix 平台的支持率稳定在 44%；Linux 平台的支持率从 2004 年的 17% 增长到 2005 年的 28%，只有少数的产品支持 AS/400 和 Open VMS 等平台。

(2) 数据库方面，MES 产品支持的数据库主要有 Oracle、SQL Server、DB2、Progress、Informix、Ingress、Sybase 等。SQL Server 和 Oracle 是开发商主要采用的数据库，约有 30% 的产品支持 DB2，仅有小部分的产品支持其他数据库。

(3) 应用技术方面，MES 系统的开发主要采用 DCOM、COM +、Active - X、XML、DotNET、J2EE、ODBC、OLE、OPC 等技术。目前的厂商大多采用 Microsoft 的技术进行系统开发。XML 的采用比例逐年增加，所有参与 2005 年调查的厂商都采用了 XML 技术，这是因为 XML 技术使不同的 MES 软件之间以及 MES 软件与管理软件之间可以进行数据交换以及功能的交互；DotNET 技术目前采用率达到了 72%；J2EE 的采用率也达到了 32%；DCOM、COM +、OLE 的采用率都在 60% 以上，Active - X、OPC 则在 70% 以上，ODBC 的采用率为 82%。

(4) 系统架构方面，MES 系统主要采用 C/S、Web 使能、瘦客户端、分布式结构、负荷平衡等体系结构。C/S 架构的采用率呈下降趋势，相反，瘦客户端的采用率却上升至 90%。大约 92% 的产品都是 Web 使能架构。

(5) 系统可配置性方面，部分 MES 厂商的产品定位是使产品尽可能适合特定的用户群，相反，有些厂商则为用户提供柔性的可配置工具来迎合客户的需求，以赢得广大的市场。报告从业务逻辑、图形用户界面、报表等方面来分析 MES 产品的可配置性，并通过标准化 (Standard)、组件 (Component)、库 (Libraries) 和客户化定制 (Custom Made) 4 个指标来评价系统的可配置程度。

1.6　MES 的应用现状

由于 MES 适用于流程类型、离散类型各种制造企业，在通信、机械精密加工、电子、化工、电力、医药等制造领域有广泛的运用，尤其在半导体行业、手机制造、汽车制造、PCB 等行业，MES 已成为不可缺少的品质控制保障手段，在国内、国际日益得到广泛的应用。

1. 国内应用情况

MES 在应用方面，国内明显落后于西方发达国家。总的说来，中国市场对 MES 还没有做好充分的准备。中国一大部分制造企业还过度依赖人力进行生产，因此，收集完整可靠的、经过过滤和分析的信息非常困难。而且，制造企业的信息系统都是由许多独立、多品牌的子系统组成，包括由基于事务处理的子系统（如 ERP 系统）和许多基于实时操作的工厂子系统，集成的难度非常高。

　　MES是制造过程管理与控制的系统，由于制造过程及过程控制对象的复杂性和专有性，使得MES系统形态有比较大的差异，应用模式也可能完全不同，这些原因客观上造成了MES产品与服务市场的多样性。但是，正是由于MES的多样性、复杂性、特殊性以及特定行业的需要，MES在国内市场已经出现较大的需求和商机。

　　华经产业研究院对MES行业发展现状、行业上下游产业链、竞争格局及重点企业等进行了深入剖析，最大限度地降低企业投资风险与经营成本，提高企业竞争力；并运用多种数据分析技术，对行业发展趋势进行预测，以便企业能及时抢占市场。

　　就我国MES市场规模变动情况而言，政策驱动下叠加制造业整体稳步增长，虽然近年来MES市场规模增速下降，但整体仍保持稳步增长趋势。数据显示，2021年，我国MES市场规模在48.5亿元左右，与我国整体工业增速变动趋势基本一致；2022年，随着整体工业复苏叠加产业价值增长，MES规模有望引来较大增长。如图1-5所示。

　　就MES市场结构占比而言，随着运维和服务产业需求增长，运维和服务产业占比整体MES市场份额持续增长，同比2019年分别增长0.1和0.7个百分点，与此相对，软件许可增速不及总体规模增速，份额占比出现小幅度下降，随着产业多方位、多领域集成化发展，整体MES市场结构将趋向多元化，运维和服务产业占比仍有较大提升空间。2020年中国MES市场结构占比情况如图1-6所示。

图1-5　2015—2025年中国MES市场规模及预测

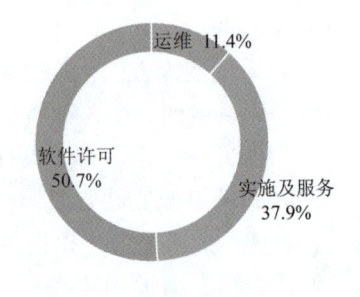

图1-6　2020年中国MES市场结构占比情况

　　我国MES企业基本分布在先进制造业发达的环渤海、长三角和珠三角等地，其中，广东和江苏合计占比超五成，其次，拥有丰富人才资源同时属于经济领先城市的上海、北京和浙江位列其后，分别占比13%、9%和8%。整体来看，MES属于制造业工业软件关键领域，受制造业地域影响较大。分布情况如图1-7所示。

　　我国MES渗透率整体较低，烟草和能源化工相对较高。据华经产业研究院相关数据显示，我国MES应用行业中烟草、能源化工和家具制造领域渗透率较高，皆在40%及以上。其主要原因是这些行业整体市场集中度较高，自动化设备相对成熟，如国电南瑞、宝信软件等分别在能源电力和石化领域占据主要市场。其他领域皆在30%及以下，尤其是设备制造、电气机械和器材、纺织和服装皆低于10%。整体来看，目前国内MES行业仍有较大渗透空间，分布情况如图1-8所示。

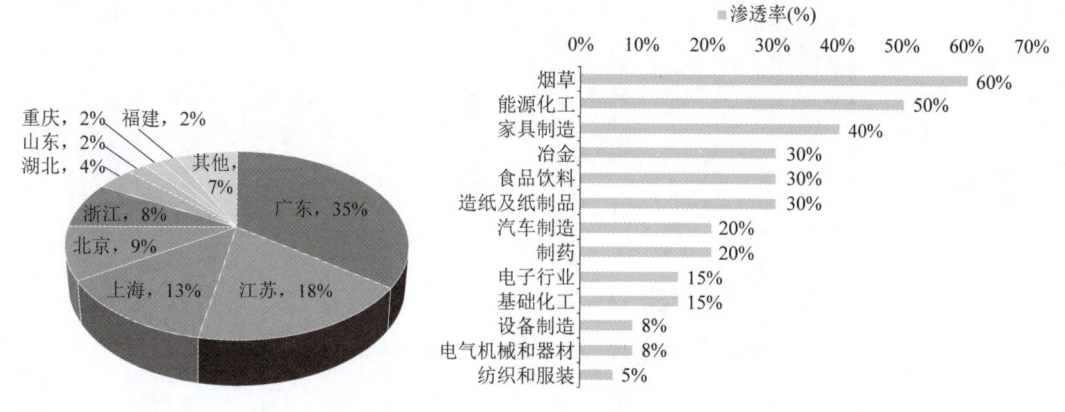

图 1-7　2020 年中国 MES 企业地区分布

图 1-8　2020 年中国不同行业 MES 渗透率

从下游行业来看，MES 既可应用于离散工业，也应用于流程工业，2020 年应用情况如图 1-9 所示。相对而言，离散型市场增速受经济影响波动较大，而流程工业增速较为平稳。汽车制造、电子行业、冶金、能源化工是 MES 的前四大应用市场，汽车制造占比最高达 15.1%。

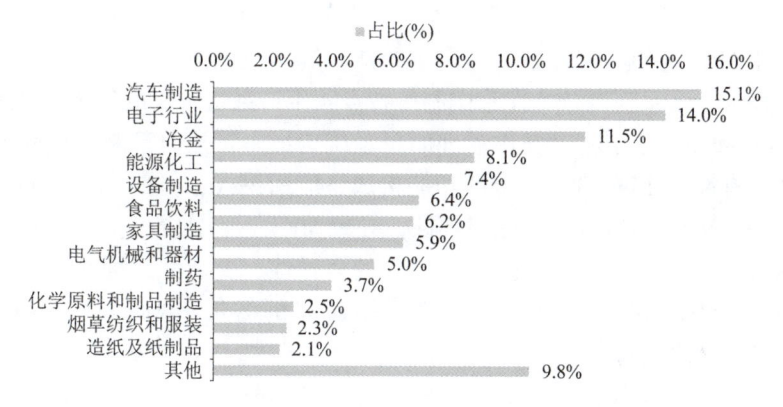

图 1-9　2020 年中国 MES 产业细分行业应用情况

从投入意愿来看，如图 1-10 所示，制药和食品饮料业单位营收对应的 MES 投入最高，每亿元营收分别达到 8.5 和 8.33 万元之多的 MES 投入，原因是行业对产品质量的要求较高，多点检测增加了 MES 实施成本。排在第二梯队的为电子行业、设备制造业、电气机械和器材制造业，每亿元营收对应 6 万~7 万元的 MES 投入，其行业规模效应不明显，因而 MES 投入较分散。烟草制造业虽然拥有较高的 MES 渗透率，但因其体量庞大，对应到单位营收的 MES 投入相对较低。

2. 国际应用情况

由于欧美国家在 MES 方面起步较早，已经给相关企业带来了巨额利润。从 80 年代后期至 1994 年，T-MES 市场销售以 23% 的比例递增，达到 13 亿美元，集成的 MES 比专用的 MES 年增幅多 10 个百分点；1995 年 MES 市场迅速放大，比上一年增长 50%，传统型的 MES 市场占有率达到 10 亿美元，出现集成型的 MES 增幅不如专用 MES 增幅的情形；到 1999 年 MES 已经达到 35 亿美元的市场份额。21 世纪初预计市场年增长率达到 35%~40%。

项目一　基础知识认知　15

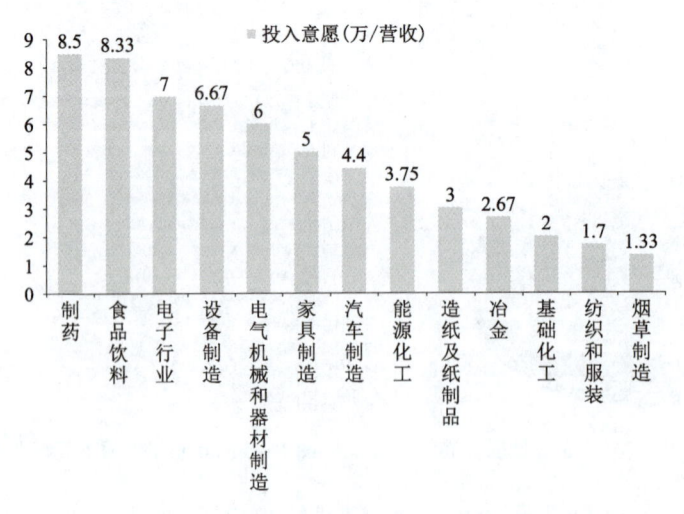

图 1–10　2020 年中国细分行业对 MES 投入意愿分布

1.7　MES 技术的发展趋势

目前，由于 MES 应用的流程制造与离散制造有着本质的区别，订单特点差异较大，存在多品牌、多样式、多系列以及个性化定制等特点，生产系统构成的复杂程度不一，其信息系统基本由 EPR 和一些基于实时操作管理的子系统构成。正是由于制造过程及过程控制对象的复杂性和专有性，使得 MES 系统的功能构成、应用模式也可能完全不同，诸多原因从客观上造成了 MES 产品与服务市场的多样性，导致 MES 不容易统一。

但是，从另一个角度分析，正是由于 MES 的多样性、复杂性、特殊性以及其特定行业的需要，MES 在国内市场已经悄然出现了较大的需求和商机。因此，对于 MES 系统来说，未来的发展有如下几大趋势。

1. 定制化与标准化柔性协同

目前，中国正在加快实施"中国制造 2025"，全力推动制造业向智能制造转型升级。为了在未来的产业竞争中占据优势，制造企业也正加紧向智能化、自动化和数字化发展。同时，制造业以更具自动化和智能化的手段来提高生产效率，降低成本，催生了对各种智能制造相关产品与解决方案的需求。而 MES 作为智慧生产中的规划者，作为计划层与执行层中间信息的传递者，更是成了企业智能生产的主流技术。

为适应企业生产模式与生产需求，作为企业生产中的 MES 应既具有可定制化的特点，又具有标准化特点，即可根据企业特点、生产特点以及客户的部分特殊需求来定制个性化的 MES，也可以根据行业生产特点从功能层面标准化 MES，从系统接口层面标准化 MES，做到即插即用，以适用更多的企业生产，减少开发周期，减少开发成本，解决更多更普遍存在的生产缺陷，从根本上提高生产效率。

2. 模块化与集成化相辅相成

随着 MES 的发展，系统功能不断丰富，其与 ERP、PLC 等产品的边界逐渐变得模糊，开始向上具备更多管理与统筹功能，向下兼备现场控制能力。为了更清晰有效地进行数据沟通与协同生产，将企业 MES 功能按层级进行模块化，各模块之间统一模块接口标准，做到可独立配置与重构，实现统一平台下的解耦与耦合，从总体上朝着更加集成化的方向发展，从而更易于实现集成和共享，更便于维护和升级，以提高系统的适用性。

3. 移动化与云端化精准追溯

随着互联网+技术、工业互联网技术、云计算等科学技术的不断发展，企业生产与办公方式的转变，各应用领域都已经离不开智慧终端的使用，尤其是一些对生产效率、安全生产、实时信息跟踪与反馈、远程监控与指导等作业要求较高的行业与企业，对移动化与云端化处理的需求更是非常强烈，这就要求企业必须配备具有支持移动办公功能的管理软件，既可以解决员工随时随地多终端进行协同作业的问题，也可以让企业领导层选择最适合的部署方式在云端部署生产策略以及了解企业生产情况。因此，无论从客户还是行业角度来看，移动化也是管理软件发展的重要性变革。

另外，MES部署往往需要大规模的车间改造，所需资源丰富、实施周期长且投入资金多。中小企业由于自身规模限制，预算不足，难以承受过高的MES部署成本。云MES产品主要以SaaS形式向中小企业提供MES服务，使用公共云提供商的全球数据中心的广泛硬件和基础架构，在公共云中的Internet上运行，为企业生产过程提供云端实时监控，用户通过PC端、手机端就能时刻监控工厂生产情况，线下线上互联互通，有效帮助企业实现生产数字化、智能化。实施周期大概需要1个月~3个月，既节省了用户硬件采购开支和维护成本，又大大降低了中小企业的MES进入门槛，云MES也成了行业发展的必然趋势。

制造执行系统的移动化和云端服务，可帮助工程师随时随地获取工单任务和数据支持，提高现场工程师工作执行力和服务效率。

从以上几大趋势我们可以看出，无论是自己开发、外包开发还是购买标准化软件，企业在实际操作或使用过程中都会出现各种不同的问题。所以，适用自己的才是最好的。

总之，从整体行业领域来看，最终还是以实时、高效、便利、智能、可精准追溯、可精准定位、可精益生产、少成本、多用途、通用化、标准化、个性化、透明化等方向发展。

1.8 MES系统与ERP系统

1.8.1 ERP的概述

1. ERP的定义

ERP（Enterprise Resource Planning）是指企业资源计划系统，由美国Gartner Group公司于1990年提出。企业资源计划是MRP Ⅱ（企业制造资源计划）下一代的制造业系统和资源计划软件。除了MRP Ⅱ已有的生产资源计划、制造、财务、销售、采购等功能外，还有质量管理，实验室管理，业务流程管理，产品数据管理，存货、分销与运输管理，人力资源管理和定期报告系统。

2. ERP的生产特点

ERP汇合了离散型生产和流程型生产的特点，面向全球市场，包罗了供应链上所有的主导和支持能力，协调企业各管理部门围绕市场导向，更加灵活或柔性地开展业务活动，实时地响应市场需求。为此，重新定义供应商、分销商和制造商相互之间的业务关系，重新构建企业的业务和信息流程及组织结构，使企业在市场竞争中有更大的能动性。

ERP是一种主要面向制造行业进行物质资源、资金资源和信息资源集成一体化管理的企业信息管理系统。可以提供跨地区、跨部门、甚至跨公司整合实时信息的企业管理软件，是针对物资资源管理（物流）、人力资源管理（人流）、财务资源管理（财流）、信息资源管理（信息流）集成一体化的企业管理软件。

ERP的功能除了包括MRP Ⅱ的功能外，还包括多工厂管理、质量管理、实验室管理、设备维修管理、仓库管理、运输管理、过程控制接口、数据采集接口、电子通信、电子邮件、法规与标准、项目管理、金融投资管理、市场信息管理等等。它将重新定义各项业务及其相互关系，在管理和组织上采取更加灵活的方式，对供应链上供需关系的变动同步、敏捷、实时地做出响应；在掌握准确、及时、完整信息的基础上，做出正确决策，能动地采取措施。同时还采用了计算机技术的最新成就，如扩大用户自定义范围、面向对象技术、客户机/服务器体系结构、多种数据库、图形用户界面、窗口技术、人工智能、仿真技术等等。

ERP可以识别和规划企业资源，从而获取客户订单，完成加工和交付，最后得到客户付款。ERP管理软件将企业内部所有资源整合在一起，对采购、生产、成本、库存、分销、运输、财务、人力资源进行规划，从而达到最佳资源整合，以取得最佳效益。

同时，ERP也是企业内部所有业务部门之间，或者企业与外部合作伙伴之间交换和分享信息的系统。ERP结合了计算机技术，把企业内部的各自为政、通过纸质文件来传达信息的工作管理模式变得系统化、信息化和自动化。ERP通过集成的系统和优化的流程，运用工作流使企业运行变得更加流畅，以软件为载体，将整个业务流程转换到线上模式，从而使得企业对运行资源的利用更加高效。信息化管理系统的范围如图1-11所示。

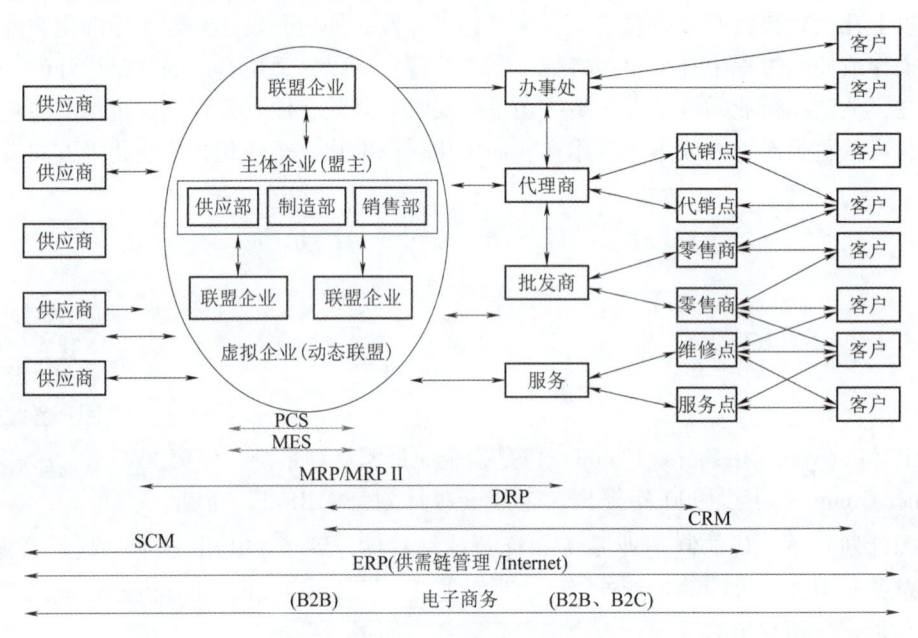

图1-11 信息化管理系统的范围

制造企业主要关心的三个问题分别是"生产什么、生产多少以及如何生产"。ERP回答的是前两个问题，而"如何生产"则是由生产现场的过程控制系统"掌握"。

对于"计划"如何下达到"生产"环节，生产过程中变化因素如何快速反映给"计划"，如何提供一个"实时的信息通道"等问题，只有在MES提供了详尽的生产状况反馈后，ERP 才能运作计划的职能。如图 1-12 所示。

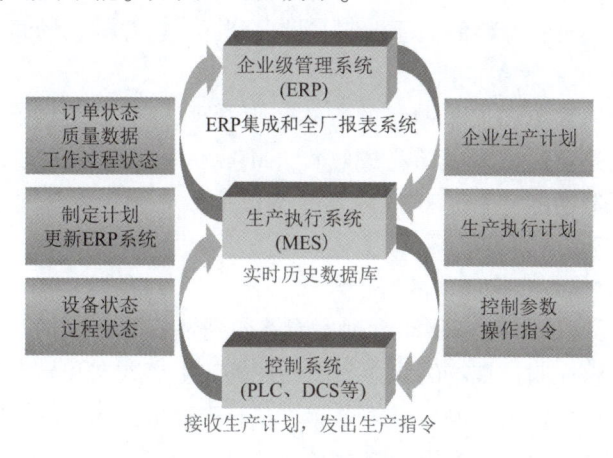

图 1-12 MES 的枢纽作用

1.8.2 ERP 与 MES 的区别

ERP——企业资源计划——解决生产什么的问题；
MES——制造执行系统——解决如何生产的问题。
所以，从定义看这两个就不是一样的系统。

1. ERP 和 MES 所处位置不一样

ERP 位于企业管理模型的上层决策层，把客户需求和企业内部的制造活动以及供应商的制造资源整合在一起，形成企业的一个完整供应链；MES 位于上层管理计划系统与底层工业控制之间的执行层，为车间操作人员和管理人员提供计划的执行，跟踪所有资源（人、设备、物料、客户需求等方面）的当前状态，并提供上层和下层之间数据的传递。

2. ERP 和 MES 应用及服务范围不同

从定义及功能可以看出，ERP 的应用服务于整个企业，需要在几乎全部职能部门安装端口，接入使用/维护，全公司几乎所有职能部门都要联网、使用和维护；MES 主要面向生产系统的生产车间及直接相关部门，除了生产部门外，主要是计划部门、仓储部门、质检部门、工程部门等部门使用及维护。

3. ERP 和 MES 管理的目标不同

ERP 的管理模块是以财务为核心展开的，最终的管理数据也是集中到财务报表上。MES 管理是针对制造过程，以产品质量、准时交货、设备利用、流程控制等作为管理的目标。集团公司、商业企业、物流企业等更着重于 ERP 管理，而制造企业更需要的是 MES，两者的集成，可以做到更好的管理。

4. ERP 和 MES 管理的范围不同

ERP 管理的范围是整个企业资源，包括客户需求和企业内部的制造活动以及供应商的制造资源都在管理范围之内；MES 管理的范围主要是生产制造车间，涉及的其他模块也主要是对生产起辅助作用，并且 MES 能更细致到每个制造工序、工站、操作员工，对每个工序进行任务下达、执行控制和数据采集、现场调度。

5. ERP 和 MES 管理的功能不同

ERP 在制造管理方面的功能主要是编制生产计划，收集生产数据。MES 除细化生产计划和收集生产数据外，还有批次级的生产控制和调度的管理功能，例如，批次级的工艺流程变更，对制造设备、人员和物料的验证控制，批次分拆、合并等现场调度功能。

6. ERP 和 MES 实现的方式不同

ERP 主要采用填写表单和表单抛转的方式实现管理，现场收到的制造任务通过表单传达，现场制造数据也是通过填写表单完成收集。MES 是采用事件的方式实现管理，生产订单的变化和现场的制造情况，通过 MES 内置的 WIP 引擎立刻触发相关事件，要求相关人员或设备采取相应的行动。

7. ERP 和 MES 管理的时间周期不同

因为 MES 采取了 WIP 引擎来驱动管理，能够做到现场的"实时管理"。上级生产计划和生产调度能立刻反映在制造现场的作业界面，现场的生产数据和异常情况也能实时反映在管理岗位的监督界面，使得及时调度成为可能。及时排查生产线上的异常情况，保证生产的进行；ERP 的表单方式不可避免会有一个录入的周期，因此在生产调度上会有两个录入周期的滞后，对于制造周期短的生产可能会造成影响，不能做到及时有效，在现实的生产活动中，不能及时处理现场情况。

8. ERP 和 MES 工作方法的不同

没有信息系统时的工作方法是从生产计划部门获取生产订单或生产进度，完成现场作业后将生产情况填写在指令单或批次流转单上向上级报告。ERP 的方式与此类似，只是制造现场和生产管理部门的接口通过信息系统来连接。但使用 MES 系统后，工作现场的指令下达和数据收集都是通过信息系统来实现的。

9. ERP 和 MES 提供的信息不同

ERP 所提供的信息和生产人员所需的信息不同。不同需求的员工不仅信息不同，所需信息呈现的方式也不同。传统 ERP 项目的界面是为那些分析、决策者设计的。MES 在提供数据采集和上传功能的同时，为操作人员提供实时的产品数据、测试结果、参数信息等。

10. ERP 和 MES 底层逻辑不同

ERP 的诞生与使命是围绕着整个企业的生产经营，以物料需求规划和计划控制为中心的管理软件。MES 是以工厂的生产车间为中心，借助自动化、智能化、数字化等先进手段，实现车间制造成本控制，从而整体提高企业管理水平的管理软件。

总之，ERP 管理相应有生产计划、数据收集、质量管理、物料管理等功能模块，所以往往会和 MES 混淆。

1.8.3 MES 系统与 ERP 系统的集成

对于生产管理来说，MES 是内因，是决定性因素，而 ERP 是外因，是负责调配好物料、质量控制等"边缘"因素。没有"边缘"固然会使效率下降，生产线会因为没有配料、没有工人等问题减速或停产。但是，没有内因，就不能称之为现代化的生产线。

当 MES 不存在的时候，ERP 仍然能够控制生产，能够从一些外沿管理上将生产掌握在可调控范围内。

很多 ERP 厂商都已经明白这样一个道理，不留接口，就管不着生产线，也就意味着 ERP 在生产方面永远是粗放管理。因此，ERP 厂商需要留出一定的接口，为 MES 的数据上传做准备。MES 厂商则负责按照 ERP 留出的接口进行数据的整合和管理，将数据上传。

在数字化工厂的规划建设中,通过信息化系统的集成解决接口问题,既是重点也是难点。常用到的信息化软件系统以及系统之间的数据流转情况如图 1-13 所示。

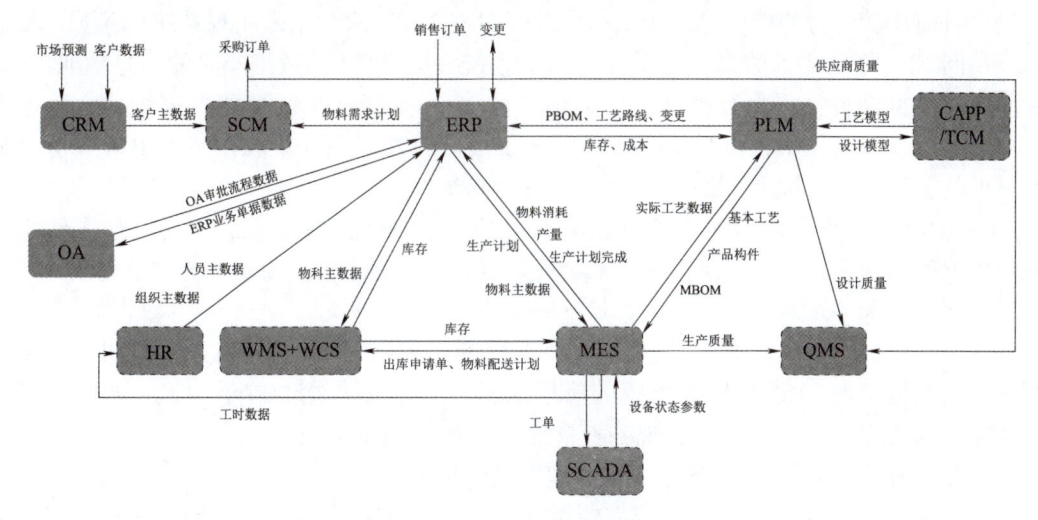

图 1-13 系统之间的数据流转

MES 系统与 ERP 系统集成的好处:

(1) 增加财务系统数据、管理报表更新和即时统计的功能。

(2) 以实时数据为依据的生成计划,更加准确及时地反映整个生产情况。

(3) 改造信息技术基础设施,实现公司内部信息和数据的集中管理,有效减少信息和数据内部流通的时间。

(4) 改进现有的操作流程,实现企业管理层和车间管理层一体化标准运作,有效缩短产品周期,提高生产效率。

(5) 配合供应链管理 SCM 系统,减少供应链成本,快速反映客户需求,优化客户服务并提高公司整体工作效率。

MES 与 ERP 的集成方案,需要根据企业的实际应用环境和目标需求评估确定最佳方案。通过对企业的运营模式、发展目标和业务过程做充分的研究,确定信息如何共享、交换以此保证信息的正确传输。综合各方面的研究和实用成果,可以将 ERP 与 MES 系统的集成模式分为三种:封装调用集成模式、中间对象集成模式、直接集成模式,如图 1-14 所示。

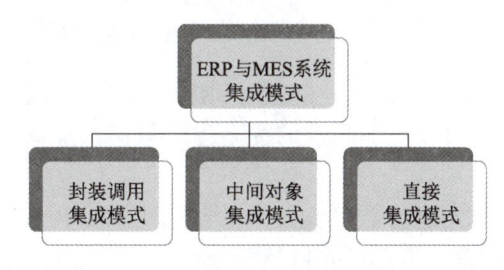

图 1-14 MES 与 ERP 系统集成模式种类

1. 封装调用集成模式

封装就是指对象的属性和操作方法同时封装在定义对象中。用户看不到对象的内部结构,但可以通过调用的方式来使用对象。ERP 与 MES 系统封装后通过接口调用就可以实现

项目一 基础知识认知 ■ 21

系统集成。封装比较典型的调用方法有：基于 API 的函数调用方法、JDBC/ODBC 方法等。

基于 API 的函数调用方法的 ERP 与 MES，封装调用集成模式同一般的 API 函数调用基本相同。目前比较流行的接口是 SAP R/3，其通过对 BAPI 的调用来实现系统的集成。MES 系统要访问 ERP 系统中的数据，需要通过 ERP 系统中的 BAPI 函数把所要的信息抽取出来，然后转换成数据文件，再将数据文件转换成符合 MES 系统 API 函数的数据结构，传递到 MES 系统中。这种方法的优点是适合于提供开放接口的外部系统集成，如 SAP R/3 等，缺点是一般的 ERP 产品不能提供 API 的封装调用集成模式。

JDBC/ODBC 方法可以实现普通的 ERP 系统与 MES 系统的集成。缺点是需要了解系统的底层数据库的构造，通过底层数据库来实现集成。这可能会打破原来系统的平衡性。

2. 中间对象集成模式

通过中间数据库集成模式，建立中间数据库实现共享数据格式统一定义，通过访问中间数据库抽取数据实现 ERP 与 MES 系统的信息集成。主要包括通过中间文件、中间数据库、XML 数据流以及消息中间件等来实现各种系统与 MES 系统的集成。

（1）通过中间文件实现 MES 系统与其他系统的集成

可以把 MES 系统需求的其他系统文档做成适合 MES 系统数据格式的或者统一格式的文件，通过访问中间文件库实现系统的集成。

（2）通过中间数据库集成模式

建立中间数据库实现共享数据格式统一定义，通过访问中间数据库抽取数据实现其他系统与 MES 系统的信息集成。

（3）通过消息中间对象的集成模式

MOM（Message Oriented Middleware）指的是利用高效可靠的消息传递机制进行平台无关的数据交流，并基于数据通信来进行分布式系统的集成。

3. 直接集成模式

由于 ERP 系统和 MES 系统的底层都是关系型数据库，相互需要集成的数据都存放在各自的数据库中，直接集成模式就是两个系统直接对各自数据库进行操作并交换数据。要实现这种集成模式，最好将 MES 系统的数据存放在 ERP 系统的数据库中，实现两个系统数据库的真正共享。

以上总结了进行 ERP 系统与 MES 系统集成的几种模式与方法，在实际应用中要采用什么方法，需要根据企业的实际进行考虑，以实现系统的最优功能发挥。

1.8.4　MES 系统与 ERP 系统对接方式与交互数据项

在工业互联网迅猛发展的大背景下，MES + ERP 愈将凸显其在生产制造环节的重要性。MES 与 ERP 相互协同工作，可以更加高效的提高生产效率，降低总制造成本，增强企业市场竞争力。

MES 系统与 ERP 系统如何进行对接？具体的形式是，ERP 系统软件下生产规划，MES 系统需要去抓取生产规划包含的信息，并将其划分到工位机器上去，通过驱动作业机器设备运作，当生产制造进行后，进入下一个出口。

一、MES 系统与 ERP 系统对接常见的有哪些方式？

1. 接口对接方式

接口对接是 ERP 与 MES 集成常用的一种方式，它通过定义标准接口协议，将 ERP 系统中的数据和业务信息传递给 MES 系统，实现数据共享和交互。目前，常用的接口协议包括 XML、SOAP、REST 等。

XML 接口对接：XML 是一种标准的数据格式，ERP 系统可以将需要传递给 MES 系统的数据按照指定的 XML 格式进行编码，然后通过 HTTP 协议将 XML 消息发送给 MES 系统进行处理。

SOAP 接口对接：SOAP 是基于 XML 的协议，它可以在不同平台和编程语言之间进行数据交互和应用程序集成。ERP 系统通过 SOAP 协议调用 MES 系统提供的 Web 服务，实现良好的互操作性和可扩展性。

RESTful 接口对接：RESTful 是一种基于 Web 的软件架构，它通过 HTTP 协议实现资源的状态转移和数据访问。ERP 系统可以通过 RESTful API 调用 MES 系统提供的网络服务，实现数据同步和业务逻辑交互。

2. 数据同步方式

数据同步是 ERP 和 MES 系统对接中非常重要的环节，它可以确保两个系统之间数据的一致性和及时性。目前常用的数据同步方式包括：批量导入、增量同步、全量同步三种方式。

批量导入：ERP 系统可以通过导出数据文件的方式，将需要同步到 MES 系统的数据进行批量导入。这种方式适用于数据不是实时生产的场景，且数据量较小的情况。

增量同步：增量同步是指 ERP 和 MES 系统之间只同步发生变化的数据，而不是所有数据。ERP 和 MES 系统的数据库都需要进行相应的设置和编写脚本，确保增量同步可以正确实现。

全量同步：全量同步是将 ERP 系统中的所有数据同步到 MES 系统中。这种方式适用于数据更新较为频繁、数据量较大的场景。

3. 自定义 API 对接方式

自定义 API 对接方式是指企业按照自己的需求和标准开发 API，并将 API 集成到 ERP 和 MES 系统中，实现数据和业务的交互。它具有良好的灵活性和兼容性，可以满足企业复杂的业务需求和定制化要求。

4. 云平台对接方式

云平台对接方式是指在云计算环境下，利用云计算平台提供的应用编程接口（API）进行 ERP 和 MES 的对接。企业可以将 ERP 和 MES 系统部署在云平台上，同时利用云平台提供的资源管理、数据存储和计算服务，快速实现信息集成和业务融合。

二、MES 系统与 ERP 系统对接需要注意的问题有哪些？

1. 前期准备

在 MES 与 ERP 对接之前，需要进行充分的前期准备，包括确定业务需求、梳理数据流程、建立完整的数据字典等。在此过程中，需要注意以下几点：

（1）需求确认：必须紧密结合业务需求，确保对接的目的明确、方案清晰。

（2）数据流程梳理：对接之前需要对业务流程、数据流程进行全面梳理，包括详细的流程图、环节定义、数据方向等。

（3）数据字典建立：对接需要建立全面、详细的数据字典，包括数据格式、数据类型、数据长度、数据区间等，确保对接数据的准确性和严谨性。

2. 接口定义

接口定义是 MES 与 ERP 对接的关键环节，需要对接口进行全面、详细的定义，确保系统之间的数据交互能够准确和完整地进行。在此过程中，需要注意以下几点：

（1）接口类型：对接口类型进行全面梳理，包括数据接口、业务接口等。

（2）数据格式：对接需要明确数据格式，包括数据类型、长度、区间、范围等。

（3）接口协议：MES 与 ERP 对接需要明确接口协议，包括数据传输格式、安全协议、通信协议等。

（4）接口频率：对接需要明确接口频率，包括数据传输的时间、频率、时效等。

3. 数据传输

数据传输是 MES 与 ERP 对接的核心环节，需要确保数据的准确传输和及时处理。在此过程中，需要注意以下几点：

（1）数据校验：对接需要对接口进行全面校验，确保数据的准确性，包括数据类型、数据范围、数据长度、数据完整性等。

（2）数据传输方式：对接需要明确数据传输方式，包括数据传输的通信协议、数据传输的端口等。

（3）数据传输安全：对数据的安全性进行全面保护，确保数据传输的安全性和可靠性，包括对数据加密、压缩、解密等。

4. 异常处理

对于 MES 与 ERP 对接来说，异常处理是非常重要的环节，需要针对不同的异常情况进行相应的处理。在此过程中，需要注意以下几点：

（1）异常情况分类：对异常情况进行全面分类，包括数据传输异常、数据处理异常、业务处理异常等。

（2）异常处理方式：针对不同的异常情况，需要制定不同的异常处理方式，包括数据恢复、数据重传、业务回滚等。

（3）异常报警：对异常情况进行及时报警，包括短信、邮件等方式，并及时处理异常。

课后拓展

1. 查阅资料，了解"工业 4.0"和"中国制造 2025"的含义、发展历程及产生背景。
2. 查阅资料，了解智慧工厂的现状。
3. 查阅资料，了解精益生产的含义。
4. 查阅资料，了解 MES 应用现状。

项目二 MES 系统生产计划管理

学习目标

• 知识目标

1. 掌握 MES 系统生产计划管理的相关概念；
2. 理解生产计划与生产排产；
3. 了解生产计划管理数据组成和传递方式。

• 技能目标

1. 能初步制作对应企业的生产计划与生产排产；
2. 能根据生产计划管理数据组成和传递方式，简单分析企业的 MES 管理系统并进行操作。

• 素质目标

1. 培养学生崇尚劳动、热爱一线劳动的精神；
2. 培养学生的抗压能力，树立"安全发展"理念。

项目背景

许多企业已经开展了信息化项目，包括 CRM、ERP、PLM、SCM、OA 等。这些系统给企业的管理带来了许多好处。然而，这些系统却不能反映车间的生产水平。上游管理与车间生产之间没有数据传输。大多数企业车间的执行过程都是基于文件报告、人工操作来实现上游或下游沟通。这种方法效率低下，产生的数据不准确、不完整。使企业在生产中不能准确地进行分析、精细化管理，对商业利益大打折扣。同时，在 ERP 应用过程中，计划无法实时、准确地发送到车间，也无法实时、准确地获得车间生产的反馈，使对生产的监控缺失。如何将 ERP 规划与生产实时关联起来？作为桥梁的 MES 应运而生，弥补了企业信息架构的断层。

知识直通车

2.1 MES 的生产计划管理综述

现在很多制造企业采用的生产计划和生产排产的方法，和 20 世纪 20 年代艾尔弗雷德·斯隆在通用汽车公司总结的做法并没有太大区别。当时，由于

MES 的生产计划管理综述

通用汽车公司旗下的各事业部无约束地采购原材料和半成品，造成总库存急剧上升，不仅超出了财务限制，也超过了生产用量。为此，通用汽车公司专门成立了一个库存委员会，要求各事业部每个月向其提交月度预算报告，对后四个月的销售进行预测，并估算为了满足这些销量所需的物料和资金。在库存委员会与各事业部充分协商达成一致意见后，由库存委员会向各事业部发放该月生产所需的物料。随后，通用汽车公司又对这一做法进行了完善，扩大了四个月预测的范围，使其不仅包括对销量、产量和收入的预测，还包括对工厂投资、运营资金和在制品库存的预测。这一扩大的预测流程由各事业部启动，并于每月25号汇总到最高层。这种做法在近一个世纪以前是颇为新颖和领先的。

但是，时至今日，这种传统的以"计划主导、库存推动"为调控手段的大批量专线生产方式在响应市场变化时开始暴露出不足。为了动态响应外部订单的变动，制造企业必须同时改变各个工序的生产计划及对各零件供应商的购货计划。目前，由于全球制造业的蓬勃发展，产品类型和数量都有了极大的丰富，用户的需求也越来越趋于个性化。

在用户定制化要求越来越强有力地影响市场竞争态势的今天，如果固守大批量专线生产方式，指望通过频繁的计划变更来应对订单变动，在实际操作中显然是非常困难的。

面对激烈的市场竞争，从目前的按库存推动式生产转向按订单拉动式生产是必然的趋势，即以"平台战略"为表现形式，在产品平台的基础上，开发出各种产品系列，在交货点为最终用户提供产品的定制手段。当用户下达订单后，供应链快速响应，在企业内部形成按订单拉动的生产指令，以混线排产为目标，组织供应商进行适时排产供货。这种生产模式与传统的按库存推动式生产有着非常大的区别：订单取代了计划，成为组织生产的触发器；看板取代了调度单，成为控制物料流动的令牌；拉动取代了推动，成为联系上下游的桥梁。

按订单拉动式生产也有自身的缺陷，完全按订单拉动式生产将大大增加供应链的库存，整个供应链的成本将随着供应层级以几何倍数递增，来满足企业多样化的生产需求。因此，现有企业的做法通常是将两种模式结合起来，既能充分满足市场的需求，同时也保持计划相对准确，来降低供应成本。

任何一个企业都要做好生产计划及其管理，那么，在MES管理系统中生产计划到底是什么呢？

在工厂的生产运营中，首先需要制订生产计划，并在此处使用MES系统。MES系统软件可以监控从原材料进入工厂到产品进入仓库的整个生产过程，记录生产过程中使用的材料、设备、产品的检验数据和结果，还有生产时间、人员信息和其他信息以及每个生产过程中的产品。那么MES生产计划的内容是什么呢？

对于MES系统来说，生产计划的执行过程也是一个反馈过程，只有在最后工序生产出满足客户所要求的产品后，生产计划才视为有效。否则，所有工序将按照未完成的生产订单进行重新计划。

MES系统的生产订单是销售订单和成品之间的中间媒介，并且是在生产过程中用于产品跟踪控制管理的标记。生产订单在某种意义上源自销售订单的分解和全面重组。

当MES系统生成生产订单并下达生产订单时，生产计划生成模块开始运行，将该订单分解为每个流程，并且计算出符合生产流程的内部参数（例如生产加工在线时间，生产加工良率等），生成每个程序的生产计划。

MES是生产执行层的信息系统，它既要从业务系统接收生产任务，又要通过收集生产过程中的实时数据，及时处理各种实时事件，以达到调整和优化生产过程的目的，并将收集到的生产过程信息反馈给业务系统，MES 要与上层的业务系统和下层的控制系统保持双向的通信和数据交换，MES 系统如图 2-1 所示。

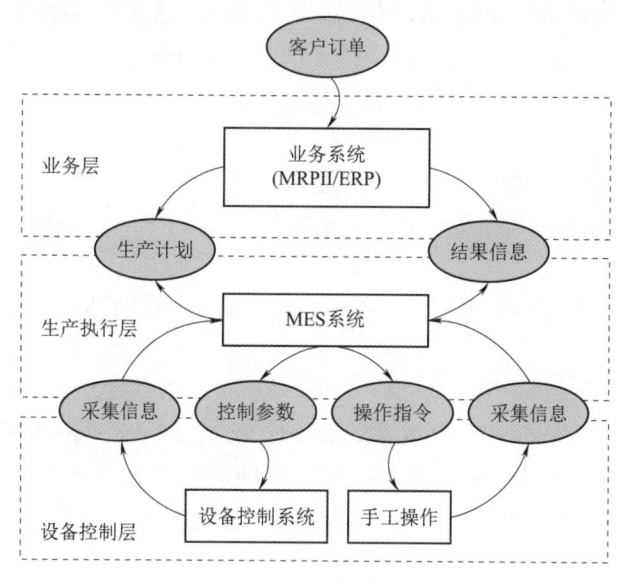

图 2-1　MES 系统

"计划"一词在企业的信息系统中会多次出现，而且在不同的层次代表不同的业务含义。在业务层，基于客户订单或销售预测会形成企业的销售计划或销售订单（简称销售订单）；到了生产执行层，销售订单会转化成生产计划或生产订单（以下统称生产订单），而生成订单与销售订单可能不再是一一对应的关系了，因为生产期间可能会根据生产调度与安排的需要，把一个销售订单拆分成多个生产订单，这就是所谓的"拆单"。

MES 中的生产计划就是对来自业务层的销售订单经"拆单"后形成的生产订单，销售订单的下达，有静态和动态两种可能的方式，所谓静态方式是指在一个生产周期内（如一天），销售订单在一天开始时下达到车间后就不再增加了，直到第二天开始时再下达新的订单，车间生产任务在一天内相对稳定；而动态方式是指在一天内，车间随时会接收新的销售订单，并形成生产订单作业，排序也必须随时更新。

2.2　生产计划与生产排产

生产计划的管理在 MES 系统中是非常重要的。一般情况下，企业的生产计划是由上层管理系统 ERP 来完成，那么 MES 中的生产计划和 ERP 中的生产计划的不同点在于：ERP 中的生产计划是以订单为对象的前后排列，考虑到时间因素，以日为排列单位，先后日期依据销售订单、销售预测时间、制造提前期、原材料采购提前期及库存等因素的 ERP 逻辑来计算；是基于订单的无限产能计划。MES 的生产计划以生产物料和生产设备为对象，按照生产单元进行排程；以执行为导向，考虑约束条件，把 ERP 的生产订单打散，重新计划生产排程；是基于时间的有限产能计划。

我们可以看出，MES 的生产计划管理和 ERP 的生产计划管理共同构成了企业整个生产

项目二　MES 系统生产计划管理　27

过程的生产计划管理。为了更好地实现生产，必须将 MES 生产计划管理和 ERP 生产计划管理有效的结合在一起，使 MES 与 ERP 一起构成计划、控制、反馈、调整的完整闭环系统，通过接口进行计划、命令的传递和实绩信息的接收，使生产计划、控制指令、实绩信息在整个 ERP、MES、过程控制系统/基础自动化的体系中透明、及时、顺畅地交互传递。

MES 的生产计划是 ERP 的生产计划不落地的基础和保证。

通过我们对 MES 生产计划管理的理解，我们在设计 MES 的生产计划管理时，必须保证此系统能够实现以下功能：

(1) 接收上层管理系统 ERP 传递下来的生产计划。

(2) 能够保证即时的将车间生产的实绩信息传递给 ERP，使 ERP 可以了解计划执行情况，进行倒冲、排产。

(3) 将 ERP 制订的生产计划以生产物料和生产设备为对象打散，重新排产。

2.2.1　滚动的生产计划

滚动的生产计划是实际指导企业运营的操作性文件，随着时间的推移保持定期更新。如图 2-2 所示，滚动的生产计划覆盖了短、中、长期的时段（年、季、月、周、日、班次、排产顺序），其主要作用如下：

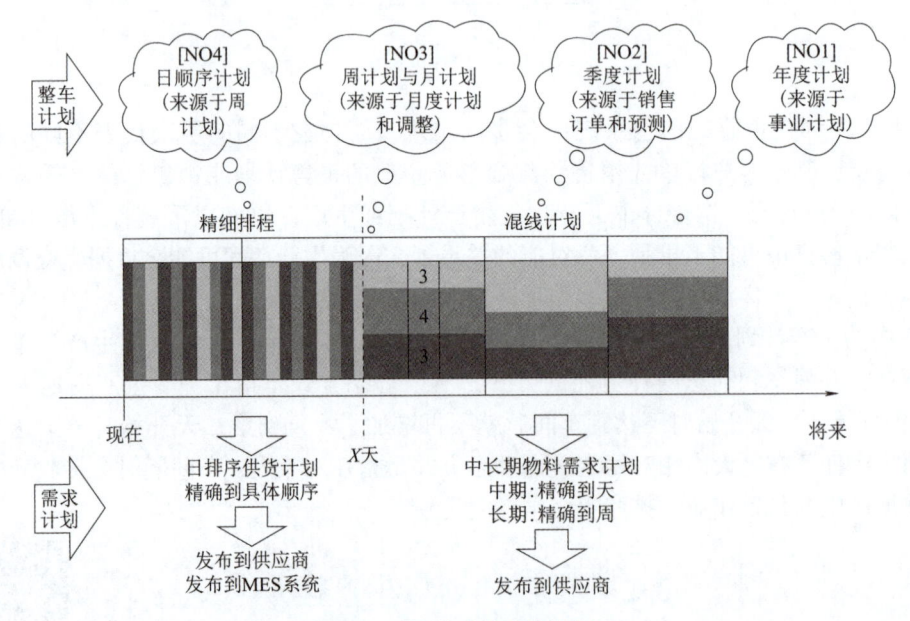

图 2-2　滚动的生产计划

(1) 配合财务部门安排资金，为保证资金运转提供依据。

(2) 为生产周期较长的产品投料提供依据。

(3) 配合采购部门对进口件的采购。

(4) 指导配套供应商对生产周期较长的零件做生产准备。

(5) 指导生产线的执行。

(6) 指导供应商的日常供货计划。

企业年度生产计划一般是采购部门与供应商签订采购合同的依据。企业年度生产计划规定了年度生产的产品型号及供应商的供货量和供货比例，依据供货量可以确定年度采购价格。企业年度生产计划也会规定供应商应该履行的职责，例如排序件的管理等。

由于中、长期的滚动的生产计划对供应链中最前段部分的运作有着明确的指导意义，所以"滚动的生产计划"在实践中是以季度为跨度进行滚动的。所谓"季度"滚动的生产计划，实际上是对"即将到来的三个月"的生产安排，其中第一个月的安排就是市场部门的"月度购货计划"，而对应的月度滚动的生产计划的制订部门通常是企业的制造工程部门；第二、第三个月的安排是市场部门的"购货预测计划"，采购部门以此对供应商下达对应的购货计划（即预订单）。因此，季度滚动的生产计划受采购合同的约束，要具有一定的准确率（当前在日本，一般水平为±10%；根据国内的实际经验，国内供应商可接受的水平一般为±15%；或根据零件生产特性与供应商进行约定）。

生产计划可以生成采购订单，但是生产计划不等于采购订单。从这个意义上来说，三个月的滚动的生产计划，第二、第三个月的生产计划一般是给供应商准备原材料和生产用的，只有第一个月的生产计划会精确到每天，ERP 根据每天的生产计划自动生成采购订单，供应商才能按照采购订单进行送货。一般情况下，对于按订单送货的供应商，第一个月的生产计划是冻结的，也就是一旦发布就不能更改，除非有特殊情况（例如地震、火灾等不可抗力因素），才能在双方允许的情况下做出更改。

由此看来，生产计划是依据时间轴来安排的，越接近生产日期或者要求到货日期，生产计划就越细化，有些甚至可以细分到小时。对于采购提前期较长的零件来说，生产计划就稍微麻烦一些。例如 KD 件（一般为进口零件），采购提前期为 2 个月～3 个月，这种情况只能在提前三个月的时候按照生产计划订货，同时也要保证厂内有一定量的库存，以备不时之需。

2.2.2 生产排产的约束与优化

由于 ERP 只会传递给 MES 每天生产的产品型号及数量，因此 MES 需要对生产订单进行生产排产，也就是决定生产的顺序，排产计划员的工作过程大致如下：

（1）生产部门通常按照计划部门的指令，定期（如每天、每班等）从生产订单库中取出生产订单（通常为一个产品一单），并决定订单顺序（即建立订单优先级，也就是确定产品在生产线上的顺序）。这一过程被称为排产（由于没有考虑生产过程中实际可能发生的状况，所以又称为"静态排产"）。

（2）对已排产的生产订单开始安排生产，通常称为调度。

（3）在生产过程中检查产品的生产状态，并根据实际要求，采用特定的方法调整生产订单的执行顺序，又称为"动态排产"。

由于生产排产会直接影响最终产品的交货时间和生产线的生产效率，并决定相应的零件消耗（何时在何工位被取用），因此，生产排产是企业制订生产计划的核心。

生产排产优化的目标是追求最高的生产效益，即生产能力达到最高和生产成本降到最低。但是，影响目标实现的因素众多，而且在实践中往往有诸多的不确定性，因此难以得出效益最优解。但这个问题实际上可以换一个角度考虑，即整合各生产线的生产要素与约束条件：当各生产线能同步均衡达到产能最大化，且支撑产能最大化的关键要素（主要是物流系统）的运行成本趋于较低水平时，就是效益最优解。因此，寻求排产效益最优解的问题就转化为满足优先次序不一的条件排产问题。基于已经优化的物流运作模式，使得各生产线能按其最高能力 24 小时不间断、顺畅地连续运行，这就是生产线效益的最优化。下面对生产排产优化中的一些做法和约束条件予以说明。

（1）在同一单元内安排的产品型号差异较小，一般按如下次序排列：

①同一平台的产品型号。

②同一平台的相同型号的产品。

③同一型号的同一配置的产品。

即同一单元内的产品型号所需的零件差异较小。

（2）排产中订单交货期的约束。

订单交货期是满足客户要求的重要条件，按照订单交货期排出订单优先级，确定生产排产的顺序。

（3）生产线本身固有的约束。

生产线本身对排产的要求是由该生产单元的特性决定的。例如涂装线，是否有最低数量同种颜色组成油漆的要求。再例如冲压件，生产多少个同品种的零件需要换模。

（4）生产线之间的固有约束。

以汽车生产为例，如果各生产线排序没有衔接好，会发生诸如在内饰装配时规定规格、颜色的驾驶室还未涂装完成，在总装线上要装驾驶室时车架还未到位或规格不对等脱节现象。

（5）物料到位约束。

①现有库存（包括在途物料）不能支持生产。

②远高于预测数的紧急要货量。

③供应商的生产、供货能力的制约。

④交货周期的制约。

⑤自制件的生产周期的制约。

2.2.3 生产延迟策略对生产排产的影响

某些大型制造企业的生产线比较长，例如汽车生产制造企业，从开始到最终产品下线，需要 2 天~3 天。由于在生产过程中需要满足生产的柔性，同时也需要满足不断变化的市场需求，因此企业就会应用一些生产延迟策略，从而导致开始排产的产品和最终下线的产品在顺序和时间上有差异。下面以汽车行业为例来说明这种影响。

目前汽车行业，尤其是在发达国家，由于市场竞争的不断加剧，客户个性化需求的不断增加，各大汽车企业为了满足市场需要，纷纷对生产模式做出相应的优化和调整，以丰田、福特、大众、菲亚特等比较大的生产厂商为首，逐渐由按库存生产转向按订单生产。各大汽车厂商还调整了生产管理模式，即在车身进入总装之前都可以调整订单，这样就可以极大地满足市场及生产的柔性需求。

这里举个例子，例如有一个很重要的客户，提出要 50 台运动型汽车，这些车并没有在经销商月度计划中体现，也就是在 ERP 中还没有销售订单。一般的做法是从头做计划再进行排产，或者将其他经销商的车临时调配，这样做在需求变化较慢、较小的情况下是没有问题的，而一旦市场需求变化较快、较大，这种做法就无法满足需要，会造成混乱。再举个例子,例如总装车间的某个进口件由于特殊原因无法及时到货,这会影响总装生产,甚至停线;而且如果匹配订单的车已经在线上,那更改生产线上已经投入的车是很困难的。

这两类情况中的第一种情况是由于市场变化太快,生产需要很快响应市场需求;第二种情况是生产必须保持一定的柔性,以应对质量问题、物流问题等引起的停线,停线就意味着车辆交付的延迟。因此,这两种情况最终都可以理解为生产排产要能应对市场的变化和需求。

生产模式调整的核心是应用延迟策略,具体操作方式为将订单与实物车的匹配延迟到总装进入的点,这样就可以从两个方面进行优化:

(1) 当市场需求变化或者有新的需求时,可以尽快将该部分订单与比较靠前的具有相同车身的车匹配。

以我们之前举的例子来说,如果那个很重要的客户需要 50 台运动型汽车,我们可以翻看系统中的在线车型,如果有带天窗的车身和符合该需求的颜色(也可能客户对颜色没有要求),那么我们就可以提高该订单在系统中的优先级,在这批车到达总装时,就可以先匹配该订单,从而将该 50 台车先生产出来并提前交付。被替换掉的 50 台车的订单优先级较低,将重新计划和排产。

(2) 当生产或者物料出现问题时,可以及时调整排产的订单,以达到规避风险的目的。

这个好处可以这样理解,在车进总装之前,排产部门可以少考虑一些排产的因素,同时也可以规避一些风险,这样就可以极大地提高生产线的设备利用率,减少停线时间。

当然,新的生产模式并不是只有优点,在提升市场反应速度和满足生产柔性的同时,这种模式增加了供应链内的库存成本,整车厂零件库存、供应商成品库存、供应商原材料库存都会相应增加。由于目前国内市场需求还没有达到如发达国家的多元化程度,因此国内采用这种方式进行生产的厂家较少,大多是优先考虑如何减少供应链的库存,从而降低成本。

2.3 生产计划管理数据组成和传递方式

2.3.1 ERP 传递给 MES 的生产计划数据

如今,MES 和 ERP 系统成了企业生产管理中不可或缺的一部分。更多的企业同时使用了 MES 和 ERP 两个系统。

生产计划管理数据组成和传递方式

MES 系统是一个以排产为核心、功能上很完整的生产管理系统,它所需要的所有基础数据都可以在 MES 系统内部生成和维护。如果 MES 用户把 MES 系统与 ERP 系统同时使用,这两个软件在数据和功能上的连通将会给用户带来最大的收益。本文将按照数据的传递方向"从 ERP 到 MES"和"从 MES 到 ERP"分别介绍 MES 系统如何与其他软件连接,才能让用户得到最大限度的收益。

从 ERP 传到 MES 系统的数据如下。

1. 物料信息

在 MES 系统所有基础数据中,物料信息,包含物料代码、名称、单位、成本等是非常重要而且维护工作量很大的基础数据。这部分数据正常应该在 MES 系统中生成和维护,但是已经实施 ERP 的企业都会认为这些数据已经存于 ERP 系统中,不必再次录入和维护。从

ERP系统直接把物料数据导入到MES系统当然是一种方便可行的方法。但是MES对生产物料的管理非常细致，不同于库存和BOM-MRP模块对物料的要求。用户会发现MES系统所需要的很多生产中间品是ERP系统中以前从来没有出现过的，因此，在MES系统中维护物料也是有必要的。而其中有些物料，如办公用品是MES系统所不需要的，这就要求MES系统有对ERP中物料进行筛选和假如新物料的功能。

MES系统对此的解决办法是，首先把所有ERP物料都引入到MES系统的一个标准物料表中，用户可以直接把所需的物料加入此表，通过对这些物料进行选择，把生产所需的物料引入到另外一个最终的生产物料表中。除了初期的数据维护以外，用户日常性的在ERP系统中对物料的增加、修改和删除也需要同时反映到MES的生产物料中来，这个"同步"的过程需要ERP软件进行必要的二次开发。

2. 采购到货信息

MES系统在进行排产计算的过程中，需要提取物料的预计库存数量才能保证原材料的供应满足生产需求。需要注意的是：这个预计库存数量与ERP库存模块所提供的库存数量有本质的区别。MES系统的目标是制订"未来"的计划，所以它需要的是未来的、预计的库存物料数量；而ERP库存模块所提供的是"以前"的和"当前"的物料数量。为了得到未来库存数量，MES系统需要得到原材料的预计到货数量和时间，这些信息本来需要在MES系统中进行手工录入，但是如果用户已经实施ERP的采购模块，就可以从采购单信息中得到这些数据。

对此，MES已有读取ERP采购单相关信息并导入MES系统的未来库存的功能。这需要ERP软件开放数据库中与采购单相关的数据表。

3. 销售单信息

MES系统在做排产的时候首先需要"什么时间？生产什么？生产多少？"这样的信息。这些信息一般都保存在ERP系统的销售订单中，或者是主生产计划等模块中。除了在MES系统中手工把这些信息重新录入一遍以外，还可以直接把这些信息从ERP系统取过来，经过加工，就可以直接下达排产，得到具体的生产计划。

综上所述，MES从ERP中得到的数据主要是物料、采购、销售等基础数据。这些都是生产管理中最基础的数据。需要注意的是，另外一些基础数据，比如工序、工序时间、逻辑关系、生产资源等都是任何ERP中所没有的，都必须在MES系统中重新生成，这是MES系统理论与方式的独特性所决定的。对企业来说，这些基础数据的准备也是企业自身生产管理的规范与完善的过程。

2.3.2 MES传递给ERP的生产执行数据

从MES传到ERP系统的数据如下。

1. 物料需求计划

MES系统提供的物料需求计划与传统BOM-MRP方式提供的物料需求计划有本质的不同。第一，它本身满足生产能力限制、多种生产约束条件和优化排产提高工作效率的要求。第二，它有详细到分钟的时间信息。这个数据提供给ERP可以极大提高采购和库存模块的管理水准。

采购模块：MES精确的物料需求计划是采购工作的重要基础，与采购模块原有的采购提前期、供应商资料、价格管理联系在一起，可以让企业得到更加精确和优化的采购计划。这个采购计划将可以直接降低生产原料的库存。

库存模块：MES 的详细物料需求计划在 ERP 模块中将可以直接生成库存出入库单据，单据上有品种、数量、时间、计划号等详细信息，极大降低库存模块的工作量，也提高了库存的计划精度，让库存管理更加科学和规范。

2. 产成品产出计划

MES 系统的物料计划同时生成需求和产出计划。MES 的产成品产出计划的特点与需求计划同样满足多种约束并且精确到分钟，企业可以以此制订详细和精确的销售计划、运输计划等，对提高这些模块的水准意义重大。

另外，MES 强大的生产决策支持功能，可以让销售人员在最短时间内得到在什么时间可以完成哪些生产，企业的生产能力是否可以接受某张订单这样的信息，把销售工作与企业的生产能力直接联系在一起。

3. 成本计划、成本分摊数据

MES 系统根据生产作业计划以及物料成本和单位时间的资源成本，自动生成生产成本计划。MES 系统还可以根据实际生产执行数据把成本分摊到每道工序，得到实际的发生成本。这些信息一起传递给财务模块，可以完善财务的成本管理功能。

4. 细作业计划（工序计划）与人事工资、设备管理、质量管理

由于 MES 可以产生详细的作业计划或者工序计划，并因此产生生产资源计划，而每道工序包含很丰富的信息，可能与一定的人员、工资管理相联系；也可能与设备、班组等资源相联系；还可能与质量管理等相联系。有了作业计划，就可以完善 ERP 对这些模块的管理。具体功能和方式还要与实际用户的需求和 ERP 软件联系起来。

5. MES 计划与领导查询

ERP 模块中包含的大量信息，支持领导查询系统对企业进销存财务等多方位的查询统计分析，但是缺少对生产管理的相关信息。MES 系统可以给这个功能增加最关键的与生产相关的查询，包括如何、什么时间可以完成哪些生产？在什么时间、需要哪些、多少原材料？哪些资源是约束当前生产的关键和瓶颈资源？何时可以交货？用户的一张订单是否可以接受？当前生产是否与计划相符合，是否会发生异常等信息。以前 ERP 系统内无从谈起的这些信息在几分钟之内都可以从 MES 系统中得到，并反应在 ERP 的相关模块内。

综上所述，MES 系统只需要从 ERP 获得比较简单的基础数据，但是却可以提供给 ERP 很多很关键的信息。这些信息是原来一直缺少的，可以帮助 ERP 的采购、销售、成本、设备、质量、领导查询等很多模块在功能上的改进，直接提高 ERP 软件的水准和档次。

2.3.3 MES 传递给设备以及生产者的生产信息

从未来的需求来看，尤其是在 B2P 的商业模式下，制造企业必须能够快速处理大量的单件制造及特别制造，同时全球化驱动的分散性协同制造已成为主流，这就导致了传统设计、计划到生产模式的失灵，严谨的 ERP 流程对时效性和灵活性大打折扣。

一种新的方式是设计、计划和生产紧密协作、并行执行，基于同样的需求、物料、产能等数据，PLM 设计结束之前，柔性生产计划即可快速下达，MES 系统实时开始生产执行，同时实现良好的反馈机制。这种柔性协同也对系统间设计 BOM、生产 BOM、数据、模型等

一致性和灵活性提出了更高的要求。利用大数据分析及模拟技术，进行设计BOM和生产BOM的快速转换，对生产流程及物料准备进行模拟预测，甚至对供应网络做压力测试，则是工业互联网时代MES依托于大数据和M2M实现创新发展的关键一步。

精益化生产MES系统将生产物料、工艺管理、产能信息进行信息化管理，制订客观、合理、精准的生产计划适应了生产过程的实际需要。在触摸屏上计划生产信息可以显示的内容比较多，但是，由于触摸屏使用面积较小，不适合在生产者距离触摸屏较远的情况下使用，因此适合使用在某些车间。MES系统的生产计划管理将生产计划信息传递给触摸屏，并且按照一定的格式进行显示，以此告知生产者来完成相对应的生产活动。

国内尚未形成完整的MES系统产业链，MES系统产业链包括：体系研究、软件开发、咨询、服务、评价等方面，其是一个整体，而目前这个产业链里面有断层，就是我们没有自己的体系研究，这个行业的咨询服务能力还比较弱，ERP为何现在变得相对成熟，因为有一大批独立于软件的咨询公司在进行ERP项目的实施，而目前MES产业的这只力量很弱，大家谈论的更多的是功能，当哪一天这个产业除了谈论MES系统的功能之外，更多讨论的是工业工程IE（Industrial Engineering），将是表示这个产业走向成熟的标志。

MES系统配置单是采用计算机打印的方式将生产信息打印出来，此种方式可以将打印好的配置单粘贴在待产产品上，方便生产者了解待产产品更多的信息，但是此种方式不适合工作条件相对恶劣的环境，因此在焊装和涂装车间无法使用。MES系统PLC数据传递方式是应用MES系统中PMC系统与生产设备PLC之间的网络连接，将生产计划信息传递给生产设备，指导或者校正生产设备完成生产。此种方式适合自动化程度较高的车间，在操作人员比较少的情况下，生产过程的实现通常是由生产设备自动判断，因此这种数据传递方式可以很好地实现生产计划的传递，通常情况下，涂装车间需要采用此种方式进行数据传递。MES系统建设必须以工厂模型为依托，以全流程物料移动与跟踪为主线，以设备全面全生命周期管理为中心，以安全优化生产为目标进行设计和实施，保障系统的实用性和实效性。

2.3.4　MES采集设备和生产者计划信息

MES系统考虑到与企业已有管理系统的通信、集成问题，避免出现更大或更多的"信息孤岛"，提高企业的信息共享程度，为战略、管理、业务运作提供支持，提高企业生产对市场需求的相应速度。

MES系统与RFID数据采集器的通信方式，透过ZIGBEE无线网络完成实时的工单回报，实现生产过程可视化监控和电子看板呈现，用于管理订单生产进度、工厂效率、设备产能负荷、目标达成状况、产品品质状况、薪资计算和成本分析。

工业互联网时代的MES系统，或许将重新定义在协同制造方面超越目前内部个人和组织范畴，而扩展至与供应商和客户的连接，在制造智能方面将不限于收集、分析与展现，而将进一步实现现场实时分析、协同智能决策、及时调整制造执行过程。

MES系统将零散数据整合，通过数据可视化和共享互联，打通企业的产品设计、客户管理、供应链、能耗管理系统，实现从底层控制级、中层生线级到上层企业级的整体优化，最终帮助制造业实现更快的上市时间、更高的资产利用率、更低的拥有成本和更可控的企业风险。

MES系统中许多子系统都涵盖、对应多种数据类型的大数据量的数据，要求考虑数据获取、处理、分析等复杂性；从 MES 系统产品发展来看，既有自动化控制系统向上延伸，也有企业管理系统向下拓展制造信息集成再到执行控制。而无论如何，MES 与 ERP 等管理系统产品融合集成已经成为事实。然而，传统的 ERP 强调集中化和业务流程标准化，MES 则更强调现场的灵活执行，其真正意义的融合需要两方面的改造而非简单集成。融合基础首先是数据源，尤其是产品数据和制造数据的分布和协调一致，同时要求 ERP 制造管理功能的分布化，将更多的灵活性和决策权下放到前线的 MES 系统，再通过 BPM 等实现流程集成和实时 BI 等管理目标。另外，供应链早已形成庞大的供应网络，在汽车、高速列车、飞机等领域更是如此，供应网络或制造网络上的变更管理尤为重要，如何将变更及时反映到分布的 MES 并实时响应，这从另一个层面对 MES 系统和管理系统融合提出要求。而过去十年，MES 快速发展期间不断涌现和实施了众多各具特色的独立 MES 产品，形成了很多制造执行的孤岛，这对管理系统集成和制造网络协同也将是一大挑战。

为了使 MES 系统生产计划和 ERP 生产计划形成闭环，MES 生产管理系统需要将计划执行的实绩信息传递给 ERP。以保证 ERP 可以实现：生产计划跟踪，跟踪其生产状态；物料倒冲、成品入库；生产查询、以多个纬度、角度进行统计。对于不同的车间，传递的信息内容以及数量有着很大的差异，如针对焊装、涂装、总装和发动机装配车间生产工艺的不同，应该分别设计 MES 生产计划管理传递给 ERP 的数据内容。

MES 数据交换接口的紧密集成，客户从中获得显著的收益，通过 MES 系统的分解以及排产，作业指令能直达生产线以及工位，生产人员由 MES 逆行统一管理以及调度，加强了对物流以及生产线日常事务的管理控制，而生产线数据采集防错扫描则由 PLC 负责执行。最终通过 PCS 系统的实时采集，客户可以直接在 MES 平台上，即时监控到工位上每一个料盒的消耗情况，每一个总成的流向以及加工状态，每一个生产线报警信号并及时制定处理对策，留下完整的处理记录；我们通过 MES 将分布在车间的信息集成起来。

在实现透明化过程当中也可以加一些商业智能分析，有了现场数据统计和分析，就可以为管理人员提供决策支持依据。从计划层面开始的时候可能是一种算法，算到工序的投入在下达日生产作业计划前，查询可用制造资源的情况，然后通过人机对话进行近日计划的调整。在运行过程中逐渐积累和修订提前期等基础数据，在条件成熟的时候，再实现排产计划自生成。生产进程的自动监控也可以逐步实现，一开始的采集可能是通过终端或触摸屏借助条码人工汇报，条件具备后自动采集。无论用哪种方式对现场信息采集后，都可以自动发出异常情况预警信息，提醒相关人员及时处理；也可以用看板方式提示有关人员该马上去做什么工作，提示他那道工序已加工完，马上去检验，以减少生产过程中的延误。

MES 系统质量信息提取与分析也是这样，开始可以是人工汇报，随着现场的检测设备、试验设备越来越自动化，可以从一些数字化模拟设备中导出现场工艺参数和质量数据，实现自动采集；关键工序还可以应用功能强大的软件，利用统计分析技术对生产过程加工质量进行实时监控，科学地区分出生产过程中产品质量的随机波动与异常波动，从而对生产过程的异常趋势提出预警，以便生产管理人员及时采取措施，消除异常，恢复过程的稳定，从而达到提高和控制质量的目的。也就是说，质量信息采集不止是用于事后统计，而是智能化的预警，一旦发现现场工艺参数变化已快超出质量控制能力线时会自动报警，提示相关人员及时调整，避免出废品。

MES 采集设备和生产者计划信息由于企业自身的发展背景不同，且处于信息化的不同阶段，选型时对 MES 供应商能够提供的服务包要求会各不相同。企业在应用软件系统选型时，软件供应商能够提供何种服务是最重要的评估因素。MES 系统的知识体系、掌握 MES 实施的正确方法并不难，因为 MES 行业的发展，已经有了比较成熟的知识体系和做法，物料需求计划的运算以此计划为标准，设计、生产准备、车间调度计划全部按照节点计划展开，适用多样性生产流程，支持多条生产线，提高管理效率，能将各批次的作业在多条生产线上排产，提高了管理效率。流程行业的 MES 系统研发较早，生产工艺相对稳定，MES 产品已经比较成熟，但在离散制造行业，生产多为多品种、小批量，生产管理相对复杂，国内成熟的 MES 产品并不多，目前大部分制造企业主要靠引进国外领先的技术，并结合本地化的管理模式，制定相应的解决方案。

课后拓展

1. 查阅资料，了解 MES 系统生产计划管理的相关案例，理解相关概念。
2. 查阅资料，根据 MES 管理的实际案例来理解生产计划与生产排产。
3. 查阅资料，根据 MES 管理的实际案例来理解生产计划管理数据组成和传递方式。

项目三　MES 系统资源管理

学习目标

• **知识目标**

1. 了解物料需求计划、闭环 MRP、制造资源计划及企业资源计划的产生与发展、逻辑流程及资源规划方法；
2. 了解 MRP 的输入与输出，掌握物料需求的计算方法，了解 ERP 的相关技术；
3. 了解生产资源、质量资源、维护资源、库存资源等的管理方法。

• **技能目标**

1. 掌握 MES 系统管理中的 ERP 技术；
2. 掌握 MES 管理中生产资源、质量资源、维护资源、库存资源等的管理方法。

• **素质目标**

1. 培养学生勇于探索、敢于创新的学习精神；
2. 培养学生爱岗敬业精神，明确设备在高效生产中的重要性。

项目背景

面对竞争压力和信息技术发展的新形势，很多制造业企业从品牌、规模和经营指标上，对信息化制造管理平台建设提出了更高的要求，然而目前大多数企业随着业务的扩展深入，在传统制造平台的管理方式下，生产执行层面的管理漏洞与弊病暴露得越来越明显：

生产计划排程编制繁杂、准确率低，且与执行信息的交互滞后；

制造过程无法有效防错和准确的质量追溯；

生产资源的管理力度弱，对工艺要素的控制力不强；

生产数据的实时采集与应用功能缺失；

平台整体经营绩效数据的及时性和准确性不够。

根据制造业信息化管理需求，MES 系统应当实现从生产计划的接收到产品交付承运商全过程的信息化管理，包括生产排程、排程任务下达、物料库存管理、PCBA 的装联、测试、整机总装、系统联调、包装等业务流程的信息化，通过建立业务流程数据采集结构，实现更便捷的生产过程信息、物料防错信息、产品追溯信息和关键生产资源的实时状况记录，实现可追溯生产和透明化生产，部分工序实现看板管理和远程查询终端功能。建立满足上述需求的系统功能结构及相应的硬件网络。在此基础上引入 MES 管理系统资源管理。

> 知识直通车

3.1 资源管理概述

MES 资源管理是指对资源状态及分配信息进行管理。这里的资源包括机床、辅助工具（如刀具、夹具、量具等），物料、劳动者等其他生产能力实体以及开始进行加工时必须具备的文档（工艺文件、数控设备的数控加工程序等）。对资源的管理还包括为满足生产计划的要求而对资源所作的预留和调度。例如，它不仅提供资源使用情况的历史细节，保证设备资源的正确安装、设置，同时还提供资源的实时状态，使调度操作顺利进行。

资源管理概述

MES 需要与计划层和控制层进行信息交互，通过企业的连续信息流来实现企业信息全集成。首先，一个组织需要明确自己为实现某种设定的目标所需要的人力资源能力要求；其次，根据这一能力要求实现人力资源的配置；第三，对已经配置的资源进行相应的能力评价，如果不能满足规定的要求，需要采取培训或相应的其他措施保证满足需要；第四，对于采取的措施需要进行相应的评价与记录，以验证管理的效果；第五，对于能力的评价可以从教育、培训、技能与经验等方面进行。

3.1.1 制造资源管理的基本范畴及意义

广义制造资源是指完成产品整个生命周期的所有生产活动的软、硬件元素，包括设计、制造、维护等相关活动过程中涉及的所有元素。狭义制造资源主要指加工一个零件所需要的物质元素，是面向制造系统底层的制造资源，它主要包括机床、刀具、夹具、量具和材料等。

资源：是指凡是能被人所利用的物质。

在一个组织里，资源一般包括：人力资源、物力资源、财务资源和信息资源等。成本法则告诉我们：成本一定消耗资源，不消耗资源的成本不存在。

一、制造资源管理的意义

制造资源包括制造商机，每个行业对于资源定义都不一样，资源意义很广。

良好的制造资源管理要求对公司的目标和能力有全面的了解。资源的监视和利用可以最大程度地提高效率，并有助于改善整个业务流程。

资源管理是通过相应的计划、调度和分配资源的过程来实现效率的最大化。资源是执行任务或流程所需的一切，包括具有一定技能或采用新软件/硬件的员工。

良好的资源管理对制造商的六个重大影响：

1. 避免不可预见的问题

如果您拥有可以从一开始就对资源进行全面了解的业务系统，则可以制订一个全面的计划，可在何处分配资源并避免出现瓶颈。它使您能够在潜在的差距和问题发生之前识别出来，并为如何应对不可预见的情况制订应急计划。

2. 提供安全网

有时由于缺少所需资源，项目或生产可能会崩溃。通过扎实的可证明的资源计划和管理过程，您可以证明自己已充分利用了现有的资源，防止受到影响，并不断改善资源计划。

3. 防止倦怠

有效的资源管理，可以防止人力资源的过度分配或过度依赖。通过深入了解每一个人力和物力资源的运营流程，您可以确保充分利用自己的员工，而不是用力地推动员工，造成反效果。它还可以突出利用的不足。

4. 测量效率

透彻了解成功执行某些流程和项目所需的条件后，可以创建更有效的计划和指标来衡量 ROI。良好的资源管理可以提供更好的可度量性，并且是优化流程和提高效率的关键。

5. 建筑透明

可以为工作团队中不同团队和部门之间提供更大的透明度。当一个团队的资源被最大化使用时，管理人员可以评估所有可用资源并做出相应计划，以改善任务分配的平衡并找到更有效的解决方案。

6. 改善关系

如果缺乏信任，工人与管理层之间的关系就会变得紧张。双方都将指责对方的剥削，如果没有组织的凝聚力，将会对生产力产生不利影响。通过良好的人力资源管理，工人和管理人员之间可以有适当的了解，确保每个人都能为自己的利益而成功合作。

二、制造资源管理的分类

可将制造资源分为人力资源、制造设备资源、技术资源等九大类：

1. 人力资源：人力资源就是在整个制造系统的全生命周期中具有丰富经验的领域专家。他们能够为资源使用者提供专家咨询、专家诊断等服务。根据制造系统的知识结构，可将人力资源细分为设计专家、工艺专家、技术专家、管理专家等。

2. 制造设备资源：制造设备资源是在车间层具有具体制造能力的资源的抽象，它们主要为资源需求者提供加工制造服务。可以根据功能将制造设备资源进一步细化为加工机床、刀具、量具以及工装等加工制造资源。

3. 技术资源：技术资源是在企业制造过程中固化的设计制造、工艺技术、管理、营销等技术知识的集合。它包括企业所具有的制造技术、工艺技术、企业产品知识库、实例库等技术资源。

4. 应用系统资源：应用系统资源是在制造系统的整个生命周期中用到的所有应用资源的集合。它从功能的角度可细分为设计系统、分析系统和管理系统等，其具体如 CAD/CAM、CAE、CAPP 等应用子系统。

5. 物料资源：物料资源就是指在制造系统中制造某种产品所需的原材料、毛坯和成品等。

6. 用户信息资源：用户信息资源记录资源提供者和资源使用者的一些基本信息，如用户的身份，权限以及资源访问的历史记录等，它为以后的资源评估、发现和调度提供依据。

7. 计算资源：在制造网格环境下，企业的设计计算，仿真计算、存储器等资源也将成为制造资源的一部分，因此将这类资源划归为一类，并统一归口到制造网格资源中。

8. 服务资源：服务资源为资源使用者提供各种信息的咨询、培训和售后服务等，同时也包括对系统和资源的使用帮助。

9. 其他相关资源：不属于上述资源里的所有资源的集合，如用户自定义资源以及将来可能新增加的资源等，它为系统的可扩展性提供保障。

这九大类制造资源共同构成了一棵以制造网格资源为根节点的、多层次的、动态的、分布异构的资源分类树。

三、MES 系统资源管理中制造资源的特点

MES 系统资源管理中制造资源由分布在异地的多个企业资源合成，具有以下几个特点：

1. 相对独立和自治

制造资源为某个企业或车间所拥有，在其上面进行的操作控制，均由该企业或车间人员独立完成。

2. 异步协作性

在网络环境下完成某个制造任务的过程中将涉及若干企业或车间单元，跨企业边界的制造子任务交互的形式往往是异步进行的，通常采用消息传递。另外，许多复杂的制造任务必须通过各种资源的协作才能实现。

3. 多样性

在不同的企业中，即便是相同的制造资源对外所表现出来的制造能力也往往不尽相同。例如，由于企业经营策略的不同、企业工艺水平的高低或人员技能的差异，同一种加工设备所能制造加工的零部件在加工精度等方面也有所不同。

3.1.2　制造资源管理研究现状

MES 系统是制造企业进行转型升级、加强管理、开展精益化生产的不可或缺的管理系统。从目前市场上的 MES 系统来看，其主要在流程行业等少数领域应用较为成熟，但是在离散型制造领域，无论从成功案例的数量还是案例的规模上都有较大差距。并且，一些系统的应用需要不断反复调试才能与各个设备相配合，共同做工。此外，在一些关键性的技术方面，未能取得突破性的进展。因此，相关的技术需要不断深入研究，从而逐步完成系统。

1. 消耗资金大

企业进行转型升级，应用 MES 系统需要大量的资金。根据功能作用的不同，其相应的价格可能达到几百万。在 MES 系统应用的同时，也要确保与之相连接的硬件设备有相对应的接口，可以进行自动化的生产做工，从而进行正常生产做工。

2. 智能化程度不高

目前的 MES 系统在智能化程度上都不高。现在的 MES 只是一个信息处理平台，许多工作都需要人工的参与，不能自主生产做工。即以人为主，系统为辅，只能配合管理人员做好生产中的管理工作。

3. 影响能动性

生产线的人员被迫接受系统下达的命令，虽然有助于标准化生产，但是往往导致工人主观能动性不能很好发挥，整个生产过程枯燥无味。长此以往，不利于员工的身心健康。因此，要充分发挥主观能动性。

针对以上存在的问题，应当采取相对应的措施进行解决：

（1）加大研发力度，不断地深入研究，完善相应的技术，将 AI 逐步应用于系统当中；

（2）通过实践应用，收集使用企业反馈的问题，然后针对性地解决；

（3）提高系统的兼容性，使其与设备的连接性进一步加强。

3.2　MES 系统资源管理

随着信息技术的进步，数据共享更加便捷，实施对企业生产资源的综合管理成为可能。目前，国内许多学者对 MES 系统的制造资源管理、设备管理、物料管理等方面都有一定的研究，为 MES 系统资源管理的进一步优化提供了有力的支撑。MES 的先进信息化管理方法，结合生产的特点，对生产过程中涉及的物料、生产人员、生产设备等生产资源进行管理，合理安排生产资源，达到生产资源的最优配置，并结合跟踪到的信息对注塑件成本进行核算，以有效控制成本。资源管理系统是整个 MES 系统的一个子系统，包括设备管理、物料管理、人员管理、工具管理等四个部分。

3.2.1　生产资源及其管理

生产资源是制造系统重要的基础性组成部分，是制造企业生产活动的物质载体，它代表了制造系统中所有可用资源，不仅仅指物理设备，一个制造系统如生产车间常常由多种制造资源组成，如机床、模具、AGV、操作员、工件、信息支撑系统等。

生产资源及其管理

大多数企业生产是 24 小时连续运作的，生产过程中涉及的生产资源众多，可以将它们归为设备、物料、人员、工具四类，要保证车间的生产运作顺畅，要实现"优质、高效、低耗"的生产目标，就需要对生产过程中涉及的复杂的生产资源进行有效管理。生产资源管理水平的高低，直接影响生产效率、产品不良率、物料消耗、机位作业人数、生产成本。

一、生产资源

生产资源指生产过程中所要使用的资源，这些资源涉及的范围较广，包括生产车间、生产线、各种生产设备、员工排班、所需物料等，这一系列过程均是为了保证生产正常进行所需要的资源能够被更好地管理与应用。MES 系统中的生产资源主要包括物料的需求、人力的需求这两大部分。

1. 物料需求

物料需求包含原物料的需求与辅料的需求，在生产操作过程中会产生一个产品物料的配比结合，MES 系统会根据这一结合的需求计算出本次生产所需要的生产原料的理论值，这一计算方式不同于传统模式，它无须手动计算，不仅节省了大量的人力与物力，而且也节省了不少时间。

2. 人力需求

企业在分析物料需求计划后，通过 MES 系统的能力需求可以产生一个切实可行的能力执行的功能板块。精确计算出各生产阶段和各工作中心所需要的资源量，进而得出人力、设备等资源的负荷情况，防止生产能力负荷不平衡的发生。

MES 系统将企业生产信息、人工、物料、工艺、设备有机整合在一起，实现了车间生产设备的集中控制管理，实现生产设备与计算机之间的信息交换，帮助企业实现设备及资源优化配置和重组，达到资源的最大利用。

二、生产资源的管理

生产资源的管理与其他活动的接口如图 3 – 1 所示。

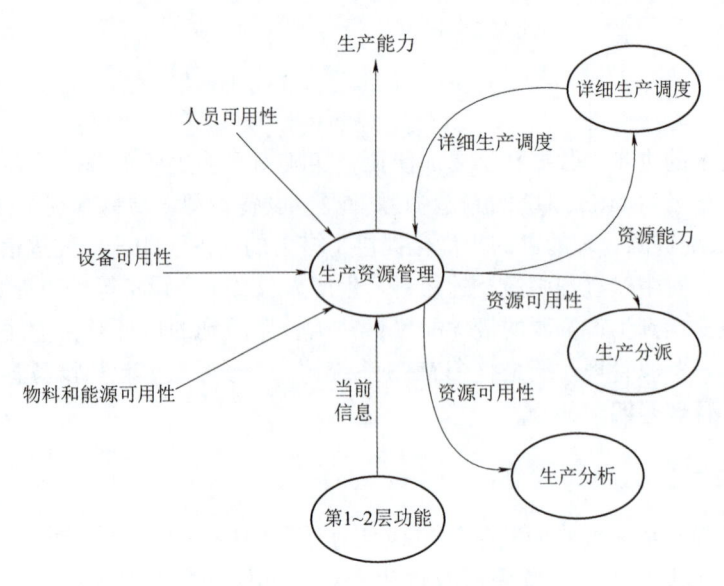

图 3－1　生产资源管理与其他活动的接口

生产资源管理的主要任务包括两类：

（1）创建并维护生产资源（设备、人员、原材料和能源）相关信息，信息一般在产品定义管理中维护，包括定义信息，比如设备台账、人员清单以及技能清单等；包括能力信息，比如设备的生产能力、人员技能、电力的最大负荷等。

（2）基于生产资源的当前状态、生产计划、未来预留等因素，收集和提供资源的能力（满足的、不满足的、需改进的等）信息，协调生产资源确保能够满足生产计划的要求。比如，在汽车销售较好的时间段，生产计划随之会安排更多的产量，生产资源管理则需要通过安排人员加班、提前检修设备、保障能源供应等手段，确保生产能够满足生产计划的要求。

资源可用性提供了资源调度和报告所需的精确时间的定义。资源可用性应该包含账目元素，比如，工作时间、劳动制度、节假日安排、休息安排、停工计划以及换班安排等。

1. 人力资源管理

人力资源管理包括证书的级别、特定任务的时间跟踪以及人力资源可用性的管理信息。在某些情形下，这些信息由全体人力资源系统维护和管理，但对于制造系统必须是可用的。技术证书定义了生产资源管理技术层面的可用性，从而把有资格的人员分配给每个特定的生产活动。

2. 设备资源管理

维护运行管理对设备资源管理有巨大的影响。未来不可利用的周期（基于非时间表安排的维护需求）也会影响利用状况。

比如，当被告知设备的一部分有缺陷时，维护任务请求会要求该设备被分配为难以利用的类型。如果该设备进入预定的预防性维护时期，也会被分配为难以利用的类型。如果设备修理完成或者预防性维护活动结束，维护任务将会要求把设备重新分配到可用的类型。

3. 物料资源管理

物料管理的目的是将物料与人力、机器、资金等有限资源结合在一起，达到适时、适地、适量的物料供应，减少闲置、呆废料情况发生，确保生产过程中物料合理使用，避免物料过度浪费，降低产品成本，从而达成企业总体目标。

生产中涉及的物料种类多且繁杂，比如原材料、辅料、零件、成附件、标准件、产品等物料，MES 系统对生产物料的基本属性数据进行定义、修改、维护与查询，同时 MES 物料管理功能提供物料主文件管理、物料清单（BOM）管理、工艺路线管理及对物料基础数据记性管理。

（1）物料 BOM 管理。

在 HSMES 系统中完成工厂、线体、工位信息的配置后，系统就可以接收物料 BOM，对 BOM 类型为本地的 BOM 进行增加、修改、删除、查询，并可以通过 EXCEL 导入或导出本地 BOM。

工位 BOM 配置完成后，HSMES 即可实现物料信息接收、物料信息退回以及对物料类型进行增加、修改、删除、查询等功能，并且同样可以通过 EXCEL 导入或导出本地 BOM。

（2）物料接收管理。

在此模块中 HSMES 提供物料信息接收界面以及提供物料信息管理界面，界面中包含所属工厂、所属线体、工位、零件名称、零件图号等必要的信息，供给工作人员查看，并且通过物料条码、物料类型等信息，帮助工作人员快速检索到需要的内容。

（3）物料校验规则管理。

在 MES 提供物料规则配置的界面，提供了包含所属工厂、所属线体、BOM 编号、零件图号等必要信息。工作人员可以运用 MES 自由配置物料规则，可以在界面输入需要校验的内容信息进行校验规则设定。

（4）物料库存管理。

HSMES 系统支持对物料库存进行盘点，对物料库存的批次包装量进行增加、减少。在物料库存盘点界面，HSMES 系统提供包含物料所属工厂、所属线体、工位、零件名称等内容。工厂相关人员可以通过工位、零件图号、供应商名称进行搜索。

（5）物料历史消耗查询。

在 HSMES 系统中完成工厂、线体、工位信息的配置，工位物料信息接收或导入以及生产物料消耗模块的物料消耗的前置条件后，HSMES 系统便可对物料消耗的历史信息进行查询。在物料历史消耗查询界面，可以通过工位、零件图号、供应商名称等信息查询工位物料消耗历史数据，了解工位物料消耗情况。

（6）可疑物料锁定。

通过对可疑物料的处理，能行之有效的控制产品的质量。在完成工厂、线体、工位信息以及工位物料信息接收或导入配置后，工作人员可通过工位、零件图号在界面进行搜索，对物料进行锁定与解除操作。

3.2.2 资源质量及其管理

制造业大国，质量是关键。如何才能真正把质量管理好，是我们经常思考的一个问题。

产品质量很大程度上依赖于管理，自中国加入世贸组织以来，中国制造业与世界接轨推动我国制造业的发展。时代的发展，法规的出台，

资源质量及其管理

人们意识的提高都对产品质量提出了更严格的要求。

1. 质量检验项管理

MES 系统可以支持产品的检查项目设置，并且自定义产品需要检测的项目。在完成了对工厂、线体、工位信息的配置之后，即可实现检验项目内容的增加、删除、修改、查询，同时工厂工作人员还可以使用 MES 检验项代码进行搜索。

2. 质量原因管理：系统需要支持产品质量原因的配置

在质量原因管理界面，MES 设置了提供项目编码、项目名称、项目要求、原因代码、原因名称、是否启用等信息，还支持使用原因代码进行搜索，实现原因代码的增加、删除、修改、查询。

3. 质量区域管理

MES 系统可以支持对质检区域的配置。在提供质检区域配置界面包含区域编号、区域名称、区域图片等必要信息，实现了区域编号的增加、删除、修改、查询。

4. 质量检验计划管理

系统可以支持设定产品质量检验功能，包括首检、巡检、入库检以及抽检。在完成上文提到的质检项配置、质检原因配置、质检区域配置后，即可实现质检计划的增加、删除、修改、查询，通过区域编号进行搜索查询。同时还可实现质量检验内容的定期推送，如果是首检，则在工位端或手持终端首检生产时进行检验。若是巡检，就只执行一次质检。若是入库检，则在产品入库时进行检验。

5. 质量检验项录入

一个合格的 MES 系统需要支持质检信息的录入。MES 在完成质量检验计划的配置后，即可完成质量检验项目的录入。MES 提供的质量检验项目界面包含选择质检编号、质检区域图片、质检项、检验要求、检验方式等信息供工作人员查看。

一、MES 对产品质量的控制作用

质量管理模块是 MES 系统的重要组成部分，MES 在生产执行的过程中需要进行质量控制和检验。基于 MES 的动态质量管理能够优化质量管理中存在的问题，改善企业信息系统臃肿、效率低下的现状，具体体现在以下几个方面，如图 3-2 所示。

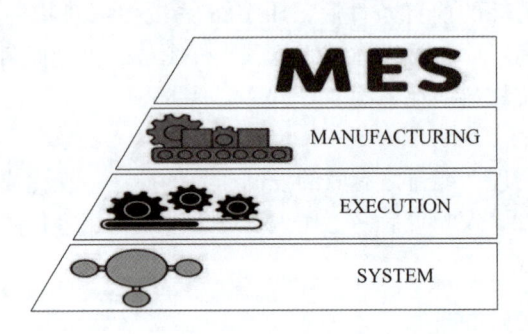

图 3-2 MES 对产品质量的控制作用示意图

1. 质量信息具有灵活性、实时性、动态性

随着市场的不断丰富和现代制造企业生产的多样性和个性化的特征，制造车间由 MES 系统提供了针对制造环境的统计过程技术，能够及时准确地采集与处理生产过程中反馈的质量信息，并能对各种产品的质量起到未雨绸缪的作用，将由于质量事故所造成的大量人、

财、物的浪费控制到最低。

2. 质量管理信息流动畅通

MES 系统的质量管理能实现质量数据的快速流动和信息的畅通传递，方便质量检验部门与计划调度部门、工艺部门信息的及时沟通、反馈。通过对车间质量信息的综合处理能有效控制产品质量，对质量问题进行实时持续性改进，避免质量管理中质量数据相对分散、孤立及缺乏规范化的缺点。

3. 为企业的质量管理提供有效的系统支持和统计工具

MES 系统可以为质量业务流程提供有效的保障。MES 系统的质量管理中应用各种统计工具，对产品生产过程中积累的质量信息进行挖掘和分析，可以找出对决策有用的信息。同时对质量数据的组织和管理也是质量数据化管理成功的基础。

产品质量对于企业的重要性不言而喻，不注重产品质量，最终会被市场淘汰，功亏一篑。仅仅意识到质量的重要性还不够，同时还应该把它做好，那如何才能生产出高质量的产品呢？

从细微处做起，注重细节，把握质量。产品质量由事前预防、事中监督到事后检验，由"堵"到"疏"，再到生产的"全面质量管理"，我们可以看出整个生产过程中的精细化要求与对生产质量水平的要求越来越高。那么为保障产品质量安全，企业在质量管理方面应以更高的起点，全面建立具有自身特点的质量管理体系和产品生产的质量管理理念，建立独立于生产管理的质量保证体系，加强产品在整个生产过程的质量检查和质量监督，在解决产量、成本、质量发生冲突时，从根本上杜绝牺牲质量的思想痼疾，对质量管理理念实现转变。

生产制造企业必须在质量管理中推行全面的质量管理模式，建立多极化的质量监督，实行检测岗位负责制，使产品质量控制在每一个生产的源头。在制造过程中必须严格控制成本，每一个人都要有责任意识，对于自己所用的生产资料的价格怎么样，生产成本怎么样算都应该去了解，这样才知道应该怎样去控制，从哪个方面去控制，鼓励持续改进，不断对所有细节问题进行改进，降低所有能够降低的生产成本。

质量管理没有永恒的答案，只有永远的问题，质量管理与成本控制就是在持续不断解决问题的过程中逐步规范起来的。

二、质量控制概念

我国国家标准 GB/T 19000—2000 对质量控制的定义是："质量管理的一部分，致力于满足质量要求"。质量控制的目标就是确保产品的质量能满足顾客、法律法规等方面所提出的要求，如适用性、可靠性、安全性。质量控制的范围涉及产品质量形成全过程的各个环节，如设计过程、采购过程、生产过程、安装过程等。

质量控制的工作内容包括作业技术和活动，也就是包括专业技术和管理技术两个方面。围绕产品质量形成全过程的各个环节，对影响工作质量的人、机、料、法、环五大因素进行控制，并对质量活动的成果进行分阶段验证，以便及时发现问题，采取相应措施，防止不合格产品重复产生，尽可能地减少损失。质量控制应贯彻预防为主与检验把关相结合的原则，对实际质量活动进行监控。因为质量要求是随时间的进展而在不断变化，为了满足新的质量要求，就要注意质量控制的动态性，要随工艺、技术、材料、设备的不断改进，研究新的控制方法。

1. 生产工序质量的概念

生产工序质量包含两方面的内容，一是生产工序中产能情况的质量；二是生产工序中生产活动效果的质量。从质量控制的角度来看，这两者是互为关联的，一方面要控制生产活动条件的质量，即人、材料、机械、方法和环境的质量是否符合要求；另一方面又要控制生产过程中每道工序活动效果的质量，即每道工序施工完成的工程产品是否达到有关质量标准。生产工序质量控制的原理是，采用数理统计方法，通过对工序一部分（子样）检验的数据进行统计、分析，来判断整道工序的质量是否稳定、正常；若不稳定，产生异常情况须及时采取对策和措施予以改善，从而实现对工序质量的控制。

2. 工序质量控制的内容

进行工序质量控制时，应着重于以下四个方面的工作：

（1）严格遵守工艺规程。

施工工艺和操作规程是进行生产操作的依据和法规，是确保生产工序质量的前提，任何人都必须严格执行，不得违反。

（2）主动控制工序活动条件的质量。

工序活动条件包括的内容较多，主要是指影响质量的五大因素：即施工操作者、材料、施工机械设备、施工方法和施工环境等。只要将这些因素切实有效地控制起来，使它们处于被控制状态，确保工序投入品的质量，避免系统性因素变异发生，就能保证每道工序质量正常、稳定。

（3）及时检验工序活动效果的质量。

生产工序活动效果是评价工序质量是否符合标准的尺度。为此，必须加强质量检验工作，对质量状况进行综合统计与分析，及时掌握质量动态。一旦发现质量问题，随即研究处理，自始至终使工序活动效果的质量满足规范和标准的要求。

（4）设置工序质量控制点。

控制点是指为了保证工序质量而需要进行控制的重点、关键部位或薄弱环节，以便在一定时期内、一定条件下进行强化管理，使工序处于良好的控制状态。

3. 质量控制点的设置

质量控制点设置的原则，是根据产品的重要程度，即质量特性值对整个生产质量的影响程度来确定的。为此，在设置质量控制点时，首先要对施工的工程对象进行全面分析，以明确质量控制点；而后进一步分析所设置的质量控制点生产过程中可能出现的质量问题，或造成质量隐患的原因，针对隐患的原因，相应地提出对策予以预防。由此可见，设置质量控制点，是对产品质量进行预控的有力措施。质量控制点的涉及面较广，根据工程特点，视其重要性、复杂性、精确性、质量标准和要求，可能是结构复杂的某一工程项目，也可能是技术要求高、施工难度大的某一结构构件或分项、分部工程，也可能是影响质量关键的某一环节中的某一工序或若干工序。总之，生产资料、产能信息、工艺工序等等，均可作为质量控制点来设置，主要是视其对质量特征影响的大小及危害程度而定。列举如下：

（1）人的行为。

某些工序或操作重点应控制人的行为，避免人的失误造成质量问题。

（2）物的状态。

在某些工序或操作中，应以物的状态作为控制的重点。

（3）材料的质量和性能。

材料的质量和性能是直接影响产品质量的主要因素。

（4）关键的操作。

（5）工艺及工序顺序。

（6）工艺参数。

有些工艺参数与产品质量密切相关，亦必须严格控制。

（7）新工艺、新技术、新材料应用。

当新工艺、新技术、新材料虽已通过鉴定、试验，但生产人员缺乏经验，又是初次进行操作时，也必须对其工序操作作为重点严加控制。

（8）质量不稳定、质量问题较多的工序。

通过质量数据统计，表明质量波动、不合格率较高的工序，也应作为质量控制点设置。

MES 对质量的控制作为生产过程中的生产实施阶段，传统的生产企业将生产开始到完工转出之间的过程，都称之为"黑箱操作"阶段，也就是说所有生产资料从第一道工序开始直至成为产品转出整个生产过程，不清楚生产物料的流转情况，不清楚每道工序的完成情况，不清楚生产过程中损耗的实际情况，不清楚生产过程中人员和设备的实际运行情况，人为的信息传递方式，造成信息失真、冗余和虚假，导致监督控制无力，信息混乱，效率降低，生产合格率下降，资源浪费，生产成本增加。现在通过 MES 系统，生产过程中的人员、设备、场地、物料、每个工艺标准和每一道工序都已自动生成唯一的计算机代码，并以代码的形式在整个生产过程中进行信息流转和记录，生产过程全程可追溯。此外，MES 系统采用了工业条码技术，成为计算机代码的载体，这样使得生产过程全程可控，实现了可视化生产。而产品质量也可以在生产过程中得到控制，前一道工序出现问题将不能进行下一道工序，从事中控制产品质量，防止资源浪费，有效控制生产成本，提高生产合格率。

MES 对车间所从事的各项生产经营活动进行计划、组织、指挥、协调和控制等工作，进行信息化自动管理，根据生产工艺要求和产能信息分析制订生产计划，根据排产计划，把各个生产环节互相衔接协调起来，使人、机、物等生产资源有效集成合理配置，由于车间生产信息数据化流转，有效防止了信息传输过程中人为造成失真、冗余和虚假问题，数据真实可靠，完全可以为各项考核提供依据。生产数据自动采集，可视化生产，产品生产质量可追溯，通过对整个车间生产过程的控制，提高产品的生产质量，降低生产成本。

3.2.3　维护资源及其管理

MES 针对车间生产设备的管理活动，可保证设备处于良好的技术状态，并为 MES 生产排程提供车间设备状况，以便合理安排生产设备。

设备维护管理属于制造执行的运行维护活动，是一组协调、指导和跟踪设备的活动。设备维护管理由八个活动组成。具体如下：

（1）维护资源管理：提供对维护设备、工具和人员的管理。

（2）维护定义管理：提供对设备资料（如维护手册、维修操作手册等）的管理，用于指导维护人员的维护活动。

（3）维护调度：根据维护请求以及当前的生产计划、可用资源来制订维护计划，明确维护执行人（部门）、执行时间等。维护请求可能是纠正的、预防的、提前的和基于状态的维护；可以来自业务部门，也可以来自智能仪表和控制系统自动产生的基于设备状态的请求。维护请求的内容主要包括请求人、维护请求日期和时间、维护设备、优先等级及请求描述等。

（4）维护分派：发出维护通知单，把维护请求分派给维护人员。维护通知单的主要内容包括分配的人员、分配的优先级以及分派状态等。

（5）维护执行管理：对维护请求进行响应，产生维护工作通知单。维护响应的内容主要包括响应日期和时间、响应人、处理结果等。

（6）维护跟踪：反映维护情况，形成维护活动报告。

（7）维护数据收集：收集设备维护请求时间、估计用时、实际用时、当前状态以及维护人员等。

（8）统计分析：通过收集维护数据、分析问题，制定改进措施并进行改进，还包括对维护成本和绩效的分析。

MES 系统维护包括哪几方面呢？

（1）做好规划，界定 MES 系统管理范围是企业信息化建设的重要部分。实施 MES 系统前，要对 MES 系统在整个企业信息管理系统中占有什么样的位置和作用进行一番规划，这是十分重要的，并且与其他系统的对接也要提前做好准备。另外，可以依据企业实际的业务需求与信息化建设情况，将 MES 系统规划为基于平台的开放系统。

（2）MES 系统的思想来自国外，目前国内多数 MES 系统的实施都需要建立在国外较成熟的软件运行平台上，因此需要实施公司进行二次开发。

（3）注重接口、上下连通的 MES 系统与上层的 ERP 系统关联紧密，因此企业要注重 ERP 系统等其他信息系统与 MES 系统的对接，实现数据采集与资源分享。

（4）MES 系统的核心功能是优化排产、生产调度、生产监控。提高生产调度的及时性和系统性，特别是对生产资源的合理调配使用。MES 系统通过多层级的监控，对实时运行数据进行掌控，最大限度减少各类生产意外的发生。

3.2.4　库存资源及其管理

库存是为了满足未来需要而暂时闲置的资源。

资源的闲置就是库存，与这种资源是否存放在仓库中没有关系，与资源是否处于运动状态也没有关系。汽车运输的货物处于运动状态，但这些货物是为了未来需要而暂时闲置的，是一种在途库存。这里所说的资源，不仅包括工厂里的各种原材料、毛坯、工具、半成品和成品，而且包括银行里的现金，医院里的药品、病床，运输部门的车辆等。

一般来说，人、财、物、信息各方面的资源都有库存问题。专门人才的储备就是人力资源的库存，计算机硬盘贮存的大量信息，是信息的库存。

MES 库存是制造企业信息化生产过程中十分重要的后备支撑。

在制造企业中，从采购预料入库到生产中的生产领料，再到最后的成品入库和交货出库的整个生产过程，都与库存紧密相连，因此，在信息化建设中，库存是 MES 系统建设中的关键部分之一。

在 MES 系统出现以前，库存管理大多是 ERP 系统与供应链系统的管理内容。由于 MES 系统的研发相对较晚，所以在实际的库存管理中，能用到 MES 系统的地方就很少了，但 MES 系统在生产制造执行过程中，很多环节、节点都依赖于库存管理，比如生产排程、领料、投料、成品入库、产品出库等。尤其是 MES 系统的自动化排程，需要依靠库存数据来推算或验证生产排程计划的合理性与准确性，因此，MES库存管理的集成就成为MES系统正常运行的必要条件。下面，我们从多方面就MES库存进行一一介绍。

一、MES库存管理内容

理论上，在信息化生产管理过程中，MES库存管理主要包括以下几点：

对物料、半成品、产品库存的管理和跟踪。物料即指原辅料、半成品、维修用料、质量物料；根据企业需要或定期对各种物料库存进行盘点；生产过程中在不同生产单位之间的物料运输；库存能力和物料运输能力评估与统计；物料运输中设备和人员的协调和控制。

而在实际项目中，MES库存业务还包括：指导和监督用于或来自生产、质量、设备维护的物料输送；向生产、质量和设备维护业务管理功能提供库存信息；安排物料出库和入库的路径；确定物料拆包进度表；执行并监控仓库内部的物料移动。如图3-3所示。

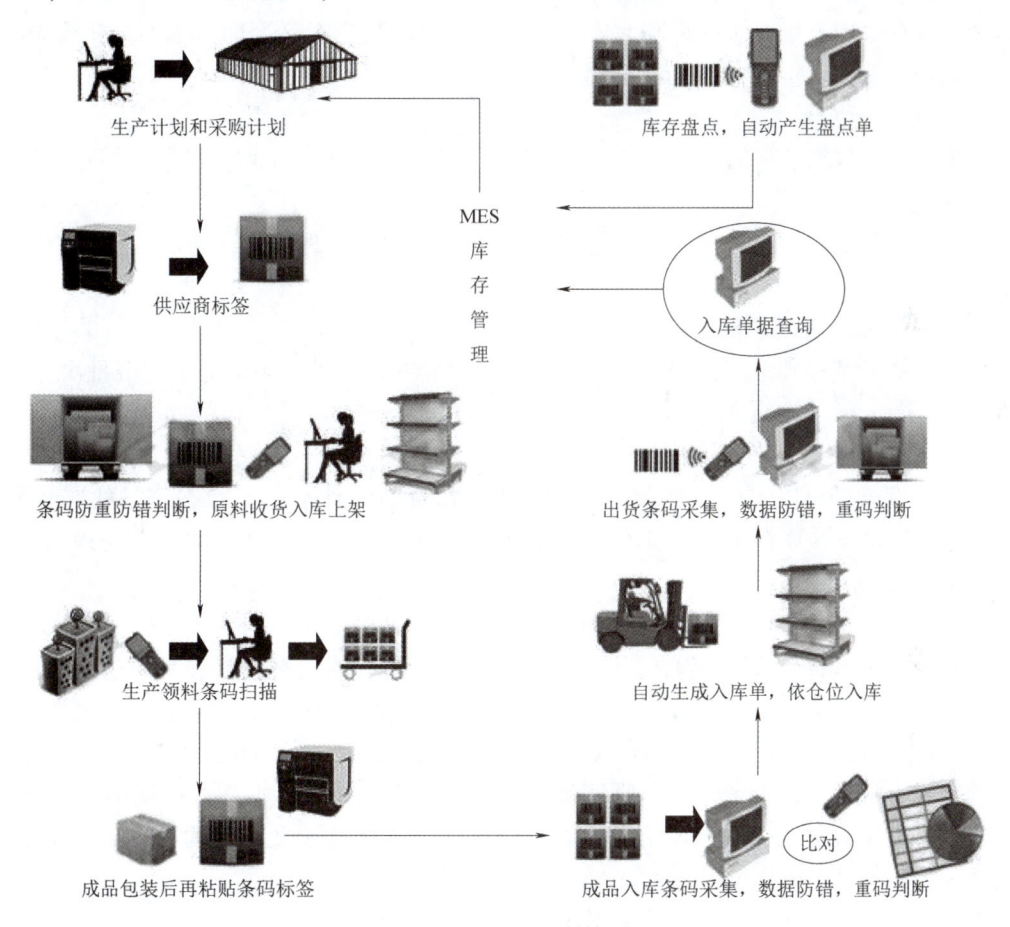

图3-3 MES库存管理

二、MES库存控制制约因素

由此可以看出，MES库存管理是一项复杂烦琐的业务，并不是件简单的事情。与此同时，MES库存会遇到很多制约条件，而且MES库存内部也存在"交替损益"现象，这些因素可能会影响MES库存控制的水平。这些主要制约因素如下：

（1）需求的不确定性。由于MES库存管理贯穿于MES系统生产运行管理的始终，所以

MES 库存会受到很多因素的影响，比如市场上某种产品突发热销，需求突增，需要加大生产力度，这种产品的物料、产品库存管理等会受到制约，因此 MES 库存的需求存在不确定性和突变性。

（2）订货周期不确定。由于通讯、差旅或其他自然的、生理的因素，订货周期不确定会制约 MES 库存控制能力。

（3）资金制约。资金短缺、资本运作不灵等会使预想的 MES 库存控制方法落空。

（4）运输的不稳定和不确定性。

（5）管理水平的制约。管理水平达不到控制的要求，则必然使控制无法实现。

三、MES 库存管理功能

MES 库存主要包括库存定义管理、库存资源管理、详细库存排程、库存调度、库存执行管理、库存数据采集、库存跟踪、库存分析。下面以制造库存管理为中心，介绍 MES 系统库存管理功能：

1. 基础定义功能

即定义物料数据、存储资源、供应链管理信息及特殊企业的单位基础数据转化。

2. 采购管理功能

主要负责对采购的原辅料的实时管理，同时 MES 库存管理功能，还需要把采购单实时下达到销售下单里。

3. 手持终端批次及物料扫描

MES 库存功能中集成了条码技术，可以通过扫描物料条码，实施记录物资批次、出货、退货状态。

4. 出入库管理

MES 库存管理可以实现在整个生产过程中，物资的流动信息及状态信息的实时统计，记录实时库存信息、库存更新信息，实现对物资出入库信息的可查询、可追溯管理。

5. 设置功能

能够设置人员信息、权限分配管理、菜单设置、属性设置、参数设置、表格设置等；MES 库存是 MES 系统生产管控的重要内容，贯穿生产过程的始终，能够帮助制造业企业实现库存信息的全程实时更新与管理，实现零库存，提高资源利用率，提升企业管理效益。

从理论上讲，库存属于闲置的资源，不但不会创造价值，反而还会因占用资源而增加企业的成本，本身是一种浪费。但从现实看，库存不可避免，因为不具备彻底消除库存的条件，所以要求保持合理水平的库存，以保证生产的正常进行。我们研究库存，是要在尽可能低的库存水平下满足生产需求。

那么，如何有效地进行 MES 系统库存管理呢？

MES 制造执行系统是一套面向制造企业车间执行层的生产信息化管理系统。MES 定义为"位于上层的计划管理系统与底层的工业控制之间的面向车间层的管理信息系统"，它为操作人员/管理人员提供计划的执行、跟踪以及所有资源（人、设备、物料、客户需求等）的当前状态。目的是解决工厂生产过程中的黑匣子问题，实现生产过程的可视化、可控化。

下面将讨论如何有效地进行 MES 系统库存管理。

MES 系统库存管理是指对车间内的所有库存物资进行管理。车间内物资有自制件、外协件、外购件、刀具、工装和周转原材料等。其功能包括：通过库存管理实现库房存贮物资检索，查询当前库存情况及历史记录；提供库存盘点与库房调拨功能，在原材料、刀具和工装等库存量不足时，设置报警；提供库房零部件的出入库操作，包括刀具、工装的借入、归还、报修和报废等。

MES 系统库房管理是整个 MES 系统的基础，库存管理作为服务于车间生产调度的中间环节，在企业生产中不可避免地被置于生产管理的核心地位。只有掌握了最新、最准确的生产信息，才能跟上时代的步伐。库存管理考虑到货物供给的及时准确性以及货物贮存的时间限额要求，对信息化管理的依赖程度正在逐步提高，尤其是物料管理。物料管理与生产调度、计划排程管理等其他模块功能密切相关，为计划排产管理提供物料基本信息，如物料清单、物料存量等。计划排程根据这些物料信息对已经排定计划的机型物料齐套情况进行检查，给出齐套结论，对能否上线物料管理模块进行判断，不能齐套时提示可齐套生产数量并生成缺料清单。根据缺料清单由管理人员向工位库发料，将物料信息中在制品状态、安装工位和安装进度等信息反馈给生产管理，生产管理根据这些物料信息进行生产计划的调整。物料管理主要实现收料管理、物料仓储管理和发料管理这三个基本功能模块。

计算机技术及网络信息化的普及为先进制造技术的发展奠定了良好的基础，由 Delphi 可视化编程语言结合 SQL Server 2000 作为系统开发的工具，也具备开发系统所需的基本条件，同时在实际应用中效用也很高。Delphi 是由 Borland 公司推出的一种全新的可视化编程环境，为我们提供了一种方便、快捷的 Windows 应用程序开发工具。Delphi 软件拥有各种强大的功能组件，也可链接其他第三方组件，编程效能极佳。另外，它拥有当今世界上最快的编辑器、最为领先的数据库技术。SQL Server 2000 是 Microsoft 公司 2000 年推出的 SQL Server 数据库管理系统的版本。它是一个杰出的数据库平台，可用于大型联机事务处理、数据仓库以及电子商务等。它的特点是：真正的客户机/服务器体系结构、图形化用户界面、丰富的编程接口工具、SQL Server 与 Windows NT 完全集成、具有很好的伸缩性、可对 Web 技术予以支持。由此开发系统并建立局域网络，同时配置浏览器及 Web、网络服务器及数据库服务器，Web 接收信息同时录入信息，完成 MES 分配的任务，实现企业信息的集成。

课后拓展

1. 查阅资料，了解 MES 系统项目涵盖的主要内容包括哪些？

2. 查阅资料，在实施完 MES 系统之后，针对相关需求和实际应用，对 MES 系统在生产排产效益、透明化生产、生产追溯以及生产管理的及时性上，进行分析总结与归纳。

3. 查阅资料，根据 MES 管理的实际案例，了解 MES 系统应当实现从生产计划的接收到产品交付承运商全过程的信息化管理，包括哪些内容？

项目四　MES 系统文档管理

学习目标

- **知识目标**
1. 熟悉电子文档管理的基本概念；
2. 了解各文档的作用和目的。

- **技能目标**
1. 掌握不同文档的建档流程；
2. 掌握不同文档的使用目的。

- **素质目标**
1. 培养学生遵守生产规范，爱岗敬业、团结协作，养成严谨的工作作风；
2. 培养学生对档案管理的意识，明确档案管理的重要性。

项目背景

当前，随着通信技术的飞速发展，任何事物都有可能产生相应的数据，且数据间皆能形成关联，如图 4-1 所示。各种数据爆炸性地增长，人类社会业已步入"万物互联、万物智能"的大数据时代。数据与物质、能量一起构成现代世界的三大要素，数据化逐步成为社会发展的必然趋势，深刻影响着人类的生产生活方式与社会演化发展的规律。

大数据时代的到来，既为人类带来了数字记忆、云端存储的革命，也推动着现代社会向数字化极速发展转型。信息技术与经济社会发展深入融合，推动着从思维模式到生产方式的巨大变革，驱动着人类社会加速数字化转型。数据的核心地位、核心价值和核心动力等日益凸显。互联网的发展，推动了信息技术的不断革新与进步。信息化日趋成为国家、企业和社会发展的主要推动力。

企业的信息化建设对于优化企业管理手段，提升企业管理效率具有重要作用。信息管理是企业经营管理中非常重要的组成部分，是企业决策依据的源头。在企业的信息化建设中，文档管理也是企业信息化建设中极其重要的一部分。在现代企业中，文档是企业重要的数字资产。

图 4-1 数据互联

知识直通车

4.1 文档与文档管理

在整个 MES 系统运行过程中，除了根据上层的计划管理系统实现生产计划的制订和调度，还要对生产现场各种数据进行收集、整理，目的是进行物料跟踪、生产计划、产品历史记录维护及其他生产管理。在整个生产过程中，MES 系统中的每一个模块都会形成一个阶段的生产过程记录。这些记录均以文档的形式保存在电子设备中。用户可以通过电子终端查看这些文档，也可以通过打印的方式以纸质形式保存信息。

文档是企业重要的智力资产。内容上有商务合同、会议记录、客户资料、推广文案、项目文档、生产过程记录等。每一个信息系统都会经历规划阶段，制度方案阶段，运行阶段，每一个阶段都会有大量的文档产生。文档管理就是将这些大量的文档、Excel 表、图片、影音进行存储、分类和检索。

文档管理通过对部门大量的文档信息合理有序的分类存放，使部门工作更优化，加强了部门文档信息共享作用，有效、统一、规范的文档管理能够确保部门内部及相关部门得到有效的文件。

4.1.1 文档

1. 文档的概述

无纸化办公理念是现代企业办公的主流，目前的文档基本是电子文档形式。以计算机盘片、固态硬盘、磁盘和光盘等化学磁性物理材料为载体存储的文字、图片材料。文档属于软件产品，它和计算机程序共同构成了能完成特定功能的计算机软件。它依赖计算机系统存取并可在通信网络上传输。

软件文档是指与软件系统及其软件工程过程有关联的文本实体，也称作文件。文档是软件开发、使用和维护中的必备资料。它具有固定不变的形式，可被人和计算机阅读，是一种对软件系统的书面描述，可以精确地描述软件系统，是文档使用者用作沟通交流的一种方式。

文档的呈现方式有很多种，可以是传统的书面文字形式或图表形式，也可以是电子文档形式、动态的网页形式。它是沟通软件开发人员、软件管理人员、维护人员、用户、计算机以及设备之间的桥梁。文档可以作为软件开发人员对前一个阶段工作成果的体现和后一个阶段工作的依据；也可以作为管理人员了解工作计划、工作报告、项目安排、进度等事项的载体；还可以作为用户文档，为用户了解软件的使用、操作和维护提供详细的资料。

2. 电子文档的特点

在无纸化办公条件下的电子文档管理工作中，需要加强对电子文档的特点进行了解和认识。电子文档区别于传统文档主要有以下四个特点：

（1）便于修改。

便于修改是电子文档区别于传统文档的一个重要特点。印刷文档和手写文档存在一个相同的问题，就是难于修改。人们在处理很多文字和图形图像信息时，经常需要根据需求进行一些相应的修改，这个时候就体现出电子文档的优点。但是，正因为电子文档便于修改的特性，有可能出现人为恶意篡改的情况，这就降低了电子文档的真实性和有效性。

（2）容易删除。

对传统文档进行删除基本上是不现实的，只能通过破坏信息的载体来实现传统文档的销毁。但是对于电子文档，只要拥有修改文件的操作权限，删除文件是一件非常容易的事情。

（3）复制简单。

传统文档进行复制往往需要一些辅助的材料和机器，如复印纸、复印机等相关设备，而电子文档的复制就显得尤为简单。因此，需要加强对电子文档的安全保护，防止信息的恶意泄露。

（4）易损坏。

文件损坏的原因主要有硬件损坏、人为破坏、病毒破坏、人力无法抗拒的因素（火灾，地震等）。对文件损坏原因的调查中，人为破坏占了80%，其余的20%文件损坏是因为其他的各种因素。传统文档一般都通过档案室和文件柜等工具进行保护，相对来说不容易被一般人接触，所以也就不容易被破坏，有较好的安全性。但是，对于电子文档来说，损坏的概率是比较高的。尤其是人为破坏，我们必须采取积极的措施来加以防范，不然很可能会因为疏忽而造成巨大的损失。

基于电子文档的这四个特点，可以知道计算机中存储的电子文档信息可能遭到人为恶意篡改、复制、删除，这就降低了电子文档的真实性和有效性。所以，在电子文档管理的过程中，需要有专业档案管理人员对其进行管理，借助一定的工具或应用软件对保存的电子文档进行加密处理，以确保后续档案工作的顺利进行。

4.1.2 文档管理

文件是组织在其工作过程中形成的所有信息记录。档案是组织在其工作中直接形成的有保存价值的历史记录。资料则是组织通过购买、赠送、交换、转换等途径获得的，供其工作参考的信息材料。文件、档案、资料都是项目建设活动必需的信息来源，对文件、档案、资料的管理统称为文档管理。

文档管理

电子文档管理就是指电子文档的存储、分类和检索。文档管理的关键问题就是解决文档的存储、文档的安全管理、文档的查找、文档的在线查看、文档的协作编写及发布控制等问题。企业的业务数据最终被归档，这些都是企业的核心资产。

电子档案的归档方式迥异于传统文档的归档管理方式，其根源也大不相同。不管是信息的传递方式，还是信息构成的格式以及其他层次都有明显的不同。采用电子归档方式时，需要建立相应的工作模式，充分利用最新技术，促进文件整理、归档自动化和排序。同时，要建立比较完善的归档制度，对不同的文件设置不同的保存期限，对不同的文件进行编码，实现自动化管理，提高文件归档和存储的便利性。

电子文档管理直接突破了传统的管理模式，合理的文档管理系统可以提高工作效率，减少文档在企业内部的传输环节，替代了员工之间文件点对点的传输，改善为一点对多点共享的模式。

电子文档在文件的发送、放置、保存、修改等方面与以往的管理方式有很大区别。它有效改善档案管理系统，使得不同部门可以在不同的网络环境中同步其电子文件管理任务，避免重复输入数据和高能耗；它利用网络对电子文件实行集中管理，对部分非电子档案存储内容进行综合数字化转换，形成综合性电子档案库，保证文件档案的规范管理。现代企业已经离不开文档管理系统，它已经属于每时每刻都需要使用的办公工具。

1. 电子文档管理的特点

（1）便捷性强。

电子文档管理的便捷性特征较为明显，电子文档可以分为逻辑归档和物理归档两个范畴。逻辑归档可以通过网络向文档部门提交相关信息，并不需要改变文档的储存方式和相关位置，只赋予电子文档管理部门相对应的管理权限。在物理归档中需要将文档备份到移动硬盘和其他的光盘中，并且移交电子文档管理部门进行管理，能够实现电子文档权限的多方位移交以及管理，从而使得电子文档管理工作能够具备现代化特征，为后续工作奠定坚实的基础。

（2）便于保存。

电子文档相比于传统纸质文档，在保存和管理方面的优势较为突出，并且在防霉和防火工作中的效果也是比较优良的。电子文档可以储存在服务器、电脑或者是移动存储设备上。根据后续工作要求，用户可以根据权限范围，自由的调动电子文档中的信息。不仅阅读非常便捷，还节约了实际的储存空间，相比于以往的纸质文档，电子文档只需要进行简单的归类和处理，就可以在电脑中实现自动化操作。不仅降低了工作人员的工作压力，还有助于提升实际电子文档管理的效率及水平。

综上所述，电子文档管理的优势较为明显，在实际工作中要结合电子文档的特点，制定与之匹配的电子文档管理思路以及模式，从而实现无纸化办公模式的优化性调整，提高电子文档管理的效果及水平。

2. 电子文档管理中的问题

在电子文档管理中需要特别注意以下几个问题：

（1）原始性。

在电子文档的管理中，需要将以往实质性的管理思路转变为虚态性的电子文档管理思路。在使用过程中要实现信息的传输以及生成，并且接收电子文档管理的状态，一些信息既可以是原始的，也可以是复制的。在实际工作中需要加强对计算机技术的合理性利用。在计算机中一旦定稿，打印时要对电子文档的草稿进行保存，因此在实际工作中需要加强对原始电子稿件的有效维护和管理，防止原始性电子稿件存在信息丢失的问题，导致电子文档管理效率无法得到提高。

（2）真实性。

在真实性问题实施的过程中，需要结合真实性原则来贯穿于电子文档管理的始终。在维护期间，要根据真实性的原则实现不间断的维护以及管理。现在电子文档信息内容出错概率较低，这一点是优于传统文档的。但值得注意的是，在后续管理工作中很容易由于人为因素而出现复制或者篡改的问题，因此，在实际工作中需要加强对安全防护工作的重视程度，让专业档案管理人员对其进行管理，借助一定的工具或应用软件对保存的电子文件进行加密处理。

（3）完整性。

在实际工作中还需要特别注意完整性的问题。电子文档内容的完整性很难得到全面的保障。这主要是由于电子文档常处于流动状态，伴随信息背景的变化，使得文件的处理过程在不断累加，其中所包含的形式也是多种多样的，但是一些储存数据具备分散性的特征，很容易在后续储存时出现丢失的问题。这也是当前电子文档管理中需要特别注意的问题，因此，需要相关管理人员加强对电子文档管理工作的重视程度，突出电子文档管理的完整性特征。

（4）长期可读性。

MES生产绩效管理同MES系统其他功能模块一样，运行在工厂的信息与控制网络平台上，为用户提供生产效益的信息化管理支撑。该功能模块主要运用于对在制品信息的采集、跟踪、监控、管理，为生产决策提供数据支撑。这需要一个增强的图形用户界面、新的Web报告功能、Oracle数据库等支持，为制造企业生产构建一个制造执行模块，以便在实际的MES生产绩效管理中，为用户提供功能丰富的工厂应用、基于Web的报告和仪表板。从而能够使管理人员通过各种图形报表，提高对生产实际中发生事件的洞察能力，这对于企业的生产绩效管理是十分重要的。

（5）安全性。

电子文档在发送和接收方面很容易受到病毒的侵袭，并且在实际工作中，由于科学技术水平的不断提高，电子文档管理中的威胁越来越复杂，这给实际电子文档管理工作带来了诸多难题。因此，在实际工作中需要加强对安全性问题的了解，认真实施有效的安全技术管理手段，从而保证电子文档管理效率提高。在实际工作中要不断优化和改进防火墙技术，一些电子文档在储存时经常会由于载体的可换性和接受对象的开放性而出现文件内容的分解。因此，在实际工作中，要根据实际的利益需求更改相关的信息，防止对电子文档产生信息安全威胁。

3. 电子文档管理模式转型的作用

在信息技术发展的进程中，不仅扩宽了文档管理工作的空间，并且对文档管理工作提出了诸多新的要求。企业电子文档管理工作需要紧跟当前时代发展的方向，运用信息化技术，解决以往电子文档管理工作中复杂而多样性的问题，从而提升电子文档管理工作的精细化效果。同时，还要满足自身对电子文档信息方面的需求，实现办公自动化条件，从而使得电子文档能够具备科学性和安全性的管理特征，实现电子文档管理的成功转型。

在实际工作中需要融入信息化的手段来提高电子文档管理的效果及水平，做好电子文档管理工作的优化性调整，利用信息化技术进行电子文档的搜集和整理，之后在电子文档信息化管理工作中实现快速的检索和统计。信息化的电子文档管理和电子文档管理模式是相互关联的，可以使相关管理人员直接在系统中查询相关电子文档信息，也可以通过扫描技术将纸质文档保存为电子文档，为后续的储存和管理工作提供便利，优化企业电子文档管理的效果和水平。

4. 企业电子文档管理的思路

（1）融入适合企业管理需求的系统。

企业电子文档信息化管理系统属于庞大的工程，需要结合当前企业的发展现状以及发展需求，融入适合企业电子文档管理要求的信息化系统，开发出适合企业当前发展的电子文档管理系统，或者是融入其他企业所开发的适合企业电子文档管理需求的信息化管理系统，从根本上实现信息化管理模式的成功转型。另外，在信息化系统融入和应用时，需要指派专业工作人员做好信息系统的维护和管理工作，融入安全防护技术，防止信息泄露，使得整个信息化管理系统更加完善。

（2）管理系统电子文档信息化管理的对接。

企业电子文档管理系统并不属于独立性的系统，而是要结合当前管理的发展现状，将管理部门的电子文档管理和社会电子文档管理进行相互融合和对接，从而展现出独特的工作效果。企业电子文档为了紧跟当前信息化时代发展的方向，需要加强对电子文档管理工作的力度，信息化发展趋势越来越快，并且许多信息逐渐朝着多元化的方向发展，因此，企业需要实现管理系统信息化电子文档管理模式的成功改革和创新，从而实现电子文档的科学性管理。

（3）应用数字化的电子文档技术

在进行电子文档数字化管理中需要加强对数字化电子文档技术的有效实施，从而解决存在于实际工作中复杂而烦琐的工作。在企业电子文档管理工作中很容易因多种因素的影响，使电子文档管理模式滞后，严重影响了企业电子文档管理水平的提高。因此，在设计工作中需要加强对数字化电子文档技术的利用，防止客观性因素和主观性因素降低电子文档利用率和服务成效。

在实际工作中需要依托于数字化技术建立大数据库，还需要对企业所产生的新型电子文档进行记录和归档，完善信息化管理模式和平台。另外，还需要加强对电子文档资料的审核力度，运用数字化技术减轻实际工作压力，有助于实现精细化的管理效果。在完善电子文档信息资料的同时，提高相关管理人员对电子文档管理工作的认识，为后续工作制定正确的参考依据。其次，防止出现资料丢失的问题，保证信息资料的准确性和便捷性。此外，还需要设置密码入口，尤其是对于开放性的网络环境来说，要最大程度地防止病毒和黑客的攻击，采用防火墙技术来提高电子文档管理的安全性。最后，还需要通过数据挖掘技术，根据需求提供个性化和针对性较强的服务，有效解决存在于以往电子文档管理工作中的不足之处，提升电子文档管理的效率。

在企业现代化发展的进程中，加强对电子文档管理的力度是非常重要的，不仅可以推动企业的稳定发展，还可以为企业决策提供重要的依据。在实际工作中需要在无纸化办公条件下提高电子文档管理的效果及水平，加强计算机软件和硬件设施的管理力度，制定科学而完善的文件归档制度。

4.2　MES 系统文档管理

MES 系统作为位于上层的计划管理系统与底层的工业控制之间面向车间层的信息管理系统，主要部署在车间各系统的作用，如图 4-2 所示。在整个企业的运作中起到承上启下的作用。MES 系统的诞生是为了解决生产计划的适应性以及增加工业控制底层生产过程的信息流动，提高计划的实时性和灵活性。通过 MES 系统的实施，可以跨越计划管理和底层控制的鸿沟，实现企业由虚拟制造到实业制造的转换，使得企业的经营决策与制造执行间的信息闭环。它以精益生产为目标，在集成了作业计划排产与生产调度、在线质量控制、车间物料运转规划与控制、生产谱系追溯、可视化过程监控和生产状态分析等功能的基础上，实现对生产制造过程中包括产品、物料、设备、人员、工艺在内的所有生产制造资源及其执行状态的可视化监测与控制，为生产现场制造过程监测、控制和管理提供一个统一的工作平台，一个全面、可靠的制造协同管理平台。

MES 系统文档管理

图 4-2　各系统的作用

MES 系统是多种生产过程控制和管理功能的软件集合。由于 MES 系统中有不同的 MES 模块可以实现不同的功能，这些 MES 模块组成的 MES 系统实际上是一个大杂烩。每个系统都有各自的处理逻辑、数据库、数据模型和通信机制。MES 系统实现对生产现场、质量跟踪和追溯、质量控制、生产设备的管理功能，为生产部、品质保证部、工艺部等部门提供车间管理信息服务。为了实现 MES 多个功能模块的关联控制，MES 系统需要整合数据采集渠道，集成车间中生产调度、工艺管理、质量管理、设备维护、过程控制等相互独立的系统，使这些系统之间的数据实现完全共享。通过完全共享，实现计划层和生产控制层双向通信能力，解决信息孤岛状态下的数据重叠和数据矛盾的问题。实现产品追踪追溯功能，进行生产工作进行中的状况监视，实现性能与品质分析。MES 系统是上层的计划管理系统与底层的工业控制系统之间的桥梁，解决了他们之间管理信息方面的断层。

生产制造型企业在生产过程中会产生大量数据，作为生产过程中的关键数据是了解生产过程工艺水平、分析产品质量波动以及各种检验检查的重点，大多数企业会选择周而复始地记录这些数据。但是，这些数据的不断记录会造成信息查找及异常分析困难，不能对数据进行有效的利用。MES 系统通过对文档管理来控制数据的输入与输出，对生产过程中整个数据信息的流转有着至关重要的作用。

由于 MES 系统是多种软件的集合，包含了很多可以实现不同功能的模块。为了实现这些功能模块的关联控制，MES 系统集成过程控制中有多个相互独立的系统，并使这些系统之间的数据实现完全共享。

MES 系统的文档管理主要涉及管理、分发产品标准、工艺规程或工作指令有关的信息。同时，也对活动的过程、结果和环境等进行符合规定要求的信息收集，并予以记录，如图 4-3 所示。

图 4-3 MES 系统文档管理的作用

4.2.1 生产计划

生产计划的管理在 MES 系统中非常重要。MES 系统的生产计划是以生产物料和生产设备为对象，按照项目订单进行排产。MES 系统是以项目订单为执行导向，考虑产能、合同等因素，基于有限能力、合理规划项目排产计划。按照订单生成生产计划单，并以生产计划单为主线，围绕生产进度、成本、库存等实现整个生产物流的管理。也可以帮助生产调度人员快速合理地进行生产调度，在情况发生变化时，可以随时调整作业计划，在保证及时交付的情况下，最大限度地节约生产能源，提高设备生产率和工作效率，减少产品总加工时间。

在生产计划管理阶段，最重要的文档就是物料清单 BOM（Bill Of Material）。BOM 是企业所制造的产品构成和所有要涉及的物料，是一种技术文件，偏重于产品信息汇总，是定义产品结构的技术文件，因此，它又被称为产品结构表或产品结构树。在某些工业领域，可能被称为"配方""要素表"或其他名称。

BOM 是计算机识别物料的基础依据，是编制计划的依据，是配套和领料的依据，是采购和外协的依据。MES 系统可以根据制造 BOM 进行加工过程的跟踪，可以进行成本的计算，可以作为报价参考，也可以进行物料追溯，使得设计系列化、标准化、通用化。

BOM 是一个制造企业的核心文件。各个部门的活动都要用到物料清单，生产部门要根据物料清单生产产品，库房要根据物料清单发料，财务部门要根据物料清单计算成本，销售和订单录入部门要通过物料清单确定客户定制产品的构形，维修服务部门要通过物料清单了解需要什么备件，质量控制部门要根据物料清单保证产品正确生产，计划部门要根据物料清单计划物料和能力的需求等。因此，对于 BOM 内容的浏览权限也是需要进行相应设置的，不属于权限范围内的内容不允许浏览。

BOM 是一个广泛的概念，根据不同阶段应用侧重点不同，BOM 分为许多种类。MES 系统中采用的 BOM 一般被称作制造 BOM，制造 BOM 信息一般来源于工艺部门，是以设计 BOM 作为基础数据内容。对应的常见文档包括工艺路线表、关键工序汇总表、重要件关键件明细表、自制件明细表、通用件明细表、通用专用工装明细表、设备明细表等。

BOM 的结构和权限要求需要结合公司实际设置。一般情况下，BOM 录入工作人员拥有数据录入和修改的权限，但其录入或修改数据的合法化必须经过上一级数据审核人审核通过后，才能下发到相应数据的使用人员处。未经审核的数据不能在系统中流通。其他任何节点的操作人员都不被允许录入或更改 BOM 的数据。BOM 样例如图 4－4 所示。

<table>
<tr><td colspan="2">产品名称</td><td colspan="2"></td><td colspan="6" rowspan="2">物料清单（BOM）
电子部分</td><td colspan="2">页　码</td><td colspan="2"></td></tr>
<tr><td colspan="2">版本号</td><td colspan="2"></td><td colspan="2">日　期</td><td colspan="2"></td></tr>
<tr><td>序号</td><td>物料编号</td><td>物料名称</td><td>规格&型号</td><td>封装</td><td>精度</td><td>位号</td><td>用量</td><td>损耗率</td><td>承认书</td><td>附图</td><td>第一供应商</td><td>预备供应商</td><td>备注</td></tr>
<tr><td></td><td></td><td></td><td></td><td></td><td></td><td></td><td></td><td></td><td></td><td></td><td></td><td></td><td></td></tr>
<tr><td></td><td></td><td></td><td></td><td></td><td></td><td></td><td></td><td></td><td></td><td></td><td></td><td></td><td></td></tr>
<tr><td></td><td></td><td></td><td></td><td></td><td></td><td></td><td></td><td></td><td></td><td></td><td></td><td></td><td></td></tr>
<tr><td></td><td></td><td></td><td></td><td></td><td></td><td></td><td></td><td></td><td></td><td></td><td></td><td></td><td></td></tr>
<tr><td></td><td></td><td></td><td></td><td></td><td></td><td></td><td></td><td></td><td></td><td></td><td></td><td></td><td></td></tr>
<tr><td></td><td></td><td></td><td></td><td></td><td></td><td></td><td></td><td></td><td></td><td></td><td></td><td></td><td></td></tr>
<tr><td colspan="2">变更标记</td><td colspan="2">变更版本号</td><td colspan="4">变更内容</td><td colspan="2">变更人员</td><td colspan="2">变更日期</td><td colspan="2">备注</td></tr>
<tr><td colspan="2"></td><td colspan="2"></td><td colspan="4"></td><td colspan="2"></td><td colspan="2"></td><td colspan="2"></td></tr>
<tr><td colspan="2"></td><td colspan="2"></td><td colspan="4"></td><td colspan="2"></td><td colspan="2"></td><td colspan="2"></td></tr>
<tr><td colspan="2">拟　制</td><td colspan="2"></td><td colspan="2">审　核</td><td colspan="2"></td><td colspan="2">批　准</td><td colspan="2"></td><td rowspan="3">设计
单位
日期</td><td></td></tr>
<tr><td colspan="2">日　期</td><td colspan="2"></td><td colspan="2">日　期</td><td colspan="2"></td><td colspan="2">日　期</td><td colspan="2"></td><td></td></tr>
<tr><td colspan="2">发放单位</td><td colspan="2"></td><td colspan="2">文件状态</td><td colspan="2">□受控 □未受控</td><td colspan="2">发件人</td><td colspan="2"></td><td></td></tr>
</table>

图 4－4　BOM 样例

BOM 录入工作人员需要按照 BOM 清单模版格式（包括物料编码、物料型号、物料规格、计量单位、用量等），维护好需要导入 ERP 系统的物料清单。通过设置好已完成的物料清单路径，进行物料清单导入。

在 BOM 中，所有的物资都有属于自己唯一的编码。对物资进行分类编码，可以使物资一目了然，且不会重复和遗漏。分类编码的优点在于：

（1）提高物资资料的准确性。物资的采购、储存、领用、发放、盘点等一切物料管理工作都通过物资编码来完成。物资编码的唯一性，使物料管理工作相对容易，准确率高。

（2）提高物资管理的效率。物资编码一般只由数字组成，输入时可节约大量时间，简化各种物资的管理工作，从而提高工作效率。

（3）有利于 ERP 系统的管理。有了物资编码，在 ERP 系统中查询物资很方便，可节省大量时间。

（4）便于物资的领用。每种物资都有唯一的编码，因此，物资的领用与发放非常方便，大大降低出错率。

4.2.2　生产过程

MES 系统的数据采集功能，可以实现对生产现场各种数据的收集、整理，是进行物料跟踪、生产计划、产品历史记录维护及其他生产管理的基础。在此过程中，MES 系统将依据成品交付时间倒推生成产品试验检测、产品组装、零部件生产、机加工等工序时间节点。同时，也会产生诸如：派工单、领料单、半成品检验单、质量检验记录、工作联系单等大量的生产过程记录数据。

1. 派工单

MES 系统生产管理系统中生产任务根据订单进行分解或从 ERP 的主生产计划进行导入，智能排产系统将主生产计划分解到每道工序，并自动分析适用设备。生产车间依据 MES 系统中的任务安排，将生产任务安排到具体班组执行。派工单上通常会记录项目编号、操作人员信息、任务完成时间、生产过程中出现的要求记录的情况等信息，根据各企业的情况需要记录的信息会有差异。派工单在完工后，一般情况下将和本阶段完工的半成品一起入库保管，以保证可以追溯产品的整个制造过程。派工单上的数据将按规定及时报送到 MES 系统中。样例如图 4-5 所示。

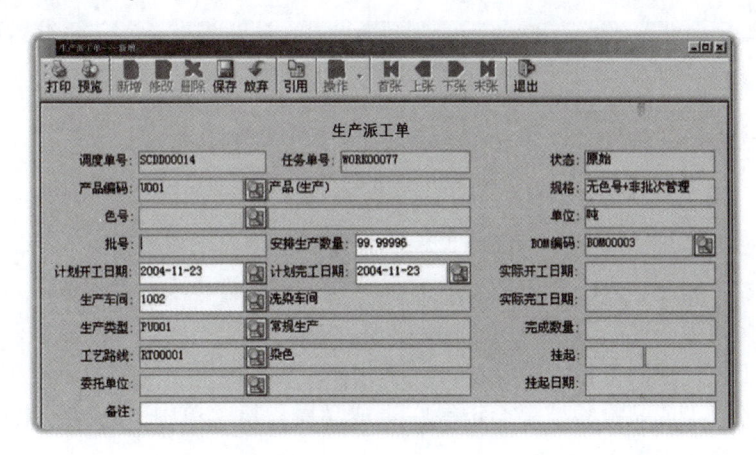

图 4-5　MES 系统派工单样例

2. 领料单

在 BOM 生成时，每一个生产阶段的物料将自动生成该阶段的物料清单，并下发给相应权限的管理人员。物资配送人员将根据分配到的领料单，在物料库房领取相应物料。领料单上通常会有物料编码、物料名称、领料数量等信息，根据不同企业的工作需要也可能会出现其他信息。物料清单样例如图 4-6 所示。

序号	生产领料编号	生产领料主题	产品名称	关联出库确认主题	领料数量
1	SCLL202121294089	转自：商务车、救护车生产订单 离合器质	离合器	倒冲领料出库：转自：商务车、救护车生产订单	16.00
2	SCLL202121291865	转自：商务车、救护车生产订单 车轮质检	车轮	倒冲领料出库：转自：商务车、救护车生产订单	37.00
3	SCLL202121289353	转自：商务车、救护车生产订单 节温器质	节温器	倒冲领料出库：转自：商务车、救护车生产订单	10.00
4	SCLL202119004983	转自：戴尔笔记本生产计划 台达UPS主机	台达UPS主机	倒冲领料出库：转自：戴尔笔记本生产计划 台达	0.00
5			铸铁		2.00
6	SCLL2021040030	商务车、救护车生产订单 散热器焊接工单	自攻丝		10.00
7			直钉		10.00
8	SCLL2021040029	生产汽车零部件用于销售 玻璃升降器焊接	纤维	转自生产领料：生产汽车零部件用于销售 玻璃	2,000.00
9			石墨		400.00
10			石墨		200.00

图 4-6　MES 系统物料清单样例

项目四　MES 系统文档管理　61

一般情况下，领料单至少有两份，其中一份在领料后由配送人员签字确认交由库管员存档，同时，库管员将会把领出物料从 MES 系统中做出库处理；另一份领料单将和物料一起配送到现场操作台，现场操作人员依据领料单核实物料详情，确认无误后接收物料。领料单如图 4-7 所示。

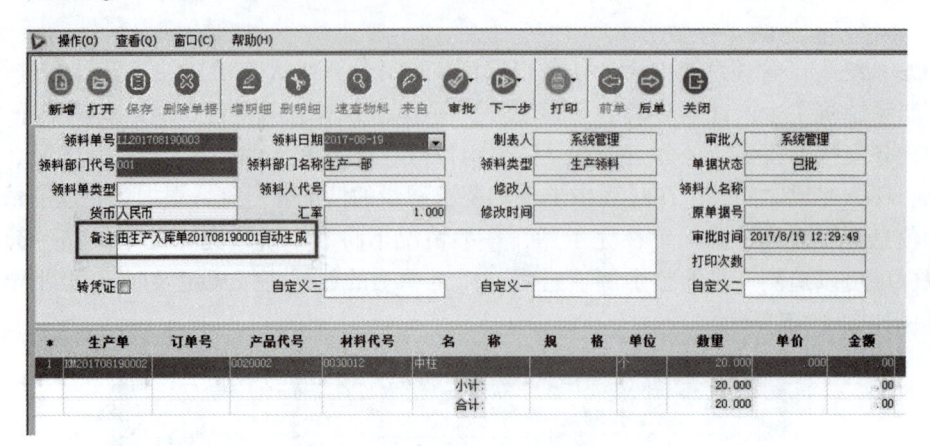

图 4-7　MES 系统领料单样例

3. 半成品检验单

为了保证产品质量能够满足合同要求，必须在生产过程中严格对每一个阶段的生产半成品进行质量把控。因此，每个阶段的半成品都必须进行质量检测，并保留质量检测结果。

由于每个公司生产产品以及每道工序的工艺要求会有所不同，半成品检验项目会根据具体生产工序的工艺要求制订相关检验项目。因此，一般情况下不同公司不同工序的半成品检验项目是不同的。半成品检验结果会记录在半成品质量检验单中，并报送报送到 MES 系统中。检验记录单样例如图 4-8 所示。

图 4-8　MES 系统半成品检验记录单样例

4. 质量检测记录

质量检测就是对产品的一项或多项质量特性进行观察、测量、试验，并将结果与规定的质量要求进行比较，以判断每项质量特性合格与否的一种活动。因此，成品质量检测报告中将包含检测过程中的所有项目数据、检测人员姓名、检测时间以及检测过程发生的问题。

质量检测记录将及时上传到 MES 系统中作为产品原始记录保存，并为产品出厂时提供质量检测报告数据。同时，质量检测部门也会保留质量监测记录作为原始记录存档。

成品入库前的质量检测是生产过程中最重要的一环，也是生产环节的最后一环。产品经过质量检测合格之后就可以转入成品仓库，进入下一个阶段的发货环节。

5. 各阶段工作过程记录

根据生产流程的需要，每一个生产阶段都可以有专门的记录工作过程的工作单。该工作单根据工作内容制定需记录的项目，但操作时间、过程数据、操作人员姓名是记录中的必备项。这一部分记录，要保留原始的记录存档备查，也要及时导入到 MES 系统中存档，且数据一旦上传均不允许随意修改。

6. 工作联系单

在生产过程中，经常会出现生产任务调整、设备临时维修、产品临时更改设计等情况，这个时候就需要通过相关的工作联系单来实现。这部分的工作联系单，是根据企业管理的需求选择保存。

不管是以上哪种数据，一旦进入 MES 系统，都不允许随意修改。当出现需要修改的情况，必须逐级向上传达修改意见，得到审核人员批准后，将由指定人员进行修改。

通过 MES 系统的文档管理，可以达到以下几个方面的作用：

(1) 实现车间透明化生产。

通过 MES 系统采集的生产现场数据，可以逐级自动向上反馈，生产管理人员可以掌握到实时的生产进度和质量情况，并可以进一步追踪查看更精细的工序进度、检验数据、设备状态，提高生产计划与指挥控制的准确性、预见性。

(2) 实现计划、工艺、物料、设计数据到车间制造环节的数字化传递。

车间计划员可以运用 MES 系统获取车间生产任务，查看库存信息并制订计划。车间工人可以在现场从系统中实时查看工艺文件、设计图样等。此系统是车间与各管理、技术部门之间的数据桥梁，实现基于数据实时传递的双向透明，降低沟通成本，减少传统沟通模式下的信息失真、不同步、不一致的情况。

(3) 实现生产数据的集中和关联保存，满足质量追溯需求。

MES 系统实时采集生产现场数据，全部集中保存在同一个数据库中，实现与产品 BOM 的关联，也可实现产品履历数据（物料、设备、操作人员、检验数据）的快速查看。

4.2.3　MES 系统文档管理的意义

如何运用 MES 系统文档管理，实现整个企业数据流程的持续性、完整性、高效性，促进科学决策以及提高企业生产效率等方面，有着至关重要的作用。

1. 数据整合

生产制造企业往往有多个信息化系统并存，那么对于报表管理来说，不论是独立于这些系统还是附属于这些系统，MES 系统都必须与各系统之间进行数据传递，打造互通互联的数据生态环境，实现统一的数据管理平台。

2. 运行效率

一个企业的运行效率主要涉及数据采集、查询分析、浏览访问这几个方面。而一个完善的系统报表会影响这几个方面的效率，所以，一个良好的 MES 系统报表管理平台会提高企业的运行效率以及企业的生产效率。

3. 数据分析

生产制造过程中会生成企业的很多数据，如果企业能够很好地利用这些数据，将其作为企业资产的一部分，而不仅仅是企业资源，那么企业将拥有一个先进数据分析算法，支持多种分析方式的文档管理对于 MES 系统来说无异于画龙点睛。

4. 数据展示

由于前端技术的蓬勃发展，数据展示呈现出了可视化的状态，让人眼前一亮的同时也变得更加通俗易懂。

课后拓展

1. 查阅资料，了解文档管理的相关法规。
2. 查阅资料，了解文档管理在企业中的重要意义。
3. 查阅资料，了解 MES 系统中文档管理的架构。

项目五　MES 系统物料管理

学习目标

- **知识目标**
1. 掌握物料管理的基本概念；
2. 了解物料管理的内容；
3. 熟悉设备管理的职能和机构设置；
4. 掌握 MES 系统物料管理的内容。

- **技能目标**
1. 掌握 MES 系统物料管理的功能；
2. 掌握 MES 系统物料管理的作用；
3. 掌握 MES 系统物料管理的流程。

- **素质目标**
1. 培养学生勇于探索、敢于创新的学习精神；
2. 培养学生爱岗敬业，明确物料管理在制造车间的重要性。

项目背景

在制造领域中，物料管理一直是一个重要的环节，其管理水平直接影响到企业的生产效率和成本控制。因此，物料管理的精细化、标准化、自动化程度越来越高，MES 系统作为信息化生产管理系统，其在物料管理方面的应用也越来越普及。

MES 系统在物料管理方面的应用由此背景而来。而这个背景要追溯到 20 世纪 80 年代的日本工业界中，研究人员开始注意到企业管理的信息化。以丰田生产模式为代表的精益生产管理模式逐渐发展起来，代表了生产线信息化管理的高峰。信息化系统的主要目的是处理数据，进而更好地管理决策、自动执行和控制生产过程，规避生产过程中可能出现的人为失误和质量问题。

随着 MES 系统的发展，物料管理成为其应用的核心之一。MES 系统在物料管理方面的功能比较丰富，可以实现物料库存管理、物料出入库、物料跟踪、供应链协作等多项功能。与此同时，MES 系统还具备实时反馈、快速响应、追溯性等特点，可以使物料管理更加精细和高效。

在制造企业的生产流程中，物料管理是一个比较大的环节，其管理质量直接影响生产效率和成本控制。而 MES 系统中的物料管理可以使企业实现物料信息的全面掌控，提高物料管理的精细化和标准化程度，同时减少人为因素对生产环节的干扰，提高生产自动化的程度。这些都是企业能够回应市场快速变化和降低制造成本的重要保障。

本项目中，通过学习物料管理的概念，深入理解 MES 系统中物料管理的流程，明确物料管理的功能和作用，通过 MES 系统的物料管理，实现对物料的全方位管理，并进一步推动生产效率和产品质量的提升，提高制造企业的生产效率和成本控制水平。

知识直通车

5.1 物料管理概述

在制造企业的生产加工过程中，管理好生产物料是非常重要的。能否有效管控物料，直接影响着产品品质、工作效率、制造成本等。每个制造企业都需要制定完善的物料管理体系，确保加工过程中能够合理使用原材料，避免原材料过多的浪费。

物料管理是指企业在生产和供应链过程中对物料（包括原材料、半成品和成品）进行采购、接收、存储、领用、发放和跟踪等一系列计划、组织、控制等管理活动的总称。其目的是确保物料的准确性、及时性、可靠性和经济性，以满足生产或客户需求。主要包括物料采购、物料接收、物料存储、库存管理、物料领用、物料跟踪等工作。

物料采购：物料管理的第一步是采购物料，确定物料的采购计划和来源。为了确保物料的质量和成本，采购部门需与供应商保持良好的合作关系，以达成合理的交易，协商价格和交货时间等关键条件。根据生产企业面向对象的不同，物料采购分为推动式和拉动式两种。在面向库存的生产企业中，生产是按照生产计划进行的，此时物料的采购是推动式的；在面向订单的生产企业中，生产是按照客户订单进行的，此时物料的采购是拉动式的。

物料接收：对采购来的物料进行检验、分类、标记和储存，确保物料的正确性和完整性，为确保所使用的物料符合标准和法规要求，对物料进行检验、评估和审核，以保证物料合格。

物料存储：物料管理需要充分利用存储设施的容量，以进行物料库存的充分安排，并定期进行清点、整理、调整，确保物料储存、分类、标记和储存环境的可控性和安全性。

库存管理：监控、调整和更新库存水平，确保库存满足生产和销售需求，同时减少库存积压和损耗。

物料领用：物料领用是生产和供应过程中的关键步骤。根据生产计划和库存情况，提取所需的物料并移交给生产部门进行加工。领料的准确性和及时性直接影响到生产和交付的效率和质量。

物料跟踪：跟踪物料在生产和物流过程中的状态和位置，及时发现和解决异常情况。

物料管理主要包括四项基本活动：

（1）预测物料用量，编制物料供应计划。

（2）组织货源，采购或调剂物料。

（3）物料的验收、储备、领用和配送。

（4）物料的统计、核算和盘点。

物料管理包含以下八项目标：

（1）物料规格标准化，减少物料种类，有效管理物料规格的新增与变更。

(2) 适时供应生产所需物料，避免停工待料。
(3) 适当管制采购价格，降低物料成本。
(4) 确保来料品质良好，并适当的管制供货商。
(5) 有效率的收发物料，提高工作人员效率，避免呆料、废料的产生。
(6) 掌握物料适当的存量，减少资金的积压。
(7) 考核物料管理绩效。
(8) 仓储空间充分的利用。

5.2 MES 系统的物料管理

5.2.1 MES 系统物料管理的功能

MES 借助专业技术手段，实现数字化生产过程控制，使得车间制造控制智能化、生产过程透明化、制造装备数控化和生产信息集成化。MES 许多功能模块涵盖了生产活动中的全方面，实时监控生产制造过程、实时采集生产现场数据，实现生产数字化、透明化管理。对于制造业生产活动中的物料管理，MES 将其分为六个板块：

1. 物料信息管理

企业生产尤其是离散制造业的车间生产中原材料、辅料、配件、附件、标准件等数量多、品种杂。MES 对生产物料的基本属性数据进行定义、修改、维护与查询，另外，MES 物料管理提供物料主文件管理、物料清单管理、工艺路线管理等功能，并对物料基础数据进行管理。

2. 物料采购管理

MES 物料管理可以根据采购物料需求计划自动生成采购单，同时通过 MES 对物料采购情况跟踪查询，可以实现对实际采购进度与计划进度落差的报警，同时还能够对完成的采购单结清处理，对按订货点采购物料提出采购计划。

3. 物料库存管理

对于每个生产企业来说，库存是相当重要的，可以说是物料管理的核心，为了保证物料管理的正确性，MES 对车间内各种外购件的库存进行统一管理，主要包括对物料出入库、库区与库位等信息的管理。MES 物料管理可对仓库物料进行盘点，包括全库盘点、周期盘点等，并对库存变动情况进行及时盘点和统计，可在 MES 中设置安全库存，对仓库盘点时发现某一物料低于安全库存时进行报警。

4. 物料编码管理

MES 能够对生产物料统一编码管理，跟踪物料的来源，同时记录生产活动各个环节中物料交接的数量、时间等数据，对于生产物料达到有效追溯。

5. 细化物料需求

MES 能够分解细化出物料需求计划、外购需求计划、外协（工序）需求计划和自制零部件的工序计划等，能够生成物料清单，根据采购批量规则和库存上限，确定需领数量，向总库房提出领用申请。通过采购计划单号和外购物料号追踪外购件的采购情况，根据采购计划单的状态重新调整生产计划。

6. 在制品管理

MES 按照工序计划，可对在制品生产全过程进行跟踪管控，反馈在制品的实时状态，并对在制品所处位置、状态、工序等信息进行实时采集、统计、指导成品入库。MES 还可以做到从原材料采购到成品完成入库的全过程管理，做到生产产品质量的全面可追溯管控。

MES 物料管理为车间高效有序的生产制造活动提供有力支持，保证生产所需物料的正常及时供应，同时通过 MES 物料管理及时统计和反馈生产过程中的每个环节，从原材料采购到最终成品入库和交付，使管理人员的材料管理和企业的生产管理更加高效。MES 物料管理在整个生产过程中，通过对物料、生产状态跟踪、实时数据统计和生产物料调动，为生产计划的推进、生产执行提供有力支持。

5.2.2　MES 系统中物料管理的作用

对于制造业来说，物料是生产线不可缺少的一部分。物料就是资金，工业制造业中物料占制造成本的比例最大，对企业成本与利润的影响也最大，物料管理十分重要，所以制造业对于物料的把控和管理也变得非常重要。如果物料管理存在问题，可能会导致生产物料不能及时供应或进料品质差，这都将影响制造业的生产，使得生产力大大降低。MES 的物料管理，根据生产管理的要求，实现生产车间各类物料的信息管理，促进数字化工厂和智能车间建设，实现生产价值最大化。

为了使企业在激烈的市场竞争中取胜，有必要提前做好物料的相关准备工作，并对物料进行信息化管理。MES 的物料管理起着关键作用，主要集中在以下几个方面：

1. 追溯原材料

物料管理可精确追溯至每一个产品所用的原材料批次，产品在生产过程中所需的原材料会与其一一绑定。即便更改原材料，也可通过系统追溯到被替换的原材料批次。

2. 提供实时准确的生产信息

在生产过程中，物料不是静态的，而是通过各种不同的生产加工活动，使材料在外形和性能上都在不断变化，而这种变化也会产生很多重要的数据。MES 的物料管理解决了企业物料物流数据不准确、不一致、不完整的问题，为生产统计人员、操作人员和管理人员提供了实时、正确的生产信息，有效提高了企业的生产效率。

3. 生产过程监控和过程优化管理

生产制造业的过程所需的物质资源（比如原辅料、在制品、成品、自制件、标准件、成附件、外协件等）是多方面的，各种物料的管理模式不同，导致物料管理难度较大，对人力消耗较高。MES 的物料管理能够根据生产车间现场各种种类、状态、形态的物料，对这些物料的规格、数量、位置、状态、工序环节、责任人以及工装配套等信息进行动态跟踪、监控、信息采集与管理，能够减轻制造业企业物料管理的工作量，优化企业的物料管理。

物料管理是生产制造的基础，为生产管理提供物料清单、物料库存等基本信息，并及时统计、追溯物料在生产过程中的信息，使生产高效、有序地进行。对于制造业的物料管理，MES 不仅提高了排产计划的效率和质量，也提高了工资和成本核算的效率，提高了生产质量，降低了生产成本。系统实现了制造业从物资采购到成品入库的全过程管理和生产质量的全程追溯控制，可以更好地优化企业的物资管理，为企业带来更大的生产价值。

5.2.3 MES 系统中物料管理的流程

MES 物料管理是按照车间生产流程顺序开展的，具体来说，MES 物料管理流程如下：

首先，MES 对 ERP 下发的主生产计划进行分解与计算，细化出各种具体的生产计划，比如：物料需求计划、外购件需求计划、自制锻铸件需求计划、外协需求计划与自制零件的工序计划等。

MES 通过生产排程计划分解得到外购件采购需求计划，生成物料清单，然后根据采购批量规则和库存上限，确定需领料数量，向库房提出领用单。通过采购计划单号和外购件物料号追踪外购件的采购情况，根据采购计划单状态重新调整生产计划。

MES 中对于原材料管理分为三种状态：无料、在途、有料。物料需求计划中默认状态是无料，此时需开出领用单到总库领料，同时更改状态为在途，料到接收时再将状态改为有料；如果车间有可利用的料，则状态为有料。自制零件的原材料规格很多，为每一种规格的原材料配置一个物料号不方便管理，因此按工装图号与零件的物料号来跟踪管理原材料状态。

外购件是 MES 物料管理的重要内容，由库房接收后，采用 MES 库房物料管理模式进行出入库登记、移库调拨、库存盘点、库存计划等。库房管理员凭领用单对采购的原辅料进行入库登记，同时更新 MES 物料管理库存台账。生产开始，根据 MES 的工段领料单到库房领料，库房管理员进行出库登记，并更新 MES 物料总库存量。库房之间需要调拨物料时，需相关人员开出移库单。并在 MES 中进行出入库登记。同时 MES 物料管理，要求对库存进行定期盘点，对盘盈的物料进行虚拟入库；对盘亏的物料进行虚拟出库。对常用外购件设定安全库存，库存量低于安全库存时，给予预警提示。库房管理员对预警做出处理，提出零星采购计划。

锻铸件是企业自制零件的毛坯，一般都需要机加工，MES 物料管理功能并未给锻铸件分配物料号，而是直接采用零件物料号。对于锻铸件，MES 直接按外购件流程进行管理。根据锻铸件需求计划要求的到货时间，开出锻铸件流程卡片，到锻铸件公司订货，同时将锻铸件的状态反馈到需求计划中，根据锻铸件状态调整生产计划。

原材料和锻铸件转到生产现场，即转变为在制品。MES 物料管理根据工序计划，对在制品动态信息进行实时跟踪管理，实时反映在制品状态，并对在制品所处位置、状态、工序信息进行实时采集、统计，指导成品入库。

课后拓展

1. 查阅资料，了解物料在生产过程中的流转过程。
2. 查阅资料，了解物料在生产过程中有几种形态。
3. 查阅资料，了解如何跟踪和管理物料使用情况。
4. 查阅资料，了解物料需求计划（MRP）。

项目六　MES 系统绩效管理

学习目标

• **知识目标**
1. 了解绩效的概念；
2. 掌握绩效管理的概念与作用。

• **技能目标**
1. 掌握绩效管理计划的制订；
2. 掌握 MES 系统中绩效管理的内容。

• **素质目标**
1. 培养学生勇于探索、敢于创新的学习精神；
2. 培养学生求真务实的工作作风，理解绩效管理对企业发展的重要作用。

项目背景

企业的自动化水平越来越高，市场竞争越来越激烈，企业要想保持市场的竞争优势地位，追求较高的利润率，必然要优化成本，提高生产效率，减少生产过程中的浪费，"节能增效"则成为很多制造企业的首选。节能，意在保证在生产正常运行的基础上，减少能源的不必要浪费，合理规划能源的使用，进行准确预测，及时调整，最大化实现能源使用效率。增效，则是在尽量少投资或者不投资的情况下，利用现有的技术、设备减少生产过程中的异常，保证生产的稳定性，提高设备的利用效率，使生产实绩能够稳定的保持在较高水平，从而在近似的投入条件下，实现更高的产能水平。但不管是节能还是增效，人的管理都是其中影响较大的环节。

人力资源是企业管理者重视的焦点之一，伴随着社会经济的进步，企业竞争日趋激烈，人力资源研究视角逐渐发生变换，由关注传统的管理者转为关注员工。员工可以看成是企业的无形资产，是不可或缺的一部分。员工具备的素养与质量在一定程度上决定着企业的市场地位。在人力资源的构成要素中，绩效管理是关键所在。从长远来看，绩效管理有助于提升企业核心竞争力并促进其可持续发展；从短期来看，绩效管理有助于持续完善员工和企业的绩效。一个运行高效的绩效管理体系最终是可以促进企业全面发展的。

6.1 绩效与绩效管理

6.1.1 绩效

1. 绩效的概念

"绩效"一词来源于管理学。单纯从语言学的角度来看,绩效包含有成绩和效益的意思。绩就是业绩,体现企业的利润目标。效是一种行为,体现企业的管理成熟度目标,包括纪律和品行两个方面。

从管理学角度看,绩效是主体行为或者结果中的投入产出比,如果用在公共部门中来衡量政府活动的效果,则是一个包含多元目标在内的概念。其包括个人绩效和组织绩效两个方面,是员工的工作结果,是对企业目标达成具有效益、具有贡献的部分。

从经济学角度看,绩效与薪酬是员工和组织之间的对等承诺,是社会经济管理活动的结果和成效。绩效是员工对组织的承诺,而薪酬是组织对员工的承诺。

绩效是一个组织或个人在一定时期内的投入产出情况,投入指的是人力、物力、时间等物质资源或个人情感、情绪等精神资源,产出指的是工作任务在数量、质量及效率方面的完成情况。由此衍生出了绩效管理的概念。

绩效是组织为实现其目标而开展的活动在不同层面上的有效输出,是成绩与成效的综合,是一定时期内的工作行为、方式、结果产生的客观影响。在企业中,绩效是具有一定素质的员工围绕职位应负的责任,在所达到的阶段性结果及过程中的行为表现,同时也体现了员工对部门或者企业贡献的大小。

企业要有企业的目标,个人要有个人的目标,目标管理能保证企业向着希望的方向前进,实现目标或者超额完成目标可以给予奖励,比如奖金、提成、效益工资等。职责要求就是对员工日常工作的要求,比如业务员除了完成销售目标外,还要做新客户开发、市场分析报告等工作,对这些职责工作也有要求,这个要求的体现形式就是工资。员工的绩效具体表现为完成工作的数量、质量、成本费用以及为企业做出的其他贡献等。

总的来讲,绩效的概念包含两个方面,一是强调行为,二是强调结果。在企业实际管理中,行为与结果两者应兼而有之,既要考虑行为也要考虑结果,行为促进结果的完成。

2. 绩效的特点

绩效会因为时间、空间、工作任务和工作条件等因素的变化而不同。因此,绩效具有多因性、多维性和动态性的特点,如图6-1所示。

(1) 多因性

多因性是指一个人绩效的优劣取决于多个因素的影响,包括外部环境、机遇、个人智商、情商和他所拥有的技能和知识结构,以及企业的激励因素。

图6-1 绩效的特点

(2) 多维性

多维性是指一个人绩效的优劣应从多个方面、多个角度去分析，才能取得比较合理的、客观的、易接受的结果。

(3) 动态性

动态性是指一个人的绩效会随着时间、职位、甚至心理状态等多种情况的变化而变化。

3. 影响绩效的因素

影响绩效的因素有很多，其中主要因素有：员工技能、外部环境、内部条件以及激励效应，如图6-2所示。

员工技能是指员工具备的核心能力，是内在因素，经过培训和开发是可以提高的；外部环境是指组织和个人面临的不为组织所左右的因素，是客观因素，是完全不能控制的；内部条件是指组织和个人开展工作所需的各种资源，也是客观因素，在一定程度上我们能改变内部条件的制约；激励效应是指组织和个人为达成目标对工作的主动性、积极性，激励效应是主观因素。

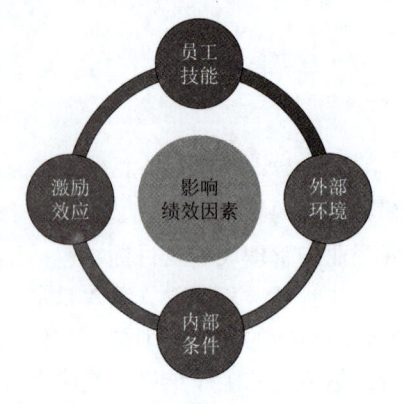

图6-2 影响绩效的因素

在影响绩效的四个因素中，只有激励效应是最具有主动性、能动性的因素，人的主动性、积极性提高了，组织和员工会尽力争取内部资源的支持，同时组织和员工的技能水平将会逐渐得到提高。因此，绩效管理就是通过适当的激励机制激发人的主动性、积极性，激发组织和员工争取内部条件的改善，提升技能水平进而提升个人和组织绩效。

6.1.2 绩效考核

1. 绩效指标

绩效指标是用以评判对象（个人、业务单元、部门或组织）业绩好坏的因素。绩效评估工作的关键要素是行为指标和结果指标。行为指标是指员工在工作岗位上的行为表现。结果指标是指通过员工的工作所带来的工作和组织的某些变化。

一般来说，一个员工的绩效考核指标是最能直接跟踪员工绩效的标杆。绩效考核不单单是企业考核员工如此简单，更直观的是将人力资源作用发挥到极致。

绩效指标一般分别分为定量指标、工作数量、定性指标三类。其中定量指标可细分为目标管理、360度反馈、强制排名三个部分。工作数量包括销售数量、处理时间。定性指标则是员工能否在既定的时间内完成工作任务，比如工作疏忽错误、工作完成及时性等。

关键绩效指标，又称 KPI（Key Performance Indicator），是通过对组织内部流程的输入端、输出端的关键参数进行设置、取样、计算、分析衡量流程绩效的一种目标式量化管理指标，是把企业的战略目标分解为可操作的工作目标的工具，是企业绩效管理的基础。KPI 可以使部门主管明确部门的主要责任，并以此为基础，明确部门人员的业绩衡量指标。建立明确的切实可行的 KPI 体系，是做好绩效管理的关键。关键绩效指标是用于衡量工作人员工作绩效表现的量化指标，是绩效计划的重要组成部分。

2. 绩效指标的作用

（1）导向作用。

绩效管理的导向作用主要体现在绩效指标的导向作用，绩效指标就是为员工在工作中明确目标、指导工作。

（2）约束作用。

绩效指标有些会明确告诉员工哪些是应该做的，自己所做的工作是否与绩效指标相符合，约束员工的日常行为，规范管理工作的重点和目标。

（3）凝聚作用。

一旦绩效指标确定，员工就会利用各种资源，凝聚一切可利用的力量来实现和完成绩效目标，可以把大家凝聚在一个共同的目标和方向。

（4）竞争作用。

绩效指标的设定就是要求员工要通过努力工作才能完成的目标，绩效指标明确员工努力的方向和目标，这样就提供了员工之间、部门之间、企业与外部之间竞争的目标和对比标准，使员工为完成绩效考核指标互相竞争。

3. 绩效考核

绩效考核是对组织成员在日常工作中所表现的能力、态度和业绩进行以事实的评价；是人力资源管理系统的组成部分，运用一套系统和一贯的制度性规范、程序和方法进行考评；是从企业经营目标出发对员工工作进行考评，并把考评结果与其他人力资源职能相结合，推动企业经营目标的实现。

绩效考核指标从不同的角度有不同的侧重点和不同的分类。

以实现企业战略目标为目的的绩效考核，通过绩效考核以及相应的管理，可以提高企业的核心竞争力、实现企业战略转型，并确保企业组织将短期目标与长期目标相联系。

以实现企业人力资源管理为目标的绩效考核，可以从维持和发展组织的角度出发考虑绩效问题，从对员工个人进行管理的角度出发进行绩效考核。

绩效考核指标能将组织目标进行分解，便于员工明确自身的目标和任务，从而产生达成目标的动机和意愿，员工会对目标和任务更加聚焦，便于员工进行时间管理。

绩效考核指标主要在于过程控制，不是工作结果。同时，绩效考核过程指标的执行中需要公平、公正，且需要有针对性，这样可以让员工与员工之间明白工作中的差距，有针对性地采取措施达成绩效目标，对工作方法和业绩的提升都会有很大帮助。

4. 绩效考核的作用

绩效考核是绩效管理的重要组成部分，是人力资源管理的一项重要活动，是指按照一定的标准，采用科学的方法，对企业员工的工作业绩、品行、能力、态度等方面进行综合评定，来体现一个部门、个人业绩目标的完成情况，来确定其工作绩效和未来发展潜力的管理方法。

绩效考核是对团队整体的考核，而非单纯的个人考核。且绩效考核是相对性的，而非绝对性的。

绩效考核主要有以下几个作用：

（1）促进目标达成

绩效考核本质上是一种过程管理，而不是仅仅对结果的考核。它是将中长期的目标分解成年度、季度、月度指标，不断督促员工实现、完成的过程，有效的绩效考核能帮助企业达成目标。

(2) 挖掘并解决问题

绩效考核是一个不断制订计划、执行、改正的 PDCA 循环过程，整个绩效管理环节包括绩效目标设定、绩效要求达成、绩效实施修正、绩效面谈、绩效改进、再制定目标的循环，这也是一个不断发现问题、解决问题的过程。

(3) 优化利益分配

与利益不挂钩的考核是没有意义的，员工的工资一般都会分为两个部分：固定工资和绩效工资。绩效工资的分配与员工的绩效考核得分息息相关，所以一说起考核，员工的第一反应往往是绩效工资的发放。

(4) 促进成长

绩效考核的最终目的并不是单纯的利益分配，而是促进企业与员工的共同成长。通过考核发现问题、改进问题，找到差距进行提升，最后达到双赢。

6.1.3 绩效管理

1. 绩效管理

绩效管理是各级管理者和员工为了达到组织目标共同参与的绩效计划制订、绩效辅导沟通、绩效考核评价、绩效结果应用、绩效目标提升的持续循环过程。绩效管理的目的是持续提升个人、部门和组织的绩效。

绩效管理

绩效管理是企业将战略转化为行动的过程，是战略管理的一个重要构成要素。其深层的目标是基于企业的发展战略，通过员工与其主管持续、动态地沟通，明确员工的工作任务及绩效目标，确定对员工工作结果的衡量办法，在过程中影响员工行为，从而实现公司目标，并使员工得到发展。显然，绩效管理的功能超出了人力资源管理部门的职能范围，其真正的责任人，应当是企业的 CEO 及各级管理人员。人力资源管理部门在绩效管理过程中的角色，是在具体的操作中承担横向组织和协调工作。

绩效管理是所有人力资源管理和企业管理中最难做到的，它在实际操作过程中很复杂。绩效管理的对象是人，人和机器最大的区别是，人有思想、有情绪，会产生业绩的波动。

要解决绩效管理体外循环问题，必须完善标准，明确责任。如哪些工作是人力资源部门负责，哪些该由业务部门主管负责，双方各负责到什么程度，对违反结果有什么奖惩措施等，通过建章立制，从源头上解决这些问题。人力资源部门通过强化服务，向各个业务部门提供辅导和支持，牵头处理业务部门遇到的共性问题，支持各业务部门有效开展工作；业务部门主管则应当转变角色，强化管理职责，全盘负责部门的运行工作，不仅要让个人业务达标，更要让团队业务达标。

绩效管理可视为"组织发动机"的功能，核心功能对组织效率的影响巨大。企业要在战略目标的号召下，将组织的目标和个人的目标有机结合在一起。要把绩效管理和组织功能规划、人力资源规划、员工关系管理和薪酬激励体系四个平台有机结合在一起。管理平台构建的顺序是组织功能规划、人力资源规划、员工关系管理、绩效管理和薪酬激励体系。一个组织只有在强烈的战略共识和共享的企业文化的指引下，才能达到行动上的高效协同。

在考核流程上，要按照谁下达命令谁考核的原则进行实施。具体来说，业务主管给员工下达指标，同时要考核员工的完成结果，并将考核结果反馈给人力资源部门。而人力资源部门则应确定公司整体考核的原则和标准，培训业务主管的考核能力，汇总部门的考核结果，再将考核结果反馈给公司决策层。

科学的绩效管理体系是提升人力资源效能的关键。结合大数据分析应用等技术平台实现优化完善企业绩效工资清算办法和逐级考核分配制度，深化绩效分类评价机制，不断加大工资总额与组织绩效挂钩力度及专项考核奖励力度，一定程度上打破传统绩效管理存在的内部分配"平均主义"。以提高员工价值创造能力为核心，坚持问题导向、目标导向，打造企业和员工命运共同体，以"数字化"为手段，实施绩效"四化（现场化、事实化、诚恳化、责任化）"管理激励机制。全面提升企业员工绩效管理水平，充分激发员工队伍活力。

2. 绩效管理的流程

绩效管理应与组织目标的实现及企业的发展紧密联系，也与员工自身发展密切相关，更重要的是与企业战略目标的实现紧密相连。各企业的绩效管理应从企业实际情况出发，遵循实用性和可行性原则。使得绩效管理符合公司发展实际，能够帮助公司完成既定目标。同时，要求绩效管理每一阶段的目标、各目标的分解都应切实可行。实用性和可行性是衡量绩效管理体系能否落地，能否对企业长远发展产生效果的重要原则之一，没有遵循这一原则的绩效管理体系对企业有害无益。绩效管理也要求全体员工积极参与。员工积极参与、认真学习绩效管理相关理论知识、积极参加培训，会对体系的改进与完善大有裨益。

根据企业所处行业以及各自工艺、管理的不同，绩效管理的流程与内容也不尽相同，但一般都有如下流程：

（1）对绩效指标进行详细的分析，并制定方案。制定方案时需要考虑到过程中各个阶段的重要程度及紧急程度，并综合考虑其他一系列诸如工作授权程度、工作困难等，管理者最终做出衡量，并与员工探讨达成共识。绩效管理计划必须结合企业战略，旨在提升企业绩效，并在内部上下级之间进行协调。以战略目标为指导，设置短期绩效目标，通过不断实现短期目标以达到实现战略目标的目的。

（2）管理者与员工进行绩效管理的各流程。其涵盖上级与员工间的交流、考核结果记录、过程监管和具体实施等，并在第一时间给予员工指导。

（3）基于组织目标及设立的绩效考核规范。在保证考核方式的科学性及考核技术的规范性前提下，对员工开展多方面评估。如日常工作任务是否按时完成，绩效评估时间段是否为指定期限，内容是否完成既定目标。基于此评估，可对员工日常工作进行激励，促使其提升工作效率。

（4）通过绩效沟通与反馈提高绩效管理效能。绩效沟通是指针对绩效评估结果，管理者与员工充分交流，可以帮助员工明白为什么绩效无法达标，并提出合理化的调整计划及提升策略。绩效沟通形式多样，其中绩效反馈是最为有效的一种方式，采用这种方式，员工能尽快知道上级的评价，由此可以激励其不断努力提升。

（5）根据绩效结果进行针对性指导和激励。绩效管理实施也涵盖了其他环节，如企业上级管理者的认同、岗位测评、相关绩效政策颁布、培训考核等。在绩效考核过程中，结果的运用是最后一个环节，基于此结果可对员工及企业相关业务调整做出多方面改进与完善。

6.2　MES 系统绩效管理

MES 系统绩效管理，是 MES 系统实现对整个生产工艺流程的全面制造执行管理与控制的功能模块之一，可以帮助制造企业生产车间提高工厂操作的一致性、敏捷性与正确性，对于精益化生产的实现有重大意义。MES 绩效管理在管理的范围或内容上，包括了生产过程中各种绩效的管理，比如：生产操作人员的工时与绩效、设备运行操作绩效等，以便帮助制造车间提高操作绩效和生产能力。

MES 系统绩效管理

6.2.1　生产绩效管理

生产绩效管理系统，是全面整合制造资源，全方位管理生产的进度、质量、设备和人员绩效的制造业生产管理工具。可以满足流程行业的生产管理需求，帮助企业实现生产数据的收集与分析以及生产过程的监控，规划企业的生产计划管理、产品质量管理、生产工艺管理、BOM 管理、看板管理和设备管理等，提高企业制造车间的执行力。MES 系统生产进度信息界面（即订单实时进度看板）样例如图 6 - 3 所示。

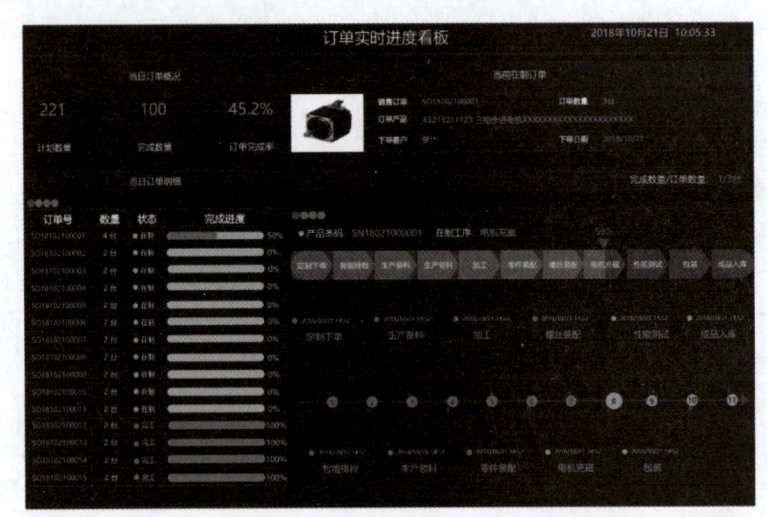

图 6 - 3　MES 系统生产进度信息界面

MES 生产绩效管理同 MES 系统其他功能模块一样，运行在工厂的信息与控制网络平台上，为用户提供生产效益的信息化管理支撑。该功能模块主要运用于对在制品信息的采集、跟踪、监控、管理，为生产决策提供数据支撑。这需要一个增强的图形用户界面、新的 Web 报告功能、Oracle 数据库等支持，为制造企业生产构建一个制造执行模，以便在实际的 MES 生产绩效管理中，为用户提供功能丰富的工厂应用、基于 Web 的报告和仪表板，从而使管理人员能够通过各种图形报表提升洞察能力，这对于企业的生产绩效管理是十分重要的。

同时，更重要的是 MES 系统的生产绩效报表功能，能够最大限度地实现对生产现场各种信息数据的集成和共享，通过 MES 系统这样一个生产资源的公共数据集成平台，对各种生产数据进行集中管理，通过 MES 系统与其他信息系统的集成对接实现信息共享，保证企业信息化网络中数据的一致性和即时性，为企业生产与管理协同奠定了基础。

该系统可以将生产过程中的信息（包含产量、时间等各种报工信息）通过报表的形式展现出来，报工数据不仅准确而且不需要人工记录，缩短了操作员的工作时间，提高了生产效率。

6.2.2 生产设备绩效管理

针对设备管理，MES 系统主要提供设备操作管理和设备绩效管理等功能。设备操作功能可以提高设备操作与运行的效率和正确性，从而提升设备对生产执行的相应速度，通过 MES 生产绩效管理系统对于设备与生产线操作执行的一致性把控，提高设备开机的可重复性，从而保证设备生产过程中完整的"在位"记录，让管理人员能够通过 MES 设备绩效管理模块，提高对设备异常、产品召回等非预期生产事件的响应能力，保证设备正常运转。

MES 生产设备绩效管理，则是通过 MES 系统对关键设备的绩效事件和效率信息的统计、分析与管控，将这些信息及时汇总上传至操作员或者决策人员，为他们的及时决策提供依据，以实现设备生产效率和资源利用效率的最大化，进一步实现精益生产目标。

MES 生产管理系统通过数据终端与生产设备相连，自动侦测设备的各类运行状态，如关机、开机停工、开机调试、开机加工等一目了然，单击设备图标，可以详细获悉该设备正在加工的产品及进度，对延后计划进行预警提示。并支持在各种显示媒介（数据终端、电脑、电子看板、手机等）上显示各区域的设备状态。MES 系统生产设备绩效管理界面样例如图 6-4 所示。

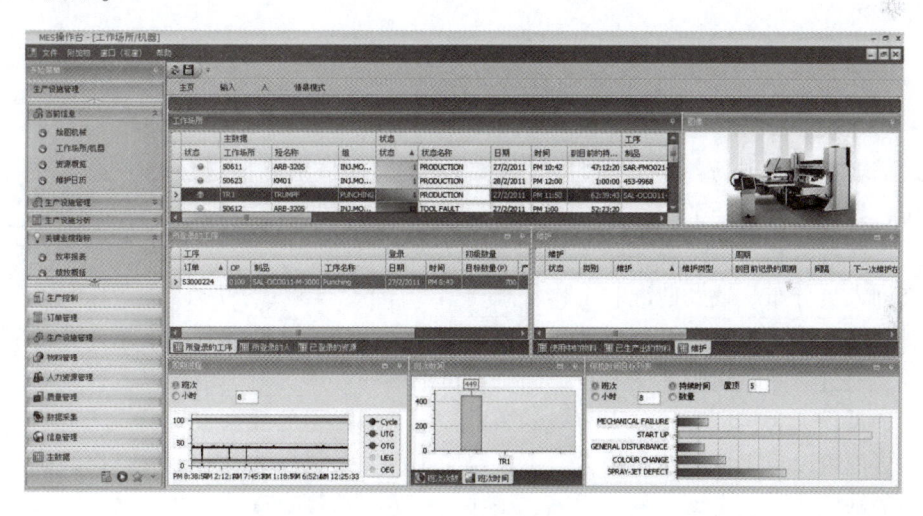

图 6-4 MES 系统生产设备绩效管理界面

当设备发生停机时，系统会在数据终端提示报告停机代码（如故障 01、缺料 02、辅助工作 03 等），同时设备处于被锁定状态，要求报告停机原因，只有按规定报告之后设备才能解锁进入加工状态。

当停机代码通过制造物联系统传送到服务器后，系统立即通过短信平台发送手机短信到当班责任人手机，相关责任人对事件须及时响应和处理，超响应或处理时限信息会自动转发到更高一级管理人员手机上，责成相关责任人进行处理。

该机制提高了事件响应速度，减少因不及时处理导致生产停工等现象的发生，保障了生产计划和进度的按时完成，提高设备利用率和计划达成率。

6.2.3 生产人员绩效管理

对于 MES 系统的人员绩效管理模块较为典型的应用为人员上岗与离岗的刷卡记时，从而有效统计人员的工作时间。人员在各工位通过登录系统记录产出数量（可依据实际情况选择人工录入或自动获取），并由系统自动统计出每日总产量、产出合格率等，从而为绩效考核和生产计划的制定提供数据基础。

车间不同职责员工对应不同的操作权限，此类权限下载到数据终端后，操作人员身份信息就与接下来的工作结果绑定，发送到系统服务器，进入数据库。实现人与事的绑定，可以准确统计每位员工的工作成果。MES 系统人员绩效管理界面样例如图 6-5 所示。

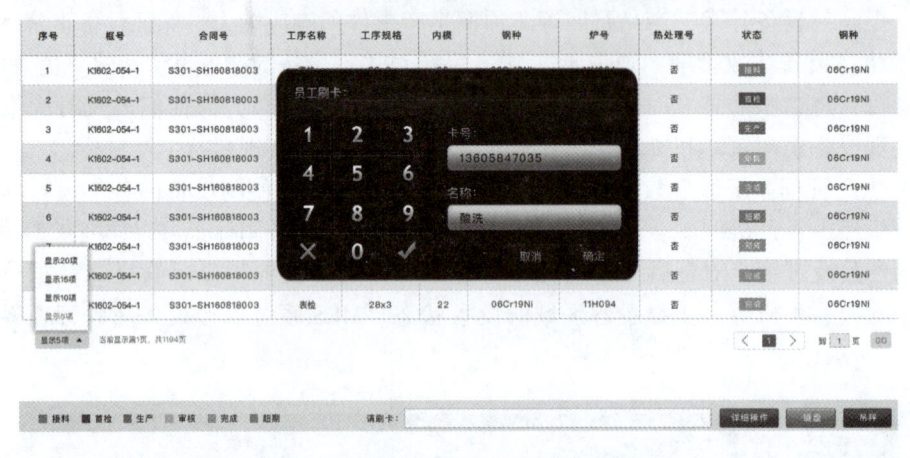

图 6-5　MES 系统人员绩效管理界面

通过部署在生产现场各个点上的数据终端采集的人员信息，包括位置、身份、到岗时间、开工时间等信息被系统自动标注到工厂的场地平面图上。可通过电脑、电子显示屏等媒介输出显示，方便相关管理人员观察、查询人员分布、缺勤情况和工作状态。

通过数据终端采集的人员与事务绑定的原始数据，经过软件的分类汇总计算得出的绩效真实客观，通过对同时间段不同地点、岗位人员绩效的排序比对。也可以发现绩效低的员工的技能培训需求，为工厂实施公平有效的激励提供客观详尽的数据支持。

报工界面可以对工单针对合格数、不良数、工废数、料废数及其他进行在线统计；也可以对工单的缺陷数量、类型、发生时间、操作员等进行追溯查询。

课后拓展

1. 查阅资料，了解绩效管理的有效方法。
2. 查阅资料，了解绩效管理在企业管理中的意义。

项目七　MES 系统生产过程管理

学习目标

- **知识目标**

1. 掌握生产过程管理的基本概念；
2. 了解生产过程管理的内容；
3. 掌握 MES 系统生产工单管理；
4. 掌握 MES 系统生产监控及执行管理。

- **技能目标**

掌握 MES 系统生产过程管理。

- **素质目标**

1. 培养学生爱岗敬业，明确生产过程管理在制造企业中的重要性；
2. 培养学生一丝不苟、安全生产的职业精神；
3. 培养学生的成本意识和绿色环保意识。

MES 系统生产过程管理

项目背景

生产过程管理是制造企业中不可或缺的重要环节。其主要目的是通过对生产流程进行规划、控制、优化和改进等手段，以实现生产活动的高效率、高质量和低成本。早在 20 世纪 60 年代，生产过程管理就已经成为制造业领域的一个重要概念。当时人们主要通过人工计划和管理来进行生产过程管理，生产计划的生成和修改都需要消耗大量的人力、物力和时间，周期长、效率低、难以适应快速变化的市场需求。

随着全球智能制造的提出、信息技术的不断发展和应用，企业对生产过程的监控和管理需求越来越高，生产过程的自动化管理不断被提高，期望较高的生产效率、生产质量和可靠性成为制造企业的重要目标。然而，传统的生产管理方式已经无法满足企业的新需求。为此，企业需要采用新的管理系统以满足他们的要求。生产管理的新一代 MES 系统应运而生。MES 系统是制造企业中应用最广泛的生产过程管理系统，是由制造执行系统（Manufacturing Execution System）所组成，能够集中监控制造、质量和物料流，并且还可以管理产品的全生命周期。MES 系统结合其他信息管理系统（如 PLM、ERP、SCADA、CRM 和 WMS），综合解决了生产过程中诸多环节的问题。

MES 系统能够监控和优化生产计划、物料采购、生产过程、生产效率和质量控制以及数据分析、报告和技术支持等环节。通过 MES 系统的智能化数据收集、分析和处理，实时追踪和监控生产过程，提高生产过程的自动化、可控性和有效性，实现生产过程智能化、信息化、高质量和高效率。MES系统将各个环节之间的数据进行整合和分析，能够快速定位生产中的问题，提高生产效率和质量，降低生产成本，从而使企业产生更高的经济效益和市场竞争力。

本项目中，通过学习生产过程管理的概念，掌握生成过程管理的总体流程，明确生产过程管理的内容，有效结合MES系统在生产过程管理中的作用，提高生产过程的信息化程度和生产效率，降低生产过程中的人工干预，以帮助企业快速实现生产过程信息化、科学化管理，从而提高生产效率和质量，实现企业的可持续发展。

知识直通车

7.1 生产过程管理概述

生产过程管理是以最佳的方式将企业生产的诸要素、各环节和各方面的工作有效结合起来，形成生产系统，以最少的耗费取得最大的生产成果和经济效益。

生产过程是指从投料开始，经过一系列的加工，直至成品生产出来的全部过程。在生产过程中，主要是劳动者运用劳动工具，直接或间接地作用于劳动对象，使之按人们预定的目的变成工业产品。

制造业企业的生产过程，一方面是原材料、能源、设备工具、劳动力等生产要素的不断投入，另一方面是工业产品和工业性劳务的不断输出。企业生产输出的产品，有的可能是完整的、能直接消费的最终产品，有的可能是需要继续加工或装配的中间产品。工业产品的生产过程，指从准备生产该产品开始，直到把它生产出来为止的全部过程。一般由基本生产、辅助生产、生产技术准备、生产服务等部分组成。制造业企业的生产过程是一个复杂的系统，生产过程管理的目的就在于使这一复杂系统具有以下特点：

（1）连续性。产品在生产过程中始终处于运动状态，通过各环节、各阶段、各工序在时间上能紧密衔接。

（2）平行性。生产过程中各项活动、各道工序，凡是在时间上同时交叉进行的必须组织平行作业。

（3）协调性。生产过程中各阶段、各工序之间，在生产能力上保持一定的比例关系，各生产环节的工人人数、设备数量、生产速率等都能满足生产的要求，并保持相互协调。

（4）均衡性。企业及其各个生产环节的工作，都能按照计划进度进行，保持负荷和产品出产的相对稳定，不发生或高或低、前松后紧的现象。

生产过程管理包括生产资源管理、产品定义管理、生产计划管理、车间作业管理子系统，包含了从图纸向产品实体转化的具体实现过程。

生产资源管理是管理直接涉及生产与加工过程的相关资源，目的是构建基础资源数据，形成过程管理的基础数据，主要涵盖关联关系和性能状态等资质品质属性。包含设备管理、工装工具管理、人力资源管理、生产线维护、工位维护、生产单元管理六个部分功能。

产品定义管理主要是构建产品的客户属性和工艺属性，包括工艺数据、BOM结构，是维护系统正常使用的基础数据，数据是否准确对系统的可靠性起着决定性作用。

生产计划管理是依据生产资源管理和产品定义管理系统提供的能力与资源情况，按照生产订单的要求，实施企业、车间、作业三个层面的计划管理与进程监控，并具有自动排产的能力，通过计划的自动生成，为调度人员提供便捷的计划与执行间的匹配与调整，包含产品订单管理、生产准备管理、车间/生产线计划管理、作业计划管理、外协管理、监控和查询。

车间作业管理是完成生产过程的具体实现过程管理，包含作业派工管理、工单管理、完工维护、现场作业管理、装机登记确认、调试修复记录单管理、转运管理、货架管理、工时维护、物料消耗统计、维护和查询及监控车间看板功能。

7.2　MES 系统生产过程管理

MES 生产过程管理实现了生产过程的闭环可视化控制，减少等待时间、库存和过量生产等。生产过程中采用条码、触摸屏和机床数据采集等多种方式实时跟踪计划生产进度。生产过程管理旨在控制生产，实施并执行生产调度，追踪车间里工作和工件的状态，对于当前没有能力加工的工序可以外协处理。实现工序派工、工序外协和齐套等管理功能，可通过看板实时显示车间现场信息以及任务进展信息等。制造企业通过 MES 生产过程管理，实现对整个车间环境和生产过程进行监督、制约和调整，使生产计划准确、及时推进，从而达到预期的生产目标，按时保质保量地向客户支付产品，从而提高客户满意度，增强市场综合竞争实力。

MES 生产过程管理是指监控生产过程并对正生产中的作业操作错误进行报警，以此来提高加工活动的效率和质量，或者向用户提供纠正错误并提高在线行为的决策支持。

生产制造的过程控制与调度管理涉及生产进度的动态更新、作业计划实施调度、生产数据的实时采集和车间异常的实时反馈。而生产过程管理控制指引制造过程，对产品各工序的生产、检验、维修以及交付过程进行控制和指引，在提高操作效率的同时减少作业操作错误，以效益为目标，强化生产过程的事前、事中管理。实时监控生产，实现对生产过程的精细化管理和控制。

MES 接收到生产任务后，指导物料员、库房管理员及时拣料、备料和上料。同时，指导设备调试、产品条码工单的打印，确保生产开工前的准备工作，通过生产工单及作业指导书，生产人员就具备了生产的条件，生产调度人员对工序进行任务指派，生产人员就可以进行产品加工。

生产过程中，MES 对之前开工准备的条码和工单进行生产制造过程信息的采集，采集到的数据将与工单、工艺路径及参数、物料、质量等信息进行相互验证，起到物料防错、工序防错防漏、工艺防错的作用，同时也将采集到的生产及质量信息实时反馈到系统的各看板和统计报表中，使得管理者在第一时间掌握车间的物料、生产进度、质量情况，为管理者的决策提供数据支持。

MES 采集生产过程中发生的所有事件，并对物料消耗、设备监控、产品检测进行管控，通过不同的项目看板实时呈现给企业管理者及一线操作人员，让整个车间现场完全透明化。通过全面提高制造执行能力，实现产品质量管控、有效控制库存、优化生产流程，并提供强大的集成化服务，最终为制造企业用户营造一个快速响应、有弹性的精细化制造管理平台，帮助企业降低成本、按期交货、提高产品质量和服务质量。

7.2.1 生产工单管理

在 MES 中,生产管理主要以工单为载体,掌握每个工单的生产状态来实现对生产的把控。在生产中,工单通常是所有活动的触发点,它也是处理生产过程中需要的或由此产生的所有信息和成本的数据容器。

工单管理是以工单作为虚拟载体对生产力的三要素(劳动对象、劳动工具和劳动者)进行生产建模,形成以工单为中心的制造管理体系。

MES 工单管理从不同的外部来源和 MES 其他任务接收工单列表,并将这些数据提供给其他 MES 功能,如高级计划排程 APS(Advanced Planning & Scheduling)。随着工单的处理,通过 MES 数据采集和其他 MES 任务产生了一定数量的新信息,然后工单管理将数据分配给工单,以便各部门能够快速有效地使用,例如,帮助他们对生产中断或变化作出适当和及时的反应。通过这种方式,可以提高生产中的透明度和减少时间损失。MES 工单管理的功能模型如图 7-1 所示。

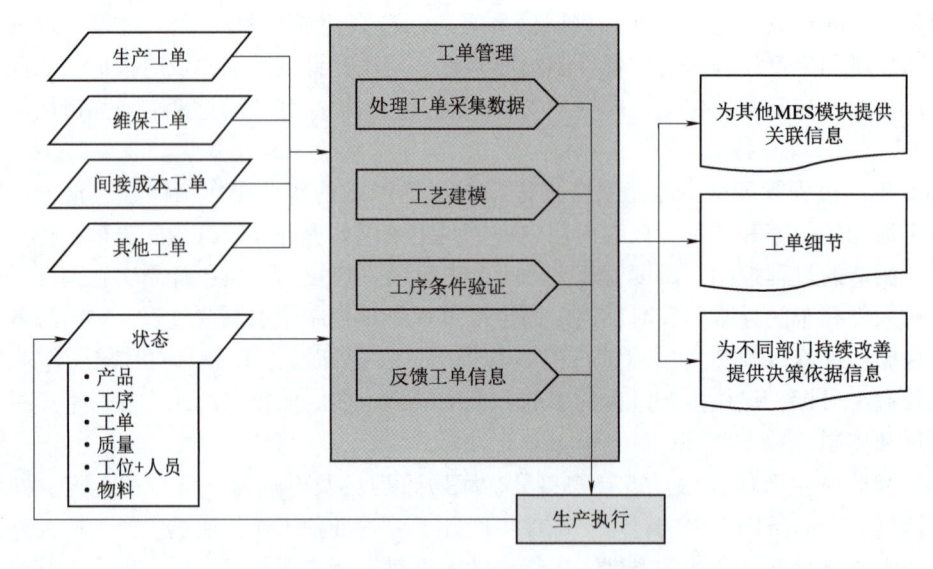

图 7-1　MES 中工单管理的功能模型

输入是不同类型的工单和工单相关的状态。在信息化程度较高的制造企业,MES 往往与其他制造信息化系统相集成,做到信息的互联互通。产品生产工单既可以从 ERP 系统获取,又可以在 MES 中输入,包括关键的日期、生产批量和详细工序等信息。MES 中其他任务也会产生工单,如生产工单登录时触发检验工单,出现次品时创建返工工单,根据维护日历创建的设备维护工单,触发物料移动的运输工单、按库存生产的看板工单,以及记录间接成本的管理费用工单。

处理工单采集数据:处理来自 MES 数据采集中的原始数据,在各个层级上进行汇总。

工艺建模:来自 ERP 的生产工单往往需要在 MES 中分解到工序层级,定义工序的资源、物料、时间和数量等细节。

工序条件验证:确定工单中各个工序的关系。如某工序对批次量有要求的。例如前工序完成 20 件,后工序才可以开始。

反馈工单信息：当前生产整体情况是从订单的目标与生产方面与当前信息之间的持续比较过程中获得的。提供可视化功能实时地表示生产进展，如延迟、达成率等。工单管理在生产控制流程中创造了必要的透明度。

MES 的任务工单管理着生产区域内各种类型的订单，持久更新工单的状态使管理人员有可能对变化做出反应。工单信息为其他 MES 任务中的进一步处理提供了信息，生产计划与工单处理形成真正的控制循环。

通过对工单数据的长期评估，可以得出关于组织缺陷的结论，从而为制造企业的持续改善提供支持。

7.2.2　生产监控及执行管理

在制造执行系统（MES）中，生产监控及执行管理是至关重要的一个环节，它是整个生产过程中的核心掌控节点，通过实时监测、控制以及优化生产流程，可以显著提高制造商在市场中的竞争力。在本章节中，将着重介绍 MES 中生产监控与执行管理的相关内容，深入探讨 MES 在生产过程中的具体应用以及如何提高 MES 的效率和可靠性。

生产监控是整个 MES 系统中的第一个环节，它负责监视制造过程中各个环节的实时状况，并及时反馈给生产计划部门。监控的范围一般包括生产物流、生产设备状态、加工质量等方面，并可以通过物联网或 RFID 等技术手段实现。此外，为了保证监控效果的准确性和实时性，实际应用过程中还需要进行大量的数据采集、传输和处理工作，以确定制造中的主要问题和瓶颈，并生成实时报告和分析。这对于软件系统的设计和性能都提出了较高的要求。

生产执行管理则是生产过程中的控制环节，它负责对生产过程进行实时监督管控，包括生产物流的调度、工程的更改请求和流程控制、机器的节拍控制以及质量的检验等方面。MES 通过计划和序列管理生产工单，确保生产过程按照良好的流程进行。MES 在过程中提供实时的指导和反馈，来支持条件的变化和调整。它可以帮助客户协调生产过程，以确保按照计划的时间、质量和效率要求生产。此外，生产执行管理还可以通过 MES 的协同应用，与其他生产环节形成紧密的协同工作体系，更好地实现生产计划。

在 MES 中，生产监控及执行管理功能如下：

（1）监控产线运行状况，各工序都能够直接有效地获取相关工序的当前生产执行情况；

（2）监控相关产线的生产执行情况，在发生意外和执行问题的情况下，能够提出预警；

（3）监控设备状态和人员操作情况；

（4）将生产监控信息传递给相关生产线；

（5）生产实绩数据的收集；

（6）生产过程信息记录；

（7）生产执行意外处理，必要时提交计划模块编制新的作业计划；

（8）生产操作人员操作指令下达。

MES 生产监控及执行管理能够处理广泛的生产类型，包括车间制造、离散制造和流程制造等。MES 在制造执行过程中协调所有活动，为企业提供高效的生产管理。MES 系统还支持生产数据的追踪和追溯，能够记录生产历史数据，帮助企业理解生产数据并快速响应问题。

在生产监控和执行管理的应用中，MES 系统中的物料管理、工单管理以及质量控制功能至关重要。通过市场需求的预测，仓储、物流、机器设备的可用性、工业流程中的瓶颈等多个影响生产实现的因素进行全局优化规划，在 ERP 下达生产任务，MES 通过针对性的信息及物流传递机制规划生产订单以及车间排产，并在生产过程中实时监控、调度，完成计划的生产任务，同时运用处理质量异常的流程在生产过程中严格控制各个阶段的质量，降低故障率并提升生产质量。

如何提高 MES 的效率和可靠性呢？一方面，需要根据实际生产场景，对 MES 系统进行有效的量化、优化，提高系统的响应速度和大流量处理能力，并通过智能算法等方法，对整个生产过程进行适时优化和调整。此外，还需要加强对 MES 的故障预判和后勤支持，建立完善的系统保障体系，确保 MES 系统能够高效、稳定地运行。

总之，生产监控及执行管理是 MES 系统中的核心掌控环节，它们支持企业在生产过程中实现高效的生产管理、质量控制和生产成本控制，其稳定可靠的运行是制造业成功的重要保证。随着物联网技术、大数据分析技术的不断发展，MES 的生产监控及执行管理为企业提供了更高效、更可靠的生产监控和执行管理，企业可以提高生产效率、优化生产成本、减少生产风险，从而帮助企业在日益激烈的竞争中保持领先地位。

课后拓展

1. 查阅资料，了解生产过程管理对企业的重要作用。
2. 查阅资料，了解生产过程管理一般包含哪些环节。
3. 查阅资料，了解如何对生产过程进行控制和监测。
4. 查阅资料，了解生产过程中常见的问题，针对这些问题应该如何应对？

项目八　MES 系统设备管理

学习目标

知识目标

1. 掌握设备和设备管理的基本概念；
2. 了解设备管理的作用和目的；
3. 熟悉设备管理的职能和机构设置；
4. 掌握 MES 系统设备管理的内容。

技能目标

掌握 MES 系统设备管理的功能。

素质目标

1. 爱惜设备、遵守职业道德、爱岗敬业；
2. 掌握 7S 的内涵，做到精密生产与智能生产相结合。

项目背景

"中国制造 2025"以体现信息技术与制造技术深度融合的数字化、网络化、智能化制造为主线。主要包括八项战略对策：推行数字化、网络化、智能化制造；提升产品设计能力；完善制造业技术创新体系；强化制造基础；提升产品质量；推行绿色制造；培养具有全球竞争力的企业群体和优势产业；发展现代制造服务业。

"中国制造 2025"旨在通过努力实现中国制造向中国创造、中国速度向中国质量、中国产品向中国品牌三大转变，推动中国到 2025 年基本实现工业化，迈入制造强国行列。无论是"工业 4.0"还是"中国制造 2025"的发展目标，都是建立在制造业的转型升级上，所以其生产核心力量——设备的管理至关重要。

安全生产是保护劳动者的安全、健康和国家财产促进社会生产力发展的基本保证，也是保证社会主义经济发展，进一步实行改革开放的基本条件。从一般意义上讲，是指在社会生产活动中，通过人、机、物料、环境、方法的和谐运作，使生产过程中潜在的各种事故风险和伤害因素始终处于有效控制状态，切实保护劳动者的生命安全和身体健康。因此，设备管理的好坏直接影响着一个企业是否能够做到安全生产的主要因素之一。

计算机技术的迅猛发展以及 Internet 进入商业和社会应用阶段，设备的种类、数量越来越多，如何利用先进的网络技术和日新月异的计算机技术来有效地收集、管理这些生产制造设备相关数据，建立以信息化为核心的管理体制，减轻管理人员和业务人员的数据处理负担，提高设备管理效率和管理手段，已经成为当今社会的潮流。

为了提升设备管理水平，加强企业运营管理，应当在 MES 系统中全面引入设备管理模块。

本项目中，通过学习设备与设备管理的概念，掌握设备管理的总体流程，明确设备管理的内容，有效结合 MES 软件在生产中的作用，将设备管理的各项任务通过数据库与数据采集等技术对设备状态数据进行有效处理，将设备管理的内容做到智能管理、有效管理、实时管理，以预防智慧工厂生产中因设备原因造成的安全事故的发生，提高企业生产综合效率。

知识直通车

8.1 设备与设备管理概述

目前，在现代化大型研究所的信息化管理体系建设中，设备管理被看作是重中之重。设备作为工厂生产的主体，在自动化工业生产中的作用和影响随之增强，管理地位随之提升，整个工业生产过程对设备的依赖程度也越来越高，设备管理的各项制度、流程的涉及面也越来越广。

而设备管理是一个以人为主导，利用计算机硬件、软件、网络通信设备以及其他办公设备进行信息收集、传输、加工、储存、更新和维护，以战略竞优、提高效率为目的，支持高层决策、中层控制、基层运作的集成化的人机系统。它具有管理信息系统的共性，同时也具有特殊性。设备是生产的生命线，对正常生产起着决定性作用，信息安全设备管理已成为当下研究的重中之重。

8.1.1 设备的含义及分类

一、设备的含义

设备通常是指人们在生产生活中所需的机械装置和设施，可供企业长期使用、单位价值在规定限额以上，并且在反复使用中基本保持原有实物形态和功能的生产资料和物质资料的总称。

国外把设备定义成有形固定资产的总称，即一切列入固定资产的劳动资料（土地、建筑物、构筑物等）；我国则把设备定义成直接或间接参与改变劳动对象的形态性质的物质资料（机械、装置、设施）。

设备做为企业主要生产的重要物质基础和必要条件，反映了工业企业机械化和自动化的程度，也是企业现代化水平的重要标志。对于一个国家来说，设备既是发展国民经济的物质技术基础，又是衡量社会发展水平与物质文明程度的重要尺度，在现代工业企业的生产经营活动中居于极其重要的地位。其主要表现在：

1. **设备是现代企业的物质技术基础，也是企业生产力发展水平与企业现代化程度的主要标志**

没有设备的企业叫"皮包公司"。

2. **设备是企业固定资产的主体**

企业是自主经营、自负盈亏、独立核算的商品生产和经营单位。生产和经营是"将本就利"，其中"本"就是企业所拥有的固定资产（60%～70%是机器设备所占的比例）和流动资金。因此，设备的价值是企业资本的大头，对企业的兴衰关系重大。

3. 设备贯穿整个企业生产经营活动的全局

企业作为商品生产的经营单位，必须树立市场观念、质量观念、时间观念、效益观念，以适销对路、物美价廉的产品赢得用户，占领市场。

企业从产品市场调查到组织生产，再到经营销售的整个循环管理过程中，机器设备占主导地位，影响着企业生产经营的全局。

首先，在市场调查、产品决策阶段，必须充分考虑企业本身所具备的最基本的生产条件。

其次，质量是企业的生命，成批生产的产品质量必须靠精良的设备和有效的检测系统来保证。机器设备对生产过程中使用的原材料的消耗直接影响产品的成本和销售利润以及企业在市场上的竞争力。

此外，设备还是影响生产安全及环境保护的主要因素，影响着劳动者的劳动情绪。

4. 提高设备的管理水平与技术水平是企业影响力提高的一项重要内容

"科学技术是第一生产力"，把经济建设工作转移到依靠科技进步上来。企业技术的进步主要表现在产品的开发、升级换代、生产工艺技术的革新进步、生产装备的技术更新与改造以及人员技术素质和管理水平的提高。

对于一个企业来讲，其生产能力的大小取决于其拥有的生产设备的品种和数量；其产品的性能和质量水平的高低取决于其设备技术水平的高低；其生产经营目标能否实现则取决于其设备的综合管理水平。

随着智能化生产车间、智慧工厂的快速发展，智能制造企业生产设备与系统正在朝着大型化、高速化、精密化、电子化、自动化等方向发展。同时，信息化、产业化、智能化的生产流水线对设备的要求也越来越高，设备给企业和社会带来一系列亟须解决的问题，如：购置设备需要大量资金；维持设备正常运转也需要大量资金；发生故障停机，经济损失巨大；一旦发生事故，将会带来严重后果；设备的社会化程度越来越高等。

二、设备的分类

目前国家的制造业发展速度越来越快，社会需求也越来越高，企业的规模与复杂程度各不相同。为了能够统计企业设备的数量并进行科学的分类，以解决对掌握企业固定资产构成、掌握设备的技术性能及其在生产中的地位、分析企业生产能力、职责分工考核、设备维修计划编制、设备运行状态参数记录、维修记录与技术数据统计分析等重要工作的顺利执行等问题，要做到统筹兼顾，提高工作效率。

因此，每个企业要结合生产实际从不同的角度对设备进行分类。下面介绍几种主要的分类方法，如图 8-1 所示。

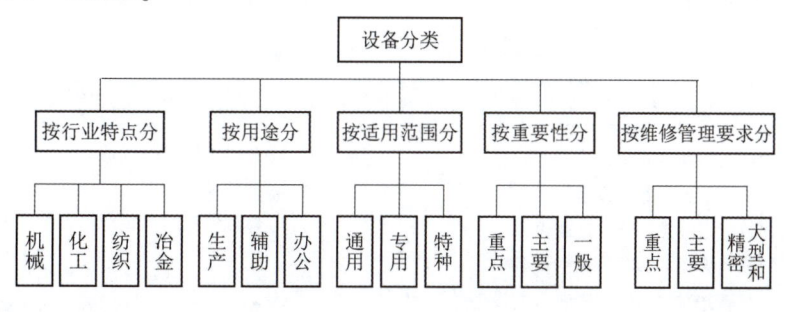

图 8-1 设备分类方法

1. 设备按行业特点分类

(1) 机械工业将机械设备分为六大类，动力设备分为四大类，共有十大类。

(2) 化学工业设备分为反应设备、塔、化工炉、交换器、贮罐、过滤设备、干燥设备、机械泵、破碎机械、起重设备和运输设备等二十类。

(3) 纺织工业设备分为棉纺织设备，棉印染设备，化纤设备，毛、麻、丝纺织设备，针织设备和纺织仪器，毛、丝、针织、纱线染整设备等类。

(4) 冶金工业设备分为高炉、炼钢炉、焦炉、轧钢及锻压设备、烧结机和动力设备六大类。

2. 按设备在企业中的用途分类

(1) 生产工艺类设备。

(2) 辅助生产设备。

(3) 办公用设备。

3. 按设备的适用范围分类

(1) 通用设备：包括机械设备、电气设备、特种设备、办公设备、运输车辆、仪器仪表、计算机及网络设备等。

(2) 专用设备：包括矿山专用设备、化工专用设备、航空航天专用设备、公安消防专用设备等。

(3) 特种设备：对人身和财产安全有较大危险性的锅炉、压力容器、压力管道、电梯、起重机械、客运索道、大型游乐设施和场（厂）内专用机动车辆，以及法律、行政法规规定适用本法的其他特种设备。

4. 按设备在生产经营中的重要性分类

(1) 重点设备：也称 A 类设备。

(2) 主要设备：也称 B 类设备。

(3) 一般设备：也称 C 类设备。

5. 按设备维修管理要求分类

(1) 主要设备：统计局规定凡复杂系数在 5 个以上，但实际划分可依据企业自身的生产情况和性质进行划分。

(2) 大型和精密设备：对产品的生产和质量有决定性影响的、具有极精密加工元件可进行高精度加工的设备。具体可参阅设备管理手册。

(3) 重点设备：主要依据生产设备发生故障后和修理停机时，对生产、质量、成本、安全、交货期等诸方面影响的程度与造成的生产损失的大小，具体依据见表 8-1。

表 8-1 重点设备的选定依据

影响关系	选定依据	影响关系	选定依据
生产方面	1. 关键工序的单一关键设备 2. 负荷高的生产专用设备 3. 出故障后经常影响生产的设备 4. 故障频繁经常影响生产的设备 5. 负荷高并对均衡生产影响大的设备	成本方面	1. 台时价值高的设备 2. 消耗动力能源大的设备 3. 修理停机对产量产值影响大的设备
		安全方面	1. 出现故障或损坏后严重影响人身安全的设备 2. 对环境保护及作业有严重影响的设备

续表

影响关系	选定依据	影响关系	选定依据
质量方面	1. 精加工关键设备 2. 质量关键工序无代用的设备 3. 设备因素影响工序能力指数 CP 值不稳定及很低的设备	维修方面	1. 设备修理复杂程度高的设备 2. 备件供应困难的设备 3. 易出故障，出故障不好修的设备

8.1.2 设备管理概述

设备管理又叫设备工程，包括规划工程和维修工程两个阶段，即以设备为研究对象，以企业经营目标为依据，追求设备综合效率，应用一系列理论、方法，通过一系列技术、经济、组织措施，对设备的物质形态和价值形态进行全过程（从规划、设计、选型、购置、安装、验收、使用、保养、维修、改造、更新至报废整个寿命周期）的科学管理，全程分为实物形态管理和价值形态管理两个部分，其目的是获取最佳的设备投资效果，充分发挥设备能效，谋求最经济的寿命周期费用。

设备的实物形态管理就是从设备实物形态运动过程出发，研究如何管理设备实物的可靠性、维修性、工艺性、安全性、环保性及使用过程中发生的磨损、检查、修复、技术改造等技术业务，其目的是使设备的性能和精度处于良好的技术状态，确保最佳的输出能效。

设备的价值形态管理就是从经济效益角度研究设备价值的活动，即新设备的研制、投资及设备运行中的投资回收、运行中的损耗补偿、维修、技术改造的经济性评价等经济业务，其目的就是使设备的寿命周期费用最经济。

1. 设备管理的作用

（1）设备管理是企业生产经营管理的基础工作。

只有加强设备管理，正确操作，精心维护保养，实时进行设备监测，科学地维修与技术改造，使其处于良好的技术状态，才能保证连续稳定的生产，发挥设备最优效能。

（2）设备管理是企业产品质量的保证。

（3）设备管理是提高企业经济效益的重要途径。

企业的产出和投入是提高企业经济效益的根本，设备管理时刻都在影响着这两个因素。

（4）设备管理是企业搞好安全生产和环境保护的前提。

（5）设备管理是企业长远发展的重要条件。

2. 设备管理的特点

（1）技术性——作为企业的主要生产手段，设备是物化了的科学技术，是现代科技的物质载体。

（2）综合性——设备管理的综合性表现在：①现代设备是多门科学技术的综合应用；②设备管理的内容是工程技术、经济财务、组织管理三者的综合；③为了获得设备的最佳经济效益，必须实行全过程管理，是对设备生命周期各阶段管理的综合；④设备管理涉及物资准备、设计制造、计划调度、劳动组织、质量控制、经济核算等许多方面的业务。

（3）随机性——许多设备故障具有随机性，使得设备维修及其管理也带有随机性质。

（4）全员性——现代企业管理强调应用行为科学调动广大职工参加管理的积极性，实行以人为中心的管理，需要全员参与，形成专业管理与群众管理相结合的体系。

3. 设备管理的内容

（1）建立健全的设备管理制度。比如对设备全过程进行完善、综合的管理，使设备保持良好状态，做好设备资料管理，记录好设备台账及设备相关信息，保管好记录设备的各种图版及电子版文件，保证能够及时快速地进行信息传递与反馈。

（2）设备的选购、验收、安装与调试。

设备的购进需遵循技术先进、生产可行、费用合理的原则，要做好设备的安装、调试工作，同时也要考核生产部门设备的综合完好率。

（3）设备的正确使用、日常保养和定期检修。

在设备正式投入使用前，要制订合理的设备检查、保养与维修计划，尤其是对特殊设备进行特定的维修及大修计划，按计划编制整体任务的安排，根据任务的优先级和维修人员工种情况来确定维修工人。最好建立设备预测性维护管理措施以便技术人员对设备进行检修，减少故障的发生，保障企业生产效益。

（4）设备的技术改造、更新、调拨等组织和管理工作。

要有计划、有重点的对现有设备进行必要的技术改造、更新，提高企业设备效率，降低售后维修成本等。

（5）设备报废管理。

达到使用期限或出现损毁的设备，需做好记录并进行报废管理。

4. 设备管理的职能

企业设备管理的职责如下：

（1）负责企业的设备资产管理，使其保持安全、稳定、正常、高效地运转。

（2）负责企业的动力等公用工程系统的运转，保证生产的电力、热力、能源等的需要。

（3）制订设备维修和技术改造更新计划，制定本企业的设备技术及管理制度、规程。

（4）负责企业生产设备的维护、检查、监测、分析、维修工作，合理控制维修费用，保持设备的可靠性，充分发挥其技术效能，产生经济效益。

（5）负责企业设备的技术管理。

（6）负责企业的固定资产管理，参加设备选型、采购、安装、投产、维修改造、更新的全过程。

（7）负责企业设备各类信息的管理，包括设备的图样、资料、故障及维修档案、各类规范制度等，并根据动态变化进行修改。

5. 设备管理的基本原则

（1）设计、制造与使用相结合。

为防止设计、制造与使用脱节，使设备在使用过程中充分发挥效能，创造良好的效益。

（2）维护与计划检修（预防性修理）相结合。

维护与计划检修（预防性修理）相结合是贯彻"预防为主"、保持设备良好技术状态的主要手段。

（3）修理、改造与更新相结合。

修理：恢复设备功能、磨损补偿；改造：采用新技术；更新：新设备替换旧设备。

（4）专业管理与群众管理相结合。

（5）技术管理与经济管理相结合。

6. 设备管理组织机构的设置原则

（1）应体现统一领导、分级管理原则

建立企业设备管理组织机构，需根据智能化生产的特点，结合我国企业内部设备管理的特点。企业内部各级设备管理组织，要按照设备副厂长（或副经理）统一指挥、统一部署开展各项活动，并协同动作、相互配合，以保证企业设备管理系统能够正常有序工作。统一领导要与分级管理相结合。各级设备管理组织在规定职权范围内处理有关的设备管理业务，并承担一定的经济责任。

（2）有利于目标管理有效与精简的原则

设备管理组织应有利于实现企业生产经营目标与设备系统的分目标，力求精干、简单、高效、节约。组织的有效性就是要求组织机构及其工作人员能够胜任工作，具有较好的执行力和工作效率。对于设备管理工作而言，就是要消耗最少的资金和能源来争取较高的设备技术和利用状况，从而取得最大投资效益。

（3）既要有合理分工，又要注意相互协作，贯彻责权利相统一的原则

设备管理机构应从管理职能的业务出发，在机构之间进行合理分工，划清职责范围，并在此基础上加强协作与配合。在实现企业生产经营目标与设备系统分目标的过程中，必须注意他们之间的横向协调。同时，设备管理各类机构的责、权、利要适应。责任到人就要权力到人，不能有权无责，也不能有责无权，并相应规定必要的奖惩激励办法，让责、权、利得到平衡。

（4）要贯彻设备综合管理基本制度的要求

按照设备管理条例，企业设备管理组织应该体现设计、制造与使用相结合；维护与计划检修相结合；修理、改造与更新相结合；专业管理与群众管理相结合；技术管理与经济管理相结合等内容。

综上所述，设备管理组织机构设置的总体原则应为：

（1）总经理领导下的总工或经理负责制。
（2）管理、技术、经济三位一体。
（3）组织结构精简、扁平化。
（4）保持最佳的管理幅度原则。
（5）最快反应速度和信息反馈。
（6）职、责、权分明。
（7）不拘一格、因厂而异。
（8）淡化边界，专业覆盖，短路管理原则。

7. 企业设备管理组织机构设置模式

在企业设置设备管理组织机构过程中，结合企业的生产现状、企业的生产工艺特点、企业的生产规模、社会化协作程度、设备自动化程度等诸多因素综合考虑。

设备管理组织机构设置一般有三种模式，分别为垂直集中式、矩阵式、精简式。如图8-2所示。设备管理全过程分为三个阶段，设备管理包含的内容见表8-2。

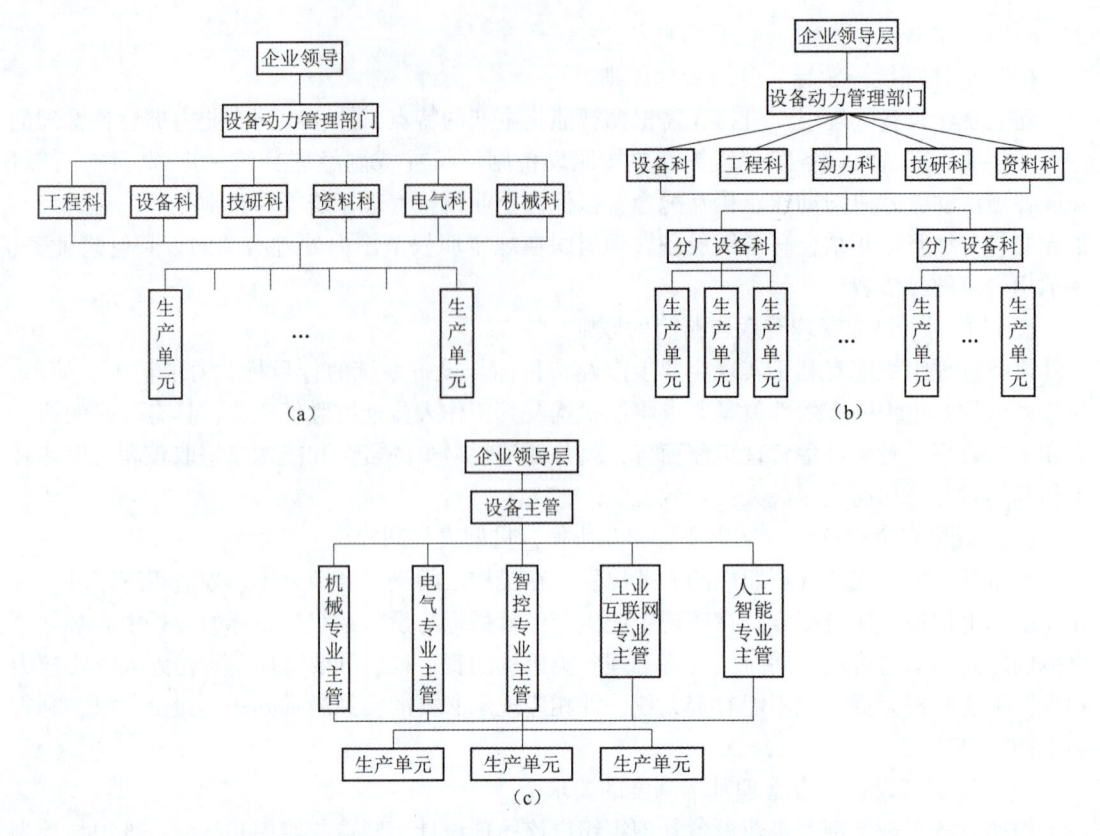

图 8-2　设备管理组织机构设置的三种常用模式

(a) 垂直集中式设备管理模式；(b) 矩阵式设备管理模式；(c) 精简式设备管理模式

表 8-2　设备管理包含的内容

		设备生命周期
设备采购	设备申购	采购申请　采购审批　支持手机端审批　验收管理　设备安装
	设备台账	设备分类　台账表　自动计提折旧　批量导入设备提账 文档管理　附件管理　图片管理 自定义设置设备档案卡及标签　批量打印设备档案卡及标签　设备条码管理　二维码管理
设备运维	运营管理	设备调拨　设备出库　设备入库　设备巡检　手机巡检　事故记录
	备件管理	备件入库　备件出库　备件领用　备件结存
	维修管理	设备报修（支持手机报修）　故障确认　工单分配　待维修　维修确认　维修验收　故障分析
	保养管理	保养计划　保养记录　保养费用　手机保养
	点检管理	点检计划　点检记录　点检明细　手机点检
	检验管理	检验计划　检验记录　检验明细　手机检验
	设备盘点	盘点计划　盘点表　账实比对　电脑端盘点　手机盘点
	统计分析	设备台账　配件查询　折旧统计　借出还入统计　调拨统计　维修统计　报废统计　备件入库统计　备件领用统计　备件库存汇总　备件库存明细
	提醒管理	设备总数增减提醒　本周新增设备提醒　待维修设备提醒　设备保养到期提醒　设备借出归还提醒　设备到期报废提醒
设备停用	后期管理	设备报废　设备清理

8.2 设备管理体系

设备管理是对设备的购、管、用、养、修等全过程进行有效控制以保持设备的生产能力，满足生产需要和环境、职业安全健康管理的要求。从系统的观点来看，设备寿命周期管理包括设备前期管理与后期管理，如图 8-3 所示。

设备管理体系

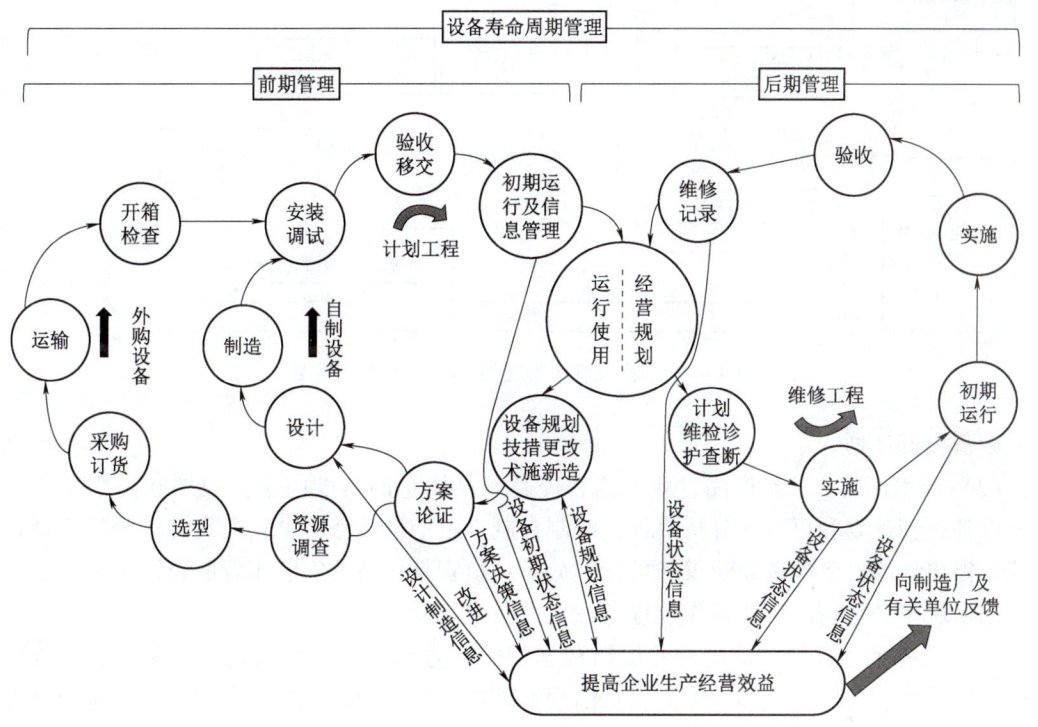

图 8-3　设备寿命周期系统图

8.2.1 设备前期管理

设备前期管理包括新建、扩建改造项目中有关的设备投资，对设备的追加投资和更新改造投资。这不仅决定了企业技术装备的素质，关系着战略目标的实现，同时也决定了费用效率和投资效益。

设备前期管理涉及企业的规划和决策部门、技术部门、设备动力部门、采购部门、安全环保部门、基建管理部门、生产管理部门、财务部门以及质量检验部门。其工作程序如图 8-4 所示。

其具体的职责分工如下：

（1）规划和决策部门。企业的规划和决策部门一般都要涉及企业的董事会和总经理、总工程师、总设计师。企业应根据市场的变化和发展趋势，结合自己的实际状况，规划部编制企业的中长期设备规划方案，并进行论证，提出技术经济可行性分析报告作为领导层决策的依据。在中长期规划得到批准之后，规划部门再根据中长期规划和年度企业发展需要制订

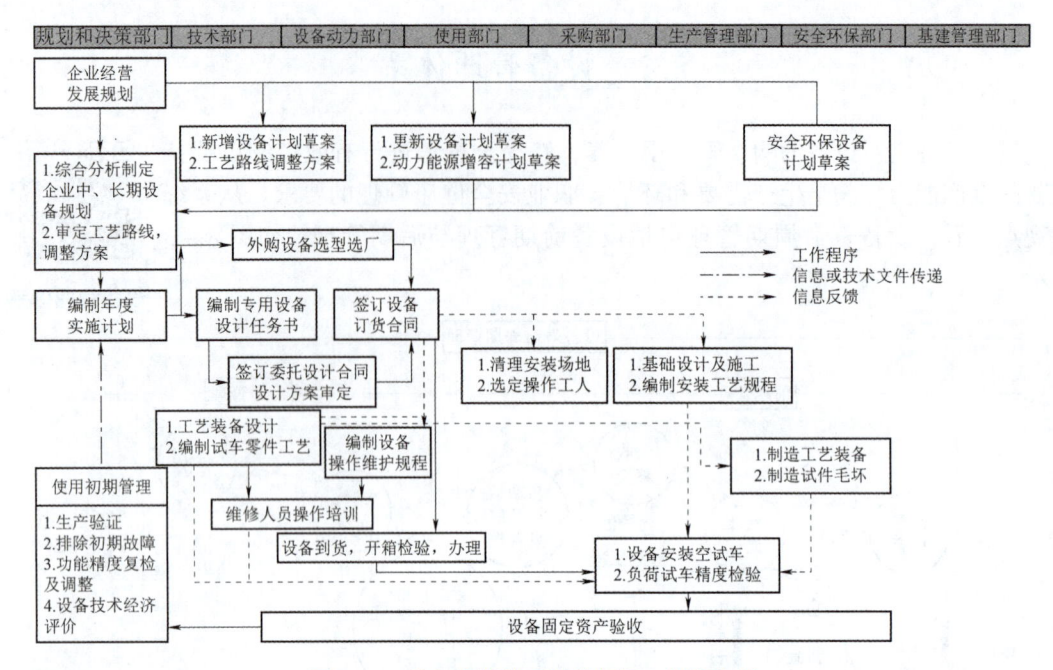

图 8-4 设备前期管理相关部门工作程序图

年度设备投资计划。

（2）技术部门。从新产品、新工艺和提高产品质量的角度向企业规划和高级决策部门提出设备更新计划和可行性分析报告，编制自制设备的设计任务书，负责签订委托设计技术协议，提出外购设备的选型建议和可行性分析；负责新设备的安装布置图设计、工艺装备设计、制定试车和运行的工艺操作规程；参加设备试车验收等。

（3）设备动力部门。负责设备规划和选型的审查与论证，提出设备可靠性、维修要求和可行性分析，协助企业领导做好设备前期管理的组织、协调工作，参加自制设备设计方案的审查及制造后的技术鉴定和验收，参加外购设备的试车验收，收集信息，组织对设备质量和工程质量进行评价与反馈。

（4）采购部门。负责设备的外购订货和合同管理，包括订货、到货验收与保管、安装调试等。对于一般常规设备，可以由设备和生产部门派专人共同组成选型、采购小组，按照设备年度规划和技术部门、能源部门、环保部门、安全部门的要求进行；对于精密、大型、关键、稀有、价值昂贵的设备，应以设备管理部门为主，由生产、工艺、基建管理、设计及信息部门的有关人员组成选型决策小组，以保证设备引进的先进性、经济性。根据生产发展规划、节能要求、设备实际动力要求，提出动力站房技术改造要求，制定动力配置设计方案并组织实施，参加设备试车验收工作。

（5）安全环保部。提出新设备的安全环保要求，对于可能对安全、环保造成影响的设备，提出安全、环保技术措施的计划并组织实施；参加设备的试车和验收，并对设备的安全与环保实际状况做出评价。

（6）基建管理部门。负责设备基础工作及安装工程预算；负责组织设备的基础设计、施工，配合做好设备安装与试车工作。

（7）生产管理部门。负责新设备工艺装备的制造，新设备试车准备，如人员培训、材料、辅助工具等，负责自制设备的加工制造。

（8）财务部门。筹集设备投资资金；参加设备技术经济分析，控制设备资金的合理使用，审核工程和设备预算，核算实际需要费用。

（9）质量检验部。负责自制和外购设备质量、安装质量和试生产产品质量的检查，参加设备验收。

8.2.2　设备后期管理

设备后期管理是在设备前期管理结束，转入固定资产后进行的一系列管理工作，如设备基础资料管理、资产管理、设备使用与维护管理、设备润滑管理、设备状态管理、设备的维修与备件的管理、设备的更新与改造、设备的报废等。

8.2.3　设备管理总体流程

要严格开展设备的管理工作，就要从设备的规划开始直至报废整个寿命周期进行全方面的管理，其管理流程如图 8-5 所示。

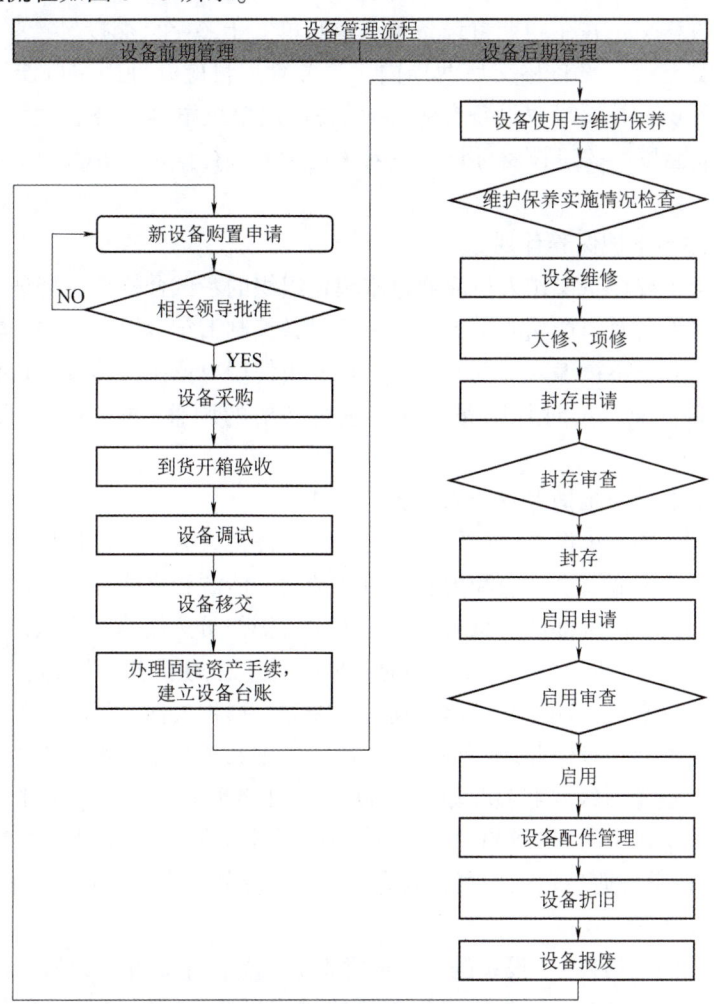

图 8-5　设备管理流程图

1. 前期管理

(1) 申请：当因生产需要采购新设备时，由设备使用单位填写"外购设备申请表"，经有关部门会签及公司领导批准。

(2) 购置：采购科负责外购设备的采购。对主要设备由申请单位与工务管理科及采购科一起签订外购合同，申请单位和工务管理科负责技术协议的签订，采购科负责合同的签订。

(3) 开箱验收：所采购的设备进入公司后，由采购科、工务管理科组织使用单位验收，并填写开箱验收单。做好资料、随机备件交接，设备资料由工务管理科暂保存，随机备件由使用单位负责管理。资料、随机备件应齐全。

(4) 调试：开箱验收后，工务管理科负责组织使用单位及有关人员进行设备安装、调试，通过设备鉴定，填写"外购设备安装调试鉴定书"，并确定该设备是否为关键设备。

经调试发现设备不能满足合同和协议规定要求时，由采购科组织有关部门与供应商按合同和有关法律程序解决。

(5) 设备移交：新购置设备经安装调试成功后，由工务管理科组织生管科和设备使用单位参加设备验收移交，并在"购置设备调试验收单"上签字，交接。

(6) 设备台账建立：设备移交后两周内，工务管理科应办理固定资产手续，对该设备进行统一编号和标识，并填写"设备台账"。设备使用单位根据工务管理科的"设备台账"建立本部门的设备台账。关键设备标识：应对关键设备进行认定，并做明确标识。

2. 后期管理

(1) 设备使用与维护保养计划。

设备使用要求主要设备操作人员应通过本单位组织的考试合格后，持证上岗。工务管理科于每年底对主要设备及与产品质量有关的一般设备编制下年度设备维护保养计划，与产品质量无直接关系的设备不被编入计划，其维护保养由使用单位按保养规程执行。若因生产急需，经生产管理科同意，可对月度保养计划进行必要的调整，但必须保证该年度计划的完成。

其中机器设备的预防维护保养分为三级：

一级保养：设备的一级保养以操作人员为主，维修工人为辅，按计划对设备进行局部和重点部位拆卸检查，彻底清洗外表和内脏，疏通油路，清洗和更换油毡、油线、滤油器、调整各部位配合间隙，紧固各部件。每班和周末由设备操作员按保养规程执行，部门班长进行检查。保养时间平均停台时间一般为4小时~8小时。总的要求"拆卸、清洗、检查、调整、紧固，达到漆见本色、铁见光、渍路通、油窗亮、操作灵活、运转正常"。

二级保养：设备的二级保养通常每一年一次，以维修工为主，操作工参加，维修班长检验验收，并填好"设备二级保养验收单"，当月底交工务管理科备案。一般设备每运转一年或者运转台时达2 500小时~2 800小时进行一次保养，包括一级保养内容。时间一般为3天~6天，精大稀设备适当延长，主要内容除进行一保外，尚需进行机电检修、换磨损件、机械换油、电机加油等。

三级保养（预防性检修）：设备的保养通常根据设备使用状况，以维修工（或设备厂家维修人员）为主，操作者参加，按三级保养检修规范进行。同时必须使操作工人对设备做到"三好""四会""四项要求""五项纪律"。维修班长会同工务管理科技术员一起验收，并填写"设备保养验收单",月底交工务管理科备案。机器设备维修、保养目标与生产设备完好率目标需≥92%;动力设备故障停机率每月不超过2%。设备检查及完好率计算:

①车间内部自检应采用逐台检查,确定完好台数,利用公式 8-1 计算完好率。

②设备动力科抽查完好设备台数的 10% ~ 15%,利用公式 8-2 确定完好设备抽查合格率。

③利用公式 8-3 计算抽查后完好率。

$$设备完好率 = \frac{完好设备台数}{主要生产设备总台数} \times 100\% \qquad (8-1)$$

$$抽查合格率 = \frac{抽查设备合格台数}{抽查设备总台数} \times 100\% \qquad (8-2)$$

$$抽查后完好率 = 设备完好率 \times 抽查合格率 \qquad (8-3)$$

注:每月每台设备生产停机时间达 10 小时以上,计为 1 台非正常运转机台数。

工务管理科于每月结束后 5 个工作日内对各车间机器设备的实际维修、保养状况进行设备完好统计,并将统计结果与目标进行比较,对未达到指标者,工务管理科应要求相关责任部门进行原因分析并提出纠正与预防措施,进行整改,每年年底做出"年度公司设备维护保养目标及趋势分析表"。

(2) 设备维修。

各设备使用单位负责对设备进行技术能力内的维修工作。每次设备维修完成后应将维修结果记录于"机器设备维修记录表"中,并报生产管理部备案。对关键机器设备的维修,使用单位与生产管理部应进行跟踪管理,以便及时制订大修理和定期的预防维护保养计划,建立其备品备件计划。

(3) 机器设备年度大修。

生产管理部于每年年初根据设备使用、保养情况及大修周期制订公司设备"年度大修计划"。设备使用单位可根据使用、保养情况提出设备大修、项修申请,生产管理部审核同意后,纳入当年大修计划,并下达大修作业计划。

设备大修单位将大修的内容和结果记录于"设备大修记录",并报生产管理部。

(4) 设备封存管理。

设备封存条件:设备使用单位预计该设备超过一年无生产任务被闲置。

设备的封存由使用单位填写"设备封存申请单",报送工务管理科审查后,由维修班的维护人员进行原地封存,挂"封存"牌进行标识。

设备封存要求:切断该设备的所有电源,各部位要清洗干净;封存设备所有辅助设施,并清点、保管;封存的设备一般应为完好设备,若在封存前无力修复,应另安排时间进行修复;封存设备应做好防尘、防损、防锈等措施。

设备启用:封存设备如因生产和工作所需启用时,由设备使用单位填写"设备启用申请单",报送工务管理科审查后方可使用。封存设备使用前由使用单位组织相关人员做试机作业,试机合格后方可投入正常使用。

(5) 设备配件管理。

设备的配件是设备维修的重要环节,为了缩短维修时间,提高设备利用率,对于一些常用的设备配件做到有备无患。对关键设备的备件应单独列账,种类、数量符合"关键设备备件安全库存记录表"中之规定,且不得挪作他用。

设备配件计划：工务管理科应根据机器设备相应的维修状况和其使用量进行统计、分析、汇总，制定出相关设备的备件库存数量。

设备配件保管：五金库房负责对所使用设备的配件进行保管。

（6）设备改造与更新管理

设备改造与更新直接影响企业的技术进步、产品开发和市场开拓。

①设备改造是指按照生产需要，结合先进的技术成果和技术经验来改变现有设备的机械和电气结构，为旧设备安装新部件、新装置、新附件等，以改善现有设备的技术性能，使之全部或局部达到现代化设备水平的过程。设备改造是克服现有设备的陈旧、补偿无形磨损、局部更新设备的重要方式。

②设备更新是指根据需要尽可能采用水平高的设备替代技术性能落后、经济效益差的原有设备，是对有形磨损和无形磨损的综合补偿，是扩大再生产的主要手段之一。

（7）设备折旧管理。

设备折旧率的计算由财务部门将其列入相关科目中，经部门主管审查、由财务部门进行保存与归档。

（8）设备报废管理。

报废条件：损坏严重，确无修理价值的设备；丧失工作能力，年代已久，型号淘汰，无配件可供的设备。使用单位应填报"设备报废申请单"，由工务管理科组织有关人员审查、企业领导批准后由工务管理科将"设备报废申请单"一式三份分别送达生管科、财务部各一份，自留一份。工务管理科依据"设备报废申请单"注销该设备固定资产台账。

8.3　MES系统设备管理

智能制造业运行模式的升级和信息数字化技术的进步是促进智能制造业信息化发展的两个基本动因，同时也是推动MES发展的两个原动力。而设备管理系统在现代智能制造企业经营管理系统的执行层（MES）影响着整个企业与价值链的总体发展水平，是MES系统的重要组成部分，其主要功能是对设备整个生命周期进行管理，通过对设备联网和设备通信的改造，对设备运行数据和生产数据实时采集，实现设备操作过程实时监控、设备故障自动预警等。能否有效规范企业设备管理，提高设备管理水平，挖掘生产潜力，保证设备的效率、利用率、可靠性和完好性，是有效完善企业管理与生产设备自动化相协调的重要措施，是提高企业效益的根本手段。

MES系统中的设备管理模块一般会根据企业的生产工艺流程、产品特点、设备特点等诸多因素综合考虑而设计。从总体看，MES系统设备管理模块的功能模型、信息模型以及相关技术覆盖了流程生产行业和离散制造行业。但是在工艺流程和生产组织方式上，两者还存在着较大的差别。

流程制造企业生产的产品相对比较固定，多数采用大批量、连续的生产方式，生产工艺技术以及控制生产工艺条件的自动化设备都比较成熟，生产过程多数是自动化、智能化，生产车间的人员主要是管理设备、监视设备和设备检修。因此，在流程制造行业的流水线生产模式中，生产线上的设备维护至关重要，每台设备都是关键设备，任何一台设备的故障都会导致整个工艺流程的停滞，一定不能发生设备故障，更不能因设备故障而导致设备事故的发生。

离散制造企业生产的产品往往由多个零件经过一系列并不连续的工序加工最终装配而成，多数采用单件小批生产或者按订单生产的方式，自动化水平相对较低，自动化设备主要集中在各个单元级，例如电子设备、机床、汽车等制造系统。生产制造设备不是按产品而是按照工艺进行布置的，用于同一种加工工艺的机床可能会有多台。通常情况下，单台设备的故障一般不会导致整个产品的工艺生产过程停滞，所以设备管理的重点是需要管理好关键、瓶颈设备。

总结下来，一般 MES 系统的设备管理功能通常包含如下几个模块，如图 8-6 所示。

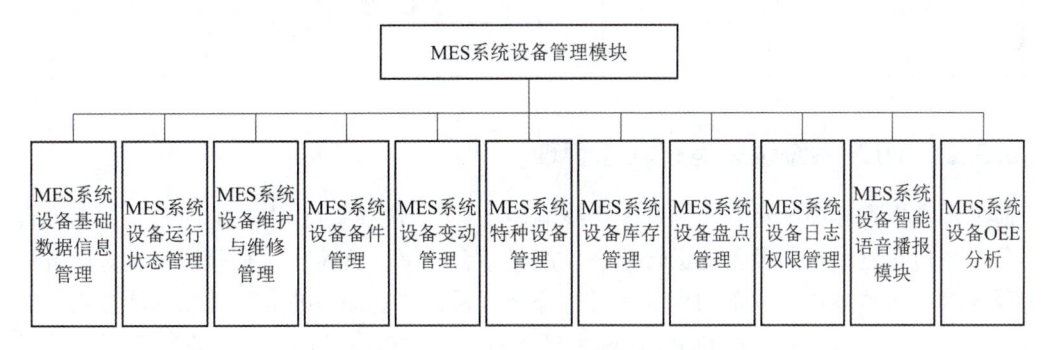

图 8-6 MES 系统设备管理功能模块

8.3.1 MES 系统设备基础数据信息管理

建立企业各种设备管理基础信息、参数和文档等可自定义配置部分的操作，包括设备基本信息的新增、修改、删除、整理、查询等，通过规范各部分的管理编码体系，可进行设备管理体系的资产设备档案管理、设备台账管理、设备信息的统计分析、设备原值折旧数据、设备资料的导入导出、设备附件管理、设备组合查询统计等。从而形成设备全生命周期的数字化档案管理，对设备信息实时全景掌握。

MES 系统的设备基础数据信息管理

（1）设备的台账信息：可包含设备资产编号、设备名称、设备型号、设备类型、设备所属车间、设备工位号、生产线代码、设备管理部门、设备使用部门、主要负责人、生产厂家、出厂日期、安装日期、验收日期、验收情况、使用日期、主要技术性能指标、分类折旧年限、设备原值、配件及工具、创建人、创建时间、备注等。具体的操作包括设备台账的建立及编辑、设备文档资料上传及下载、设备台账信息的汇总及查询。

（2）设备档案信息：设备前期管理相关资料包括规划、设计、制造、安装、调试、验收相关过程记录资料。设备后期管理相关资料包括使用、维修、更新、改造直至报废全过程中的图样、方案说明、维护手册、操作规程、安全规程、凭证、记录等文档资料。

使用 MES 建立设备台账和设备档案后，就能够根据当前设备的状态，合理安排生产需要的设备。而且当设备发生故障时，还可以快速检索到设备的历史运行维护情况，调取设备图样、安装说明书和设备图片等，可以快速统计各类设备的使用和维护情况。

设备台账主要由设备基础信息组成，设备台账信息项可参考表 8-3 所示。

表 8-3 设备台账信息表

设备台账基本信息																			
序号	资产编号	设备名称	设备型号	设备类型	设备所属车间	设备工位号	生产线代码	设备管理部门	设备使用部门	主要负责人	生产厂家	出厂日期	安装日期	验收日期	使用情况	验收情况	主要技术性能指标	设备原值	分类折旧年限	创建人	创建时间	备注

8.3.2 MES系统设备运行状态管理

通过各类查询界面，对各车间各生产线的设备在日常使用过程中产生的相关数据进行采集与分析，包括显示不同设备的运转状态、产量、合格率、负荷、时间等信息。对设备运行的过程参数、多种操作、设备的异常等进行记录分析，建立动态的运行情况统计报表，实时将检测参数转换成数字量传输到 PC 机或手机 App 上，通过生产电子报表进行实时监控，方便相关设备管理人员随时随地查询，分析设备的利用率及完好率，分析结果可作为设备管理部门制订维护设备计划的依据。

整个状态管理模块将设备、人员、车间和工位进行互联，做到全过程实时管理，让点检、三级保养、维护成为作业监控点；同步设备维护、保养、检修机制，将设备保养、检修告知到相应的设备负责人。工装、量具等管理可参照设备管理进行，形成现场全面支撑。

同时，系统可以约束设备的使用，设定设备的顾客权限，避免由于人为判断的错误和无权限人员的操作导致的设备使用错误；设备参数设立，针对各车间各工位点的规定不同设立不同的工艺参数，系统将选择合适的设备进行生产任务，避免设备超负荷运营；若未进行设备点检或正在保养中，则系统约束设备不能开机，保证生产安全可靠进行；设备故障自动报警，上工序的任务将由系统自动分派到其他设备，避免产品在故障设备上加工导致不良产品的生产；通过多种约束，减少车间现场的异常和提高生产过程产品质量。

8.3.3 MES系统设备维护与维修管理

对资产设备的日常维护与维修计划进行有效管理，并对维护类别、原因及维护工作实施情况进行实时管理与控制，建立维护统计分析报表，打印保养计划，自动保养提醒及维护计划审批等；可根据故障报修进行修理，使设备达到完好状态。

整个 MES 设备维修管理模块将提供一套完整的设备维护与维修业务流，包括两条路线，一条是从维护保养计划到维护保养记录；一条是从报修到维修，再到故障管理，最后维修记录结束。

维护管理严格按照设备维护规程，结合三级保养制度，坚持规范化、工艺化和制度化。维护过程记录包括维保单号、设备编号、设备名称、计划保养类型、计划日期、保养日期、保养项目、处理结果、保养状态、保养人员等信息，可对记录结果进行编辑、查询、保存、审核、提醒、确认、逾期、导出等，以备后期设备维修情况检查评比、判别设备完好情况等做准备。

维修管理从报修到维修结束，现场设置 PC 终端或移动终端以设备扫码、语音报警、图文传递等方式进行智能推送，报告设备出现故障的时间、点位，通过对故障库进行大数据分析，智能分析故障原因，并记录从报修到维修的全过程数据，如报修单号、设备编号、故障编号、报修时间、报修来源等基本信息，另外对维修结果进行分析与保存，如故障现象、故障原因、故障类别与故障等级认定、维修时间、维修时长、处理方法、维修后的设备状态、是否超期等，如在维修过程中更换备件或配件，要对备件或配件进行记录，即物品更换记录，要备注好更换物品名称、信息、规格、型号等，并更新库存与台账信息。

对设备故障工作量较大或无法自主维修的，可进行委外维修，此时除需要填写上述基本信息外，还应填写委外厂家及委外费用等信息。

最后要将维修与维护过程记录回传至服务端，保留设备维修记录，以便对设备的历史故障进行查询，对设备故障率、利用率进行分析。

8.3.4　MES 系统设备备件管理

备件管理是指备件的计划、生产、订货、供应、储备的组织与管理，是设备维修资源管理的主要内容。MES 系统中的备件管理功能一般包括备件基本信息登记、信息编辑、信息查询、备件领退、备件库存统计、备件异常处理等功能。管理基本信息包括备件编号、备件名称、备件类别、备件所属工位号、备件储备形式、存放位置、使用寿命、是否在库、使用状态、领退时间、领退人等，实现备件的科学化管控，合理利用库存空间。

MES 系统的
设备备件管理

8.3.5　MES 系统设备变动管理

设备变动管理一般包括闲置设备的封存与启封、设备移装和调拨、报废处理等管理。

（1）闲置设备属于在一定时期内不仅不能被使用，还要占用生产场地、占用固定资金、消耗维护费用和精力的设备，是企业保管的负担。所以一般对停用三个月以上的闲置设备进行封存处理。MES 系统中的设备封存与启封，要采集如下相关信息：设备编号、设备名称、设备用途、设备封存地点、封存开始时间、预计启封时间、封存原因、技术状态、随机封存的附件、启封时间、启封原因、相关审批部门等，并建立装置设备统计分析报表。

（2）设备移装是指因某些需求经过相关部门同意之后，使设备在工厂内部的调动或安装位置的移动。MES 系统设备移装需要记录如设备编号、设备名称、原安装车间与工位号、移装后的车间与工位号、变动原因、相关审批部门等信息，并建立移装统计分析报表。

（3）设备调拨是指企业相互间的设备调入与调出，即对调拨计划、原因、调拨审批及调拨的工作实施进行过程控制。MES 系统设备调拨需要记录如设备编号、设备名称、调拨类型、调拨原因、原安装车间与工位号、调入单位、是否有偿调拨、资产原值、已提折旧、资产档案注销等信息，并建立调拨统计分析报表。

（4）设备报废管理是指设备由于严重的有形或无形损耗，不能继续使用而退役，MES 系统设备报废需要记录报废原因、技术鉴定、报废审批、折旧清算、残值回收、资产档案注销等信息，并建立报废统计分析报表。

8.3.6　MES 系统特种设备管理

特种设备管理，是企业安全管理中的一项重要工作。由于特种设备具有高危性，其操作人员必须持证上岗，特种设备必须定期检验，并认真执行国家许可制度。MES 系统特种设备管理除包括设备基本管理措施外，还要注重采集特种设备作业人员、管理人员、检验检测人员、监察人员动态监管、资质证件核验日期、资质证件有效期等信息，并建立特种设备统计分析报表。

8.3.7　MES 系统设备库存管理

设备库存管理是指由于设备变动过程中产生的设备出入库管理，应实时动态监控设备库存，科学规范化管理，追踪设备去处，防止设备丢失。如安装、验收、移装、调拨、借用、租赁、封存、启封、报废等过程，实时更新设备库存信息，并可生成库存明细表，出入库明细，并建立设备库存统计分析报表供相关部门查验。

8.3.8　MES 系统设备盘点管理

为了解本单位设备资产情况，加强对资产的管理，进一步明确资产保管的权责，把握公司资产的准确性和时效性，可通过 MES 系统对资产设备进行盘点。盘点过程中要注意其真实性、完整性以及准确性。

盘点严格按照实物库存进行盘点，在盘点期间，盘点人边盘边记，盘点过的物资如需发货，仓库员应严格按照一盘点、二核对、三减数、四发料的程序进行操作，确保盘点后的物料账、卡、物一致，对账、卡、物不符的物料查明原因后，以实物数量入账，及时更新 MES 系统的仓储及资产台账等相关信息，以保证设备管理的实效。

盘点结束后，查清设备实际库存量和台账是否相符，查明设备发生盈亏的原因，查明设备的质量状况，做到账、物、卡相符，对所发生的差额、错误、变质、呆滞、盈亏、损耗等结果，及时分析原因并处理，提出预防措施，防止以后再发生。最后出具盘点报告。

8.3.9　MES 系统设备日志权限管理

MES 设备管理模块的日志权限管理是用以确保 MES 设备管理安全运行管控的最重要的功能之一。MES 系统对资产设备的管理要按行政级别设置权限，对日常访问及重要操作进行日志记录与存储，以供后期查访，保证设备管理数据的安全。

8.3.10　MES 系统设备智能语音播报模块

在 MES 设备管理系统中，如果设备出现异常的停机、保养、计划、领料等信息，可以通过语音播报进行提醒，保证车间全方位无死角及时做出响应，提高生产效率。

MES 系统的设备管理模块通过智能化手段，实时对生产中设备管理全程数据进行记录、存取、分析、处理以及监控等，做到及时共享、传递与处理，并及时预警，为计划制订、事后分析、设备改造、生产安排调整等提供强大的数据信息支持。从根本上解决企业生产过程的信息封闭与无效沟通等问题，实现全程透明化、可视化安全生产。

8.3.11 MES 系统设备 OEE 分析模块

OEE（Overall Equipment Effectiveness）即为设备综合利用率，是一项用于衡量设备生产能力的计算方法标准，是实际合格产量与负荷时间内理论产量的比值。OEE 不仅考虑设备在时间上的利用情况，同时也考虑由于操作和工艺造成的性能降低和产品合格率问题，更全面的体现设备在生产中的利用情况和由设备生产出的产品的质量问题。运用 OEE 方法还可以识别并降低由于统计波动和依存关系而带来的瓶颈工序设备的效率损失，使隐藏的或损失掉的产能释放出来，进而优化企业的生产工序，促进企业有效产能的提高。

通过对 OEE 定义的分析，可以将影响设备综合效率的主要损失归为六个大类：故障或停机损失；准备和调试损失；空转和暂停损失；速度低下损失；质量缺陷和返工损失；启动损失。

（1）故障或停机损失是指故障停机造成的时间损失和由于生产缺陷产品导致的数量损失。因偶发故障造成的设备故障通常是明显的，且在整个损失中占较大比例，所以应投入大量时间去寻找，以及提高设备可靠度的研究来尽量避免这种故障。

（2）准备和调试损失是指因准备和调试而导致停机和产生废品所造成的损失。一般发生在一个产品生产结束再生产另一种产品时。可以通过明确区分内准备时间和外准备时间，减少内准备时间来减少整个准备时间损失。

（3）空转和暂停损失是指由于误操作而停顿或机器空转时发生短暂停顿而产生的损失。这类停机突发性比较强，要提高员工的操作技能并尽量减少由于空转而带来的产能损失。

（4）速度低下损失是指设计速度与实际速度的差别而造成的损失。设备实际速度低于设计速度或理想速度的原因是多种多样的，如操作者熟练程度、机械问题等。通常通过揭示潜在的设备缺陷，提高操作者的作业速度有助于问题的解决。

（5）质量缺陷和返工损失是指由于设备故障引起的生产过程中的质量缺陷和返工等。通常突发性缺陷很容易重调设备至正常状态来消除，而慢性缺陷的原因难于发现，常被遗漏或忽略。

（6）启动损失是在生产的初期阶段产生的损失。启动损失是不可避免的，但其数量因工序状态的稳定性、设备的维护水平、操作技能的熟练程度等的不同而不同。

其中停产时间包括休息、管理事务、计划停产和无负荷时间；停机时间包括故障或停机时间和准备与调试时间；速度损失时间包括空转、暂停损失和速度低下损失；不合格损失包括质量缺陷和返工损失以及启动损失。设备综合效率 OEE 的原理如图 8-7 所示。

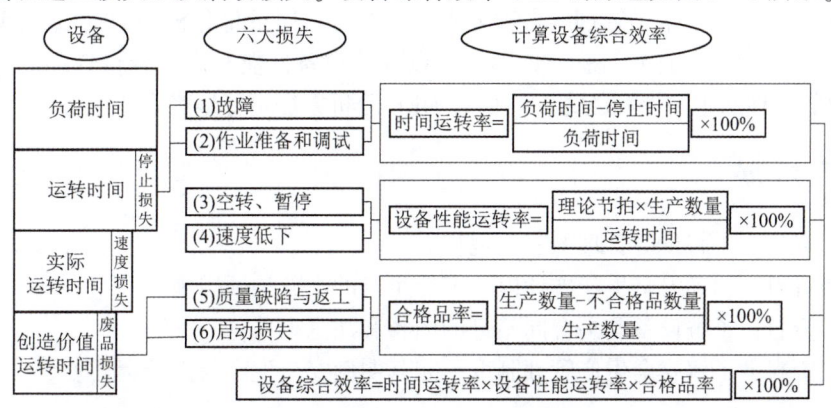

图 8-7　设备综合效率 OEE 的原理

设备综合效率 OEE 的计算公式如下：

$$OEE = 时间运转率 \times 设备性能运转率 \times 合格品率 \times 100\% \quad (8-4)$$

（1）时间运转率是有效运行时间与负荷时间的比值，其计算公式如下：

$$时间运转率 = \frac{负荷时间 - 停止时间}{负荷时间} \times 100\% \quad (8-5)$$

其中，负荷时间 = 理论工作时间 - 休止损失时间

（2）设备性能运转率是一个衡量实际加工产品所用时间与开动时间的速度损失的指标，指设备的实际运行速度和设备的固有设计能力之间的比值。计算公式如下：

$$设备性能运转率 = \frac{理论节拍 \times 生产数量}{运转时间} \times 100\% \quad (8-6)$$

注：理论节拍是指单位新产品的生产所需要的时间；运转时间等于负荷时间 - 停止时间。

（3）合格品率是指合格品数量所占的比例，是用设备的生产精度反映设备的运行状况。其计算公式如下：

$$合格品率 = \frac{生产数量 - 不合格品数量}{生产数量} \times 100\% \quad (8-7)$$

例：设某设备 1 天工作时间为 8 h，班前计划停机 20 min，故障停机 20 min，更换产品型号设备调整 30 min，产品的理论加工周期为 0.5 min/件，实际加工周期为 0.8 min/件，一天共加工产品 400 件，有 8 件废品，求这台设备的 OEE。

解：负荷时间 = 8 × 60 - 20 = 460 min

运转时间 = 460 - 20 - 30 = 410 min

时间运转率 = 410/460 = 89.1%

$$设备性能运转率 = \frac{0.5 \times 400}{410} \times 100\% = 48.8\%$$

合格品率 = （400 - 8）/400 = 98%

于是得到：

$$OEE = 89.1\% \times 48.8\% \times 98\% = 42.6\%$$

或 OEE = 合格品的理论加工时间/负荷时间 = （400 - 8）× 0.5/460 = 42.6%

OEE 在企业中常用来分析影响设备利用的机器和人员方面的原因，并对各种原因进行改善，从而大大提高了设备的利用率，缩短了生产周期，降低了成本，提高了有效产出。但在企业分析 OEE 中融入生产管理的各种要素，这样可以用量化分析的 OEE 来指明改善生产管理水平的具体工作的方向。使 OEE 不仅可以评价设备性能和产品合格性问题，还可以反映一家企业的管理水平和盈利能力，从而使 OEE 分析方法更好地为企业服务。

课后拓展

1. 查阅资料，了解设备管理的三大规程。
2. 查阅资料，明确安全生产方针以及安全生产的十五条硬措施。
3. 查阅资料，了解设备购买合同签订的内容和注意事项。
4. 查阅资料，了解安全生产管理制度，尤其明确安全生产与岗位责任制。

项目九　MES 系统数据采集与获取管理

学习目标

• **知识目标**
1. 掌握数据采集的方式；
2. 了解数据采集的目的。

• **技能目标**

了解 MES 系统数据采集的作用。

• **素质目标**
1. 培养学生精益求精、勇于探索的学习精神，明确生产数据采集和分析的重要性；
2. 培养学生利用系统数据和支配资源的能力，具有团队意识和团队协作精神。

项目背景

　　智能制造是一种基于信息技术的新型生产方式，它利用传感器、物联网、云计算等技术收集和处理数据，并将其应用于生产过程中，以实现生产自动化，提高生产效率和产品质量。数据采集与获取是智能制造的重要组成部分，它涵盖了从设备到工艺的全链路数据采集，涉及信息化、数字化、网络化和智能化等领域，是智能制造能否成功的关键因素之一。

　　数据采集与获取的背景可以追溯到传统制造时代，但现在它的应用范围更为广泛和复杂。在传统制造中，数据采集与获取主要涉及生产过程中的一些基本参数，如温度、湿度、压力、流量等，采用的是单个传感器或传感器链的方式。而在智能制造中，数据采集与获取则更加细致和完备，它可以涵盖整个生产过程和生命周期，包括生产计划、物料管理、生产执行、质量控制、维修保养等各个环节。同时，数据采集与获取的方式也更加多样和灵活，可以包括传感器、条码、RFID、GPS、无线通信等多种技术。

　　随着信息技术的发展和普及，传感器、嵌入式系统等智能化设备的发展以及数据采集和管理技术的不断提高，数据采集与获取的成本不断降低，数据融合和处理能力不断提高，智能制造得到了快速发展。在制造业中，数据采集与获取是智能制造发展过程中的重要一环，对于提高制造过程的可视化、透明化和效率的提高起着非常重要的作用。随着传感器、物联网、云计算等技术的不断成熟和应用，智能制造的发展也日益成熟。传感器的应用使得数据采集与获取变得更加便捷和高效，可以实现生产过程的数字化监控。物联网和云计算则拓展了数据采集与获取的应用范围和处理能力，在生产过程实现了复杂数据的分析和处理。这些技术的应用使得数据采集与获取成为智能制造中不可或缺的组成部分。

　　随着信息时代的到来，生产环境变得更加复杂和多样化。产品种类和数量不断增加，生产周期和交货期要求缩短，客户需求更加多样化和个性化。为了应对这些变化，制造企业需要不断调整和优化生产过程，提高生产效率和质量。而数据采集与获取则成为实现生产过程优化的关键手段之一。通过精细化数据采集与获取，企业可以更加准确地了解生产过程各个环节的情况，及时发现和处理问题，提高生产效率和降低生产成本。

数据采集与获取的应用可以使生产过程变得更加智能化和自动化，从而提高生产效率和生产质量。通过不断精细化数据采集与获取，企业可以更加准确地把握生产过程中的关键环节，发现和处理问题，及时进行优化调整。同时，数据采集与获取也可以帮助企业进行质量控制和改进，从而提高产品的质量和市场竞争力。

在智能制造的发展过程中，数据采集与获取是不可或缺的一部分，它承载了制造企业数字化转型的使命。随着信息技术的不断发展和应用，数据采集与获取也将不断拓展其应用范围和方式，成为智能制造中更加重要的组成部分。

生产管理在企业中处于至关重要的位置，很多企业都有管理层次的 ERP 系统，却忽视了生产车间层次的 MES。MES 最大的价值就是解决了企业生产过程中面临的信息孤岛问题，系统通过数据采集接口来获取并更新与生产管理功能相关的各种数据和参数，包括产品跟踪、维护历史记录以及其他参数，实现生产数据的可视化管理。

缺乏实际的生产数据，生产管理人员就无法准确地了解生产工件数量、机床运行状况和产品质量，会对接下来的生产排产造成很大困扰。因此，有效的生产数据，能为生产管理者提供完整的生产信息，可以避免实际生产中一些不必要的麻烦。

在现代智能制造中，大量的数据需要被采集与获取，这些数据包含了生产线上每个点的实时生产情况、设备的运行状态、设备维修记录、工人的操作情况、质量检测数据、ERP 系统反馈、生产计划等信息。MES 应该采集这些数据，并将其转化为有用的信息，以便于制定决策，提高生产效率和质量。在本章节中，将介绍 MES 中数据采集与获取的相关知识。

知识直通车

9.1 MES 系统数据采集的方式

MES 作为执行层面的应用，起到对上承接 ERP 系统、对下链接底层生产设备的关键作用，是制造业实现信息化、透明化生产的重要环节，数据采集为数字化车间各信息化系统顺利运行打下基础。既然制造业想要实现生产信息的可视化、透明化，肯定离不开数据，那么制造业是如何进行数据采集的呢？

MES 系统数据采集的方式

面对生产过程中复杂的流程、人员能力的不同、设备运行状况等因素，将数据采集方式可以分为系统集成数据传输和生产数据自动采集，前者需要 MES 与其他信息系统做集成，由系统之间的专用接口进行数据传递。而后者则是由系统自动完成，在系统安装完毕之后，就可以进行自动的数据采集，采集的方式可分为系统自动生成、扫描采集和采集设备数据三种方式。

9.1.1 MES 系统集成数据传输方式

在信息化完备的数字化车间，生产所用到的基础数据都存储在主数据管理 MDM

(Master Data Management) 系统中，MES 中所用到的基础数据，如产品编号、设备编号、人员编码等，由主数据管理系统通过 MES 与 MDM 系统的专用接口传递到 MES 中；MES 中的工艺路线来源于产品数据管理 PDM（Product Data Management）系统；MES 中的工单来源于企业资源计划 ERP（Enterprise Resource Planning）系统或人工手动输入。

9.1.2 MES 系统自动生成方式

在实际生产过程中，部分触发数据可以由系统在生产过程中自动收集，这其中包括生产工序开始的时间、结束的时间、设备运行状况、物料周转情况等，在由时间触发之后，系统可以在集成数据传输的基础上，自动执行接下来的指令，确保生产的高效率，不断层。

9.1.3 MES 系统扫描采集方式

可以利用条形码扫描和射频识别技术 RFID（Radio Frequency Identification）采集数据。条形码扫描采集，是预先在信息卡上录入生产线上操作员、产品、设备等常用信息，在生产现场录入生产数据时，通过条码扫描器就可以直接采集相关的详细数据。RFID 扫描采集，可以利用射频识别技术对手工实验、计量、物料批次等数据的采集，这种扫描方式不需要光源，能够透过外部材料读取数据，标签的数据存取都有密码保护，安全性更高，同时电子标签具备可读可写的功能，能够重复利用。RFID 扫描方式能够减少操作工人的信息输入工作量，节省成本，提高效率。但是它也有自身的缺点，信息的存储内容有所限制，一般情况下只能采集到预先设置的信息。

9.1.4 MES 系统采集设备数据方式

依据企业的不同需求，可以定制不同的监控生产设备，便于随时随地管控生产。现在主流的采集设备主要有采集 PLC 信号点的方式、镶嵌用户宏指令的方式、基于软件二次开发的方式。以上三种采集设备都可以结合扫码采集方式共同完成生产数据的采集任务。

采集 PLC 信号点的方式。是通过 PLC 来完成对执行元件的控制，PLC 需要监控生产设备的各个信号并对其做出相应处理。所以整个加工过程的运行状态参数在 PLC 中都有存储，但是由于某些设备的封闭性，不允许外来系统读取数据，就需要引出 PLC 的信号点来进行数据统计。这种采集是通过信号点在数字型号处理芯片 DSP（Digital Signal Processing）后，由串行口传输模块和监控计算机相连，监控计算机将采集的信号通过解释、分析后以 TCP/IP 协议通过局域网传送到 MES 服务器的数据库中供 MES 使用。

镶嵌用户宏指令的方式。设备镶嵌有用户宏程序的外部输入指令和系统变量代码，在运行的时候会主动发送设备运行状态数据，当系统检测到相关软件会对传来的信号进行判断，并做出相应处理。系统会根据处理后的各种数据，显示在软件界面上，实时呈现给生产管理者，同时，这些数据还可以根据客户需求上传到企业自设的服务器，或者由第三方运行的云服务器，以备管理者进行数据的分析和汇总。

基于软件的二次开发方式。这种采集方式是以上几类中数据最多的方式，能够采集到系统想了解的任何数据。通过在设备上安装相应的适配器及标准网卡，就可以和普通 PC 一样进行通信和数据的采集。这种方法可采集到设备中各类实时信息、操作信息、机床运行状态、故障报告、设备开机时间、运转时间、运行参数、使用效率、零件加工工时等所需要的各类信息。是一个由用户定义、搭载在主机上开发而来的数据采集程序。

制造业 MES 数据采集方法主要有以上几种，在各种不同的生产环节和数据需求中，这些数据采集方法是共同配合使用的，这样才能实现对所需数据的精准、实时采集，实现生产控制的高效与经济性。

9.2　MES 系统数据采集的目的

在制造执行系统中，数据采集是非常重要的一环。它是指通过传感器、控制器、设备和系统等多种手段监测生产过程中的各项指标，采集生产过程中所涉及的各种数据，为实时监控、分析、优化生产流程提供支持。在数据采集的过程中，能够准确收集所需要的数据，是保证制造执行系统高效可靠运转的必要条件。

数据采集的目的在于获取生产数据，包括设备运行数据、物料数据、人员数据等，以便分析生产过程中的产能、效率和质量等方面的数据。这种数据可以用于制订调度计划、控制设备，并及时反馈给相关人员。通过实时监测生产数据，能够让企业及时了解生产过程中的情况，以便进行更加准确和科学的决策。此外，数据采集还可以用于监控生产环境，及时发现并解决生产过程的问题，提高生产效率和品质，降低成本。

数据采集有助于生产控制与协调。通过数据采集，可以对生产过程中涉及的设备、材料、人员等各种因素进行实时监控，实现自动化生产流程的协调和管理。数据采集还可以对生产流程中可能存在的问题进行及时反馈与修正，保证生产质量和效率。

数据采集可以提高生产流程的可视化程度。通过对生产数据的采集与分析，可以将生产过程中的关键信息以图形、多维度的形式展示出来，帮助决策者了解生产现状，及时制定相应的调整方案。

数据采集有助于改善生产设备的维护与管理。设备维护对于生产效率和质量至关重要。通过对设备的维护，能够减少生产过程中的停机时间，提高生产效率。而通过对设备的运行信息进行分析，可以了解设备的运行情况并进行及时维护，以便提高设备的寿命。通过采集设备的运行状态、维护信息等数据，可以及时发现设备的故障点和潜在问题，并有效减少设备的闲置时间和维修成本，提高设备的生产效率。

数据采集能为企业提供决策支持，通过数据分析、比对和统计等方法，为企业提供更科学、准确的管理决策。通过对生产数据进行分析，可以了解生产过程中存在的问题并及时调整生产计划，提高生产效率和质量，满足市场的需求，从而达到企业最终的目标。

采集数据还可以用于实现质量管理体系的标准化。对于生产车间，质量管理是至关重要的一个环节。通过对生产过程中的数据进行采集和分析，可以实现质量管理体系的标准化，通过比对实际数据和标准数据，及时发现生产过程中存在的问题，及时进行调整和改进，以便提高生产质量和效率。

总的来说，数据采集是制造执行系统中不可或缺的一环。它对于实现生产自动化、提高生产效率、优化生产流程等方面都具有重要意义。因此，系统需要通过科学合理的采集手段，充分发挥数据采集的作用，最大程度提升制造业的智能化水平。

课后拓展

1. 查阅资料,了解数据采集与物联网(IOT)之间的关系。
2. 查阅资料,了解生产制造过程数据采集的重要性。
3. 查阅资料,了解制造过程数据采集的作用和意义。
4. 查阅资料,了解如何将制造过程数据应用于工艺优化和调整。

项目十　MES 系统质量管理

学习目标

● 知识目标

1. 掌握质量与质量管理的基本概念；
2. 掌握质量管理的八大原则、五大工具和七大手法；
3. 明确全面质量管理的内容和特点；
4. 掌握 MES 系统质量管理的研究方向和具体功能。

● 技能目标

掌握 MES 系统质量管理的分析方法。

● 素质目标

1. 让学生明确要做到高质量生产，就要做到精益求精、狠抓细节；
2. 培养学生品质为本的质量管理意识，质量为先，细心体贴地为客户服务；
3. 培养学生产品质量意识和国家标准规范意识。

项目背景

产品质量和服务质量一头连着生产，一头连着消费，已经成为促进我国经济由大向强转变的关键之举。我国把质量工作放在更加突出的位置，牢固树立质量第一的意识，坚定不移地建设质量强国，坚持市场准入做"减法"、质量提升做"加法"、质量创新做"乘法"、打假治劣做"除法"，逐步建立了系统完备、开放透明、协同有效的制度体系、法规体系和责任体系，提高质量供给水平，激发质量创新活力，走出了中国特色质量发展之路，有力支撑了经济社会加快迈向高质量发展。

截至 2021 年 9 月，我国建立了以《产品质量法》《标准化法》等法律法规及行政规章为主干的法规体系。建立健全质量工作责任制，完善质量考核激励机制，逐步构建起地方政府负总责、监管部门各负其责、企业是第一责任人的责任体系。同时，建立实施了全国质量工作部际联席会议、质量工作考核、中国质量奖、中国质量大会等一系列重大创新制度。

随着智能制造和智慧工厂相关技术的发展及工业软件的应用，智能制造成为新工业革命的核心，信息化、智能化、全面化的高效质量管理系统在企业生产中成为迫切需要解决的问题。作为强国基础的制造业，要建立符合行业发展和满足自身需求的质量管理体系，全面提升企业的质量管理能力是强国的重中之重。近年来，MES 在智能制造系统中的应用也日趋广泛，质量管理作为 MES 的核心模块倍受重视。

本项目中，通过学习质量与质量管理的概念，掌握质量管理的五大工具、七大手法和八大原则，有效结合 MES 软件在生产中的作用，通过数据库与数据采集等技术，将质量管理的内容做到质量数据有存储、有分析、有依据、有报告，做到事前可预测、事中可检测、事后可分析，以提高企业产品的生产质量，从而赢得市场。

知识直通车

10.1 质量与质量管理概述

10.1.1 质量概述

1. 质量的含义

随着社会经济和科学技术的发展，质量在不断充实、完善和深化，其内容越来越丰富，人们对质量的认识也经历了一个不断发展和深化的历史过程。

质量作为现代企业最基础、最根本的核心竞争力，尤其是在智能制造企业中具有庞大的组织结构、较长产业链、复杂业务生产流程、大批量生产的流水线，每个产品从研发到生产，整个寿命周期都贯穿着质量管理。对于企业而言，质量是永恒的主题，质量水平的高低反映了一个企业的质量文化素质。不同时期、不同行业、不同领域、不同专家对质量的定义各有不同。

根据国家标准 GB/T 6583—1994，质量被定义为"反映实体满足明确和隐含需要的能力的特性之总和"。对产品质量而言，一般包括六个方面的特性，即性能、可信性、安全性、适合性、经济性、时间性。

根据国家标准 GB/T 19000—2016 对质量定义是"客体的一组固有特性满足要求的程度"。其含义如下：

（1）"特性"：指"可区分的特征"，如：物的特性、感官特性、行为特性、时间特性、人体工效特性以及功能特性等。

（2）关于"要求"，要求指"明示的、通常隐含的或必须履行的需求或期望"。

①明示的可以理解为规定的要求，如在文件中阐明的要求或顾客明确提出的要求。

②通常隐含的是指组织、顾客和其他相关方的惯例或一般做法，所考虑的需求或期望是不言而喻的。一般情况下，顾客或相关方的文件，如标准中不会对这类要求给出明确有关规定，组织应根据自身产品的用途和特性进行识别，并做出规定。

③必须履行的是指法律法规要求的或有强制性标准要求的。组织在产品的实现过程中必须执行这类标准。

（3）质量的优劣是满足要求程度的一种体现，质量的比较应在同一等级基础上。等级是指对功能用途相同但质量要求不同的产品、过程和体系所做的分类或分级。

美国质量管理专家朱兰博士从顾客的角度出发，提出了产品质量就是产品的适用性。即产品在使用时能成功满足用户需要的程度。克劳斯比从生产者的角度出发，曾把质量概括为"产品符合规定要求的程度"；德鲁克认为"质量就是满足需要"。

全面质量控制的创始人菲根堡姆认为，产品或服务质量是指营销、设计、制造、维修中各种特性的综合体，并不要求技术特性越高越好，而是追求诸如：性能、成本、数量、交货期、服务等因素的最佳组合,即所谓的最适当。

2. 质量特性

质量特性是指产品所具有的满足用户特定需要,能体现产品使用价值,有助于区分和识别产品,可以描述或可以度量的基本属性。质量具有经济性、广义性、时效性、相对性。

(1) 质量的经济性:由于要求汇集了价值的表现,物美价廉实际上是反映人们的价值取向;物有所值就是表明质量有经济性的表征。顾客对经济性的考虑是一样的。

(2) 质量的广义性:质量不仅指产品质量,也可指过程和体系的质量。

(3) 质量的时效性:由于组织的顾客和其他相关方对组织和产品、过程和体系的需求及期望是不断变化的,因此,组织应不断调整对质量的要求。

(4) 质量的相对性:组织的顾客和其他相关方可能对同一产品的功能提出不同的需求,也可能对同一产品的同一功能提出不同的需求,需求不同,质量要求也不同,只有满足需求的产品,才会被认为是质量好的产品。

3. 质量要求

质量要求是指对产品需要的表述或将需要转化为一组针对实体特性的定量或定性的规定要求,以使其实现并进行考核。生产者、销售者应当建立健全内部产品质量管理制度,严格实施岗位质量规范、质量责任以及相应的考核办法,并承担产品因质量问题引发的产品质量责任。产品的生产者、销售者应严格执行产品质量法的规定及相关法律、法规规定,严禁伪造产品产地、伪造或者冒用认证标志、禁止在生产、销售产品中掺杂、掺假、以假充真、以次充好。

(1) 最重要的是质量要求应全面反映顾客明确的和隐含的需要。

(2) 要求包括合同和组织内部的要求,在不同的策划阶段可对它们进行开发、细化和更新。

(3) 对特性规定定量化要求包括:公称值、额定值、极限偏差和允差。

(4) 质量要求应使用功能性术语表述并形成文件。质量要求应把用户的要求、社会的环境保护等要求以及企业的内控指标,都以一组定量的要求来表达,作为产品设计的依据,在设计过程中,不同的设计阶段又有不同的质量要求,如方案设计的质量要求、技术设计的质量要求、施工图设计的质量要求、试验的质量要求、验证的质量要求等。同时,在制造过程中,不同的阶段也有不同的质量要求。

4. 质量方针

每个企业在建立、发展过程中都有自己特定的经营总方针,这个方针反映了企业的经营目的和哲学。在总方针下又有许多子方针,如战略方针、质量方针、安全方针、市场方针、技术方针、采购方针、环境方针、劳动方针等。质量方针,又称为质量政策,对企业来说,质量方针是企业质量行为的指导准则,反映企业最高管理者的质量意识,也反映企业的质量经营目的和质量文化。从一定意义上来说,质量方针就是企业的质量管理理念,是由组织的最高管理者正式发布的该组织总的质量宗旨和方向。通常质量方针与组织的总方针相一致,并为制定质量目标提供框架。

质量方针的基本要求应包括供方的组织目标和顾客的期望和需求,也是供方质量行为的准则。一般包括:产品设计质量、同供应厂商关系、质量活动的要求、售后服务、制造质量、经济效益和质量检验的要求、关于质量管理教育培训等。

5. 质量目标

质量目标的定义是"在质量方面所追求的目的"。从质量管理学的理论来说，质量目标的理论依据是行为科学和系统理论，是以行为科学中的"激励理论"为基础而产生的，但它又借助系统理论向前发展。以系统理论思想作为指导，从实现企业总的质量目标出发，去协调企业各个部门乃至每个人的活动，这就是质量目标的核心思想。

质量目标是质量方针的展开和落实，尤其在作业层次上质量目标必须是定量的。不然，目标的实施就不能检查、不能评价，实施就容易流于形式。展开过程可按"目标管理"系统图法，由上而下的逐级展开，以达到由下而上的逐级保证。其内容应与质量方针提供的框架相一致，且包括持续改进的承诺和满足要求的所有内容。

要想使质量目标真正符合企业的实际情况，在管理中起到作用，需要对质量目标涉及的问题进行综合考虑。制定质量目标应考虑的问题归纳如下：

第一，确保质量目标与质量方针保持一致。质量方针为质量目标提供了制定和评审的框架，因此，质量目标应建立在质量方针的基础之上。人们可以采用从质量方针引出质量目标的方法，即在充分理解质量方针实质的基础上，将具体目标引出来。第二，应充分考虑企业现状及未来的需求。既不能好高骛远，也不能唾手可得，这样的目标都没有激励作用。应考虑"谋其上，得其中；谋其中，得其下"，以不断激励员工的积极性和创造性，实现其增值效果。第三，考虑顾客和相关方的要求。要使企业的质量目标具有前瞻性，必须关注市场的现状和未来，充分考虑顾客和相关方的需求和期望，考虑各方的要求是否得到满足及满足的程度，才能使质量目标有充分的引导作用，并与市场需求相吻合。第四，考虑企业管理评审的结果。如果企业已经建立了质量管理体系，并进行了管理评审，那么就需要在管理评审的过程中发现问题，经过对质量目标适宜性、充分性以及有效性评审，提出纠正措施，以改进质量目标，使其更有针对性，更好地发挥作用。

6. 质量标准

质量标准是指对产品的结构、规格、质量、检验方法所做的技术规定。

完整的产品质量标准包括技术标准和管理标准两个方面。

（1）技术标准是对技术活动中需要统一协调的事物制定的技术准则。根据其内容不同，技术标准又可分解为：基础标准、产品标准和方法标准三个方面的内容。

①基础标准：是标准化工作的基础，是制定产品标准和其他标准的依据。

常用的基础标准主要有：通用科学技术语言标准；精度与互换性标准；结构要素标准；实现产品系列化和保证配套关系的标准；材料方面的标准等。

②产品标准：是指对产品质量和规格等方面所做的统一规定，是衡量产品质量的依据。

产品标准的内容一般包括：产品的类型、品种和结构形式；产品的主要技术性能指标；产品的包装、贮运、保管规则；产品的操作说明等。

③方法标准：是指以提高工作效率和保证工作质量为目的，对生产经营活动中的主要工作程序、操作方法的标准等。

（2）管理标准是指为了达到质量目标，对企业中重复出现的管理工作所规定的行动准则。它是企业组织和管理生产经营活动的依据和手段。管理标准一般包括以下内容：

①生产经营工作标准。它是对生产经营活动的具体工作的工作程序、办事守则、职责范围、控制方法等的具体规定。

②管理业务标准。它是对企业各管理部门的各种管理业务工作要求的具体规定。

③技术管理标准。它是为有效进行技术管理活动，推动企业技术进步而做出的必须遵守的准则。

④经济管理标准。它是指对企业的各种经济管理活动进行协调处理所做出的各种工作准则或要求。

我国现行的产品质量标准，从标准的适用范围和领域来看，主要包括：国际标准、国家标准、行业标准（或部颁标准）和企业标准等。其具体含义如下：

企业标准主要是针对企业生产的产品没有国家标准和行业标准的，制定企业标准作为组织生产的依据。企业的产品标准须报当地政府标准化行政主管部门和有关行政主管部门备案。

7. 质量职责与质量职能

质量职责是指对企业业务部门和各级各类人员在质量管理活动中所承担的任务、责任和权限的具体规定。只有明确质量职责才能真正做到质量工作事事有人管，人人有专责，把所有的质量职能活动切实落实到每个部门和每个工作岗位。一旦发现质量问题，可以查清责任，总结正反两方面的经验，从而更好地保证和提高产品质量。

质量职能是企业为保证产品质量而进行的全部技术、生产和管理活动的总称。在一个企业内部，质量职能就是对在产品质量产生、形成和实现过程中各部门应发挥的作用或应承担的任务和职责的一种概括。正确认识质量职能的含义是认识并理解质量形成全过程及其规律性的必要前提。

在企业内部，对产品质量有直接影响的质量职能，主要有市场研究、产品开发、设计与试制、生产技术准备、采购、生产制造、检验、销售、服务等方面。其内容如下：

（1）市场调查方面的质量职能。

产品质量能否满足用户要求，只能由用户来鉴别。因此，企业必须通过市场调查与研究了解用户对质量的要求，并把市场质量信息作为产品开发设计和安排生产的决策依据。可见，市场调查是质量活动的起点，是保证产品质量满足用户要求的决定性环节。

市场调查研究的职能一般由企业的经营部门承担，其主要职责是调查研究用户对产品品种与质量的要求和对本厂产品的评价。例如为了什么用途要什么产品？产品的质量特性需要哪些？用户对本厂产品交货期、质量、成本、使用等方面具体有哪些看法与意见？等等。

（2）开发方面的质量职能。

产品开发是产品质量形成过程的起点，直接决定该产品的质量水平与竞争能力，所以必须进行一系列的技术经济分析及战略决策等活动。一般都要在经济、技术和管理三方面进行分析与论证，经过优化及试验之后，才能进入产品设计阶段。其质量职能主要包括：

①在分析研究用户、市场、技术等方面情况的基础上，提出新产品的构思方案；对新产品的原理、结构、技术、材料等方面作出论证；对新产品性能及质量指标、安全性及可靠性等提出明确的要求；进行经济合理性论证；等等。

②优选方案，主要是利用价值工程等方法对新产品总体方案进行优选。

③绘制新产品示意总图。

④对关键零部件或新材料提出试验课题，进行试验。

（3）产品设计与设计试制方面的质量职能。

经过开发研究并确定新产品之后，接着就是进行新产品的设计及试制工作。设计与试制可分为初步设计、详细设计、样品试制及小批试制等阶段。

在初步设计中的质量职能是设计计算、模拟试验、系统原理图设计及设计审查等；在详细设计中的质量职能有编制产品技术条件及其说明书、在工作图上注明质量特性的重要性级别、设计审查、进行可靠性及安全性分析等内容；在样品试制试验中的质量职能有进行部件合格试验、样品的功能试验、可靠性试验及安全性试验等内容，以验证设计是否达到用户的要求；小批试制的质量职能有试验生产工艺与装备是否能保证产品质量、拟订质量检验计划等内容；试制鉴定方面的质量职能就是要参与上述工作，协助并监督其达到用户要求。

（4）生产技术准备方面的质量职能。

产品在制造之前必须做好准备工作，并编制质量控制计划，即生产技术准备工作，具体包括选择合适的制造工艺、选用设备与工具、设计与制造工艺装备、编制工艺规程、选定工序质量控制点、制定质量工序表、提供各种技术文件、编制操作指导卡片等。

（5）采购方面的质量职能。

生产制造用的各种原材料、外购外协件等，要满足产品质量要求，必须进行认真选择。要从经济性、交货期、交货质量以及供应单位保证质量的能力等方面进行综合考查，然后择优选购。具体采购工作的质量职能包括：

①严格按技术规格、工艺文件认真选购。
②货物入厂前要严格检验，合格的才允许入库，并保存好。
③调查及了解供应单位的产品质量保证能力，并进行信息反馈。
④保证向生产单位（制造部门）提供优质、足量的原材料及外购外协件。

（6）生产制造方面的质量职能。

即保证制造出来的产品符合设计质量要求，其中主要有下述几个方面：

①加强工艺管理。严格工艺纪律，全面掌握保证产品质量的工序能力。
②组织好质量检验工作，如正确规定检验点，合理选择检验方式，建立好专群结合的检验队伍，等等。
③掌握质量动态。为此必须系统地、经常地、准确地进行质量动态统计与分析，健全原始记录，并由专人负责，严格进行。
④加强不合格品的统计与分析。
⑤实行工序质量控制。如对于需要加强监督的、需要特殊技术的、质量不稳定的工序应设立管制点，进行质量控制；有条件的工序采用控制图进行质量控制。
⑥有计划地组织 QC 小组活动，解决生产中的质量问题。

（7）检验方面的质量职能。

检验方面的质量职能概括地说就是严格把关，反馈信息，预防、监督和保证产品质量，促进产品质量的提高。具体归结为三种职能：

①保证的职能，即被检验产品（包括原材料和半成品）合格与否，保证不合格的产品不出厂，不合格的原材料或半成品不流入下道工序。
②预防的职能，即通过检验获得工序的信息（数据），经整理分析后能及时发现工序质

量状态不良,及早采取措施加以改进,从而防止继续产生不良品,起到预防的作用。

③报告的职能,即在检验中掌握了大量的质量数据,经过整理分析,把质量信息反馈给有关的工序、部门,以促进其改进质量或采取相应的决策。

(8) 销售方面的质量职能

销售是企业管理的重要组成部分,它的质量职能主要是:

①宣传与经销优质产品,提高广告质量,为发展新品种及提高质量创造条件。

②收集市场信息,把质量信息及时反馈给企业的有关部门。

③分析、研究产品质量对销售的影响,以便有效利用质量优势。

(9) 服务方面的质量职能

服务用户是质量活动的外延,它包括售前服务和售后服务。它的质量职能包括:

①为保证产品质量提供必不可少的条件,如包装、运输及入库保管等工作。

②收集和管理现场工作质量的信息,反馈给企业有关部门。

③向用户介绍产品结构性能、特点、使用范围和维护保养的知识。

④及时向用户提供备品、配件,并指导或为其安装及维修。

上述质量职能都是在企业内部进行的,并且不断按 PDCA(P 计划,D 执行,C 检查,A 处理)循环。所以把这些质量职能用图形表示,称它为质量循环圈。

一般来说,质量职能和质量职责既有区别又有联系,质量职能是针对过程控制需要而提出的质量活动属性与功能,是质量形成客观规律的反应,具有科学性和相对稳定性;而质量职责则是为了实现质量职能,对部门、岗位与个人提出的具体质量工作分工,其任务通过责、权、利予以落实。质量职能是制定质量职责的依据,质量职责是落实质量职能的方式或手段。

根据质量职能概念,在产品质量产生、形成和实现过程中的各个环节,均分布在企业的各个主要职能部门,质量管理所要解决的基本问题,就是要对分散在企业各部门的质量职能活动进行计划、组织、协调、检查和监督,从而保证和提高产品质量。

10.1.2 质量管理概述

1. 质量管理的含义

质量管理是一种通过计划、组织、指挥、协调和控制等手段,对企业的质量活动进行计划和控制,以满足顾客需要的一种管理活动。通过建立质量方针和目标,并为实现规定的质量目标进行质量策划,实施质量控制和质量保证,开展质量改进等活动。其贯穿于整个生产和经营过程,围绕产品质量形成的全过程进行实施,是组织各项管理的主线。因此,质量管理是一门科学,它是随着整个社会生产的发展而发展的。同时,它同科学技术的进步、管理科学的发展也密切相关。考察质量管理的发展过程,有助于我们有效利用各种质量管理的思想和方法。

2. 质量管理的发展历程

目前,一般把质量管理的发展历程分为以下三个阶段,其对比见表 10 – 1。

第一阶段:质量检验阶段。

1920—1940 年,由于企业规模的扩大以及企业内部分工的细化,大多数企业把检验从生产中分离出来,成立检验部门,质量管理进入"质量检验"阶段,也称为传统质量管理阶段，质量管理的中心内容是通过事后的质量检查，对已生产出来的产品进行筛选，把不合格品和合格品分开。这种事后检验是基于废品已经出现，无法做到预防和控制生产过程中的质量，当大量不合格产品出现时，即使被检查出来也已经造成了损失。而另一种全数检验成本又太高。因此，需要探索新方法解决是否可以通过只检验少数产品就可以实现有效的质量检测。

第二阶段：统计质量控制阶段（SQC）

20世纪40年代，为适应大规模生产的要求，美国和欧洲的一些数理统计学家，把概率论和数理统计的原理运用于质量管理，成功创立了"控制图"和"抽样检查表"等体现预防为主的质量控制方法，使质量管理发展到"统计质量控制阶段SQC（Statistical Quality Control）"。

统计质量控制是质量管理发展过程中的一个重要阶段，广泛深入地应用了统计的思考方法和统计的检查方法。应用数理统计的方法对生产过程进行控制，不同于事后检验，其可以在生产过程中，定期进行抽查，并把抽查结果当成一个反馈的信号，通过控制图法监测生产过程是否出现了异常，以便能及时解决，防止废品的产生，将事后检验变为事中控制。

第三阶段：全面质量管理阶段（TQM）

20世纪60年代，随着科学技术的发展和社会的进步以及国际贸易的发展、市场竞争的加剧，质量管理的对象、内容和任务都发生了新的变化。人们对产品质量的关注点变为安全、可靠、耐用、经济等全面关注，所以全面的质量管理应时而生。1961年，美国通用电气公司的质量经理费根堡姆发表的《全面质量管理》一书，书中首次提出了"质量体系"的概念，最早提出全面质量管理TQM（Total Quality Management），是为了能够在最经济的水平，并考虑到充分满足顾客要求的条件下进行市场研究、设计、生产和服务，把企业各部门的研制质量、维持质量和改进质量的活动构成一体的有效体系。

表 10–1　质量管理发展历程三个阶段对比

对比项目	质量检验 （1920—1940年）	统计质量控制 （1940—1960年）	全面质量管理（1960年以后）
职能	检验	控制	管理
对象	产品质量	产品质量、工序质量	产品质量、工序质量、工作质量
特点	事后把关，管结果	从把关向预防发展	防、检结合，预防为主
依据	符合质量要求	按既定质量标准控制	以用户为中心、重在产品适用性
经济性	忽视质量的经济性	重视质量的经济性	追求质量的经济性
性质	把关、分类	以把关为主、预防结合	以预防为主，防、检结合，全面管理
范围	生产现场	生产现场、设计过程	产品质量形成全过程
方法	运用技术检验方法	技术检验方法、数理统计方法	运用多种管理方法，提高工作质量以保证产品质量
标准化	重视技术标准	技术标准发展为质量控制标准	技术标准、控制标准和管理标准并重
参与	检验人员	技术和检验人员	企业全体员工

综上所述，质量检验阶段靠的是事后把关，是一种防守型的质量管理；统计质量控制阶段主要靠在生产过程中实施控制，把可能发生的问题消灭在生产过程中，是一种预防型的质量管理；而全面质量管理，则保留了前两者的长处，对整个系统采取措施，不断提高质量，可以说是一种进攻型或者是全攻全守型的质量管理。质量管理发展历程如图 10-1 所示。

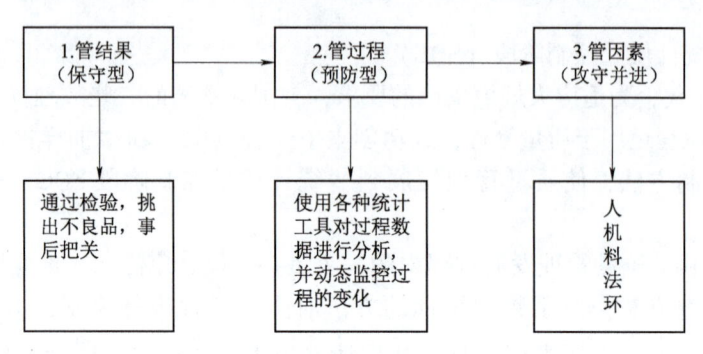

```
1.管结果          2.管过程          3.管因素
（保守型）  →    （预防型）  →   （攻守并进）
    ↓                ↓                ↓
通过检验，挑      使用各种统计       人
出不良品，事      工具对过程数       机
后把关            据进行分析，       料
                  并动态监控过       法
                  程的变化           环
```

图 10-1　质量管理发展历程

3. 全面质量管理的代表人物

20 世纪 50 年代末，美国质量经理费根堡姆提出了"全面质量管理"的概念。

在全面质量管理新观念的提出和推行过程中，美国著名质量管理专家朱兰提出了全面质量管理有三个环节：质量策划、质量控制和质量改进，也被称为"朱兰三部曲"，并首次出版了《质量控制手册》，成为质量管理领域的权威著作。

美国质量管理专家沃特·阿曼德·休哈特首先提出 PDCA 循环，后由世界著名的质量管理专家戴明博士采纳、宣传，获得普及。

4. 全面质量管理

全面质量管理的思想基础和方法依据就是 PDCA 循环。PDCA 循环是能使任何一项活动有效进行的一种合乎逻辑的工作程序，特别是在质量管理中得到了广泛的应用。PDCA 循环的含义是将质量管理分为四个阶段，即 Plan（计划）、Do（执行）、Check（检查）和 Act（处理），见表 10-2。

第一阶段，计划阶段（Plan, P 阶段）。P 阶段是整个工程质量管理的初始阶段。在该阶段，我们首先需要明确质量管理的目标，确定质量管理的方针等宏观问题，同时还需要确定计划的实现方式、行动规划等具体问题。

第二阶段，执行阶段（Do, D 阶段）。该阶段执行计划阶段（P 阶段）所制定的方法、措施以及工作规划。

第三阶段，检查阶段（Check, C 阶段）。该阶段对执行阶段（D 阶段）的执行效果进行检查和验证，利用自检、互检、专职检查等检查方式比较执行结果与预期目标的差距，然后以检查结果的形式进入处理阶段。

第四阶段，处理阶段（Act, A 阶段）。总结经验，对遗留问题进行清理。对于发现的问题及时查找成因，分析研究后及时采取有效的措施予以防治，尚未解决的问题将其列为下一个循环。

PDCA 循环的四个过程不是运行一次就完结，而是周而复始地进行。一个循环结束了，解决了一部分问题，可能还有问题没有解决，或者又出现了新的问题，再进行下一个 PDCA

循环，依此类推。这一工作方法是质量管理的基本方法，也是企业管理各项工作的一般规律。

表 10-2 PDCA 实施中对应的工具

阶段	步骤	工具
P（Plan）	1. 分析现状，找出问题	排列图、直方图、控制图
	2. 分析各种影响因素或原因	因果图
	3. 找出主要影响因素	排列图
	4. 针对主要原因，制定措施计划	回答 5W1H 1）为什么要制定这些措施（Why）？ 2）制定这些措施达到什么目的（What）？ 3）这些措施在何处即哪个工序、哪个环节或在哪个部门执行（Where）？ 4）什么时候执行（When）？ 5）由谁负责执行（Who）？ 6）用什么方法完成（How）？
D（Do）	5. 执行、实施计划	
C（Check）	6. 检查计划执行结果	排列图、直方图、控制图
A（Act）	7. 总结经验，巩固成绩	制定或修改工作规程，检查规程及其他有关规章制度
	8. 遗留问题，再做循环	

5. 质量管理的五大工具和七大手法

质量管理的五大工具是指：APQP、SPC、FMEA、MSA、PPAP。七大方法是指：检查表、分层法、鱼骨图、排列图（柏拉图）、散布图、直方图、控制图。这七大方法集中体现了质量管理是以事实和数据为基础进行决定和管理的特点。

一、质量管理的五大工具

（1）APQP（Advanced Product Quality Planning）即产品质量先期策划，是一种结构化的方法，用来确定和制定使某产品满足顾客需求的步骤和资源。产品质量策划的目的是对产品和过程进行反复的验证和确认，对"策划"进行"认定"，以确保所要求的步骤按时完成。APQP 的过程是不断采取防错措施，不断降低产品风险的过程。其实施步骤如图 10-2 所示。其各阶段的任务如图 10-3 所示。产品质量策划的益处如下：

①引导资源，使顾客满意；
②促进对所需更改的早期识别；
③避免晚期更改；
④以最低的成本及时提供优质产品。

（2）SPC（Statistical Process Control）即统计过程控制，主要是指应用统计分析技术对生产过程进行适时监控，科学区分出生产过程中产品质量的随机波动与异常波动，从而对生产过程的异常趋势提出预警，以便生产管理人员及时采取措施、消除异常、恢复过程的稳定，从而达到提高和控制质量的目的。

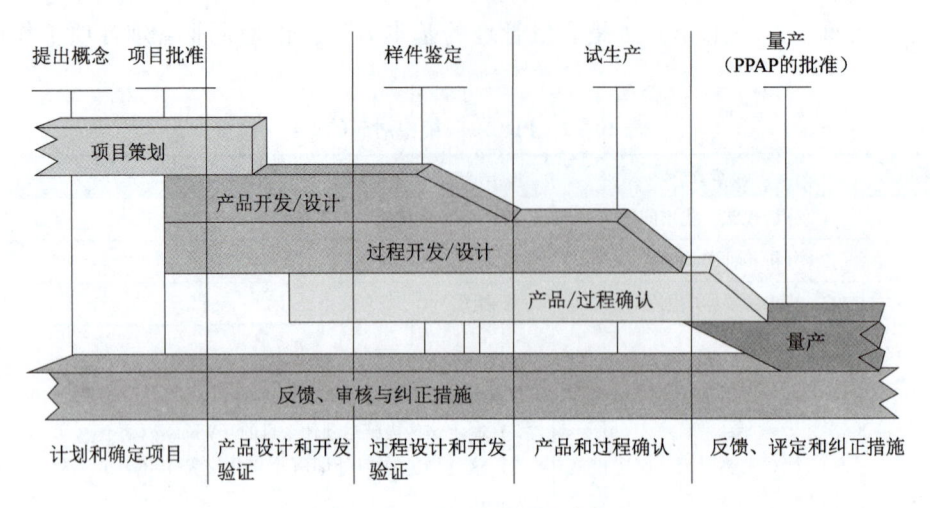

图 10-2 APQP 的实施步骤

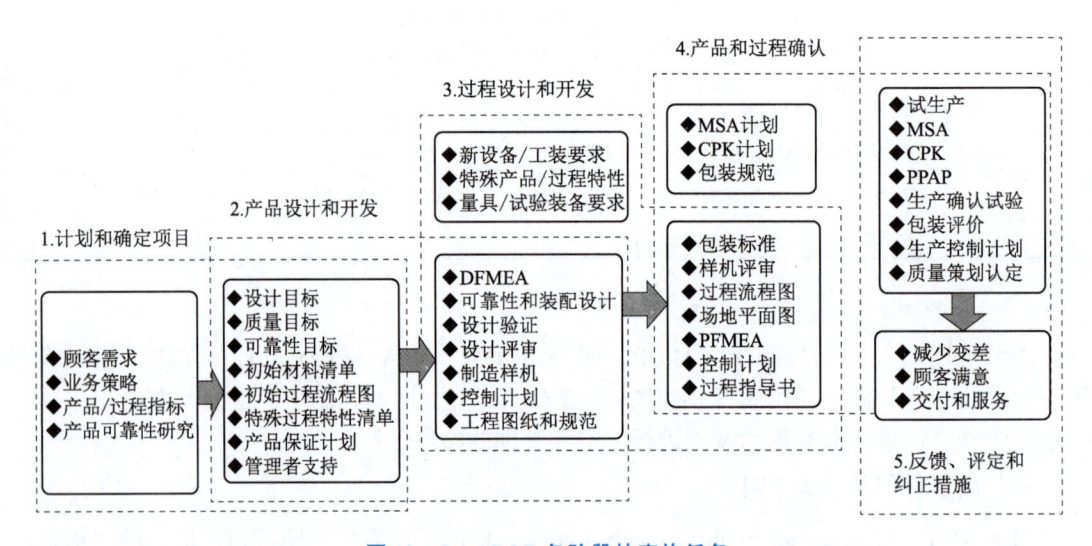

图 10-3 APQP 各阶段的实施任务

SPC 适用于重复性的生产过程，确定过程的统计控制界限，判断过程是否失控和过程是否有能力提供一个早期报警系统，及时监控过程的情况，防止废品的产生，减少对常规检验的依赖性，用定时观察以及系统的测量方法替代大量检测和验证工作。实施 SPC 分为分析与监控两个阶段：

①分析阶段：运用控制图、直方图、过程能力分析等使过程处于统计稳态、能力足够。

②监控阶段：运用控制图等监控过程。

（3）FMEA（Potential Failure Mode and Effects Analysis）即潜在的失效模式及后果分析，是在产品设计阶段和过程设计阶段对构成产品的各子系统、零部件，对构成过程以及服务的各个工序逐一进行分析，找出潜在的失效模式，并分析其可能的后果，评估其风险，从而预先采取必要的措施，减少失效模式的严重程序，降低其可能发生的概率，以有效提高产品质量与可靠性，确保顾客满意的系统化活动。与 APQP 相比，其偏重于技术、经验层面的提前预判，具体含义如图 10-4 所示。

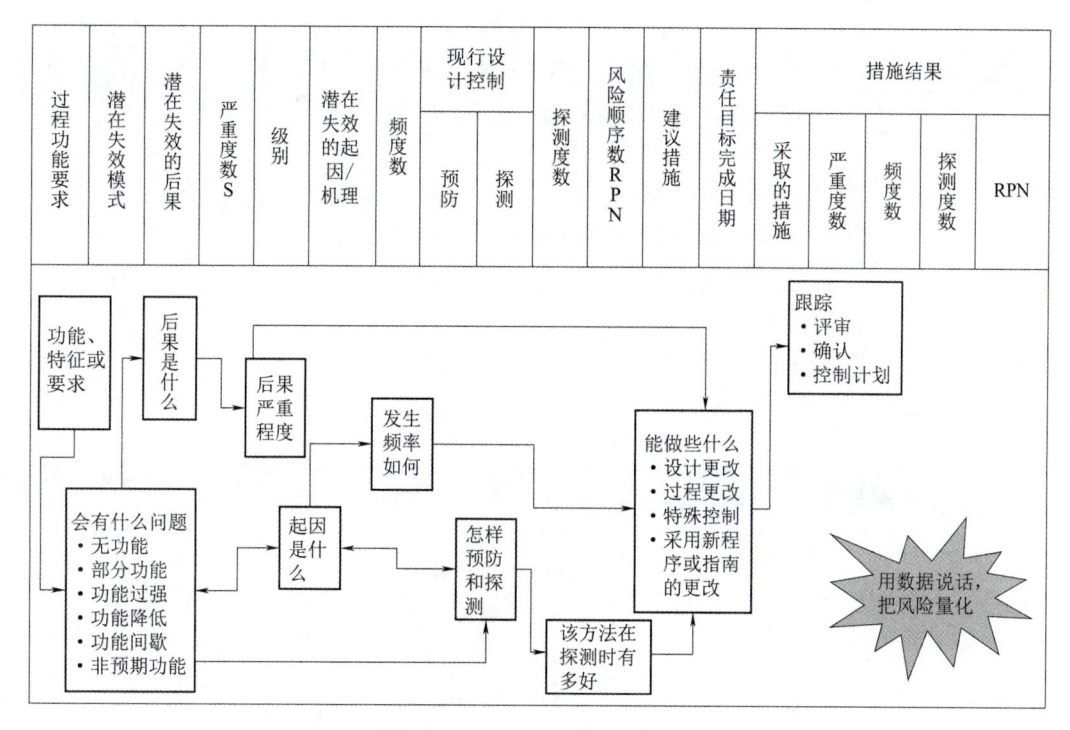

图 10-4　FMEA 的具体含义

其中 RPN（Risk Priority Number）风险系数或风险顺序数，是事件发生的频率、严重程度和探测度等级三者的乘积，其数值愈大潜在问题愈严重，用来衡量可能的工艺缺陷，以便采取可能的预防措施减少关键的工艺变化，使工艺更加可靠。对于工艺的矫正首先应集中在那些最受关注和风险程度最高的环节。严重度评价、频度数评价、探测度评价准则分别见表 10-3、表 10-4、表 10-5。

$$RPN = 严重度 \times 频度 \times 探测度 \qquad (10-1)$$

表 10-3　严重度评价准则

后果	准则：后果的严重度	级别
无警告的严重危害	非常高的严重等级，将危害机器或组装作业员。当失效模式影响到产品操作安全和/或牵涉到违反法律法规时，没有警告产生	10
有警告的严重危害	非常高的严重等级，将危害机器或组装作业员。当失效模式影响到产品操作安全和/或牵涉到违反法律法规时，有警告产生	9
很高	严重瓦解生产线，100%产品须报废；产品无法使用，更新丧失基本功能，客户非常不满意	8
高	轻微影响生产线，产品须筛选和部分报废；产品可以使用，但降低功能等级，客户不满意	7
中等	轻微影响生产线，部分产品须报废；产品可以使用，但无法令人舒适或便利运作，客户会感受到不舒适	6
低	轻微影响生产线，产品须100%重工；产品可以使用，但无法令人舒适或便利的项目运作，客户有时会不满意	5

项目十　MES 系统质量管理　121

续表

后果	准则：后果的严重度	级别
很低	轻微影响生产线，产品须筛选和部分重工，装备整修或各种杂音造成不舒适，这些缺点大部分客户都会发现	4
轻微	轻微影响生产线，部分产品在线重工，装备整修或各种杂音造成不舒适，这些缺点可能被客户发现。这些缺点会被有经验的客户发现	3
很轻微	轻微影响生产线，部分产品在线重工，装备整修或各种杂音造成不舒适，这些缺点会被有经验的客户发现	2
无	没有影响	1

表 10-4　频度数评价准则

失效可能性	可能的失效率	频度数
很高：失效几乎不可避免	100 个，每 1 000 件产品	10
	50 个，每 1 000 件产品	9
高：反复发生的失效	20 个，每 1 000 件产品	8
	10 个，每 1 000 件产品	7
中等：偶尔发生的失效	5 个，每 1 000 件产品	6
	2 个，每 1 000 件产品	5
	1 个，每 1 000 件产品	4
低：相对很少发生的失效	0.5 个，每 1 000 件产品	3
	0.1 个，每 1 000 件产品	2
极低：失效不太可能发生	0.01 个，每 1 000 件产品	1

表 10-5　探测度评价准则

探测度	准则：设计控制可能探测出来的可能性	探测度定级
绝对不肯定	设计控制将不能和/或不可能找出潜在的起因/机理及后续的失效模式，或根本没有设计控制	10
很极少	设计控制只有很极少的机会能找出潜在的起因/机理及后续的失效模式	9
极少	设计控制只有极少的机会能找出潜在的起因/机理及后续的失效模式	8
很少	设计控制有很少的机会能找出潜在的起因/机理及后续的失效模式	7
少	设计控制有较少的机会能找出潜在的起因/机理及后续的失效模式	6
中等	设计控制有中等的机会能找出潜在的起因/机理及后续的失效模式	5
中上	设计控制有中上多的机会能找出潜在的起因/机理及后续的失效模式	4
多	设计控制有较多的机会能找出潜在的起因/机理及后续的失效模式	3
很多	设计控制有很多的机会能找出潜在的起因/机理及后续的失效模式	2
几乎肯定	设计控制几乎肯定能找出潜在的起因/机理及后续的失效模式	1

（4）MSA（Measurement System Analysis），即测量系统分析，它使用数理统计和图表的方法对测量系统的误差进行分析，以评估测量系统对于被测量的参数来说是否合适，并确定测量系统误差的主要成分。

（5）PPAP（Production Part Approval Process），即生产件批准程序，是对生产件的控制程序，也是对质量的一种管理方法。PPAP生产件提交保证书，主要有生产件尺寸检验报告、外观检验报告、功能检验报告、材料检验报告，外加一些零件控制方法和供应商控制方法。

二、质量管理的七大方法

七大方法分为新旧两种，旧七大方法指：检查表、层别法、特性要因图（鱼骨图）、排列图（柏拉图）、散布图、控制图、直方图。

（1）检查表。

检查表（Data-Collection form）又叫调查表、核对表、统计分析表。它是用来系统地收集资料（数字与非数字）、确认事实并对资料进行粗略整理和分析的图表。

下面以某单位不良项目调查表为例，见表10-6。

表10-6 某单位不良项目调查表

日期：2002年3月11日	
品名：	工厂名：
工序：最终检查	部门：制造部
检查者：	
检查总数：2530	批号：200202098
备注：全数检查	
不合格种类	小计
表面缺陷	32
砂眼	23
加工不合格	48
形状不合格	4
其他	8
总计	115

（2）层别法。

把收集来的原始数据按照一定的目的和要求加以分类整理，以便进行比较分析的一种方法。分层原则是使同一层次内的数据波动（或意见差异）幅度尽可能小，而层与层之间差别尽可能大，否则就起不到归类汇总的作用。分层的目的不同，分层的标志也不一样。

分层步骤分别为：收集数据或意见；将收集到的数据或意见根据目的不同选择分层标志；分层；按层归类；画分层归类图表。

分层法是一种十分重要的统计方法，常与其他统计方法结合起来应用，如分层直方图法、分层排列图法、分层控制图法、分层散布图法、分层因果图和分层检查表等。

下面以某单位面粉面线MX0上有小虫的质检与处理过程为例，见表10-7，问题分析与对策见表10-8。

表 10 – 7　某单位面粉面线 MX0 上有小虫的质检与处理过程

问题定义：
WHAT（什么现象）：有棕红色小虫，白色条虫
WHO（对象）：面线 MX0
WHEN（时间）：＊＊年＊＊月＊＊日
WHERE（地方）：面罐下部的通风口；二楼的下粉口；三楼下粉口
HOW MANY（程度）：每线 3 只 ~ 30 只

问题再描述：
①9 月 9 日进货时发现运送面粉的罐车上发现有小虫
②小虫学名为玉米螟，幼虫为白色或浅黄色条状蛹虫，成虫为棕红色甲虫，六脚，头部有小触角，体长 3 mm ~ 5 mm，体形类似于天牛，虫卵经 7 天长成幼虫，再经 14 天长成成虫
③9 月 10 日在对面线污染程度进行评估时，发现面线 MX0 设备接口有成虫，尤其是混面缸上方下粉的布袋接口处
④扩大搜索范围，在面罐底部的通风口，以及 MXO 三楼设备中也有此虫，并在面罐通风口发现有幼虫
⑤对发现成虫的部位，取面粉样品，以 40 目的筛网过筛，也发现有虫存在

紧急处理措施：
①协同制造对已发现虫害处作初步清理
②通报各制造单位目前状况，要求制造加强自查
③对各接口布袋做清理，对未开的线别要求做清洗
④拟定消毒以及防治措施

数据收集：
①制一 L2 线混面缸上方下料口发现 7 条
②制一 L7 线混面缸上方下料口发现 2 条
③制二混面缸上部未发现虫
④面罐下部通气口取 3 kg 面粉中有 4 条虫
⑤9 月 11 日对混面缸上方下料口内壁附着之面粉取样发现虫很多，未开线的较开线的多，生产的线别只发现幼虫

改善对策：
①粉罐周边环境做清理消毒
②对 MXO 设备各接口上做重点清理，要求做彻底清洗或更新
③对制面现场做消毒处理
④稽核面粉厂商，对面粉受污染的可能性，厂家作业环境以及熏蒸作业有效性实施评估
⑤完善保洁制度，在春季和梅雨季节加强清理频次，并加强稽核力度
⑥面罐底部保持通风干燥，作好"5S"
⑦对面罐车需做熏蒸消毒

表 10 – 8　某单位面粉面线 MX0 上有小虫的质检问题分析与对策

	具体描述	造成现象有差异	造成现象无差异	差异原因
1	人员	清扫措施实施不利	定期有效实施清扫	监督措施不利
2	设备	有较多死角；管道未密闭	设备良好，接口密闭	接口组装不良
3	材料	面粉中有较多虫卵	面粉符合标准	厂家面粉受污染或杀虫措施不利
4	方法	保洁及卫生检查制度不完善	完善的卫生保洁制度	气候劣化时，未有加强预防的措施

续表

具体描述		造成现象有差异	造成现象无差异	差异原因
5	环境	高温高湿,不通风	干燥,通风	梅雨季节
可能原因		验 证 原 因		
1,2,3,4,5		证实发生:4,5	证实未发生:1,2	未证实:3
可能原因		原因再分析	暂时对策	永久对策
4	方法	面粉管道布袋在梅雨季节未加强清理	1. 立即进行清理 2. 着手安排更换或清洗	1. 布袋每月至少清洗一次 2. 梅雨季节每半个月清洗一次
5	环境	梅雨季节空气潮湿,制面现场温度适宜小虫生长	1. 加强对面粉罐底的通风 2. 勤打扫,防止虫害滋生	1. 面罐底部改进防雨措施 2. 面罐底部安装纱门以利于通风 3. 定期打扫,并实施稽核

(3) 特性要因图（鱼骨图）。

当一个问题的特性（或结果）受到一些要因影响时，将这些要因加以整理成为有相互关系且有条理的图形，这个图形就称为特性要因图，又叫鱼骨图（Fish-Bone Diagram）。

任何一个企业均有它追求的目标，但在追求目标的过程中，总会有许许多多有形与无形的障碍，而这些障碍是什么，这些障碍如何形成，这些障碍如何破解等问题，就是特性要因图法主要的概念。

其制作程序如下：
①决定问题或品质的特性：特性的选择不能使用看起来很抽象或含混不清的主题；
②决定大要因：须是简单的完整句，且具有某些程度或方向性；
③决定中小要因；
④决定影响问题点的主要原因；
⑤填上制作目的、日期及制作者等资料。

其要因确定过程注意事项：
①要以事实为依据，无因果关系者予以剔除，不予分类；
②要多加利用过去收集的资料，把重点放在解决问题上，并依据结果提出对策，依据5W2H原则执行；
③依据特性，分别制作不同的特性要因图。

大要因通常代表的是一个具体方向，中要因通常代表的是一个概念、想法，小要因通常代表的是具体事件。至少要有4根大骨、3根中骨及2根小骨，且这些要因都不能重复。

5W2H原则的含义如下：
WHY——为什么？为什么要这么做？理由何在？原因是什么？
WHAT——是什么？目的是什么？做什么工作？
WHERE——何处？在哪里做？从哪里入手？
WHEN——何时？什么时间完成？什么时机最适宜？
WHO——谁？由谁来承担？谁来完成？谁负责？
HOW——怎么做？如何提高效率？如何实施？方法怎样？

HOW MUCH——多少？做到什么程度？数量如何？质量水平如何？费用产出如何？

下面以某产品的质量管理为例，分析质量问题，如图10-5所示。

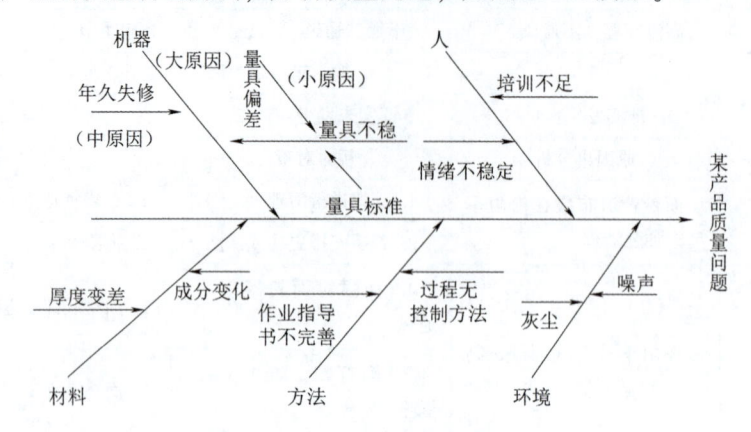

图10-5 某产品的质量问题分析

(4) 排列图（柏拉图）

排列图的发明者是19世纪意大利经济学家柏拉图（Pareto）。柏拉图最早用排列图分析社会财富分布状况，后来人们发现很多场合都服从这一规律，于是称之为Pareto定律。后来美国质量管理专家朱兰博士运用柏拉图的统计图加以延伸将其用于质量管理。

排列图是分析和寻找影响质量主要因素、识别质量改善机会的主要工具之一，根据收集的数据，以不同区分标准加以整理、分类，计算出各分类项目所占的比例，按照大小顺序排列，再加上累积值的图形。通过对排列图的观察分析可抓住影响质量的主要因素。这种方法实际上不仅在质量管理中，在其他许多管理工作中，如在库存管理中都是十分有用的。排列图的基础模型如图10-6所示。

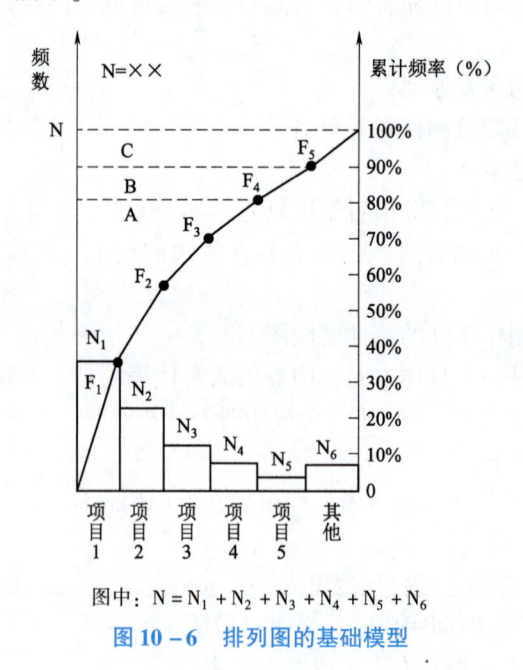

图中：$N = N_1 + N_2 + N_3 + N_4 + N_5 + N_6$

图10-6 排列图的基础模型

在质量管理过程中，要解决的问题很多，但往往不知从哪里着手，但事实上大部分的问题，只要能找出几个影响较大的原因，并加以处置及控制，就可解决80%以上的问题。

柏拉图是根据收集的数据，以不良原因、不良状况发生的现象，有系统地加以分类，计算出各项目类别所产生的数据（如不良率，损失金额）及所占的比例，依照大小顺序排列，再加上累积值的图形。

其制作程序如下：

①收集一定期间的数据，例如：不合格品数，不良率等统计数字。

②把这些数据根据原因、部位、工序、人员等情况分清层次，一般把数据按原因分层，计算各类项目的件数，即频数。

③横坐标表示影响质量的各种原因，按影响大小，即频数的大小，依次用直方形来表示。直方形的高度表示这个因素影响的大小。此图形是由几个直方形相连，由左向右递降的。当层项目多时，把几个数据小的项目归在"其他"类放在最后。

④左方的纵坐标表示的是频数，右方的纵坐标表示的是频率。频率就是各类项目频数在全部数据中所占的百分比，刻度都从零开始，频数标度以统计总数为终点，从终点做横坐标的平行线，与频率的纵坐标轴相交，交点为频率的标度终点，即100%。如图10-6所示。此图右边100%的位置与左边轴的频数N相对应。

⑤将直方形端点的累计数（即各项频率累加起来的数）连成折线，此折线由左向右上升。

⑥在排列图空白处注明：产品名称、工序、采集数据的日期、生产日期、统计总数（N）和绘制者。

⑦排列图示例。

案例：一个月中检查了500个A零件的按外观不良项目统计的数据。

顺序1：编制表格整理数据

①确定资料的分项目（结果或原因）；

②根据不良个数从多到少重新排列项目，按项目类别统计数据；

③寻求累积不良个数；

④相对全体算出每个项目所占的比率（%）；

⑤算出占有率的累积。

外观不良的数据计算表见表10-9。

表10-9 外观不良的数据计算表

不良项目	不良数/个	累积不良数/个	占有率/%	累积占有率/%
伤痕	11	11	13.8	13.8
剥落	25	36	31.3	45.0
变形	7	43	8.8	53.8
污垢	3	46	3.8	57.5
压痕	32	78	40.0	97.5
其他	2	80	2.5	100.0
总计	80	—	100.0	—

顺序2：绘制不良分析图（柏拉图）

①横轴依不良个数大小顺序取不良项目；

②纵轴取不良数及不良率；

③依不良数之大小顺序由左而右绘出条形图表示；

④累积不良率则使用曲线图表示；

⑤计入必要项目：即数据的期间，数据的数目等。

外观不合格的柏拉图如图10-7所示，对策前后效果对比如图10-8所示。

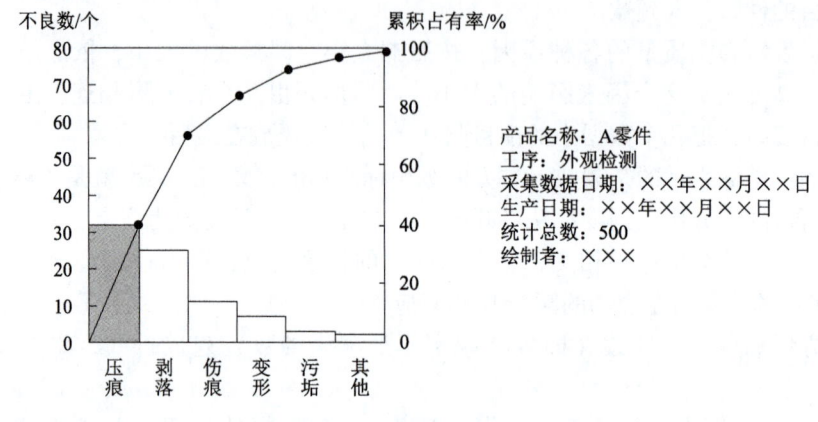

图10-7　外观不合格的柏拉图

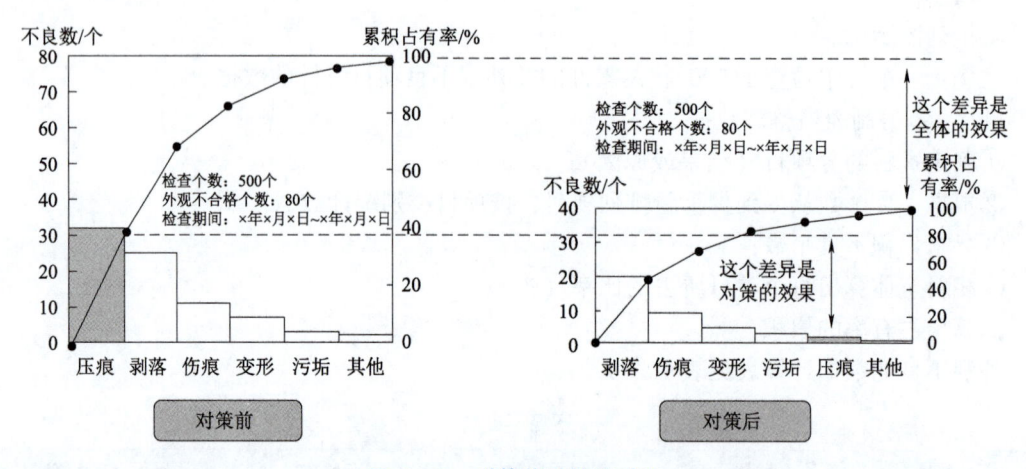

图10-8　对策前后效果对比

柏拉图法提供了我们在没法面面俱到的状况下，去抓重要的事情和关键的事情，而这些重要的事情又不是靠直觉判断得来的，而是有数据依据的，并用图形来加强表示。也就是为层别法提供了统计的基础，柏拉图法则可帮助我们抓住关键性的事情。

（5）散布图。

散布图又叫相关图，它是将两个可能相关的变量数据用点画在坐标图上，用来分析研究两个对应变量之间是否存在相关关系，确定两组相关数据之间预期的关系。通过确定两组数据、两个因素之间的相关性，有助于寻找问题的可能原因。

这种成对的数据或许是特性与原因、特性与特性、原因与原因的关系。这种问题在实际生产中也是常见的,如热处理时淬火温度与工件硬度之间的关系,某种元素在材料中的含量与材料强度的关系等。这种关系虽然存在,但又难以用精确的公式或函数关系表示,在这种情况下用相关图来分析就很方便。

散布图是由一直角坐标,其横轴表示 X 变量的测定值,纵轴表示 Y 变量的测定值,把由实验或观测得到的统计资料用点在平面图上的 X、Y 交点全部绘出即成为散布图。

常见的散布图如图 10-9 所示,反映了两个变量 X 与 Y 之间不同的相关关系:
①强正相关。Y 随着 X 增大而增大,且点子分散程度小,如图 10-9(a)所示;
②弱正相关。Y 随着 X 增大而增大,但点子分散程度大,如图 10-9(b)所示;
③没有相关性。X 与 Y 无明显规律,如图 10-9(c)所示;
④强负相关。Y 随着 X 增大而减小,且点子分散程度小,如图 10-9(d);
⑤弱负相关。Y 随着 X 增大而减小,但点子分散程度大,如图 10-9(e)所示;
⑥如果层化后有可能有相关性。X 与 Y 呈曲线变化关系,如图 10-9(f)所示。

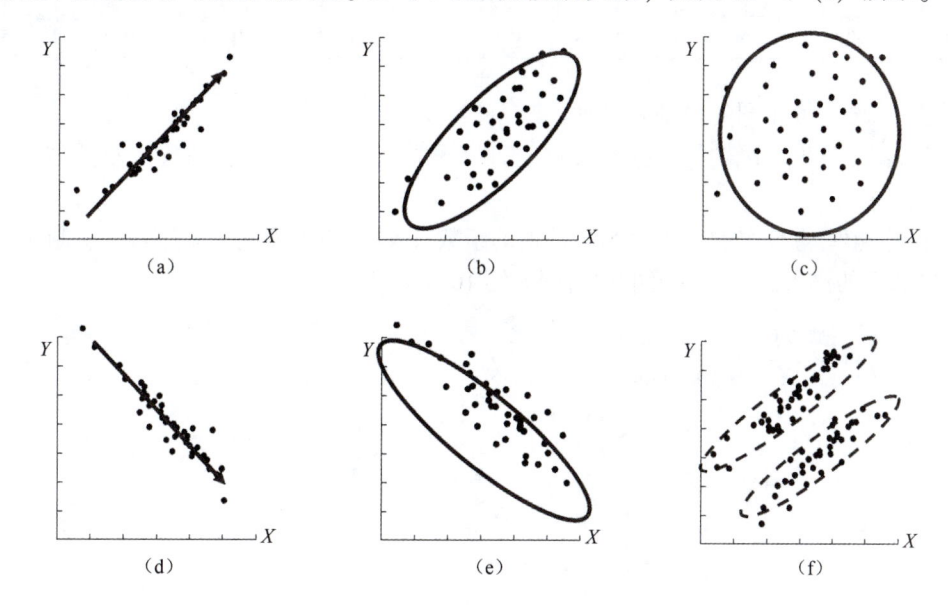

图 10-9 常见散布图的几种典型形式
(a)强正相关;(b)弱正相关;(c)没有相关性;
(d)强负相关;(e)弱负相关;(f)如果层化后有可能有相关性

其制作程序如下:
①收集相对应数据,至少 30 组以上,并且整理写到数据表上;
②找出数据之中的最大值和最小值;
③画出纵轴与横轴刻度,计算组距;
④将各组对应数据标示在坐标上;
⑤记录必要事项。

案例:制造部门的淬火工序
顺序 1:收集对应的数据。
顺序 2:从淬火温度与硬度的数据求出各自的最大值和最小值。淬火温度与硬度的对应数据见表 10-10。

表 10-10 淬火温度与硬度的对应数据

序号	淬火温度/℃	硬度/HRC	序号	淬火温度/℃	硬度/HRC	序号	淬火温度/℃	硬度/HRC
1	850	54	11	840	45	21	860	51
2	870	52	12	870	49	22	830	43
3	860	48	13	890	57	23	850	46
4	840	49	14	870	53	24	880	55
5	850	53	15	850	48	25	910	57
6	880	55	16	820	44	26	860	49
7	830	47	17	920	55	27	860	50
8	840	46	18	810	47	28	880	48
9	870	51	19	810	44	29	870	55
10	830	50	20	900	57	30	920	59

顺序 3：画出散布图的横轴和纵轴。

顺序 4：在横轴和纵轴的数据交叉点上打"●"。如果两个数据的打点重叠就用"◉"表示。

顺序 5：填写零件名称、工序名、数据的组数（N）、检查期间、制作日期、制作者等。制造部门的淬火温度与硬度的散布图如图 10-10 所示。

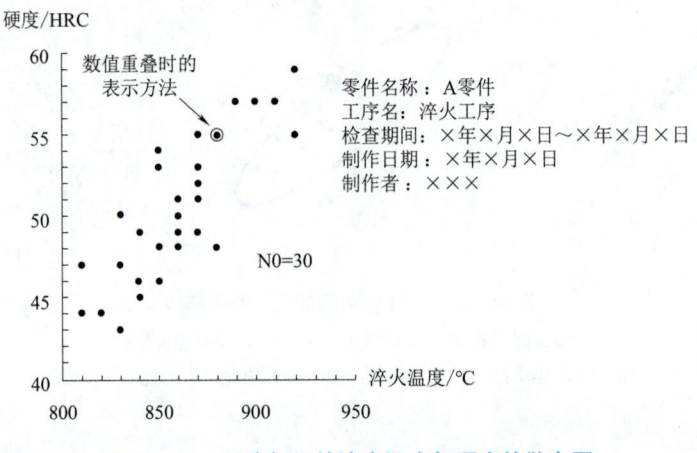

图 10-10 制造部门的淬火温度与硬度的散布图

（6）控制图

控制图又称管理图，它是用来控制质量特性值随时间而发生波动的动态图表，是调查分析工序是否处于稳定状态，以及保持工序处于控制状态的有效工具。将实际的质量特性，与根据过去经验所建立的制程能力的管制界限比较，按时间的先后或制品全体号码的次序，以判别产品质量是否安定的一种图形。

从特性值的偏差（工序有无异常状态）求出管理线并记录在图表上，从每天的批次（群）抽取几个样本（通常为 2 个～5 个），收集数据计算平均值进行打点的图表。根据点的位置、排列方法尽早发现工程的异常，并调查原因，采取对策以防止再次发生，使工程维持稳定状态。控制图的内容定义如图 10-11 所示。

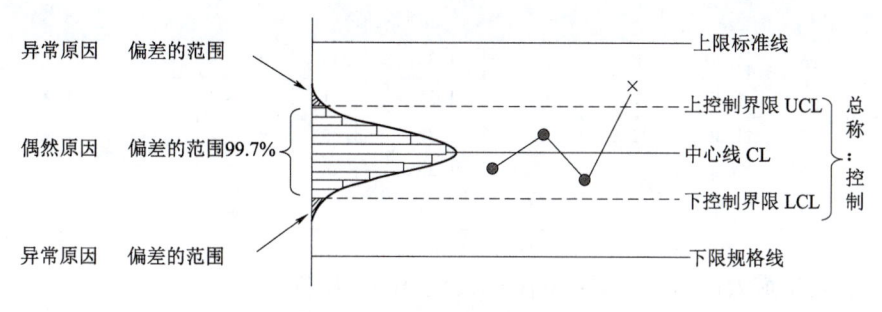

图 10-11 控制图的内容定义

控制图的作用：
- 任何生产过程中，影响质量差异的原因是机遇与非机遇两种；
- 防止非机遇原因再度发生，维持制程稳定。

（7）直方图。

将所收集的数据、特性值或结果值，在横轴上适当地区分成几个相等区间，并将各区间内测定值所出现的次数累加起来，用柱形画出的图形。其制作程序如下：
- 收集数据并记录下来（一般取 $N=50$ 以上）；
- 定组数：史特吉斯公式求组数 $K=1+3.32\log N$；
- 定全距：找出全体数据中最大数 L 和最小数 S，并计算出全距 $R=L-S$；
- 定组距：$H=(L-S)/K$。一般采用经验法，具体数据个数与分组数的选择方法见表 10-11。

表 10-11 数据个数与分组数的选择方法

数据个数 N	分组数 K	一般使用 K
50~100	6~10	10
100~250	7~12	
250 以上	10~20	

- 定组界值：求第一组下组界 = 最小值 – 最小测定值/2；第一组上组界 = 下组界 – 组距；（以此类推）
- 定中心值：（上组界 + 下组界）/2 = 组的中心点；统计频数；作图；

事例：从某天的生产中抽出 100 个 A 零件尺寸的测量数据，见表 10-12。数据的数量为 $N=100$，规格值为 1.4 mm ± 0.2 mm。

表 10-12 100 个 A 零件尺寸的测量数据

顺序	测定值									
1~10	1.36	1.49	1.43	1.41	1.37	1.4	1.32	1.42	1.47	1.39
11~20	1.41	1.36	1.4	1.34	1.42	1.42	1.45	1.35	1.42	1.39
21~30	1.44	1.42	1.39	1.42	1.42	1.3	1.34	1.42	1.37	1.36
31~40	1.37	1.34	1.37	1.37	1.44	1.45	1.32	1.48	1.4	1.45
41~50	1.39	1.46	1.39	1.53	1.36	1.48	1.4	1.39	1.38	1.4

续表

顺序	测定值									
51~60	1.36	1.45	1.5	1.43	1.38	1.43	1.41	1.48	1.39	1.45
61~70	1.37	1.37	1.39	1.45	1.31	1.41	1.44	1.44	1.42	1.47
71~80	1.35	1.36	1.39	1.4	1.38	1.35	1.42	1.43	1.42	1.42
81~90	1.42	1.4	1.41	1.37	1.46	1.36	1.37	1.27	1.37	1.38
91~100	1.42	1.34	1.43	1.42	1.41	1.41	1.44	1.48	1.55	1.37

顺序1：找出最大值和最小值：Max = 1.55；Min = 1.27。

顺序2：决定临时的组数：

组数 = $\sqrt{数据的数量} = \sqrt{N}$，即，数据的数量 = N，N 为 100；

组数 = $\sqrt{100} = 10$，因此以 10 为临时的组数；

顺序3：用以下公式计算组距的宽度：

组距的宽度 = $\dfrac{最大值 - 最小值}{组数} = \dfrac{1.55 - 1.27}{10} = 0.028$；

顺序4：用数据的测定单位凑整组距宽度的数值。本例测定的单位是：0.01 mm，因此选择 0.028 mm ~ 0.03 mm。这里决定取组距宽度 = 0.03 mm。

顺序5：决定组的最小界限值。组的界限值要取到测定单位的二分之一。测定单位是 0.01 mm，因此是 0.015 mm。

$$最小的组的界限值 = 最小值 - \dfrac{测定单位}{2} = 1.27 - \dfrac{0.01}{2} = 1.265$$

组距的宽度为 0.03 mm，因此第一个组是 1.265 到 1.285。

依次往下，直到包含最大值为止。

顺序6：计算组中点

$$组中点 = (L_1 + U_1)/2 = (1.265 + 1.295)/2 = 1.280$$

依次往下，直到包含最大值为止。

顺序7：计算次数并作次数分配表，见表 10-13。A 零件尺寸的测量数据的直方图如图 10-12 所示。稳定与否分析方法如图 10-13 所示。

表 10-13 计算次数并作次数分配表

组号	组界	组中点	次数划记	次数
1	1.265 ~ 1.295	1.28	/	1
2	1.295 ~ 1.325	1.31	////	4
3	1.325 ~ 1.355	1.34	///// //	7
4	1.355 ~ 1.385	1.37	///// ///// ///// ///// //	22
5	1.385 ~ 1.415	1.40	///// ///// ///// ///// ///	23
6	1.415 ~ 1.445	1.43	///// ///// ///// ///// /////	25
7	1.445 ~ 1.475	1.46	///// /////	10
8	1.475 ~ 1.505	1.49	///// /	6
9	1.505 ~ 1.535	1.52	/	1
10	1.535 ~ 1.565	1.55	/	1

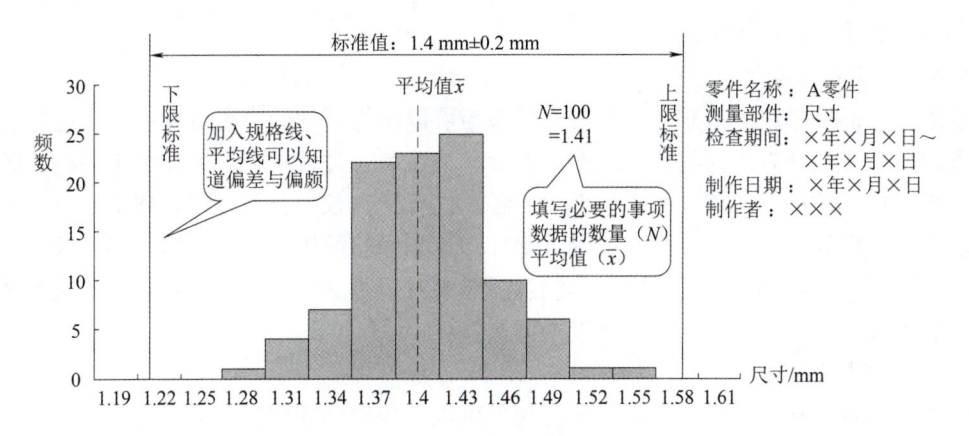

图 10-12　A 零件尺寸的测量数据的直方图

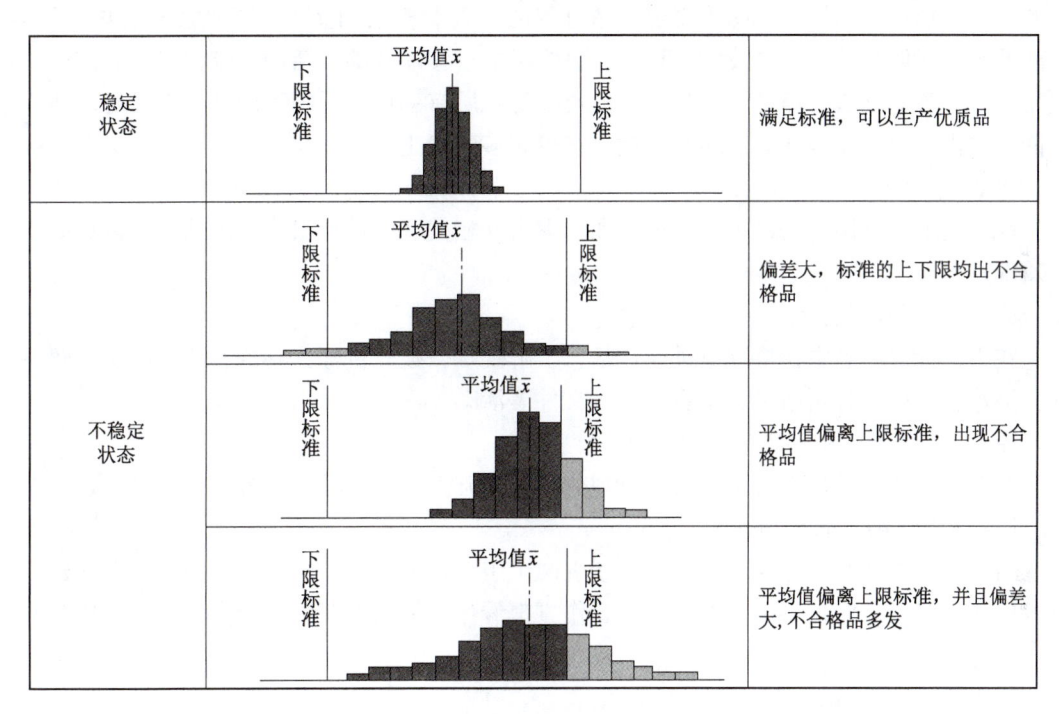

图 10-13　稳定性分析

6. 质量管理的八大原则

原则1：以顾客为关注焦点

即以顾客为中心，组织依存于顾客，因此组织应理解顾客当前和未来的需要，满足顾客要求并尽力超越顾客的期望。一个组织向顾客提供产品，如果产品不适销对路，顾客不需要、不满意，组织就无法进行再生产，组织就不能生存下去，组织和顾客是鱼水关系。所以要把满足顾客的需要和期望作为一切工作的出发点和评价工作结果的依据。

原则2：领导作用

领导者确立组织统一的宗旨及方向，应当创造并保持使员工能充分参与实现组织目标的内部环境。领导是质量方针的制定者，确定组织的质量方针和目标，并将质量方针和目标与组织内部环境统一起来，分配资源、分配质量职能活动和质量任务，在关键时候进行决策，保证持续改进质量管理体系。

原则3：全员参与

各级员工都是组织的基础，人员的充分参与可以使他们的能力得以发挥，为组织利益服务。管理过程要做到以人为本，在组织的方针和战略制定过程中，充分让员工参与，献计献策；在制定目标时员工参与，赋予各部门、各岗位职责和权限；在经营管理上，员工参与适当的决策和过程的改进；员工积极地寻求增加知识和经验的机遇，共享知识和经验；实现目标过程中提倡革新和创新精神；对工作满意，树立对组织的自豪感；向顾客及受益者展示组织特长和优势；为员工个人的成长和发展创造条件。

原则4：过程方法

将相关的资源和活动作为过程进行管理，可以很快得到期望的结果。在建立管理体系或制定方针和战略时，必须识别和确定所需要的过程；识别并测量过程的输入和输出；根据组织的作用识别过程的界面；明确规定管理过程的职责、权限和义务；识别过程的内部顾客、外部顾客和其他受益者；在设计过程时，还应考虑过程的步骤、活动、流程、控制措施、培训需求、设备、方法、信息、材料和其他资源等；所有动作过程中采用过程方式可以使成本降低、防止失误、控制变更、缩短周期，获得更多的输出。

原则5：管理的系统方法

针对设定的目标，通过识别、理解和管理由互相关联的过程组成的体系，可以提高组织的效率。

原则6：持续改进

在质量管理体系中，持续改进应包括：了解现状，建立目标，寻找、评价和实施解决办法，测量、验证和分析结果，把更改纳入文件等活动。

原则7：基于事实的决策方法

在对数据和信息进行合乎逻辑和直观分析的基础上建立有效的决策。

原则8：与供方的互利关系

组织和供方之间保持互利关系，可增进两个组织创造价值的能力。最高管理者在建立经营方针和战略上，应把供方、协作方、合作方都看作是战略同盟中的合作伙伴，形成共同的竞争优势。

7. 质量管理控制点

质量管理控制点，简称为控制点，又称管理点。它对生产现场质量管理中需要重点控制的质量特性进行控制，体现了生产现场质量管理的重点管理原则，只有抓住了生产线上质量控制的重点对象，并采取相应的管理措施，才算抓住了质量的要害。

8. 不合格品的处理

对原材料、零部件或成品不能满足规定要求时所采取的措施，防止误用和安装。对不合格品包括标识、隔离、评审、处置和采取纠防措施等。

9. 企业质量管理的四个等级

世界著名的管理咨询公司"麦肯锡"通过调查，将企业实施质量管理的水平分为四个等级：质量检查、质量保证、预防次品、完美无缺。

第一级：质量检查

处于这一级的企业保证质量的主要方式是进行产品质量检查。在接受调查的企业中，约有 25% 的企业处于这种状况。

第二级：质量保证

质量目标主要通过生产部门实现，通过生产部门进行生产工艺及过程质量的控制。在被调查的企业中，处于这一级的约为 36%。

第三级：预防次品

产品设计与生产工艺相互影响，这些企业为了最大限度地降低成本，提高质量，与供应商密切协作。大约有 25% 的企业处于这一级。

第四级：完美无缺

这些企业称为"优质企业"。每个员工都意识到质量对企业成功的重要性，都在寻求提高质量的新途径，都在为达到完美无缺而奋斗。在被研究的对象中，只有约 13% 的企业达到这一水平。

10.2 MES 系统质量管理

目前，还有大多数工业企业中质量管理是通过上层的生产计划下达、事后生产产品的检验和质量统计报表等形式进行的，没有实现实时的生产质量控制和预测，控制效果和效益受到很大限制。

MES 立足于重点解决生产过程中出现的问题与痛点。为了实现智能制造重要战略转型，在生产制造过程中，质量管理对产品质量的好坏起决定性作用，所以质量管理在制造执行过程中处于重要地位，并贯穿在整个制造执行过程中。MES 系统质量管理是集信息管理、控制理论、全面质量管理、数据交互、大数据处理等技术于一体的数字化、智能化、综合化的质量管理系统，是通过对产品质量数据的自动实时采集、分析和反馈控制，以及产品内部质量信息资源的共享而建立起来的。

MES 质量管理模块主要是解决车间层面生产过程中的质量活动及质量管理等工作，根据图纸及工艺要求，对原材料、采购件、外协件、工序完工零部件、半成品及成品进行质量检验，记录质量参数，将检验结果分为合格品、回用品、待定品、废品，并生成相应的各类单据；根据各类质量数据通过质量控制方法进行质量监测与管理。

10.2.1 MES 系统质量管理的特点

生产企业 MES 系统质量管理具有以下特征：

（1）**集成性**。全面质量控制模块的集成性体现在：①与 MES 中其余功能模块的集成，如生产管理模块、工艺模块等实现连接。②纵向一体化使日常质量信息能够在决策、管理和操作层面之间自上而下和自下而上传输。③横向一体化。

（2）**实时性**。大量的产品质量控制数据来自生产线，加工后的质量信息应该应用到生产线上。该系统实现了整个生产过程中的实时数据采集、控制和反馈。

（3）**智能性**。采用最新的现代化技术实现数据采集与处理、质量分析、质量控制等单元的自动化和智能化。

（4）**模块化**。该系统是一种模块化的开放式系统，能够根据企业在行业趋势的变化及对产品质量要求的提升，进行相应的修改和完善。

10.2.2 MES 系统质量管理研究方向

质量管理就是在质量方面指挥和控制组织的协调活动。结合企业目前 MES 系统的实施和应用情况以及质量管理方面的现状与需求，企业迫切需要对 MES 中制造过程质量管理模块进行细化和深入研究，尤其是以标准化的质量标准和目标为支撑的质量检验和质量控制，以及严重依赖人工经验决策的质检实验室调度管理，最终设计和完善企业基于 MES 的制造过程质量管理系统。重点有下面这四点：

1. 质量数据方面

质量数据的意义与价值越来越受到重视，但目前质量数据分布零散，实时性差、共享性低，质量标准和质量目标管理效率低，易出错。因此，企业迫切需要建立一个完善的质量管理数据库以及质量标准知识库，以此来实现质量数据的实时更新和同步共享以及质量标准和目标的标准化和规范化管理。

2. 质量检验方面

通过质量标准知识库和具体化质量目标的质量检验方法固化质量检验流程，让质量检验更精确高效。此外，在检验结果方面，质检人员对产品做出质量检验后，将结果判定为合格品、废品、回用品（大回用和小回用品）和待定品四类，其中待定品的二次检验需要质检管理员和工艺人员共同审理，并将结果判定为合格品、废品和回用品中的一种。

3. 质量控制方面

目前质量管理人员对质量管理的意识不断增强，理解到质量是生产出来的而不是检验出来的，因此，除了质量检验严格把关之外，更重视车间制造过程工序质量的实时监控，确保质量特性值在可控范围内，若发生异常，则及时发出质量报警，以预防和控制质量异常波动，实现质量控制的信息化管理。

4. 质检实验室管理方面

质检实验室管理到目前为止还是一个盲区，被车间管理人员及上层领导忽略了，目前主要是根据生产状况，将需要检验的零部件直接送往质检实验室，依靠人工经验来判断决策质检实验室的任务计划以及调度方案。因此，要对质检实验室进行合理规划管理，针对质检实验室的质检设备进行任务计划和调度管理，通过计划和调度方面的智能算法，确定质检实验室的计划排程和调度方案，摒弃人为决策的干涉与影响。

因此，企业急需一套基于 MES 的质量管理系统，实现质量信息管理标准化、质量检验流程化、质量控制信息化以及质检实验室规范化的闭环质量管理，来满足整个企业生产过程质量管理标准化和信息化的需要。

10.2.3 MES 系统质量管理具体功能

企业生产质量管理总体包括制定质量方针和质量目标、质量策划、质量控制、质量保证、质量改进六大方面。

MES 系统重点针对质量控制与质量保证、质量改进几个阶段的管理。对质量方针、质量目标、质量策划形成的过程及结果的记录也会在 MES 质量管理模块的基础数据信息管理中进行存储，以对质量管理后期研究与评价进行指导。

在企业进行质量管理时，一般采用全面质量管理、SPC 管理或者是两种管理方法的组合，每个企业根据具体情况不同进行选择。下面我们列举一些企业 MES 系统质量管理中常用的功能模块。

1. MES 质量基础信息管理

基础信息管理是质量管理最基本最不可或缺的条件，主要从人员、设备、材料、产品四个方面考查质量，其基础信息除了从这四个方面提取相关检验信息外，还应该包括与质检有关的基本信息，如质检标准、质检项（点）、质检工位、质检类型、质检方法、抽样方法、质量问题类型、成品缺陷等级、成品质量等级等信息。在质检前需要在 MES 系统中预先配置基础信息，MES 系统将配置好的基础信息结合质量方针与质量目标，作为质量控制要求传递到各检验工序，起到指导质检工作、自动化管理质检工作的目的。

用这些基础信息可做成数据库，起到数据字典的作用，在这些基础数据信息的定义及编辑界面中，定义数据项目的固定属性可为标准化管理提供基本保障。

MES 系统中，通常需要配置下列七类基础信息：

（1）质检项（点）。

规定工艺过程必须检验的工序和成品。设定零部件、成品的关键质量特性检验项目。所谓关键质量特性是指成品的关键特性组成部分，如关键的零部件以及关键工序的成品。对这些质量环节，制订质量检验计划时要优先考虑。

（2）质检类型。

规定每个检验项目所采用的检验类型，例如，全检、抽检、首检、巡检等。

（3）质检方法。

规定每个质检项目所采用的测量方法、测量工具等。测量方法要明确，例如，某车间产品的外观检测要求规定：目视（视力在 1.0 以上）自然光条件下，目视距离 50 cm，产品置于目视角度正前方。

（4）质检标准特征。

规定每个检验项目的检验标准，包括工艺质量标准和成品质量标准。

①工艺质量标准。

规定每个生产工序的工艺路线、工艺参数、工艺规程，以满足产品质量的要求。如钢板的冶炼、轧制、热处理、修磨等工序的工艺参数等。

②成品质量标准。

规定每个检验工序产出的成品的合格标准，例如，成品的标准值、最大值、最小值、公差等。

（5）质检规则配置。

规定每个检验项目的抽检要求、抽样数量比例、批次不合格的判定标准等。

（6）质量问题类型。

设定质量问题的分类并制定处置方法。当在生产工序中发现质量问题时，可依据 MES 系统指导如何处置质量问题并记录在 MES 系统中，供后续统计分析。

可按生产实际管理需要对质量问题分类。例如，按质量问题的严重程度，分为轻微、一般、严重、致命四个级别。

①轻微质量问题：指对产品外观和下道工序可能会有轻微影响的问题。

②一般质量问题：指不影响产品的运转和运行，不会成为故障起因，但对产品外观和下

道工序有较大影响。

③严重质量问题：指引起易于纠正的异常情况，易于修复的故障、对产品外观造成难以接受的问题。

④致命质量问题：指有安全问题的各类缺陷。

(7) 产品缺陷等级。

制定产品（原材料、半成品、成品）没有达到标准要求的等级分类。一般分为轻微缺陷、一般缺陷、严重缺陷、致命缺陷，明确各个缺陷等级的判定标准、影响程度。

产品缺陷表见表 10-14，按对功能特性、可靠性、安全性、产品寿命、下道工序、返工的影响，细分为四个缺陷等级。

表 10-14 产品缺陷表

缺陷类型	致命缺陷	严重缺陷	一般缺陷	轻微缺陷
对功能特性的影响	严重影响主要功能，主要技术指标不能满足要求	影响产品主要功能或一般功能	轻度影响产品功能，但不会明显表现出来	不影响产品的功能
对可靠性的影响	影响产品的可靠性，预期故障率高	对产品可靠性有明显影响，预期故障率较高	对可靠性影响不明显，或轻微	对可靠性无影响
对使用安全的影响	存在不安全因素，必然会引起安全事故或造成严重损失	存在一定不安全因素，有可能引起安全事故，导致产品损坏	对安全性影响不大或有轻度影响，但不会导致发生事故	不影响产品使用安全
对产品寿命的影响	导致产品寿命严重降低	会使产品寿命降低，但不严重	对产品寿命有轻微影响	对产品寿命无影响
对下道工序的影响	造成下道工序混乱	给下道工序造成较大困难	对下道工序有较大影响	可能对下道工序无影响
对返工的影响	造成报废，无法返工	需返工返修，且难于返工	未造成报废损失，返修后合格，不影响返工	基本无

在 MES 系统中，质量基础信息的配置主要有配置检验项相关信息；建立产品缺陷库；建立质量问题类型表三个方面。

在配置检验项时，需要规定检验项与产品、工序之间的关系，有下面两种情况：

(1) 物料与检验项的关系。为要检验的物料类型（成品、产品的类型）设定检验项目。一种物料类型可做多项不同的检验项目。

(2) 物料与工序和检验项的关系。一种物料在不同工序可能需要做不同的检验项目。因此，有时需要为一种物料在不同工序设定不同的检验项目。

2. MES 质量数据管理

质量数据是指某质量指标的质量特性值。狭义的质量数据主要是与产品质量相关的数据，如不良品数、合格率、直通率、返修率等。广义的质量数据指能反映各项工作质量的数据，如质量成本损失、生产批量、库存积压、无效作业时间等。

在制造过程中搜集到的质量数据一般是从检验原材料、配件、成品、加工过程、装配过程等获得的数据，大多数是可以定量的。收集质量数据的目的是掌握生产状况，分析质量问题，控制工序过程和判断产品质量。

不同种类的数据统计性质不同，相应的统计分析和处理方法也就不同，因此对质量数据要进行正确分类。

质量数据细分为计量数据和计数数据两种。

(1) 计量数据，即连续数据。

计量数据是指可以连续取值的数据。计量数据可以用测量工具（如游标卡尺、千分尺等）测量得到，如温度、密度、光通量、光强度、光照度、辉度及辐射功率等。计量数据可以是小数。测量仪器的精度越高，小数点后面的位数就可以取得越多。

(2) 计数数据，即离散数据。

计数数据是指不能连续取值的数据。计数数据不能用测量工具测出小数，只能用自然数0、1、2、3等计数，如砂眼数、气泡数、焊渣、焊疤数、毛刺数、不合格品数及废品数等。

计数数据又分为计件数据和计点数据。计件数据是对产品进行按件检查时所产生的属性数据；计点数据是每件产品上质量缺陷的个数。

质量数据具有波动性和规律性两个特点。由于随机因素和系统因素的存在，即使作业者、机器、原材料、加工方法、测试手段和生产环境等条件相同，生产出来的同一批产品的质量也并不完全相同。同时，质量特性的波动并非无规律可循，当生产过程处于统计控制状态时，数据的波动服从一定的分布规律。

一般来说，离散型随机变量遵循二项分布、泊松分布等，连续型随机变量遵循正态分布、指数分布等。

MES 质量数据管理主要包括检验、分析、控制三个环节，具体包括六个方面：

①制定标准：确定各工序阶段所要达到的质量要求和工艺参数。
②制订计划：依据车间的排产计划，确定检验项目、质检方法和检验要求。
③执行质检：获取质检数据，包括对原料、中间品、成品的检验数据。
④质量分析：对检验数据进行统计分析，改进质量保证措施，保证产品质量。
⑤质量控制：计算工序能力指数，评价工序加工能力，对制造过程进行过程控制。
⑥质量追溯：发现在制造环节中产生的质量问题及根源，及时纠正在制造系统中产生的故障。

MES 质量数据收集方式主要有手工录入、半自动收集、自动收集三种。

(1) 手工录入。

考虑到设备、现场条件和成本等因素，需要利用各种手动计量仪或目测的方式进行检测。系统设定相关质量信息录入功能，检测人员目测计量仪的读数，然后通过计算机或信息交互终端进行数据的手工录入、处理。对于质量数据相对应的质量问题，生产线上操作工人最好采用标准的按钮式输入，将该工位可能产生的质量问题定义为标准条目，工人只需要单击对应的按钮即可。

(2) 半自动收集。

如果不方便单击屏幕，可以通过手持条码扫描枪或者 RFID 读写器扫描相应的条码来获取数据。采用手持条码扫描枪或 RFID 收集数据的前提是信息以编码的方式表示，物品与编码建立对应关系，如产品批号、包装号、物料批号、加工资源编号、运输资源编号、工位号、人员编号等条码。RFID 可以提高数据录入的准确性和录入速度，且成本较低。因此，一般将数据进行分类，然后进行编码处理，即可用于现场的数据收集。

(3) 自动收集。

MES 设有各种接口与不同的数据收集装置，如计量器、测量器、条码读卡机、无线射频扫描仪以及各类仪器、仪表等相连接，完成各种质量数据的自动收集及处理工作。目前收集数据的设备有条形码、RFID、传感器、检测仪器、PLC、触摸式计算机、机械手等。MES 会对经过质检得到的质量数据进行分析归纳，以描述产品的质量状况，这个过程就是描述性统计。在描述性统计中，常使用集中趋势、离散趋势、分布形态等来描述数据的集中性、分散性和对称性，归纳出产品的质量。常用的数据分析方法即 QC 的七大工具。

3. MES 质量检验管理

车间质量检验是对生产过程中的原材料质量、在制品的工序质量、成品质量进行在线判定，以确保从原料到成品入库一系列制造过程的质量。

通过质量标准和质量目标实现标准化的质量检验，根据产品类别进行分类检验、分级审理和检验结果分类处理等流程实现质量检验。

(1) 质检计划。

MES 质检计划是对生产过程的检验工作做计划安排。根据工序计划对检验工作进行的系统策划和总体安排的结果，是指导质检人员工作的依据，是正确收集质量数据的指南。其目的是科学经济地组织检验活动，合理设计检验流程和设置检验点，统筹安排检验力量和手段，避免漏检和重复检验，使检验工作逐步实现科学化、条理化和标准化。

一般以文字或图表形式明确安排检验日期、检验人、检验产品、检验工序、检验内容和要求以及资源的配备，包括设备、仪器、量具和检具等。

MES 质检计划通常包含以下内容：

➢ 销售订单号、订单生产号/生产指令号。说明待检产品对应的订单和生产指令。

➢ 检验产品、工序。说明待检产品的名称、型号、所在工序。

➢ 检验单号、报检时间、报检数量、报检人。说明本次检验的单号、报检时间以及报检产品的数量等。

➢ 质检时间、检验工位号、抽检数量。说明计划安排的检验时间、工位，以及应抽检的数量比例。

➢ 检验内容。详细说明检验内容及要求，防止产生和及时发现不合格品，保证检验通过的产品符合质量标准的要求。

➢ 检验类型。对检验方式、检验方法等具体内容有清楚、准确、简明的叙述和要求，使检验活动相关人员有同样的理解，对检验活动起到指导作用。

➢ 说明形成的检验记录文件。因不同行业的不同生产方式和生产类型，MES 的质量检验管理会有差别，应根据生产规模、产品复杂程度、过程工艺、产品特点、批量大小等编制具体内容。

(2) 质检类型。

按生产过程区分，检验过程有来料检验、制程检验、成品检验；

按检验产品的数量分为全数检验、抽样检验；

按检验地点分为集中检验、现场检验、流动检验；

按检验后样品的状况分为破坏性检验、非破坏性检验；

按检验人员分为自校、互检、专检；

按检验方法分为理化检验、感官检验等。

（3）质检业务流程

车间质检业务流程一般包括来料检验、制程检验、成品入库检验、出货检验四个环节。

➢ IQC（Incoming Quality Control），指来料质量控制，侧重点在来料质量检验上。

➢ IPQC（Input Process Quality Control），指制程控制，是产品从物料投入生产到产品最终包装过程的品质控制。

➢ FQC（Final Quality Control），指制造过程最终检查验证，是成品入库前的检验。

➢ OQC（Outgoing Quality Control），是出货（出厂）的品质检验。

制造过程 MES 管理质检作业的一般流程及在 IQC、IPQC、FQC、OQC 质检中的环节如图 10-14 所示。

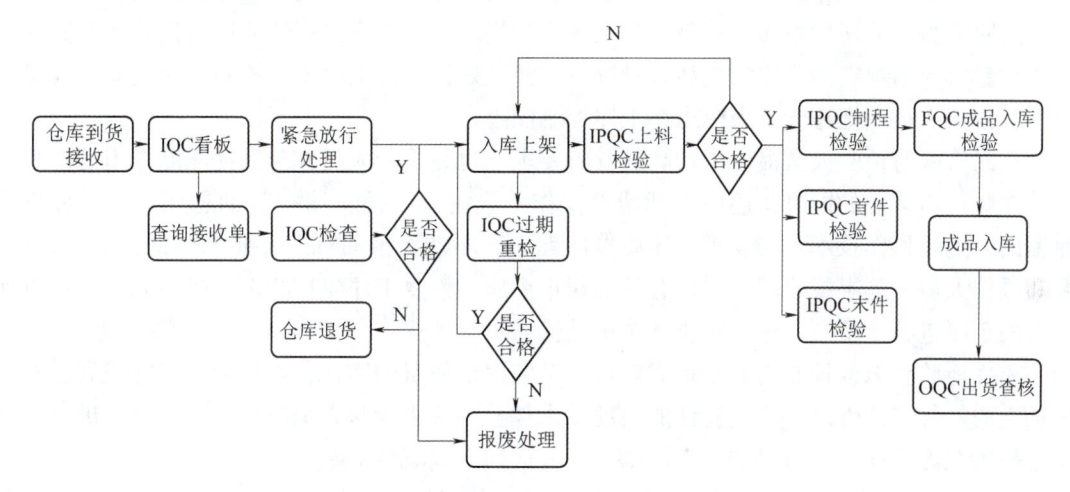

图 10-14 制造过程 MES 管理质检流程

1. 来料检验（IQC）

为了确保质量，进厂时的收货检验应有专职的质检人员按照规定的检查内容、方法及数量进行严格的检验。物料到达仓库后，仓管进行物料登记，MES 系统形成检验单，自动通过电子看板提示质检人员来料检验。IQC 调阅来料检验单，对来料检验并根据检验标准判定合格与否。如符合要求，则入库上架，否则予以退货。IQC 记录检验结果。

来料检验有首件（批）样品检验和成批来料检验两种。

对首件（批）样品检验应注意首次交货、产品设计或结构有重大变化、产品生产工艺有重大变化时三种情况。

对成批来料检验采取分类检验和抽样检验两种方法。

分类检验法：对外购物料按其质量特性的重要性和可能发生缺陷的严重性分成 A、B、C 三类。A 类是关键的，必须进行严格的全项检查；B 类是重要的，应对必要的质量特性进行全检或抽检；C 类是一般的，可以凭供货质量证明文件验收或做少量项目的抽检。

抽样检验法：对正常的大批量来料，可根据双方商定的检验水平及抽样方案实行抽样检验。

2. 制程检验（IPQC + FQC）

制程检验的目的是在加工过程中防止出现大批不合格品，避免不合格品流入下道工序。

因此，制程检验不仅要检验在制品是否达到规定的质量要求，还要检验影响质量的主要工序因素，以判断生产过程是否处于正常的受控状态。制程检验的意义并不是单纯剔除不合格品，还应看到制程检验在工序质量控制乃至质量改进中的积极作用。

投料生产前，IPQC对物料进行检验，并根据检验标准判定合格与否。如符合要求，则给予采用，否则退回仓库。IPQC记录检验结果。

首件检验：是指每个生产班次刚开始加工的第一个工件，或因换人、换料、换活以及换工装、调整设备等改变工序条件后加工的第一个工件。

首件是指有一定数量的样品。首件检验一般采用"三检制"的办法，即先由操作者自检，再由班组长或质量员复检，最后由检验员专检。首件检验后是否合格，应由专职检验员认可并打上规定的质量标志，且做好首件检验的记录。无论在何种情况下，首件未经检验合格，不得继续加工或作业。检验人员必须对收件的错检、漏检所造成的后果负责。

巡回检验：巡回检验要求检验人员在生产现场对制造工序进行巡回质量检验。检验人员应按检验指导书规定的检验频次和数量进行，并做好记录。工序质量控制点应是巡回检验的重点，检验人员应把检验结果标志在工序控制图上。

巡回检验对检验人员提出了较高的素质要求，也是检验人员充分发挥职能作用的检验方式。在履行本职能的同时，还应主动帮助操作工人树立"质量第一"的思想意识，分析质量原因，提高操作技术。当发现工序质量问题时，不能有情面观念，要严格把关。一方面，要和操作人员一起寻找原因，采取有效的纠正措施，恢复工序受控状态；另一方面，对以前有关的工序进行重检或筛选，防止不合格品流入下道工序。

末件检验：末件检验主要是指靠模具、工装保证质量的零件，当批量加工完成后，对最后加工的一件或几件进行检查验证的活动。末件检验应由检验人员与操作人员共同进行，检验合格后双方应在"末件检验卡"上签字。IPQC记录检验结果。

成品制造完成后，FQC进行批量抽检/全检，并根据检验标准判定合格与否。如符合要求，则予以入成品库，并记录检验结果。

3. 完工检验（OQC）

完工检验是全面考核半成品或成品质量是否满足设计规范标准的重要手段。由于完工检验是供方验证产品是否符合顾客要求的最后一次机会，所以是供方质量保证活动的重要内容。

完工检验必须严格按照程序和规程进行，严格禁止不合格零件投入装配。只有在程序中规定的各项活动已经圆满完成，以及有关数据和文件齐备并得到认可后，产品才准许发出。

完工检验可能需要模拟产品的客户使用条件和运行方式。在有合同要求时，经由客户及客户指定的第三方一起对产品进行验收。必要时，供方应向客户提供有关的质量记录。成品质量的完工检验有两种，即产品验收检验和产品质量审核，这两种须客户的参与并得到客户的最终认可。

完工检验可以是全数检验，也可以是抽样检验，应该视产品特点及工序检验情况而定。

产品在包装前应通知产品末检检验员（或车间检验员）检验，检验员应按产品特点（图纸要求）及工序检验情况进行全数检验或是抽样检验，检验完毕后，填写产品检验报告单，签上检验员名字和品质主管的名字，盖章后随产品一起发给客户。产品出库前，OQC进行抽检/全检，并根据检验标准判定合格与否。如符合要求，则予以出库或出厂。

4. MES 质量问题分析

MES 质量管理系统在质检过程中存储了大量的质量数据信息，生成了很多数据报表，并运用统计方法进行整理和分析，将这些数据转化为有用的质量信息。在数据统计基础上，应用直方图法、分层法、排列图法、控制图法等统计分析工具画出分析图表，计算数据指标，分析当前的主要质量问题，同一类型问题可做数据穿透，相关联问题可建质量关系档案，并依据质量问题的严重程度，自动排出处置优先级。最后通过整合相关业务数据，从问题表象分析问题实质，给出切实有效的解决方法和避免措施，从而控制质量问题的发生，预防不合格品的产生。

5. MES 质量追溯

MES 质量追溯分为正向追溯和反向追溯。正向追溯依据采购物料的批号、半成品号、生产订单号向上级生产订单进行追溯，找到哪些销售订单使用了本批物料。反向追溯从销售发货反向追溯产品的生产订单、加工过程、物料批次。常用方法如图 10–15 所示。

质量追溯常用方法

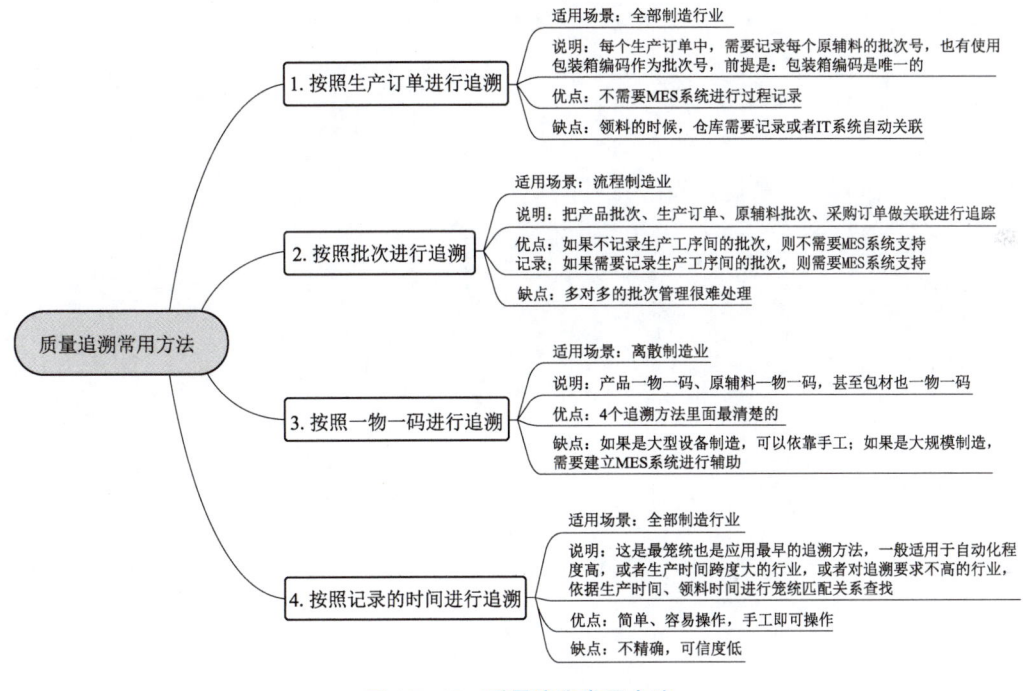

1. 按照生产订单进行追溯
- 适用场景：全部制造行业
- 说明：每个生产订单中，需要记录每个原辅料的批次号，也有使用包装箱编码作为批次号，前提是：包装箱编码是唯一的
- 优点：不需要MES系统进行过程记录
- 缺点：领料的时候，仓库需要记录或者IT系统自动关联

2. 按照批次进行追溯
- 适用场景：流程制造业
- 说明：把产品批次、生产订单、原辅料批次、采购订单做关联进行追踪
- 优点：如果不记录生产工序间的批次，则不需要MES系统支持
- 记录：如果需要记录生产工序间的批次，则需要MES系统支持
- 缺点：多对多的批次管理很难处理

3. 按照一物一码进行追溯
- 适用场景：离散制造业
- 说明：产品一物一码、原辅料一物一码，甚至包材也一物一码
- 优点：4个追溯方法里面最清楚的
- 缺点：如果是大型设备制造，可以依靠手工；如果是大规模制造，需要建立MES系统进行辅助

4. 按照记录的时间进行追溯
- 适用场景：全部制造行业
- 说明：这是最笨也是应用最早的追溯方法，一般适用于自动化程度高、或者生产时间跨度大的行业，或者对追溯要求不高的行业，依据生产时间、领料时间进行笼统匹配关系查找
- 优点：简单、容易操作，手工即可操作
- 缺点：不精确，可信度低

图 10–15　质量追溯常用方法

6. MES 质量统计报表与质量文档管理

对质量数据从质量管理的角度形成各类统计报表，通过对报表宏观质量数据的分析，对整体质量进行合理控制，同时对关注的问题点进行数据穿透处理，便于分析问题实质。另外，对质量管理过程产生的各类电子报表需形成质量文档台账，便于事后快速检索查找。

在车间制造过程质量管理中，采用 SPC 技术可对关键工序质量进行控制。与传统的 SPC 不同，MES 系统应用 MES 中成熟的数据采集、分析、处理和控制技术实现对质量数据的管理，将质量参数选取、质量数据采集、绘制分析用控制图、绘制控制用控制图以及质量诊断与过程调整等质量管理模块集成在一起，实现动态工序质量控制。

课外拓展

1. 查阅资料，了解质量管理政策、法规，学会履行质量职责。
2. 查阅资料，明确生产过程质量管理制度的编写内容。
3. 查阅资料，了解质量管理与精益生产的联系。
4. 查阅资料，如何做工厂质量管理体系提升方案。

项目十一　MES 系统产品跟踪与追溯管理

学习目标

- **知识目标**
1. 掌握跟踪与追溯的基本概念；
2. 掌握追溯的作用和体系；
3. 明确产品跟踪与追溯的重要意义和方法；
4. 掌握 MES 系统产品跟踪与追溯的体系结构与信息采集方式。

- **技能目标**

掌握 MES 系统产品跟踪与追溯的线路选择依据。

- **素质目标**
1. 让学生既要领悟理论，又要正本清源；
2. 培养学生注重实践、求真务实的品德，坚定理想信念；
3. 培养学生稳中求胜，持续改进，追踪过程，有据可依的学习态度；
4. 培养学生的责任意识、担当意识，抓住关键任务、对标重点产品精细管理。

MES 系统产品跟踪与追溯管理

项目背景

2017 年 10 月，国家标准委、商务部等十部委联合印发了《关于开展重要产品追溯标准化工作的指导意见》，意见明确了开展重要产品追溯标准化工作的重点任务，提出加紧研制追溯基础共性标准，为我国开展追溯体系建设工作提供示范指导。

2022 年，国家发展改革委等部门关于新时代推进品牌建设的指导意见中指出，品牌是高质量发展的重要象征，加强品牌建设是满足人民美好生活需要的重要途径。为高质量推进品牌建设工作，全面提升我国品牌发展总体水平，提出到 2025 年，品牌建设初具成效，培育一批品牌管理科学规范、竞争力不断提升的一流品牌企业，形成一批影响力大、带动作用强的产业品牌、区域品牌，中国品牌世界共享取得明显实效。提出到 2035 年，品牌建设成效显著，中国品牌成为推动高质量发展和创造高品质生活的有力支撑，形成一批质量卓越、优势明显、拥有自主知识产权的企业品牌、产业品牌、区域品牌，布局合理、竞争力强、充满活力的品牌体系全面形成，中国品牌综合实力进入品牌强国前列。

当前的智能制造企业借助科技发展的力量，已基本实现精细化管理，产品的生产也基本实现自动化、智能化，满足了市场对于产品生产量的需求。现如今，众多企业在生产过程中普遍存在品种多、批次多的情况，一个批次的零部件或者半成品往往用在多个产品型号、不同批次的订单生产中。当制造过程或产品质量有异常时，就要调查出问题零部件或者半成品具体用在哪些订单、哪几个批次、产品条码号明细是多少等。

产品质量问题不但关系到消费者的生命安全和切身利益，同时也关乎企业的生命。产品质量贯穿了整个产品的生命周期，也是企业参与市场竞争赖以生存与发展的基础，而制造过程中产品质量问题是产品最终质量的基石。无论是消费者还是生产企业都希望自己的消费品或产品的原材料以及其生产过程的相关信息对自己是透明的、公开可查的。随着市场竞争日趋激烈，如何有效保证产品质量，确保每件产品在原料入厂、生产作业过程和成品出厂的过程中能够实现高质量生产，成了企业用户关注的重点问题之一。

追溯系统目前已经被广泛应用于各个行业中，它是一种可以对产品进行正向和逆向追踪的控制系统，将当前最先进的物联网技术、智能控制技术、自动识别技术、互联网技术等结合于一体，通过对单件产品赋予唯一的防伪身份标识，实现"一物一码"，可对产品的原料采购、生产、仓储、分销、物流运输、市场稽查、销售终端等各个环节进行数据采集与追踪，构成产品的终身跟踪服务。

MES 系统作为智能生产中面向制造企业车间执行层的生产信息化管理系统，其在产－供－销过程中贯穿始终，实时采集人、机、物的全过程信息，所以在产品追溯过程中起着重要的载体作用。综合现有的高新科技，以 MES 系统为载体，实现产品全生命周期的质量跟踪，不但可以实现产品跟踪与追溯，增强 MES 系统的使用功能，还可以大大减少软件开发的周期和成本，有效提升产品质量，提升客户满意度，为企业提升核心竞争力和经济效益，为人民提供安全生活保障。

MES 系统在生产企业应用后对生产追溯的影响：

（1）优化生产流程的同时，可以节约时间，提高工作效率。

（2）实现信息共享，当出现问题的时候，管理者可以快速做出反应，进行市场调整。

（3）提高数据录入的准确性，实现数据的及时信息采集，避免因为数据流转而发生的错误和遗漏。

（4）MES 系统给每一个产品贴上"身份证"，其中包括原料、生产工艺、生产设备、生产人员等，方便信息的及时沟通，在产品质量的把控及管理层进行生产管理。

本项目中，通过学习产品跟踪与追溯的概念，掌握追溯系统的任务、作用、分类、特征以及体系，有效结合 MES 软件在生产中的跟踪与追溯的应用，设定追溯路线与方式，做到任何产品有前生、有今世、有未来数据可查可依，供事后处理相关问题所使用，保证产品的全过程透明化生产，让用户放心，以占领市场。

知识直通车

11.1 跟踪与追溯的概述

11.1.1 跟踪的含义

跟踪是指"跟随踪迹"，即在被跟踪者的背后紧贴和监视，是从供应链的上游至下游，跟随一个特定的单元或一批产品运行路径的能力。

产品跟踪是指当产品进入流通过程中，对各个环节的信息进行记录，并且能知道该产品所走过的路线和实时的踪迹。

生产跟踪及控制主要是指在现场建立 MES 站点,通过各站点与设备进行通信,从而实现对线上生产的产品的跟踪,并且根据排产信息和线上建立的序列信息,对生产进行指导和控制,最终达到以下目的:

(1) 确保现场实际生产符合排产要求。在所有生产线的第一个站点,都应确立一套系统操作流程和管理流程,确保生产线投入的零件与生产排产的产品型号相符,从而约束现场生产线或者工人准确执行生产排产任务。

(2) 确保最终下线产品的质量。在生产线末尾,设置站点进行最终的质量控制。如果产品在生产过程中出现问题且不能及时维修,当该产品到达最后站点时,应将其发往维修区进行最终维修,如果最终不能维修,则进入产品报废流程。

(3) 确保在各个合拼站点的零件具有一致性。在任何合拼站点,都需要保证各部件和零件的一致性,以免零件或者产品错装,导致损坏。

(4) 能应对特殊情况。例如,在生产过程中发现产品有缺陷,需要下线维修,此时就需要有相应的站点进行记录,同时还要改变产品状态,以跟踪产品的最终去向。

要达到以上跟踪控制要求,系统应在现场建立生产跟踪及控制站点,如图 11-1 所示。下面分别介绍几种站点的含义。

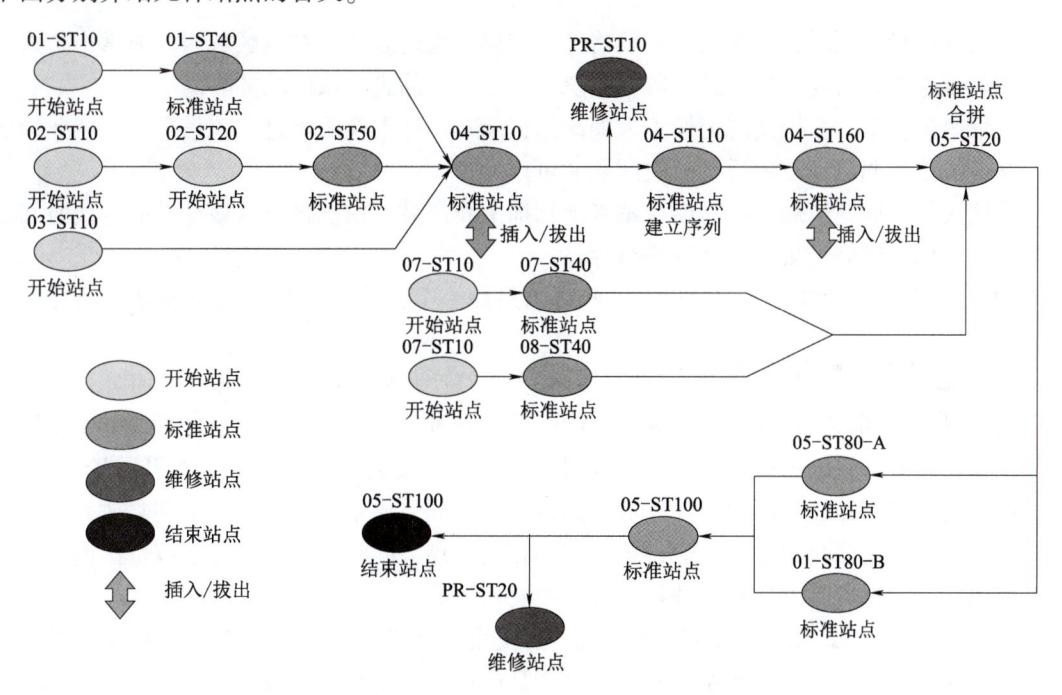

图 11-1 现场生产跟踪及控制站点

(1) 开始站点。开始站点一般处于每个生产线的线头处,主要功能为按照排产顺序或者现场定义的产品序列,向生产设备或者操作工人发放生产订单信息,该生产订单信息应包括产品编号、产品型号、材料、重量、颜色等信息,如果是批次生产,则还包括该批次所需数量和批次号等信息。除了线头的第一个站点外,生产线其他站点有时也需要类似的功能,该站点主要按照一定的排产顺序通知现场设备,按照产品型号进行生产运行,不同的产品型号需要不同的操作和到达位置。同样,在某些人工上件的位置也需要提前指导工人进行上件，并提供防错功能，防止工人出错。

（2）标准站点。标准站点在逻辑上只和现场工位上的设备进行通信，并完成以下功能：

①记录产品状态。当产品通过某一个标准站点时，MES 会记录一条过点记录，包含该产品的系列号、产品类型、站点名称和时间等信息。当生产线较长或者产品较多时，生产人员可以比较容易地查询到某个产品当前所处的位置，也可以知晓在某个生产段落中到底有什么样的产品及数量。

②记录产品所走过的路线。在某些情况下，有可能由于生产节拍的约束，一条线会在中途分成两条，产品分别由两个设备进行生产。

③创建现场生产序列。某些产品经过维修后，需要重新创建生产序列，通常的做法是在生产线出现岔路之后设置站点，记录过站产品的系列号，构建序列。

④采集数据。对站点中产生的关键数据进行采集，包含质量数据、零件数据、测量数据等。

（3）维修站点。在生产过程中，产品不可避免地会出现问题或者存在缺陷。若现场发现产品质量有问题，则需要返修。返修分为线上返修、线下返修两种。线上返修一般针对很快就可以解决的小问题，而对于短时间内无法解决的问题则需要到专用的返修区域进行线下维修。

在发现质量问题后，生产线会自动将产品转移至指定区域。在该区域内，通常由工人进行操作，维修工人需要扫描产品条码，系统会记录该产品进入该区域的时间。

在维修过程中，系统还需记录工人的维修记录及零件更换的信息。该信息存入企业知识库，在新员工入职培训或者后续解决问题时可以参考。

维修人员维修完毕后，还需要在站点上扫描上线产品，系统将记录该产品的上线时间和站点名称，作为维修记录的一部分进行存储。

（4）结束站点。结束站点一般为生产线的最后一个工位，系统在这里要处理两方面的内容：

①下线质量检查。最后一个工位应具备检查最终产品质量的功能，以防止有质量问题的产品流入下一个环节，做到哪个区域发生的问题就在哪个区域解决。下线质量检查主要检查系统中是否还有未关闭的质量缺陷项，同时在该工位会安装一个显示屏，如果质量有缺陷，生产线应自动将产品转移出生产线并放入返修区域，如果质量合格，生产线正常放行。

②产品下线记录。记录产品通过该站点的相关信息，同时系统应计算在该班次或者固定时间段内生产合格产品的数量，并显示在生产看板上。

（5）插入/拔出站点。该站点主要处理生产过程中发生的异常，在该工位或者区域，可以把产品从线上移出，并且在系统中录入该产品的信息，系统会记录该事件，表示产品已经下线。当该产品上线时，操作工人也需要录入该产品信息，表示该产品重新上线。

11.1.2　追溯与追溯系统概述

1. 追溯与追溯系统

追溯是指通过记录的标识回溯某个实体的历史、用途或位置的能力，其中"实体"可以是一项活动或过程、一项产品、一个机构或一个人。而产品追溯系统，简单来讲是指"在追溯过程中，基于追溯码和相关设备能唯一标识产品，并可获取产品相关数据与作业的系统"。

2. 追溯系统的任务

追溯系统的任务是确保零件被安装于指定的产品上,并达到产品预设的性能以及将召回产品的风险降到最低,这直接关乎制造成本。

3. 追溯系统的作用

企业通过建立一套快捷且行之有效的产品追溯系统,不仅可以实时掌握生产现场的实际状况,而且可以在产品发生质量问题时,迅速找到存在问题的相关产品来源及所影响的客户。

对于生产现场发现的问题,可以及时调整生产计划和切换原物料,避免不良品的重复生产而导致更大的损失。

对于已经出厂的产品,则可以找到同期销售的相同性质产品,停止该类产品的出货并及时通知客户,争取主动。客户在获得问题产品信息后能及时停止产品的使用,从而使客户的损失降到最低,也有利于维护企业的声誉。

追溯系统通过信息共享使产品追溯延伸到企业的上、下游,从而改善整个供应链在应对产品质量问题时的反应和处理速度。

4. 追溯系统的分类

追溯系统分为正向溯源和逆向溯源,它不但能够对产品开展全过程追溯,有突发情况出现时,溯源系统能够及时召回有问题的产品、责任到人、大幅度缩减受损范围。

其中正向溯源是指依据采购物料的批号、半成品号、生产订单号等,向上游生产订单进行追溯,找到哪些销售订单使用了本批物料。如图 11-2 所示。

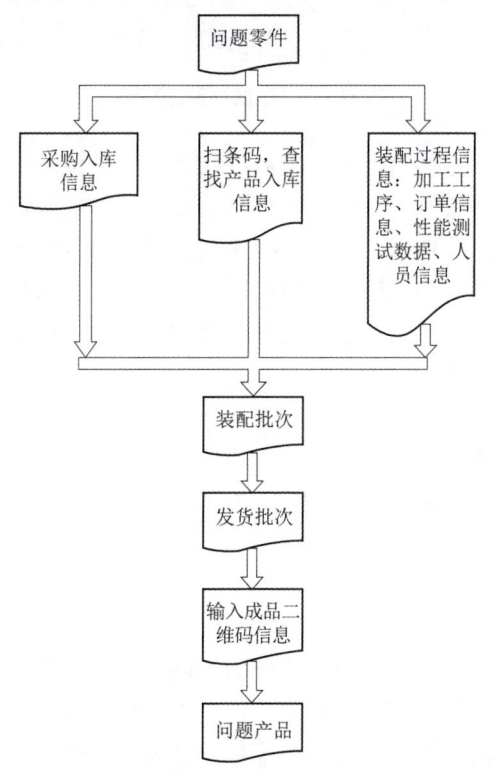

图 11-2 正向溯源流程图

逆向溯源是指从销售发货反向追溯产品的生产订单、加工过程、物料批次等。如图11-3所示。

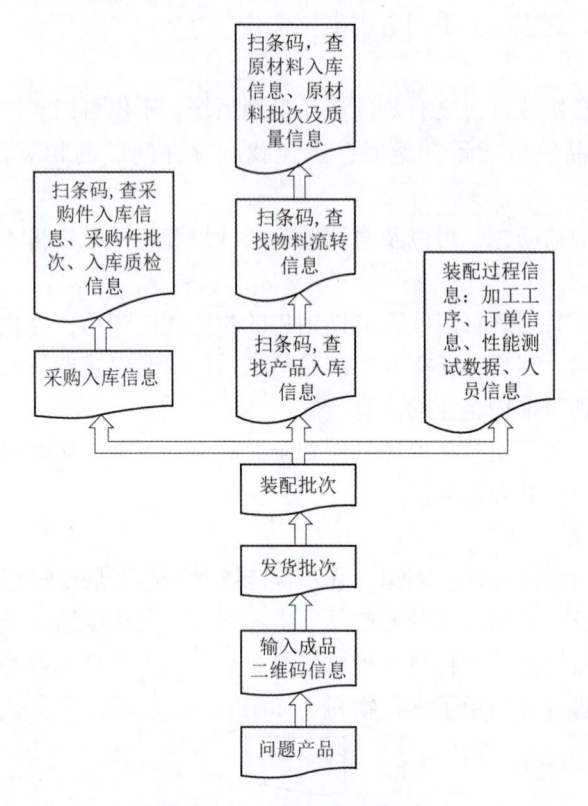

图11-3　逆向溯源流程图

为了实现追溯，要建立起物料批次、成品批次、作业工位和工序等唯一编码，详细记录每个批次产品采用的物料批次号、经过的工位号、工序等，最终给每个产品或每批次的产品赋予唯一标识的追溯码。这个唯一的追溯码关联了从物料开始的一系列完整的加工过程数据。当产品出现质量问题或其他原因需要追溯时，相关人员会通过追溯码快速、准确定位到产品的所有流程相关信息。如果已经销售的产品出现了问题，则立即追溯并切断问题产品的供应链并召回处置；对内要查找原因，及时整改。

5. 追溯系统的特征

（1）识别和追溯原材料；

（2）识别和追溯产品、原料、生产时期（生产方法）；

（3）识别和追溯成品的直接客户；

（4）保留有效记录。

6. 追溯系统的体系

追溯系统的体系结构会因为产品类型不同而不同，我们以智能装备制造生产零部件产品为例，其追溯系统的实质是将零部件生产供应链中的原料供应商、生产车间、销售商、消费者或客户均纳入系统管理的范围，采集这些零部件产品供应链中相关企业的原料、生产、加工、包装、配送、销售等相关信息，并将采集的信息及时保存到数据库中，管理人员通过系统能够及时掌握产品生产信息和产品物流信息以及各环节的相关质量安全数据，当产品出现质量问题时,才能够对产品进行正向追溯和逆向追溯。追溯系统的体系结构如图 11 – 4 所示。

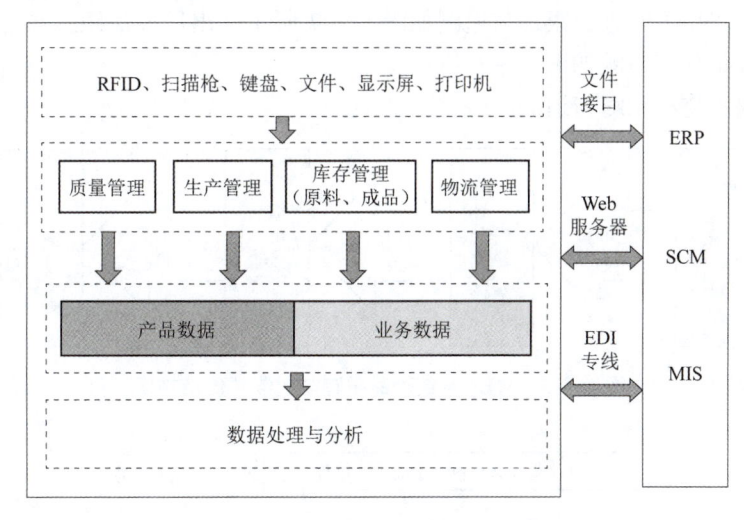

图 11 – 4　追溯系统的体系结构图

11.2　MES 系统产品跟踪与追溯

11.2.1　MES 系统产品跟踪与追溯的意义

MES 系统产品跟踪管理的实质是随时获取物料的生产过程信息,获取生产信息的前提是对产品的制造过程进行跟踪和监控,比如原材料、在制品、半成品、成品等,并将这些信息收集存储后进行自动统计与分析,快速传递给企业管理层与决策层,通过可视化电子看板等方式进行数据信息的传递。

MES 系统中的追溯管理是 MES 生产管理系统的组成部分,通过对原料编码、生产管控、条码管理、成品标识等多个维度的管理,实现在生产的任意环节,可以向前追溯到材料,向后追溯到成品的去向,给企业质量追踪、精确定位质量问题的范围提供了解决方案。

为了开展企业产品全生命周期过程的防错管控,帮助企业有效开展生产产品工作,有效梳理基础数据,有效组织物料溯源、过程溯源、成品溯源以及客户溯源等,将产品跟踪与追溯管理相结合,两者相辅相成。既符合客户需求、增强消费者信心,又保证合规性,提高产品品质,保护企业品牌形象,降低成本,提高企业竞争力。

11.2.2　MES 系统产品跟踪与追溯

1. 产品跟踪与追溯体系结构及流程

追溯体系的建立,若发生质量事故时能够快速定位,分析质量原因,能及时提出恰当的应对措施,降低企业风险,降低客户损失,使客户利益得到保障,给生产管理带来明显的价值。

MES 系统产品跟踪与追溯体系主要包括物料检验、生产过程、出厂成品、销售过程四个方面。其中 MES 系统产品跟踪与追溯总体结构图如图 11-5 所示，物料跟踪与追溯如图 11-6 所示，产品生产过程跟踪与追溯如图 11-7 所示，出厂成品跟踪与追溯如图 11-8 所示，销售过程跟踪与追溯如图 11-9 所示。

第一个模块：物料跟踪与追溯

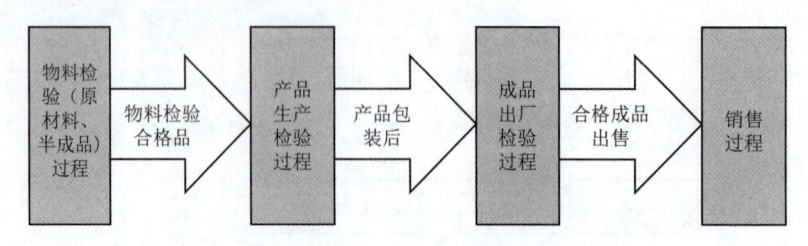

图 11-5　MES 系统产品跟踪与追溯总体结构图

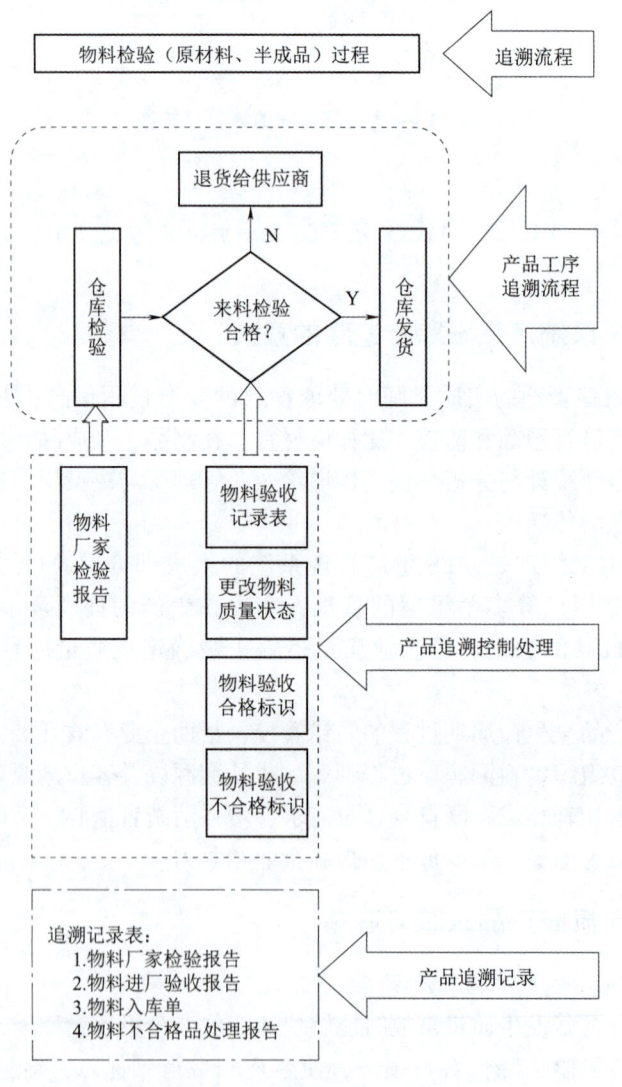

图 11-6　物料跟踪与追溯

此模块追溯工序流程：从采购物料开始，查看供应商物料入厂检验报告，再次组织核验，并记录物料质量状态和质量检查结果，对合格物料进行出库发货，对不合格物料退给供应商，并形成企业物料入厂检验报告，填写入库单。

追溯记录材料：

（1）物料厂家检验报告。

（2）物料进厂验收报告。

（3）物料入库单。

（4）物料不合格品处理报告。

第二个模块：产品生产过程跟踪与追溯

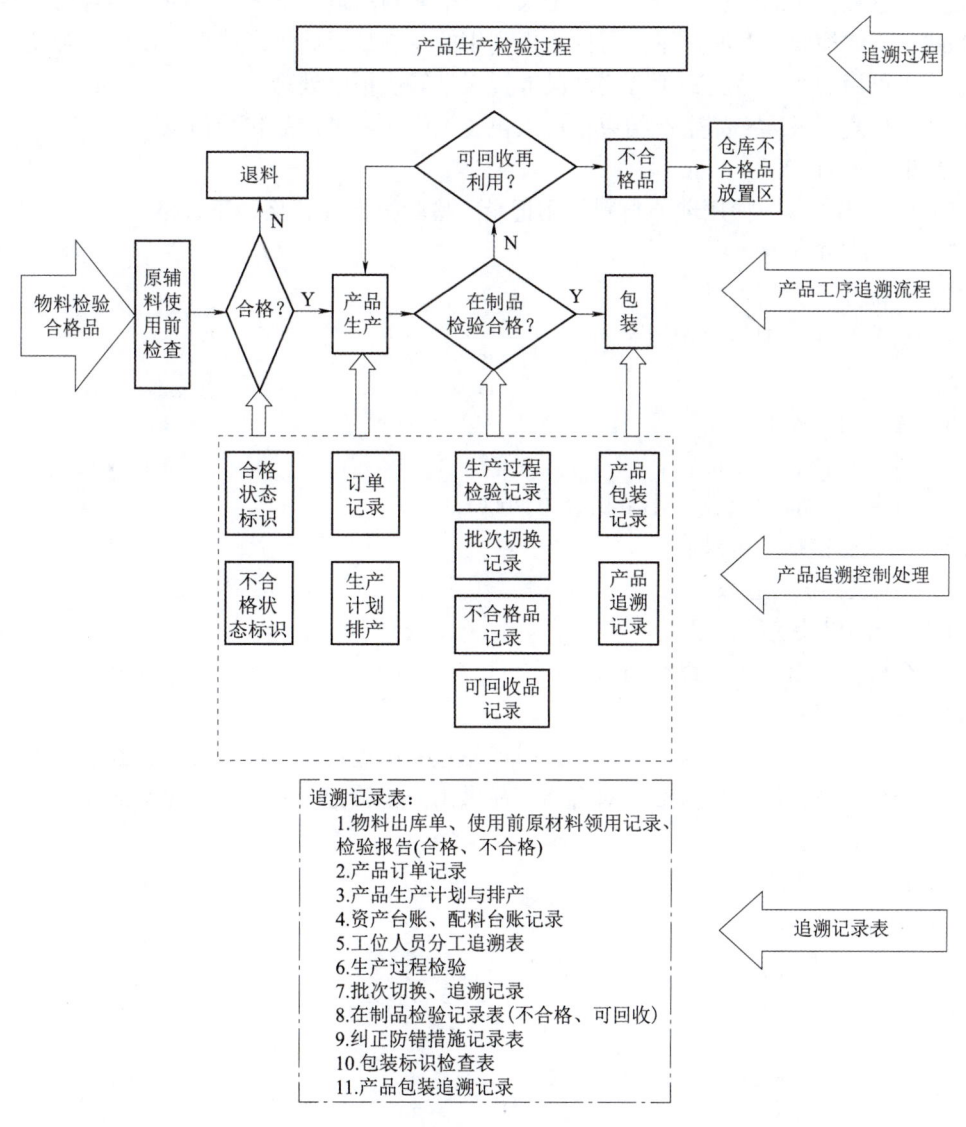

图 11-7 产品生产过程跟踪与追溯

此模块追溯工序流程：

衔接物料跟踪与追溯模块，对入库物料进行使用前的检查，不合格作退料处理，合格物料送入生产工序的起始工位进行生产，此时对物料检验结果状态进行标识，并将物料信息与订单信息相关联，结合生产排产计划安排生产，产品进入生产阶段。

生产过程中，在关键工序关键位置安排质量检验站点、维修站点、上线站点等，实现产品生产过程质量检测与控制，此过程要全程实时记录作业信息，注意信息的安全性、完整性、可靠性、合法性，确保采集信息有效，无冗余数据。尤其对问题产品要记录其现象、缺陷类型、缺陷等级、产生原因、解决措施等，并入知识库，作为后序分析企业产品质量、产品改造研发、员工技能培训等活动的依据。

对生产过程在制品的检验结果进行记录，合格在制品进入下一个工位，不合格在制品可在维修站点下线检验，对经过维修可回收再利用的在制品返回生产线继续使用，对经过维修鉴定后，不可用的在制品放到不合格产品放置区，等候报废处理。

整个过程直至最终产品生产结束，进入包装工序，记录产品包装信息。

追溯记录材料：

（1）物料出库单、使用前原材料领用记录、检验报告（合格、不合格）。

（2）产品订单记录。

（3）产品生产计划与排产。

（4）资产台账、配料台账记录。

（5）工位人员分工追溯表。

（6）生产过程检验。

（7）批次切换、追溯记录。

（8）在制品检验记录表（不合格、可回收）。

（9）纠正防错措施记录表。

（10）包装标识检查表。

（11）产品包装追溯记录。

第三个模块：出厂成品跟踪与追溯

此模块追溯工序流程：

衔接产品生产过程跟踪与追溯模块，对产品包装后进行出厂质量合格检验，对不合格产品送入不合格品放置区等待报废，对合格产品做出厂检验记录并入库，填写入库记录。

追溯记录材料：

（1）出厂检验报告。

（2）成品入库单。

（3）产品包装记录。

（4）成品不合格记录。

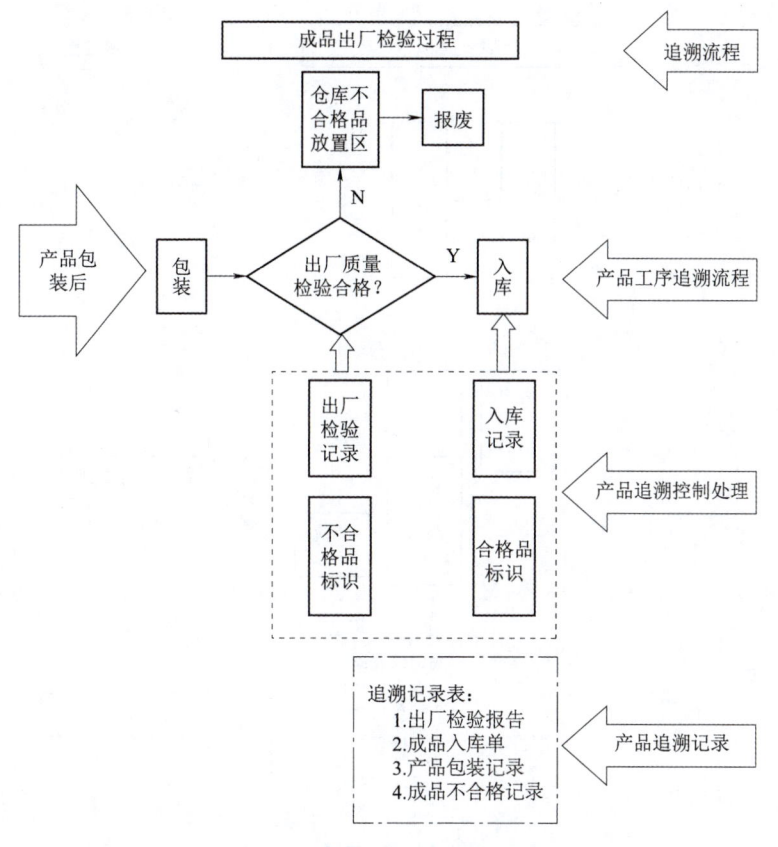

图 11-8　出厂成品跟踪与追溯

第四个模块：销售过程跟踪与追溯

此模块追溯工序流程：

衔接出厂成品跟踪与追溯模块，将上一过程检验合格成品进行出售，建立物流订单并发货。

在此过程中，要根据客户订单信息进行物流配送，并记录销售台账，做好物流信息的跟踪，实时反馈物流的状态信息。

追溯记录材料：

（1）客户订单信息。

（2）销售台账。

（3）物流信息。

（4）客户交流记录。

（5）产品包装记录。

以上是 MES 系统的产品跟踪与追溯最基本的四个功能模块，可以通过正向追溯与逆向追溯完成对问题产品的全程跟踪与处理。

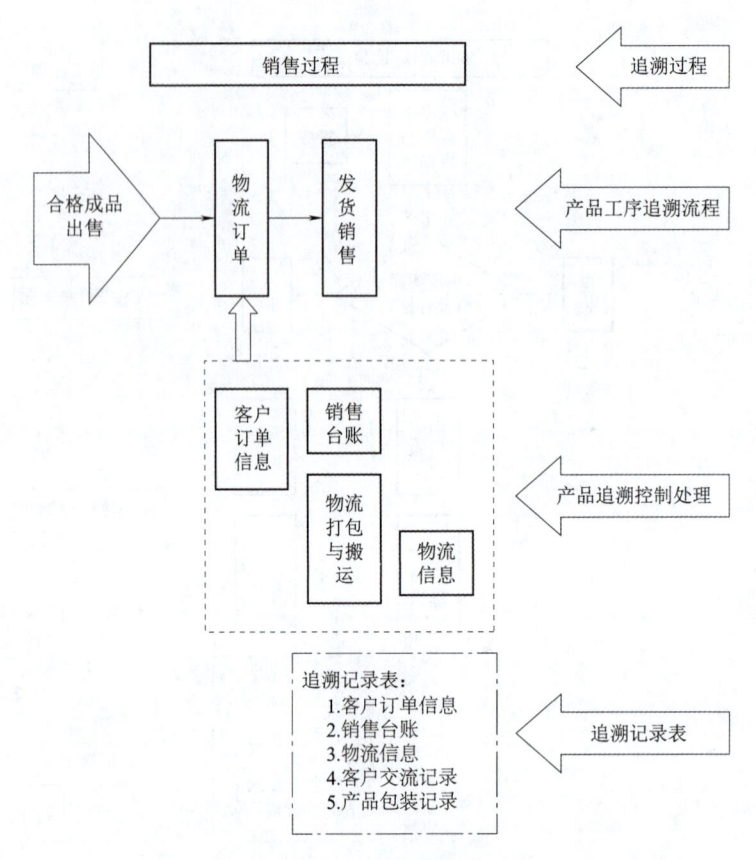

图 11-9 销售过程跟踪与追溯

2. 追溯线路选择

(1) 按客户订单信息追溯。

按客户订单信息追溯,其原料批号或包装木箱条码在计划下发至仓库或配送中心时,需要仓库工作人员或领料工作人员到 MES 系统中,扫描每一个原料批号或包装木箱条码,从相对应的订单信息中,系统软件会依据生产制造订单信息及超级 BOM 总数做好扣除。

这类实际操作方法的优点是最大限度减少生产流水线工作人员的劳动量,提高生产流水线工作人员的工作效能,甚至减少流水线工作人员人数,达到控制成本的目的。但缺点是需要将工作转移至仓库或配送中心提前做好,仓库工作人员或配送工作人员的劳动量稍微增加。

如果应用更优秀的追溯方法,也不用增加太多的工作人员劳动量,如采取用托盘与 RFID 协同操作的方法,只需要在出仓库时读取 RFID 号、对应选择生产制造订单编号就可以完成;但有一个缺点,当一个生产制造订单信息过程存有两个原料批号转换时,如果不清楚该原料批号转换产品的转换点,针对需要精确追溯的企业来讲是不适宜的。

(2) 按产品独立追溯。

即在生产流水线生产制造每一个产品时,在装配每一个原料时,扫描原料的批号或包装木箱号,对每一个产品同原料批号和包装木箱号相匹配,总数同时依据超级 BOM 总数做好扣除;

这类方法的优点是无论是否有转换原料批号都可以精确追溯,但缺点是生产流水线工作人员的劳动量增加或需要增加很多的硬件采集配置才能完成，可能工作效能减少或实施新项目成本上升。

(3) 按批号追溯。

这类追溯方法和订单信息追溯相似，有的制造业每天会生成一个生产制造批号，这个批号并不代表生产制造订单编号，只是内部追溯用的一个代码。可能一个生产制造订单信息匹配多个生产制造批号，也有可能多个生产制造订单信息匹配一个生产制造批号。这种作业方法类似于按订单信息追溯；所谓的订单信息就转换成生产制造批号，它的优点和缺点跟第一种方法相似。

(4) 按时间追溯。

这类追溯方法是当生产流水线新增一种原料时，生产制造工作人员在 MES 系统软件中扫描该原料批号或包装木箱号，MES 系统软件默认该原料批号及包装木箱号的扫描时间，开始生产制造的全部成品都是该原料批号或包装木箱号，总数依据超级 BOM 总数及产品生产制造结束后，做好后台管理扣除。

这类方法的优点是生产流水线工作人员的实际操作相对第二条要少很多，仓库工作人员或物料中心工作人员的劳动量也不会提升，但缺点是如果生产流水线不是自动线，整个过程全都人工扫描原料批号，则有可能因为人工漏扫，造成生产制造出去的产品与原料批号或包装木箱条码不对应。

综上所述，每个追溯方法都有优点和缺点，项目实施具体选用哪一种，需要依据应用方的实施需求及新项目的成本预算资金投入，无论选择哪一种方案，都有可能变更原有工作流程，带来颠覆性的变化。因而需要应用方及实施方共同商议，以保证新项目顺利完成。

3. 追溯方式的选择

追溯管理是 MES 系统保证产品质量的重要前提，所以记录跟踪好每个产品的零件或原材料全生命周期信息十分重要，可以采取以下三种形式进行追溯。

(1) 直接追溯。直接追溯是追溯的最高级别，是指供应商送来的每个零件或原材料上都有一张条码，条码标识了该零件的编码，称为系列号。在安装或生产每个零件或原材料时都需要扫描条码，每个零件或原材料都针对单个产品。也就是说，如果供应商供给的某些零件有问题，企业可以迅速找出相对应的问题产品。

直接追溯有定位准的特点，但是成本较高，不仅包含条码的费用，而且每个零件或原材料都需要耗费工时进行扫描。直接追溯主要应用于产品关键零件或原材料。

(2) 间接追溯。间接追溯也就是批次追溯，在每个零件或原材料上，都会有零件或原材料的批次号，而非系列号，批次号代表供应商生产零件的批次。批次号并不需要每次都扫描，只在切换零件或原材料批次的时候才扫描。因此，间接追溯比直接追溯低一个级别，所需的成本也相应减少。

(3) 实物追溯。实物追溯是最低级别的追溯，零件或原材料信息并不进入系统，因此不需要扫描，只是在零件或原材料上打刻上批次信息或者生产日期，这样在维修时就可以查找该零件或原材料的生产时间、生产厂家等信息，最终为供应商的评级和后续品改进提供必要的信息。

4. 追溯信息采集方式

MES 承担了产品追溯的工作，追溯信息通过多种方式进入系统并在系统中进行记录。

主要有以下三种采集方式。

（1）直接扫描。每个工位都会配置扫描枪（移动终端），在设备终端上安装软件客户端，工人在工作时需要扫描条码进行记录，软件会反馈记录成功与否。

（2）实时消息获取。这种方式是系统之间进行的即时消息集成。例如产品中涉及电控部分的芯片中已经含有相关信息，电控检测设备通过读取芯片中的信息，将号码传递给MES即可；对于生产流程中的生产状态信息可通过传感器进行检测，并借助物联网和智能控制技术将检测信息传递给相关站点并存储，在传递过程中需要保证信息传输的一致性、可靠性和完整性。

（3）追溯文件传递。追溯文件传递也是一种系统集成的方式，主要应用于关键部件的质量管理。例如汽车生产，如果发动机是向供应商采购的，则生产系统应该与供应商的系统进行对接，以获得发动机关键零件的追溯信息。

课外拓展

1. 查阅资料，如何制作产品生产跟踪记录表。
2. 查阅资料，如何制作产品质量跟踪记录表。
3. 查阅资料，了解产品质量跟踪报告的内容。
4. 查阅资料，了解更多企业的产品追溯系统。

第二部分

实践篇

项目一　CP Lab 实训系统的构成

学习目标

• **知识目标**
1. 掌握 CP Lab 实训系统结构组成；
2. 掌握 CP Lab 实训系统总体线路连接；
3. 掌握 CP Lab 实训系统单元硬件；
4. 掌握 CP Lab 实训系统电气控制板连接方式。

• **技能目标**
1. 熟悉开关机过程；
2. 熟练使用电工工具完成电气控制板的连接。

• **素质目标**
1. 培养学生的爱国热情，树立"中国制造"的自信；
2. 培养学生团队协作精神，提高学生职业素养，培养学生精益求精的工匠精神。

项目描述

本项目主要让同学们了解 CP Lab 实训系统的基本构成，通过对工作站结构、生产线路连接、单元硬件组成以及电气控制板连接方式来明确实训设备的功能以及应用技术，并动手完成现场总线与 RFID 接口连接，具体实施分两个阶段进行。

第一个阶段进行实训系统总体认知，掌握总体结构功能以及总体线路连接方法。

第二个阶段进行系统单元分别认知，掌握硬件安装过程和注意事项。

本项目第一个阶段要完成的具体实训内容如下：

（1）CP Lab 实训系统结构组成认知；

（2）CP Lab 实训系统总体线路连接认知。

本项目第二个阶段要完成的具体实训内容如下：

（1）CP Lab 实训系统单元硬件认知；

（2）CP Lab 实训系统电气控制板连接方式认知。

实训前的准备工作：

（1）实训资料：CP Lab 实训系统结构实物图、电气控制线路图、工作手册等，保证完整。

（2）实训工具：CP Lab 实训系统设备、电工工具一套。

安全操作指导手册

(3) 实训场地：保证作业场所的整齐、规范、有序。
(4) 安全教育：安全操作指导手册一份。

知识链接

CP Lab（Cyber Physical Laboratory），物联网实验室，是一套专业且紧凑型"工业 4.0"学习系统，涵盖了机电一体化和智能控制技术领域中有关"工业 4.0"和工业物联网的专业技术及组件。

CP Lab 是模拟手机实际生产全过程的生产线操作系统，整个系统包含硬件和软件两个部分。硬件包含十台不同功能的标准工作站和一些扩展附件；软件包含制造执行系统（MES）、三维仿真软件（CIROS）、能源监控系统、网络商城、数据库等。

整个系统通过十个工作站并结合软件，以手机壳作为加工控制对象，完成从在线订单生成—材料下放—质量检测—产品组装—射频身份注册—成品贴标—出库—物流运输—客户全过程的模拟。另外，为满足人们对生活品质的追求，本系统还增加了客户定制化服务功能，客户在客户端根据喜好与需求，设置订单的相关参数信息，生产线会按订单的参数进行生产，结合发展实际，感受科技的力量。

通过十个工作站的有机组合，可实现由浅入深的实训项目的学习与训练，其组合方式如图 1-1 所示。

(1) CP Lab 404-1 系统由四个工作站组成，如图 1-1（a）所示。
(2) CP Lab 406-1 系统由六个工作站组成，如图 1-1（b）所示。
(3) CP Lab 408-1 系统由八个工作站组成，如图 1-1（c）所示。
(4) CP Lab 410-1 完整系统由十个工作站组成，如图 1-1（d）所示。

图 1-1　CP Lab 不同模块组合系统
(a) CP Lab 404-1；(b) CP Lab 406-1；(c) CP Lab 408-1；(d) CP Lab 410-1

1. CP Lab 实训系统工作站结构认知

CP Lab 实训系统的十个工作站分别为前盖料仓站、激光测量站、钻孔加工站、人工组装站、视觉检测站、后盖料仓站、气动压紧站、工件翻转站、打印标签站、工件输出站模块，如图 1-2 所示。

CP Lab 实训系统的工作站构成包括应用模块、基础传输带（含 PLC、HMI）、底车（含电源盒）三大模块，其中底车和传输带为通用构造，应用模块是独立的。

应用模块是根据工作站的需要而结构不同的模块，如图 1-3 所示。

基础传输带（含 PLC、HMI）模块如图 1-4 所示。包括传送带、PLC 控制组件、HMI（触摸屏）以及 RFID（射频识别）等。HMI（触摸屏）由西门子 TP700、按钮和指示灯组

项目一　CP Lab 实训系统的构成　161

件、支架和调节机构组成。

底车（含电源盒）模块，CP Lab 底车配备四个万向轮，可以轻松移动，钥匙可打开柜门，底车内部配备 24 V 稳压电源，给上部的传送带和应用模块供电，如图 1-5 所示。

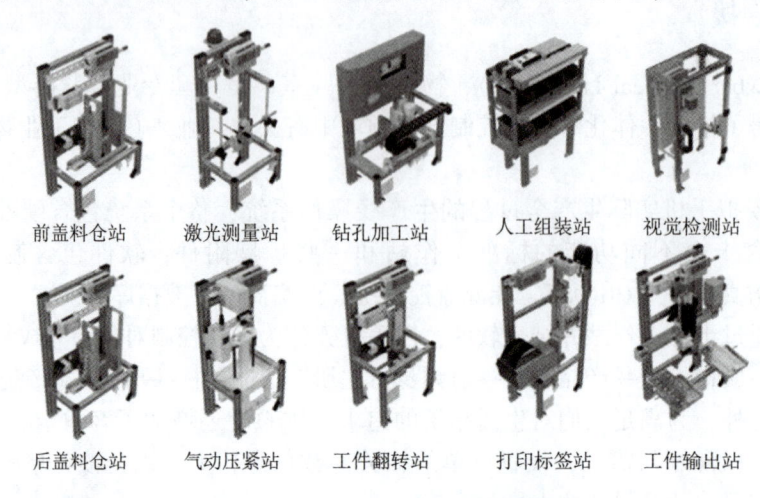

前盖料仓站　激光测量站　钻孔加工站　人工组装站　视觉检测站

后盖料仓站　气动压紧站　工件翻转站　打印标签站　工件输出站

图 1-2　CP Lab 实训系统基础模块

图 1-3　CP Lab 实训系统应用模块 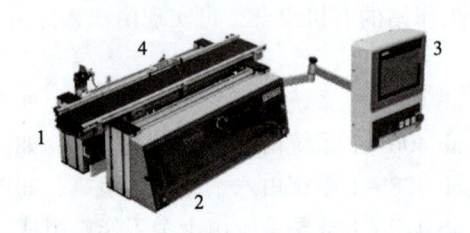　　图 1-4　CP Lab 实训系统基础传输带模块

1—传输带；2—PLC 控制组件；3—触摸屏；4—RFID

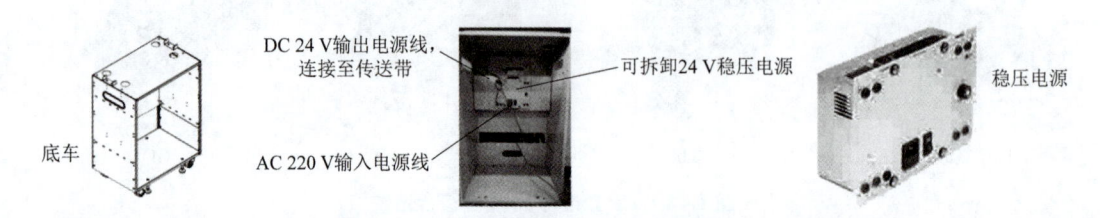

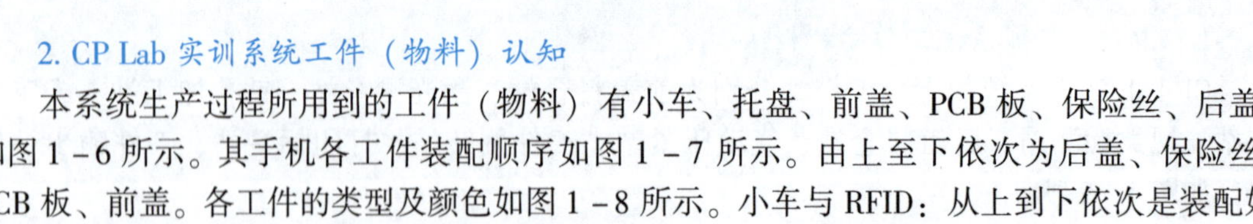

DC 24 V输出电源线，连接至传送带
可拆卸24 V稳压电源
底车
AC 220 V输入电源线
稳压电源

图 1-5　CP Lab 实训系统底车模块

2. CP Lab 实训系统工件（物料）认知

本系统生产过程所用到的工件（物料）有小车、托盘、前盖、PCB 板、保险丝、后盖。如图 1-6 所示。其手机各工件装配顺序如图 1-7 所示。由上至下依次为后盖、保险丝、PCB 板、前盖。各工件的类型及颜色如图 1-8 所示。小车与 RFID：从上到下依次是装配好的手机、托盘、小车。其承载关系如图 1-9 所示。

3. CP Lab 实训系统软件与程序认知

本系统涉及的软件与程序包括生产执行系统 MES 4、三维仿真 CIROS、PLC 编程 Portal、FCT 步进电机组态、Checkkon 相机设置、Checkopti 视觉编程、OPC UA、NodeRed、Access 数据库、MySQL 数据库、VR/AR 等。

图 1-6　CP Lab 实训系统用工件与物料

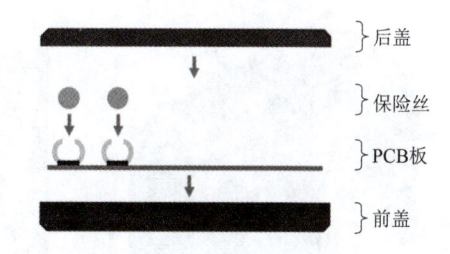

图 1-7　CP Lab 实训系统工件装配顺序

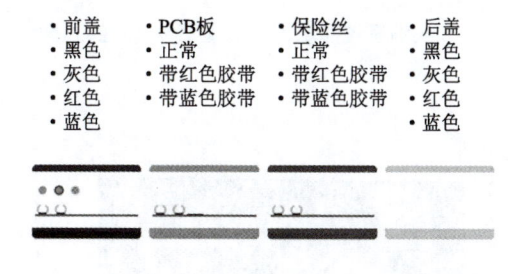

图 1-8　CP Lab 实训系统工件类型及颜色

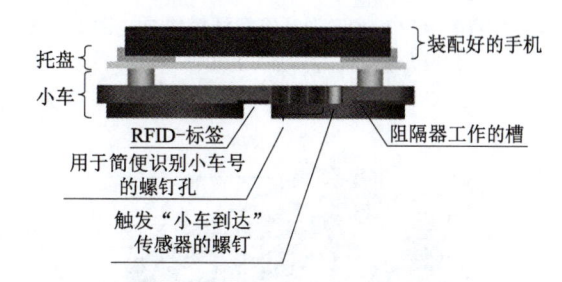

图 1-9　CP Lab 实训系统小车承载关系

4. CP Lab 实训系统拓展附件认知

本系统涉及的拓展附件包括能源监控模块、能源监控软件、网络安全模块、远程访问模块、IOT 物联网网关、智能传感器套件、网络商城。

本书中用到的是 CP Lab 404-1 实训系统，共包含四个站（供料、检测、钻孔、仓库），每个站都由车厢、基础传输带与人机界面构成，每个站的基础传输带通过一个圆弧滑轨连接，以便小车在站与站之间顺利对接；人机界面模块安装在基础传输带一侧，可以上下左右调整位置，方便显示和操作；在传输带的上方，架在车厢体上的是各工作站的操作模块，实现供料、检测、钻孔、出库等功能。

5. CP Lab 实训系统硬件线路连接

（1）能源模块线路连接。其中能源连接涉及的硬件见表 1-1。硬件示意图如图 1-10 所示。能源电缆接口分公头和母头两种，其硬件连接实物图如图 1-11 所示。

表 1-1　CP Lab 实训系统能源模块连接硬件清单

序号	硬件名称	序号	硬件名称
1	能源电缆，包含电源、通信、气源	2	连接插头 XBU
3	连接插头 XST	4	能源线，包含电源、通信、气源
5	能源线输出口		

6. CP Lab 实训系统各工作站基础硬件

CP Lab 实训系统各工作站基础硬件包括基本传输单元和电气控制柜。其各部分的说明如图 1-12 所示。

项目一　CP Lab 实训系统的构成　163

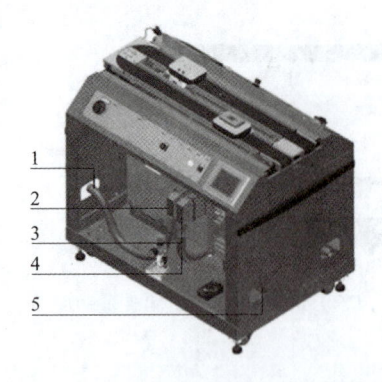

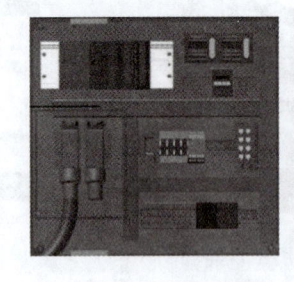

图 1-10　CP Lab 实训系统能源模块　　图 1-11　CP Lab 实训系统能源模块电缆硬件连接实物图

1—能源电缆；2—连接插头 XBU；
3—连接插头 XST；4—能源线；5—能源线输出口

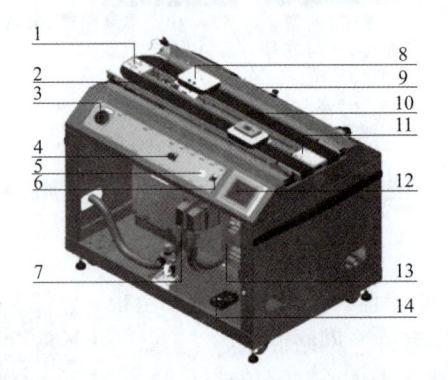

图 1-12　CP Lab 实训系统各工作站通用基础硬件

1—转角滑轮；2—前侧传输带；3—电源开关/凸轮开关；4—急停按钮；5—以太网接口；
6—复位按钮；7—能源线；8—托盘载体（小车）；9—后侧控制面板；10—后侧传输带；
11—导向板，扩展模块时用；12—触摸屏；13—控制板；14—图尔克现场总线 I/O 模块

7. CP Lab 实训系统电气控制板连接方式

CP Lab 实训系统电气控制板连接硬件说明见表 1-2。总体电气控制板硬件如图 1-13 所示。

表 1-2　CP Lab 实训系统电气控制板连接硬件说明

序号	硬件说明	序号	硬件说明
1	24 V 电源/PS 307-5A/1T1	2	控制器/CPU 314c-2pn/DP-5k1
3	扩展 I/O/SM 323 di16/do16-5k	4	I/O 端子/XMA1
5	I/O 端子/XMA2（应用程序超过 8 个点）	6	双向直流电机控制器/3Q1
7	断路器/230 V-1F1/400V-1F2	8	安全继电器/PNOZ X8P
9	交换机/X208/1K1	10	电源接线端子

（1）各电气控制板布线图如图 1-14 所示。

（2）马达控制器接线图如图 1-15 所示。

（3）交换机与各通信硬件连接说明如图 1-16 所示。

（4）现场总线与 RFID 接口连接模块如图 1-17 所示。接口模块 Turck-BLCDP-2M12MT-2RFID-A 如图 1-18 所示。

164　▪ MES 系统应用

（5）电气控制面板如图1-19所示。

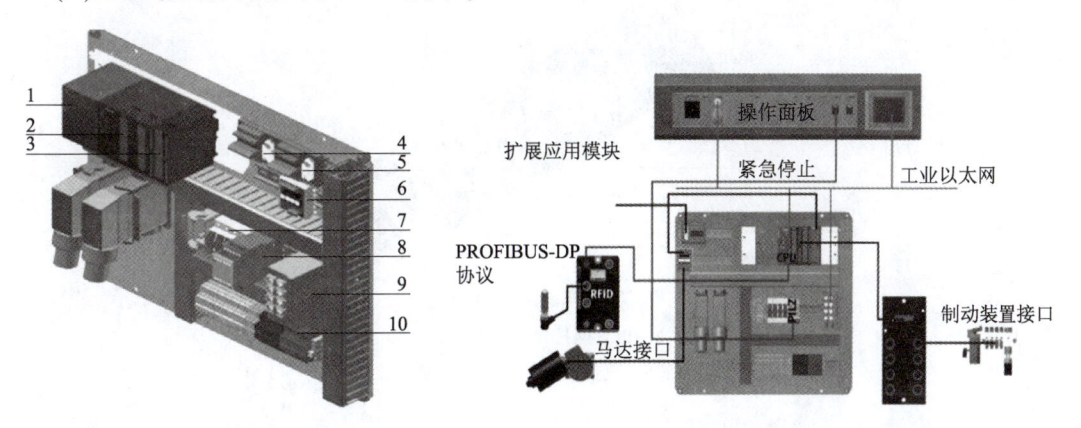

图1-13 CP Lab实训系统电气控制板硬件

图1-14 电气控制板布线图

1—24 V电源/PS 307-5A/1T1；2—控制器/CPU 314c-2pn/DP-5k1；
3—扩展I/O/SM 323 di16/do16-5k；4—I/O端子/XMA1；
5—I/O端子/XMA2（应用程序超过8个点）；6—双向直流电机控制器/3Q1；
7—断路器/230 V-1F1/400V-1F2；8—安全继电器/PNOZ X8P；
9—交换机/X208/1K1；10—电源接线端子

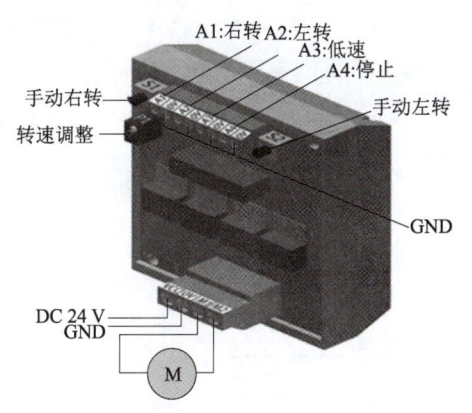

图1-15 马达控制器接线图

图1-16 交换机与各通信硬件连接说明

图1-17 现场总线与RFID接口连接模块

图1-18 Turck-BLCDP-2M12MT-2RFID-A

1—图尔克读写头tn-ck40-h1147；2—西门子PLC DP接口；
3—Profibus_DP总线电缆；4—接口模块和读写头连接电缆；
5—接口模块Turck-BLCDP-2M12MT-2RFID-A

1—PROFIBUS-DP现场总线连接插头；
2—PROFIBUS-DP现场总线连接插座；
3—总线地址编码开关；4—RFID读写头连接插座1；
5—RFID读写头连接插座2；6—电源插头；7—电源插座

项目一　CP Lab实训系统的构成　165

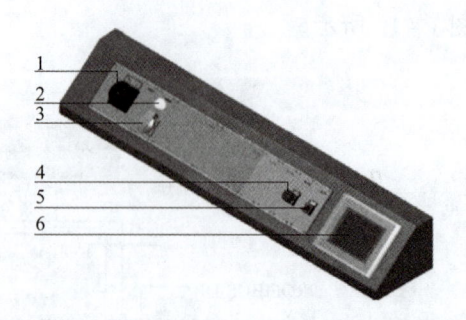

图 1-19　电气控制面板

1—主开关-1Q0；2—以太网接口-XPN3；3—220 V 插座-XS1；
4—急停开关-1S1；5—复位按钮-1S2；6—触摸屏 TP 177A-1A1

项目实施

姓名：		学号：		班级：		日期：		课堂笔记
CP Lab 实训系统的构成								

- 任务接收

团队任务分配表

序号	角色	姓名	学号	分工
1	组长			
2	组员			
3	组员			
4	组员			
5	组员			
6	组员			

- 任务准备

工作方案设计表

序号	工作内容	负责人
1		
2		
3		
4		
5		
6		
7		
8		

实训设备、工具与耗材清单

序号	名称	型号与规格	数量	备注
1				
2				
3				
4				
5				
6				
7				
		领取人：		归还人：

课堂笔记

- 任务实施

（1）描述工作站结构组成

任务实施过程记录表 1

序号	CP Lab 实训系统工作站结构组成
1	应用模块包括_____共三部分
2	基础传输带包括_____
3	工件与 RFID 包括_____
4	软件与程序包括_____

（2）描述 CP Lab 实训系统线路连接

任务实施过程记录表 2

描述工业 4.0 – CP 工厂线路连接

（3）描述 CP Lab 实训系统单元硬件

任务实施过程记录表 3

描述工业 4.0 – CP 工厂单元硬件

项目一　CP Lab 实训系统的构成　167

（4）描述 CP Lab 实训系统电气控制板连接方式

课堂笔记

任务实施过程记录表 4

描述电气控制板连接方式

考核评价

项目一　考核评价表

基本信息	《CP Lab 实训系统的构成》任务					
^	班级		学号		分组	
^	姓名		时间		总分	
项目内容	评价标准		分值	自评	小组互评	教师评价
任务考核 （60%）	描述 CP Lab 实训系统工作站结构组成		20			
^	描述 CP Lab 实训系统线路连接		20			
^	描述 CP Lab 实训系统单元硬件		20			
^	描述电气控制板连接方式		20			
^	动手完成现场总线与 RFID 接口		20			
任务考核总分			100			
素养考核 （40%）	操作安全规范、专注细节		20			
^	遵守实训室章程、遵守课堂纪律		20			
^	分享、沟通、分工、协作、互助		20			
^	资料查阅、文档编写、创新意识		20			
^	追求卓越、精益求精		20			
素养考核总分			100			

课后拓展

1. 查阅资料，了解"工业 4.0"与"中国制造 2025"。
2. 查阅资料，了解电气线路连接注意事项。

项目二　CP Lab 实训系统的传输带模块

学习目标

• 知识目标
1. 描述传输带基础组件的功能；
2. 概述传输带基础组件的结构；
3. 分析传输带基础组件的工作流程。

• 技能目标
1. 熟练拆卸传输带基础组件的机械结构；
2. 熟练装配传输带基础组件的机械结构；
3. 熟练装配传输带基础组件的电气结构。

• 素质目标
1. 培养学生积极乐观的学习态度，开阔视野，增长才干；
2. 帮助学生发掘自身的兴趣爱好，树立职业理想；
3. 学会理论联系实际，体验理实结合的重要性；
4. 培养学生安全规范意识和严谨细致、安全生产的职业精神。

项目描述

本项目主要是认知实训系统的传输带基础组件并动手安装与调试，具体实施分两个阶段进行。

第一个阶段通过对 CP Lab 实训系统传输带基础组件认知，描述传输带基础组件的功能、硬件结构及工作流程，并手动操作完成小车工作流程。

第二个阶段描述传输带基础组件的电气连接过程、传输带基础组件正面与背面电气接线、传输带基础组件网络接线、传输带基础组件接线检查。

本项目第一个阶段要完成的实训内容如下：
（1）描述 CP Lab 实训系统传输带基础组件的整体功能；
（2）描述 CP Lab 实训系统传输带基础组件硬件结构；
（3）描述 CP Lab 实训系统传输带基础组件运行工作流程；
（4）检查硬件运行前的安全性；
（5）手动操作，完成小车在传输带基础组件上的启动、阻挡、停止、放行工作流程。

本项目第二个阶段要完成的实训内容如下：
（1）CP Lab 实训系统传输带基础组件部件结构及电气连接；

（2）CP Lab 实训系统传输带基础组件电源接线；

（3）CP Lab 实训系统传输带基础组件正面电气接线；

（4）CP Lab 实训系统传输带基础组件背面电气接线；

（5）CP Lab 实训系统传输带基础组件网络接线；

（6）CP Lab 实训系统传输带基础组件运行前检查。

实训前的准备工作：

（1）实训资料：CP Lab 实训系统结构实物图、电气控制线路图、工作手册等，保证完整；

（2）实训工具：CP Lab 实训系统设备、电工工具一套；

（3）实训场地：保证作业场所的整齐、规范、有序；

（4）安全教育：安全操作指导手册一份。

安全操作指导手册

知识链接

基础传输带模块是 CP Lab 实训系统标准化、通用化的基础部件之一，每个工作站都会标配一个基础传输带模块。它集成传输带、电机、减速机、PLC、HMI、阻挡模块、IO 接线板等部件，如图 2-1 所示。主要功能有：承载应用模块、运输小车和工件；控制工作站运行；提供人机操作界面等。

图 2-1　CP Lab 实训系统基础传输带模块

传输带一般是在工业生产中用来承载和运送物料使用的，通常是橡胶与纤维、金属复合制品或者是塑料和织物复合制品。

1868 年，英国出现了皮带式传输带输送机；1887 年，美国出现了螺旋输送机；1905 年，瑞士出现了钢带式输送机；1906 年，英国和德国出现了惯性输送机。

此后，传输带输送机受到机械制造、电机、化工和冶金工业技术进步的影响，不断完善，逐步由完成车间内部的传送发展到完成在企业内部、企业之间甚至城市之间的物料搬运，成为物料搬运系统机械化和自动化不可缺少的重要组成部分。

传输带一般按有无牵引件进行分类。

（1）具有牵引件的传输带一般包括牵引件、承载构件、驱动装置、张紧装置、改向装置和支承件等。牵引件用以传递牵引力，可采用输送带、牵引链或钢丝绳；承载构件用以承放物料，有料斗、托架或吊具等；驱动装置给输送机以动力，一般由电动机、减速器和制动器（停止器）等组成；改向装置一般由转向辊、转向滑、控制装置等组成，其作用是改变输送带的方向和路径，以满足生产过程中物料输送的需要。张紧装置一般有螺杆式和重锤式两种,可使牵引件保持一定的张力和垂度,以保证传输带正常运转;支承件用以承托牵引件或承载构件,可采用托辊、滚轮等。

具有牵引件的传输带设备的结构特点是:被运送物料装在与牵引件连接在一起的承载构件内,或者是直接装在牵引件(如输送带)上,牵引件绕过各滚筒或链轮首尾相连,形成包括运送物料的有载分支和不运送物料的无载分支的闭合环路,利用牵引件的连续运动来完成输送物料的功能。

(2)没有牵引件的传输带设备其结构组成各不相同,用来输送物料的工作构件亦不相同。其结构特点是:利用工作构件的旋转运动或往复运动,或利用介质在管道中的流动使物料向前输送。例如,辊子输送机的工作构件为一系列辊子,辊子作旋转运动以输送物料;螺旋输送机的工作构件为螺旋叶片,螺旋叶片在料槽中做旋转运动以沿料槽推送物料;振动输送机的工作构件为料槽,料槽做往复运动以输送置于其中的物料等。

一、CP Lab 实训系统传输带基础组件认知

认知传输带模块,具体描述传输带模块整体功能、传输带模块硬件结构、传输带模块运行工作流程、手动操作完成小车工作流程。

1. CP Lab 实训系统传输带模块整体功能

传输带基础组件主要功能包括承载应用模块;运输小车及工件;控制工作站运行;提供人机操作界面。

2. CP Lab 实训系统传输带模块硬件结构

传输带基础组件硬件结构包括传输带以及其他相关部件。模块正面包括 PLC 控制器、四个扩展 IO 模块、IO link 模块、前 PCB 接线板、两个光电传感器、触摸屏和操作面板,还有其他的相关部件等。模块背面包括电机控制器、直流电机、后 PCB 接线板、IO LINK 接线模块等。

具体硬件包括:

阻挡模块 1 个、电磁换向阀 1 个、气源开关 1 个、皮带进口电容开关 1 个、皮带出口电容开关 1 个、皮带 1 条、红外光电传感器 2 个、电机控制盒 1 个、电机(DC 36 V/230 V/400 V)1 个、IO-Link 接口模块 1 个、后 PCB 板(XZ2)1 个、网络交换机 1 个、触摸屏 1 个、铝合金型材框架 1 套、控制柜 1 套、示波器 1 个、万用表 1 个。如图 2-2(a)、图 2-2(b)所示。

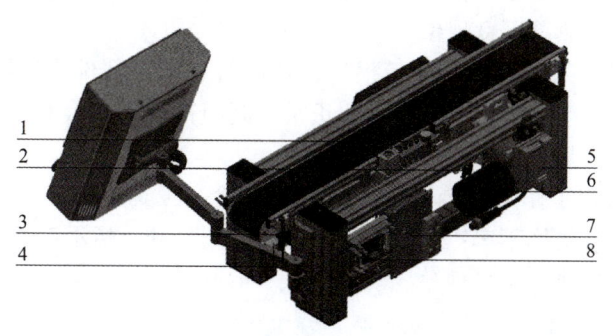

图 2-2 传输带模块实物图

1—阻挡模块;2—气源开关;3—皮带进口电容开关;4—皮带;5—红外光电传感器;
6—网络交换机;7—触摸屏;8—铝合金型材框架

(a)传输带模块实物图(正面)

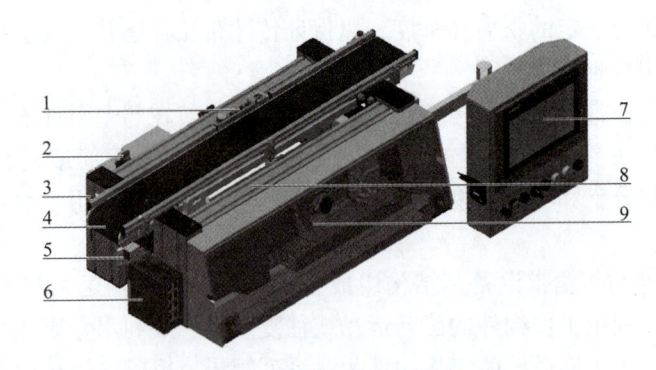

图 2-2 传输带模块实物图（续）

1—阻挡模块；2—电磁换向阀；3—皮带出口电容开关；4—红外光电传感器；5—电机控制盒；
6—电机（DC 36 V/230 V/400 V）；7—IO-Link 接口模块；8—后 PCB 板（XZ2）；9—控制柜
(b) 传输带模块实物图（背面）

3. CP Lab 实训系统传输带模块运行工作流程

CP Lab 物联网实验室中小车进入传输带，触发传输带入口位置的电容传感器，电容传感器输出小车进入信号给 PLC 控制器。小车随着传输带一直前进，直到被阻挡器挡住而停止。小车底部有 RFID 标志卡，与模块的 RFID 读写感应器交互生产订单信息等。其旁边有四个电感传感器，用来判别小车是否到位，输出到位信号、小车编码识别等。当小车到位之后，读出 RFID 标志卡的相关信息，PLC 控制器判定是否需要应用模块处理，如果需要处理，则上方的应用模块进行相应操作，完成之后放行小车；否则直接放行小车。小车继续随传输带前进，直到完全离开传输带，并触发传输带出口位置的电容传感器，电容传感器输出小车离开信号给 PLC 控制器。

4. CP Lab 实训系统检查硬件运行前的安全性

检测各电路正确性，确保无误后再通电使用。

（1）检查料仓工作站的传输带模块，依次检查工具部件无遗留、无杂物；硬件安装牢固；无接线错误、接线不牢；流量压力正常、阀门打开、指示正常；检查设备各部正常无损坏、无短路、无发热等不良现象。

（2）检查激光测量工作站的传输带模块，依次检查工具部件无遗留、无杂物；硬件安装牢固；无接线错误、接线不牢；流量压力正常、阀门打开、指示正常；检查设备各部正常无损坏、无短路、无发热等不良现象。

（3）检查钻孔加工工作站的传输带模块，依次检查工具部件无遗留、无杂物；硬件安装牢固；无接线错误、接线不牢；流量压力正常、阀门打开、指示正常；检查设备各部正常无损坏、无短路、无发热等不良现象。

（4）检查工件输出工作站的传输带模块，依次检查工具部件无遗留、无杂物；硬件安装牢固；无接线错误、接线不牢；流量压力正常、阀门打开、指示正常；检查设备各部正常无损坏、无短路、无发热等不良现象。

5. CP Lab 实训系统手动操作完成小车工作流程

完成小车在传输带模块上的启动、阻挡、停止、放行等功能。

（1）操作料仓工作站的传输带模块，依次手动实现传输带正转、传输带反转、小车进入传输带、阻挡器阻挡小车、阻挡器放行小车、小车离开传输带、传输带停止、传输带减速运行。

（2）操作激光测量工作站的传输带模块，依次手动实现传输带正转、传输带反转、小车进入传输带、阻挡器阻挡小车、阻挡器放行小车、小车离开传输带、传输带停止、传输带减速运行。

（3）操作钻孔加工工作站的传输带模块，依次手动实现传输带正转、传输带反转、小车进入传输带、阻挡器阻挡小车、阻挡器放行小车、小车离开传输带、传输带停止、传输带减速运行。

（4）操作工件输出工作站的传输带模块，依次手动实现传输带正转、传输带反转、小车进入传输带、阻挡器阻挡小车、阻挡器放行小车、小车离开传输带、传输带停止、传输带减速运行。

二、CP Lab 实训系统传输带基础组件的部件结构及电气接线

主要描述传输带基础组件的电气连接过程、传输带基础组件正面与背面电气接线、传输带基础组件网络接线、传输带基础组件接线检查。

1. CP Lab 实训系统传输带基础组件硬件结构及电气连接

传输带基础组件硬件结构包括传输带以及其他相关部件。其他部件实物图如图 2-3 所示。

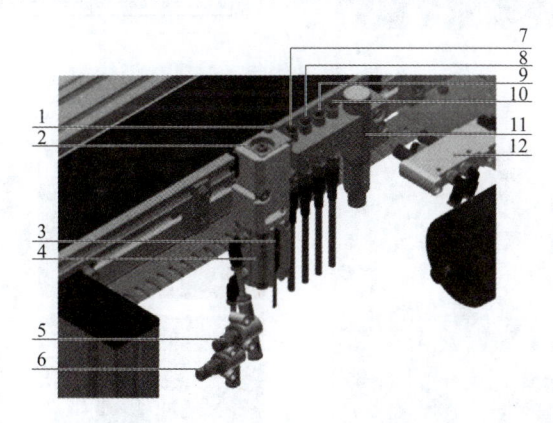

图 2-3 传输带部分部件实物图

1—阻挡模块的导向螺钉；2—带弹簧的阻挡块；3—阻挡气缸的缩回磁性开关；
4—阻挡气缸；5—单向节流阀-1；6—单向节流阀-2；7—电感传感器 1；8—电感传感器 2；
9—电感传感器 3；10—电感传感器 4；11—RFID 读写头；12—电磁换向阀

2. CP Lab 实训系统传输带基础组件电源接线

传输带基础组件电源接线如图 2-4 所示。输入交流电 220 V，输出直流电 24 V，其中红色接正极，蓝色接负极，黄绿色接地。

3. CP Lab 实训系统传输带基础组件正面电气接线

传输带基础组件正面电气接线如图 2-5 所示。前 PCB 板与 XZ1 接线如图 2-6 所示。前 PCB 板与 XZ1 端子接线说明见表 2-1。I/O 应用模块与 PLC 实物连线如图 2-7 所示。

4. CP Lab 实训系统传输带基础组件背面电气接线

传输带基础组件背面电气接线如图 2-8 所示。后 PCB 板与 XZ1 接线如图 2-9 所示。后 PCB 板与 XZ1 端子接线说明见表 2-2。大功率应用模块（电机控制器）供电端（接后 PCB 板 X8 端子）如图 2-10 所示。

图 2-4 电源实物接线

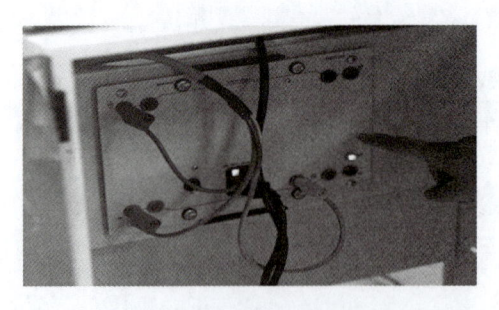

图 2-5 传输带基础组件正面电气接线图

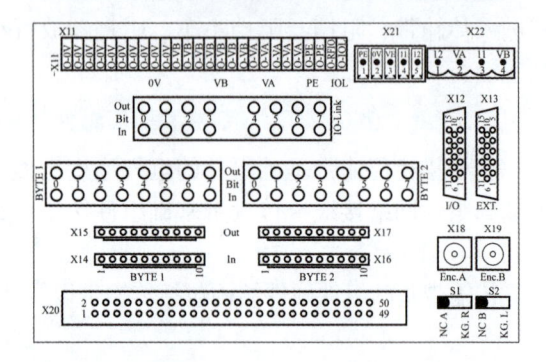

图 2-6 前 PCB 板与 XZ1 实物连线

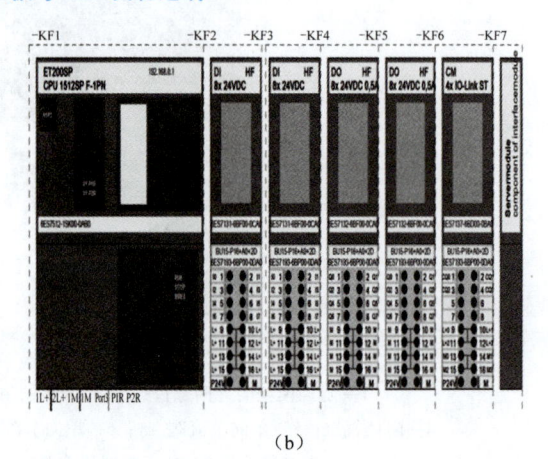

(a) (b)

图 2-7 I/O 应用模块与 PLC 实物连线

(a) I/O 应用模块；(b) 接第 1 个 DI 输入模块、第 1 个 DO 输出模块

表 2-1 PCB 板与 XZ1 端子接线说明

前 PCB 板与 XZ1 端子	连线说明
X11	电源线与 IO-Link 信号
X12	连接 HMI 触摸屏 15 芯电缆（包括电源、信号等）
X14	PLC 的 IO 信号口
X15	PLC 的 IO 信号口
X20	与后 PCB 板连接 50 芯排线（包括电源、IO-Link 信号、IO 信号等）
X21	HMI 供电
X22	外部急停

图 2 – 8 传输带基础组件背面电气接线

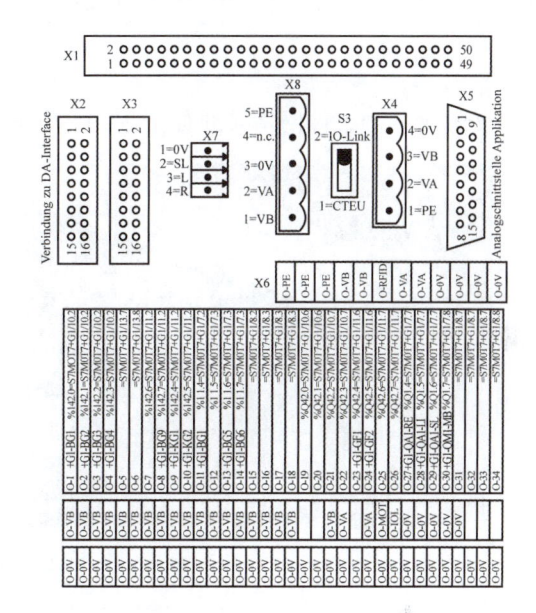

图 2 – 9 后 PCB 板与 XZ1 实物连线

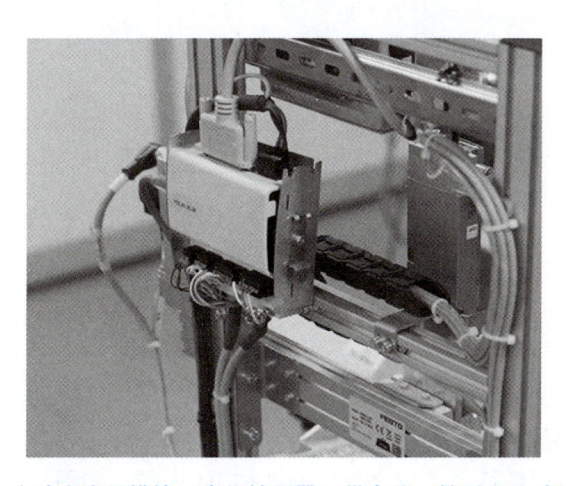

图 2 – 10 大功率应用模块（电机控制器）供电端（接后 PCB 板 X8 端子）

项目二 　CP Lab 实训系统的传输带模块 ■ 175

表 2-2 后 PCB 板与 XZ1 端子接线说明

后 PCB 板与 XZ1 端子	连线说明
X1	连接前 PCB 板排线（包括电源、IO-Link 信号、IO 信号等）
X2	DA 接口连接 1（连接 IO-Link 模块）
X3	DA 接口连接 2（连接 IO-Link 模块）
X4	直流稳压电源输入端
X5	应用的模拟信号
X6	模拟量插座，如电容传感器、电感传感器、RFID 读写头等
X8	大功率应用模块供电端

5. CP Lab 实训系统传输带基础组件网络接线

传输带基础组件网络接线如图 2-11 所示。后 PCB 板与 XZ2 端子接线说明见表 2-3。

图 2-11 传输带基础组件网络接线

表 2-3 后 PCB 板与 XZ2 端子接线说明

后 PCB 板与 XZ2 端子	连线说明
本站 PLC 网络接口	本站网络交换机，1 条
	触摸屏，1 条
	应用模块的电机控制器，1 条（视具体情况而定，可无）
本站网络交换机网络接口	本站 PLC，1 条
	上站交换机，1 条
	下站交换机，1 条
	中心站服务器，1 条（视具体情况而定，整个"工业 4.0"实验室只有 1 条）

6. CP Lab 实训系统传输带模块运行前检查

（1）传输带 IO 信号整体检查。

安装时按照工作流程进行，完成之后检查整体 IO 连线，如图 2-12 所示。

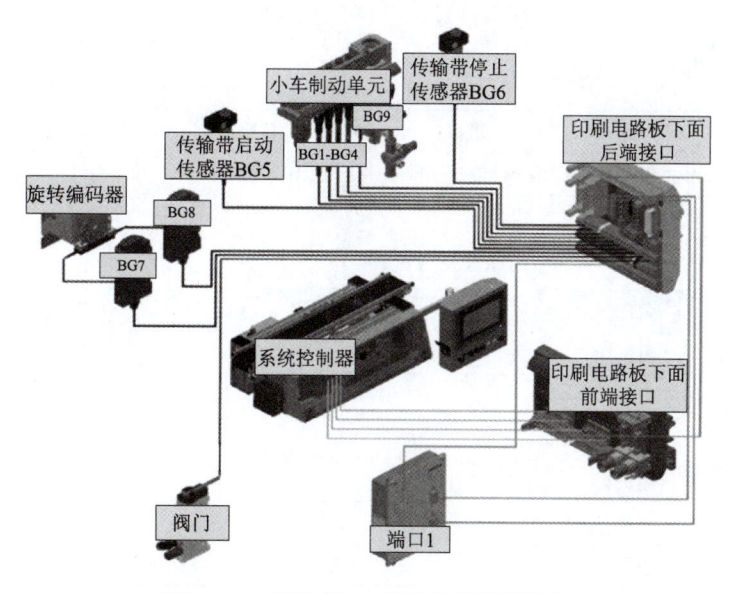

图 2-12　传输带 IO 信号连线整体检查

（2）HMI 触摸屏接线检查。

安装时按照工作流程进行，完成之后检查 HMI 触摸屏整体连线，如图 2-13 所示。

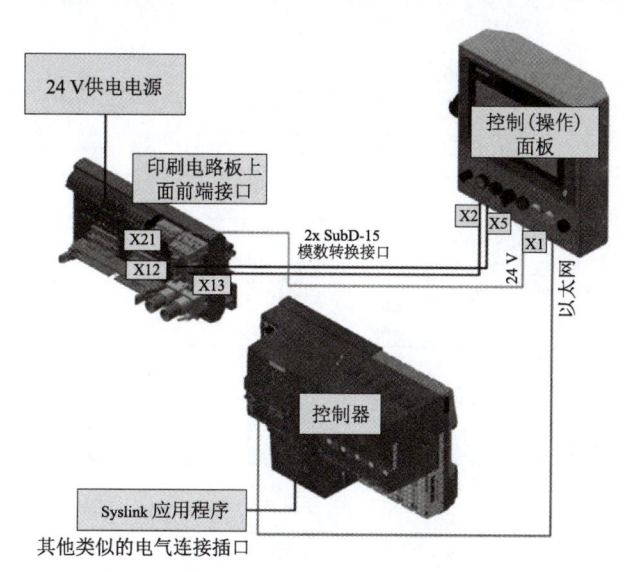

图 2-13　HMI 触摸屏整体连线检查

（3）检查硬件运行前的安全性。

检测各电路正确性，确保无误后再通电使用。

项目二　CP Lab 实训系统的传输带模块

项目实施

姓名：	学号：	班级：	日期：	课堂笔记

CP Lab 实训系统传输带基础组件认知工作手册

- 任务接收

团队任务分配表

序号	角色	姓名	学号	分工
1	组长			
2	组员			
3	组员			
4	组员			
5	组员			
6	组员			

- 任务准备

工作方案设计表

序号	工作内容	负责人
1		
2		
3		
4		
5		
6		
7		
8		

实训设备、工具与耗材清单

序号	名称	型号与规格	数量	备注
1				
2				
3				
4				
5				
6				
7				

领取人： 归还人：

- **任务实施**

  （1）描述 CP Lab 实训系统传输带模块整体功能

  任务实施过程记录表 1

序号	传输带模块整体功能描述
1	承载_____模块
2	运输_____及_____
3	控制_____运行
4	提供_____界面

  （2）描述 CP Lab 实训系统传输带模块硬件结构

  任务实施过程记录表 2

序号	传输带模块硬件结构描述	
1	传输带模块硬件整体结构	
2	传输带模块背面硬件元器件	
3	传输带模块正面硬件元器件	
4	传输带模块侧面硬件元器件	
负责人		验收签字

  （3）描述 CP Lab 实训系统传输带模块运行工作流程

  任务实施过程记录表 3

传输带模块运行工作流程描述
负责人　　　　　　　　　　　　　　　验收签字

  （4）CP Lab 实训系统检查硬件运行前的安全性

  连接硬件电路，检测各电路正确性，确保无误后再通电使用。

课堂笔记

任务实施过程记录表 4

	硬件运行前安全检查				
	检查内容（正常打"√"，不正常打"×"，并检查更正）				
检查模块	工具部件无遗留、无杂物	硬件安装牢固	无接线错误、接线不牢	流量压力正常、阀门打开、指示正常	检查设备各部正常无损坏、无短路、无发热等不良现象
料仓工作站的传输带模块					
激光测量工作站的传输带模块					
钻孔加工工作站的传输带模块					
工件输出工作站的传输带模块					
负责人				验收签字	

（5）手动操作完成小车工作流程

完成小车在传输带模块上的启动、阻挡、停止、放行等功能。

任务实施过程记录表 5

	手动操作完成小车工作流程							
	检查内容（正常打"√"，不正常打"×"，并检查更正）							
检查项目	传输带正转	传输带反转	小车进入传输带	阻挡器阻挡小车	阻挡器放行小车	小车离开传输带	传输带停止	传输带减速运行
料仓工作站的传输带模块								
激光测量工作站的传输带模块								
钻孔加工工作站的传输带模块								
工件输出工作站的传输带模块								
负责人						验收签字		

工作手册

姓名：	学号：	班级：	日期：	课堂笔记
CP Lab 实训系统传输带基础组件的部件结构及电气接线工作手册				

- 任务接收

团队任务分配表

序号	角色	姓名	学号	分工
1	组长			
2	组员			
3	组员			
4	组员			
5	组员			
6	组员			

- 任务准备

工作方案设计表

序号	工作内容	负责人
1		
2		
3		
4		
5		
6		
7		
8		

实训设备、工具与耗材清单

序号	名称	型号与规格	数量	备注
1				
2				
3				
4				
5				
6				
7				

领取人：　　　　　　　　　　　　　　　归还人：

项目二　CP Lab 实训系统的传输带模块

- 任务实施

(1)描述传输带模块部件结构及电气连接

任务实施过程记录表 1

序号	传输带模块部件结构及电气连接描述
1	
2	
3	
4	
5	
6	
7	

(2)传输带模块的电源接线

安装时按照工作流程进行,每个步骤确保检查无误后再进行下一步骤的安装。

任务实施过程记录表 2

	过程检查			
	检查内容(正常打"√",不正常打"×",并检查更正)			
项目	安装过程中无器件遗留、无杂物	硬件安装正确	直流稳压电源安装牢固	电源输出线安装牢固
传输带模块的电源接线				

(3)传输带模块正面电气接线

安装时按照工作流程进行,每个步骤确保检查无误后再进行下一步骤的安装。

任务实施过程记录表 3

	过程检查			
	检查内容(正常打"√",不正常打"×",并检查更正)			
项目	安装过程中无器件遗留、无杂物	硬件安装正确	所有部件安装牢固	相关输出线安装牢固
传输带模块正面电气接线				

(4)传输带模块背面电气接线

安装时按照工作流程进行,每个步骤确保检查无误后再进行下一步骤的安装。

任务实施过程记录表 4

过程检查					
检查内容（正常打"√"，不正常打"×"，并检查更正）				
项目	安装过程中无器件遗留、无杂物	硬件安装正确	所有部件安装牢固	相关输出线安装牢固
传输带模块背面电气接线				

（5）传输带模块网络接线

安装时按照工作流程进行，每个步骤确保检查无误后再进行下一步骤的安装。

任务实施过程记录表 5

过程检查					
检查内容（正常打"√"，不正常打"×"，并检查更正）				
项目	安装过程中无器件遗留、无杂物	硬件安装正确	所有部件安装牢固	相关输出线安装牢固
传输带模块网络接线				

（6）检查传输带模块运行安全性

连接硬件电路，检测各电路的正确性，确保无误后再通电使用。

任务实施过程记录表 6

硬件运行前安全检查					
检查内容（正常打"√"，不正常打"×"，并检查更正）					
检查模块	工具部件无遗留、无杂物	硬件安装牢固	无接线错误、接线不牢	流量压力正常、阀门打开、指示正常	检查设备各部正常无损坏、无短路、无发热等不良现象
料仓工作站的传输带模块					
激光测量工作站的传输带模块					
钻孔加工工作站的传输带模块					
工件输出工作站的传输带模块					
负责人				验收签字	

项目二　CP Lab 实训系统的传输带模块

考核评价

项目二　考核评价表 1

基本信息	《CP Lab 实训系统传输带基础组件认知》任务					
基本信息	班级		学号		分组	
	姓名		时间		总分	
项目内容	评价标准		分值	自评	小组互评	教师评价
任务考核 （60%）	描述传输带模块的整体功能		20			
	描述传输带模块硬件结构		20			
	描述传输带模块运行工作流程		20			
	手动操作，完成小车在传输带模块上的启动、阻挡、停止、放行等工作流程		40			
	任务考核总分		100			
素养考核 （40%）	操作安全规范		20			
	遵守劳动纪律		20			
	分享、沟通、分工、协作、互助		20			
	资料查阅、文档编写		20			
	精益求精、追求卓越		20			
	素养考核总分		100			

项目二　考核评价表 2

基本信息	《传输带基础组件的部件结构及电气接线》任务					
基本信息	班级		学号		分组	
	姓名		时间		总分	
项目内容	评价标准		分值	自评	小组互评	教师评价
任务考核 （60%）	描述传输带基础组件的部件结构及电气连线		10			
	传输带基础组件电源接线		10			
	传输带基础组件正面电气接线		30			
	传输带基础组件背面电气接线		30			
	传输带基础组件网络接线		10			
	传输带基础组件运行前检查		10			
	任务考核总分		100			
素养考核 （40%）	操作安全规范		20			
	遵守劳动纪律		20			
	分享、沟通、分工、协作、互助		20			
	资料查阅、文档编写		20			
	精益求精、追求卓越		20			
	素养考核总分		100			

课后拓展

1. 查阅资料，了解传输带分类。
2. 查阅资料，了解传输带使用注意事项。
3. 查阅资料，了解传输带跑偏故障及处理方法。
4. 描述电气结构装配规范。
5. 使用电气设计软件 EPLAN 设计传输带基础组件电源部分。
6. 使用电气设计软件 EPLAN 设计传输带基础组件 I/O 信号部分。

项目三　CP Lab 实训系统的料仓工作站

学习目标

- **知识目标**
1. 描述料仓工作站的功能；
2. 概述料仓工作站的结构；
3. 分析料仓工作站的工作流程。

- **技能目标**
1. 熟练拆卸料仓工作站的机械结构；
2. 熟练装配料仓工作站的机械结构；
3. 熟练装配料仓工作站的电气结构。

- **素质目标**
1. 培养学生的沟通协调能力、综合决策能力；
2. 培养学生爱岗敬业的优秀职业素养，提前进入职业角色；
3. 培养学生的安全生产意识。

项目描述

本项目主要是认知手机料仓工作站、操作实现料仓工作站的组装以及料仓工作站的 HMI 操作，具体实施分三个阶段进行。

第一个阶段通过认知料仓工作站的整体功能，了解料仓工作站硬件结构，掌握料仓工作站运行工作流程，完成小车在料仓工作站上启动、阻挡、停止、下料、放行的工作流程。

第二个阶段是料仓工作站装调，具体描述料仓工作站的组成、安装。

第三个阶段依托料仓工作站，描述 HMI 界面结构，描述使用 HMI 手动控制设备的工作流程以及利用 HMI 进行手动控制设备操作。

本项目第一个阶段要完成的实训内容如下：
（1）描述 CP Lab 实训系统料仓工作站的整体功能；
（2）描述 CP Lab 实训系统料仓工作站硬件结构；
（3）描述 CP Lab 实训系统料仓工作站运行工作流程；
（4）手动操作，完成小车启动、阻挡、停止、下料、放行的工作流程。

本项目第二个阶段要完成的实训内容如下：
（1）描述 CP Lab 实训系统料仓工作站的料仓组成；
（2）描述 CP Lab 实训系统料仓工作站料仓安装工作流程；

(3) 安装 CP Lab 实训系统料仓工作站的料仓。

本项目第三个阶段要完成的实训内容如下：

(1) 描述 CP Lab 实训系统 HMI 界面结构；

(2) 描述使用 CP Lab 实训系统 HMI 手动控制设备的工作流程；

(3) 利用 CP Lab 实训系统 HMI 手动控制设备的操作。

实训前的准备工作：

(1) 实训资料：CP Lab 实训系统结构实物图、电气控制线路图、工作手册等，保证完整；

(2) 实训工具：CP Lab 实训系统设备、电工工具一套；

(3) 实训场地：保证作业场所的整齐、规范、有序；

(4) 安全教育：安全操作指导手册一份。

知识链接

CP Lab 实训系统的料仓模块是生产工序中的第一个工作站，具体使用设备模块实物如图 3-1 所示。

安全操作指导手册

CP Lab 实训系统的料仓工作站整体功能

图 3-1 CP Lab 实训系统料仓模块实物图

一、CP Lab 实训系统料仓工作站认知

在本任务中，通过认知料仓工作站的整体功能、料仓工作站硬件结构以及料仓工作站运行的工作流程，完成小车在料仓工作站上启动、阻挡、停止、下料、放行的工作流程。

1. CP Lab 实训系统料仓工作站的整体功能

料仓工作站的主要功能为：存储工件即手机前盖和后盖，并向小车释放、供给工件。

工件需要手动加入料仓中；料仓为垂直结构，工件垂直叠放；工件手动加入时，正反、前后方向有要求；料仓每次释放一个工件；传输带上的小车和托盘到位后，方可释放工件。

2. CP Lab 实训系统料仓工作站的硬件结构

料仓工作站硬件结构包括料仓、滑台气缸、滑台气缸磁性开关、电磁阀岛、料仓对射传感器、托盘对射传感器、进给分离器分料气爪、节流阀、I/O 接口盒以及其他的相关部件等。料仓的整体硬件结构如图 3-2 所示。

前盖和后盖料仓的硬件结构大体是相同的，只是由于前后盖厚度不同（后盖薄），后盖料仓模块需要把黄铜嵌入垫片放置到最下层，其分离器的结构略有区别，其中料仓结构如图 3-3 所示，后盖料仓结构如图 3-4 所示。料仓滑台气缸结构如图 3-5 所示。进给分离器及其技术参数如图 3-6 所示。对射传感器安装结构如图 3-7 所示。

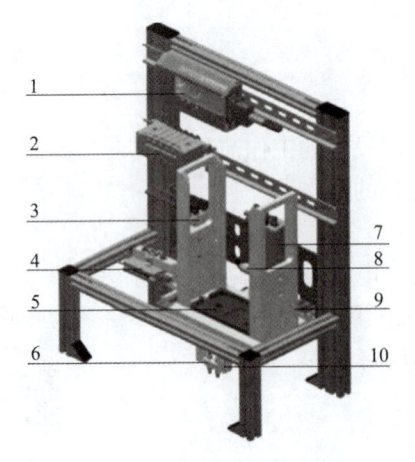

图 3-2　CP Lab 料仓模块整体硬件结构图

1—I/O 接口盒；2—阀岛；3—对射传感器（有无料）；
4—进给分离器（分料气爪）；5—料仓中工件；
6—对射传感器（检测托盘上是否有工件）；
7—料仓模块上下气缸；8—末端锁定气缸；
9—料仓；10—对射传感器（是否有托盘）

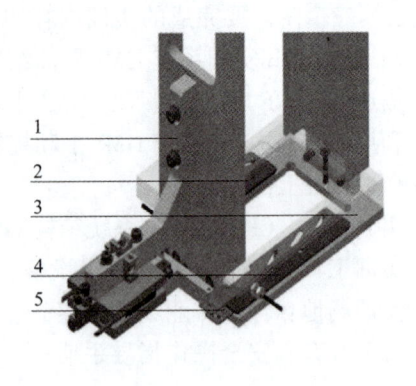

图 3-3　料仓结构

1—气缸安装支架；2—左嵌入垫片；
3—框架；4—右嵌入垫片；
5—分离片（包括分料片和放料片，形状完全一样）

从简单、高精度的元件到集成化的机械锁定结构及接近传感器。不锈钢制的进给分离活塞相当于手指，特别适用于需耐腐蚀的应用场合。最重要的一点是进给分离器只需一个阀就可驱动。其内部结构能自动控制整个分离过程。

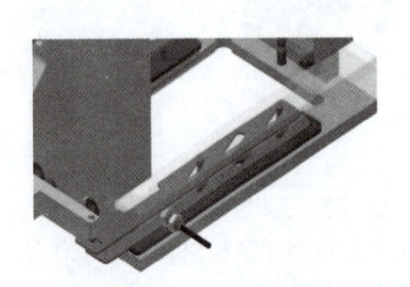

图 3-4　后盖料仓结构

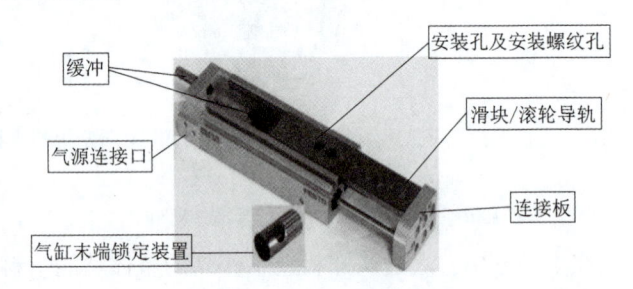

图 3-5　料仓滑台气缸结构

主要技术参数		
规格	10	14
气接口	M5/M3	M5/M5
工作模式	双作用	
工作介质	压缩空气，润滑或未润滑	
结构特点	双活塞	
	活塞杆	
	锁定机构	
	看扭	
抗扭转/导轨	转方形柱塞	
最大可互换性	0.3（mm）	
缓冲	无	
位置感测	通过接近开关	
安装方式	通过通孔	
	通过内螺纹	
安装位置	任意	

图 3-6　进给分离器及技术参数

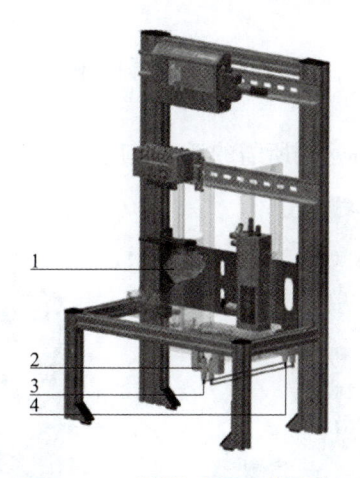

图 3-7 对射传感器安装结构

1—光纤传感器本体；2—光纤头安装架（可调节高度和角度）；
3—发射头；4—接收头

3. CP Lab 实训系统料仓工作站的运行工作流程

（1）自动模式下，一个小车（带托盘）通过该应用模块，挡料装置使其停止。
（2）传感器检查料仓中工件及托盘上工件情况是否符合。
（3）料仓模块下降至放料位置。
（4）一个前盖被放置在工件载体上。
（5）料仓模块上升至起始位置。
（6）小车被放行。

4. CP Lab 实训系统料仓工作站的手动运行

操作料仓工作站的传输带基础组件，依次手动实现传输带正转、传输带反转、小车进入传输带、阻挡器阻挡小车、阻挡器放行小车、小车离开传输带、传输带停止、传输带减速运行。

运行前检测各电路正确性，确保无误后再通电使用。检查料仓工作站，依次检查工具部件无遗留、无杂物；硬件安装牢固；无接线错误、接线不牢；流量压力正常、阀门打开、指示正常；检查设备各部正常无损坏、无短路、无发热等不良现象。

二、CP Lab 实训系统料仓工作站装调

CP Lab 实训系统料仓工作站安装流程：
（1）料仓工作站模块实现分料。

料仓内部的垂直方向上可以放置工件。工件放置时，通常的放法是孔朝左；如果孔朝右，那么下一站检测时会认为该工件不合格。因此放置时孔朝左。放置进去之后，工件在料仓底部被卡住，落不下去。料仓站在垂直方向可以叠放多个工件。

CP Lab 实训系统
料仓工作站安装流程

首先，通过分料气爪动作，并由分料气爪驱动分料片动作来实现分料。可以看到这里有铁片，这个铁片就是分料片，上下共有两组，每组左右各一片。通过分料片的张开、闭合动作，把堆叠在一起的工件逐个释放到料仓站模块下方的小车上。因此，通过这两对分料片以及它的驱动机构，即分料气爪来实现分料的动作。分料气爪磁性开关安装如图 3-8 所示。单向节流阀如图 3-9 所示。

单向节流阀调试过程如下：
①完全关闭两个单向控制阀，然后旋转一圈再打开。
②开始试运行。
③开单向流量控制阀，直到达到所需的活塞速度。

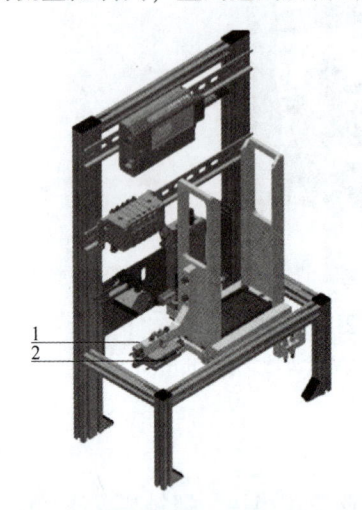

图3-8 分料气爪磁性开关实物图
1—分料气爪打开位置磁性开关；
2—分料气爪关闭位置磁性开关

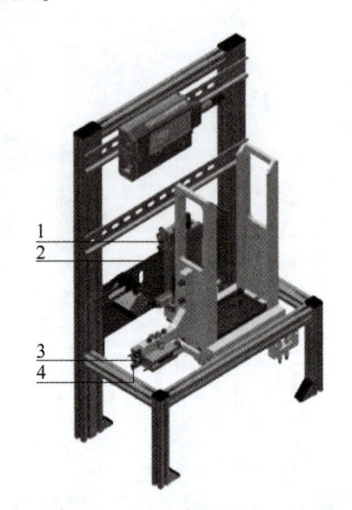

图3-9 单向节流阀实物图
1—垂直气缸单向节流阀-1；2—垂直气缸单向节流阀-2；
3—分料气爪单向节流阀-1；4—分料气爪单向节流阀-2

（2）滑台气缸及料仓气缸接近开关。

在料仓的后方有垂直安装的料仓滑台气缸，用于驱动料仓模块的上升和下降。默认情况下，料仓停在滑台的上方。当小车达到料仓正下方并需要供料时，滑台气缸就驱动整个料仓向下移动，靠近小车；然后分料气爪动作，并带动分料片动作实现分料，把料落到小车上。料仓滑台气缸安装结构如图3-5所示。料仓气缸位置接近开关如图3-10所示。

接近开关调试过程如下：
①位于要查询的末端位置。
②移动接近开关，直到开关状态显示（LED）出现。
③将接近开关向同一方向移动几毫米，直到开关状态显示消失。
④将接近开关移动到开关打开和关闭位置之间的中间位置。
⑤用内六角扳手SW1.3拧紧接近开关的锁紧螺钉。
⑥通过反复测试气缸来检查接近开关的位置。

（3）电磁阀岛。

气抓手、滑台气缸等执行元件的相应动作是由上方的电磁阀岛控制实现的。PLC给电磁阀岛电信号，由电磁阀岛控制外部气体的通断来实现，即把电信号转换成气体的通断来驱动执行装置，如分料气爪、滑台气缸动作，实现料仓的上升与下降以及分料等具体动作。为了方便调试，电磁阀岛上设置手动按钮，可以使用工具切换信号的方向来切换执行装置的动作状态。

电磁阀岛从左边到右边功能依次为：料仓模块上移、料仓模块下移、分料片工作、放料片工作、夹紧装置工作，如图3-11所示。

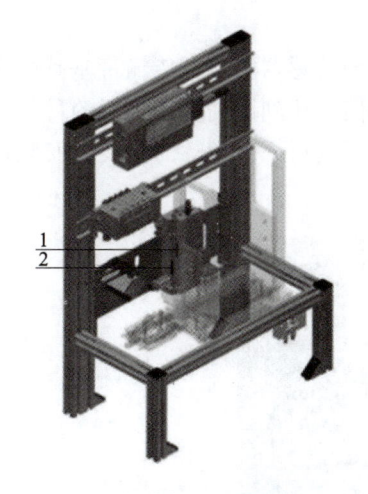

图 3-10　料仓气缸位置接近开关
1—料仓气缸上位置接近开关；
2—料仓气缸下位置接近开关

图 3-11　电磁阀岛实物图
1—料仓模块上移；2—料仓模块下移；3—分料片工作；
4—放料片工作；5—夹紧装置工作

（4）光纤传感器（工件检测）。

除了垂直气缸以及分料气爪之外，还有两对光电传感器，这是发红光的对射式传感器，分别是 BG7、BG8。BG7 传感器用来检测有无托盘；事实上，小车上首先会放置托盘，其上再放置工件；当小车有托盘时 BG7 传感器能检测到。BG8 传感器用来检测有无工件，即托盘上是否已经有了手机盖工件。如果已经有了前盖工件，那么 BG8 传感器就能检测到，这样就不满足出料条件。而出料条件就是 BG7 传感器检测确认小车上有托盘；BG8 传感器检测确认小车上无工件。这样才能满足出料的加工条件，料仓模块就可以向小车释放一个工件下来。这是料仓站模块的加工流程，其安装结构如图 3-12 所示，安装实物如图 3-13 所示。

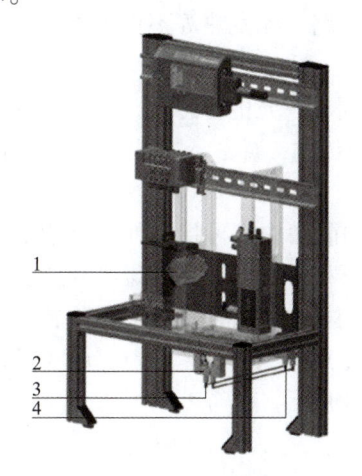

图 3-12　光纤传感器安装结构
1—光纤传感器本体；
2—光纤头安装架；
3—发射头；4—接收头

图 3-13　光纤传感器安装实物
1—检测料仓是否有工件；
2—检测托盘上是否有工件；
3—检测小车上是否有托盘

项目三　CP Lab 实训系统的料仓工作站　191

(5) RFID 安装。

在 CP Lab 实训系统中，每个工作站均有 RFID 传感器，该传感器安装在传输带基础组件的传输带旁边，用于在信息标签之间进行非接触式的数据通信，达到识别加工目标的目的。

安装时，按照工作流程进行，每个步骤确保检查无误后再进行下一步骤的安装，安装位置如图 3-14 所示。

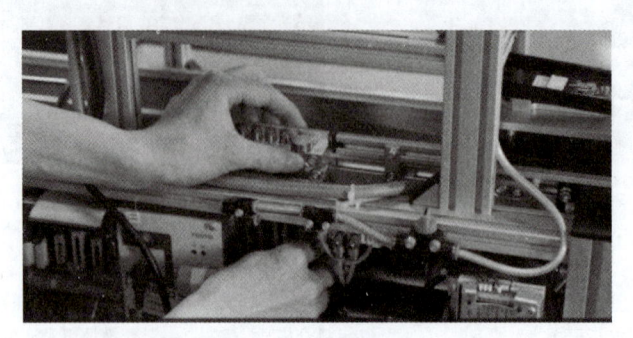

图 3-14　RFID 传感器安装

检查硬件运行前的安全性，检测各电路正确性，确保无误后再通电使用。

①连接 RFID 读写头传感器输出线，依次检查工具部件无遗留、无杂物；硬件是否安装正确；传感器本体安装牢固、传感器输出线安装牢固；无接线错误、接线不牢；流量压力正常、阀门打开、指示正常；检查设备各部正常无损坏、无短路、无发热等不良现象。

②固定 RFID 读写头传感器，依次检查工具部件无遗留、无杂物；硬件是否安装正确；传感器本体安装牢固、传感器输出线安装牢固；无接线错误、接线不牢；流量压力正常、阀门打开、指示正常；检查设备各部正常无损坏、无短路、无发热等不良现象。

③固定 RFID 读写头传感器输出线，依次检查工具部件无遗留、无杂物；硬件是否安装正确；传感器本体安装牢固、传感器输出线安装牢固；无接线错误、接线不牢；流量压力正常、阀门打开、指示正常；检查设备各部正常无损坏、无短路、无发热等不良现象。

(6) 其他

在料仓站上方，有一个 I/O 接口盒，其作用是把电磁阀岛、光电传感器、气缸上的磁性传感器等 I/O 信号转换成一组信号，通过 Syslink 电缆进行传输，即 8 入 8 出的数字量信号电缆，连接输出到 PLC，实现信号的电气连接。

安装应用模块时，先将两个开槽螺母 M5 放入前横梁的前槽中，再将另外两个槽螺母放入型材的后槽中，最后必须根据应用模块轮廓的距离调整开槽螺母。开槽螺母必须放在安装支架下面，以便可以固定螺钉。当所有螺丝安装好后，应用模块仍可移动到所需位置。请确保工件能够像在应用模块料盒中一样被正确传送。位置确定后，只需拧紧螺钉，将盖子放在安装支架上。最后连接气源到阀岛。其安装结构如图 3-15 所示。

启动前必须进行确认检查！在启动工作站之前，请检查：

①电气连接；

②供气口的正确配合和状况；

③关于可见故障（裂纹、连接松动等）的机械部件；

④紧急停止的功能。

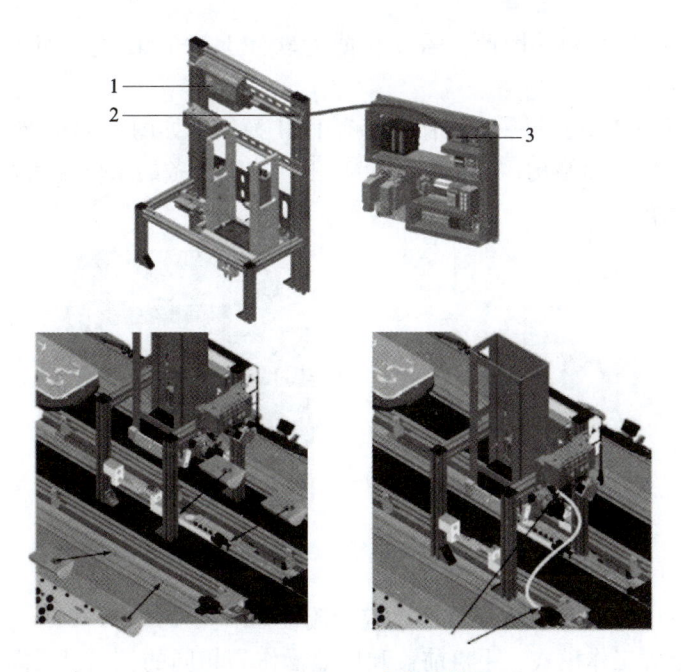

图 3-15　Syslink 电缆连接图
1—I/O 接口盒；2—Syslink 电缆；3—Syslink 接线端子

三、CP Lab 实训系统料仓工作站 HMI 操作

HMI（Human Machine Interface），人机接口，亦称人机界面，是指人与机器之间建立联系、交换信息的输入/输出设备的接口，这些设备包括键盘、显示器、打印机、鼠标等。工业生产现场所用的 HMI 一般是指可触屏操作的显示屏。

人机界面产品由硬件和软件两部分组成。

人机界面硬件包括处理器、显示单元、输入单元、通信接口、数据存储单元等，其中处理器的性能决定了 HMI 产品的性能高低，是 HMI 的核心单元。根据 HMI 的产品等级不同，处理器可分别选用 8 位、16 位、32 位的处理器。

人机界面软件一般分为两部分，即运行于 HMI 硬件中的系统软件和运行于 PC Windows 操作系统下的画面组态软件。使用者都必须先使用画面组态软件制作"工程文件"，再通过 PC 和 HMI 产品的行通信口，把编制好的"工程文件"下载到 HMI 的处理器中运行。

HMI 系统的基本功能包括：

➢ 实时的资料趋势显示——把撷取的资料立即显示在屏幕上。
➢ 自动记录资料——自动将资料储存至数据库中，以便日后查看。
➢ 历史资料趋势显示——把数据库中的资料作可视化的呈现。
➢ 报表的产生与打印——把资料转换成报表的格式，并打印出来。
➢ 图形接口控制——操作者能够透过图形接口直接控制机台等装置。
➢ 警报的产生与记录——使用者可以定义一些警报产生的条件，比方说温度过度或压力超过临界值，在这样的条件下系统会产生警报，通知作业员处理。在控制系统运行时，HMI 和 PLC 之间通过通信来交换信息，从而实现 HMI 的各种功能。将画面上的图形对象与 PLC 变量的地址联系起来，就可以实现控制系统运行时 PLC 与人机界面之间的自动数据交换。因此，需要在博途软件上对 HMI 进行组态，并实现 PLC 与 HMI 之间的通信。

在 CP Lab 实训系统中，每一个工作站都有 HMI 模块，如图 3-16 所示。在此以料仓工作站为例，描述 HMI 界面结构、描述使用 HMI 手动控制设备的工作流程以及利用 HMI 实现手动控制设备的操作。

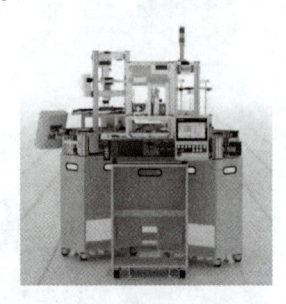

图 3-16 CP Lab 实训系统 HMI 模块

CP Lab 实训系统料仓工作站 HMI 手动控制流程如下：

（1）首先要设置工作模式。手机前盖和后盖操作是相同的，只是需要在 HMI 触摸面板上显示区分前盖和后盖，对应不同程序要相应地加载到控制器中。界面如图 3-17 所示。具体含义见表 3-1。

表 3-1 CP Lab 实训系统 HMI 模块界面含义

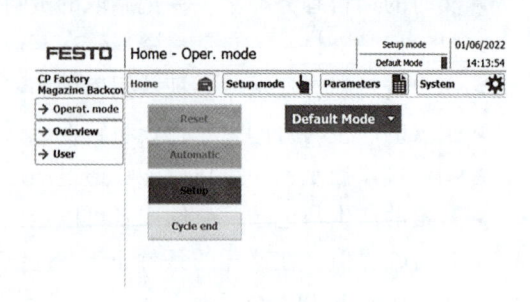

模式界面切换		
Home 主页界面	Setup mode 计划模式界面	Parameters 参数界面
Operat. mode 工作模式	Application 应用模块：手动测试输入输出	控制料仓工作站的加工过程
Overview 总体概览	Belt 传输带：手动控制传输带	^
User 用户	Stopper 阻挡器模块：手动控制阻挡模块	^
IO Test IO 测试	RFID 传感器读写：手动读写小车芯片的 RFID 数据	^
Process 过程预留		^

（2）HMI 上显示的料盒类型的操作。
①在开始屏幕上，单击设置 Setup mode 转到设置页面，如图 3-18 所示。
②选择应用程序 Application，设置应用程序模块，如图 3-19 所示。具体含义见表 3-2。

图 3-17 CP Lab 实训系统 HMI 模块界面   图 3-18 HMI 模块设置界面

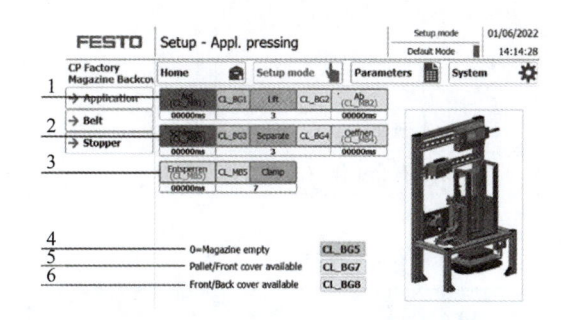

图 3-19 HMI 模块应用程序设置

表 3-2 HMI 模块应用程序设置界面含义

序号	描述
1	Auf：向上移动 Z 轴（执行器 CL_MB1 被激活，激活时亮起蓝色） CL_BG1：传感器 CL_BG1 指示灯（当 Z 轴向上时亮起绿色） CL_BG2：传感器 CL_BG2 指示灯（当 Z 轴向下时亮起绿色） Ab：向下移动 Z 轴（执行器 CL_MB2 被激活，激活时亮起蓝色）
2	separator：分离器 Schliessen（德语）：关闭分离器（执行器 CL_MB2 激活，激活时亮起蓝色） CL_BG3：传感器 CL_BG3 指示灯（分离器关闭时亮起绿色） CL_BG4：传感器 CL_BG4 指示灯（分离器打开时亮起绿色） Oeffnen（德语）：打开分离器（执行器 CL_MB4 被激活，激活时亮起蓝色）
3	解锁：解锁夹具（致动器 CL_MB5 激活，激活时亮起蓝色） CL_MB5：指示器（夹具松开时亮起绿色）
4	0 = 料盒空：传感器 CL_BG5 显示（料盒空时亮起绿色）
5	可用的托盘/前盖：传感器 CL_BG7 指示灯（当安装了带前盖的托盘时，亮起绿色）
6	前/后盖可用：传感器 CL_BG8 指示灯（当前/后盖存在时，绿色灯亮起）

③应用模块转换，设置参数，其界面如图 3-20 所示。

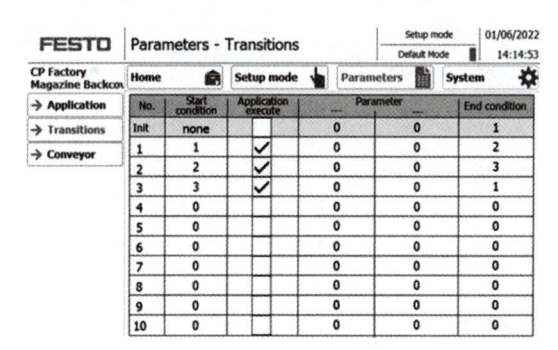

图 3-20 参数设置界面

项目三 CP Lab 实训系统的料仓工作站 195

项目实施

姓名：	学号：	班级：	日期：
CP Lab 实训系统料仓工作站认知工作手册			

课堂笔记

- 任务接收

团队任务分配表

序号	角色	姓名	学号	分工
1	组长			
2	组员			
3	组员			
4	组员			
5	组员			
6	组员			

- 任务准备

工作方案设计表

序号	工作内容	负责人
1		
2		
3		
4		
5		
6		
7		
8		

实训设备、工具与耗材清单

序号	名称	型号与规格	数量	备注
1				
2				
3				
4				
5				
6				
7				

领取人： 　　　　　　　　　　归还人：

- **任务实施**

  （1）描述 CP Lab 实训系统料仓工作站整体功能

  任务实施过程记录表 1

序号	料仓模块整体功能描述
1	存储_____
2	释放_____
3	控制_____运行
4	提供_____界面
5	其他注意事项： _____ _____ _____ _____

  （2）描述 CP Lab 实训系统料仓工作站硬件结构

  任务实施过程记录表 2

序号	料仓工作站硬件结构描述	
1	料仓工作站硬件整体结构	
2	料仓工作站背面硬件元器件	
3	料仓工作站正面硬件元器件	
4	料仓工作站侧面硬件元器件	

  （3）描述 CP Lab 实训系统料仓工作站运行工作流程

  任务实施过程记录表 3

料仓工作站运行工作流程描述			
负责人		验收签字	

  （4）检查硬件运行前的安全性

  连接硬件电路，检测各电路正确性，确保无误后再通电使用。

课堂笔记

任务实施过程记录表 4

硬件运行前安全检查						
检查内容（正常打"√"，不正常打"×"，并检查更正）						
检查模块	工具部件无遗留、无杂物	硬件安装牢固	无接线错误、接线不牢	流量压力正常、阀门打开、指示正常	检查设备各部正常无损坏、无短路、无发热等不良现象
料仓工作站					
激光测量工作站					
钻孔加工工作站					
工件输出工作站					
负责人				验收签字	

（5）手动操作完成小车工作流程

完成小车启动、阻挡、停止、下料、放行等功能。

任务实施过程记录表 5

手动操作完成小车工作流程								
检查内容（正常打"√"，不正常打"×"，并检查更正）								
检查项目	小车进入传输带	阻挡器阻挡小车	料仓模块下降至放料位置	料仓放置在工件载体上	料仓模块上升至起始位置	阻挡器放行小车	小车离开传输带
料仓中有前盖小车中有托盘托盘中有工件							
料仓中有前盖小车中有托盘托盘中无工件							
料仓中有前盖小车中无托盘托盘中无工件							
料仓中无前盖小车中有托盘托盘中有工件							
其他							

工作手册

姓名：	学号：	班级：	日期：

课堂笔记

CP Lab 实训系统料仓工作站装调工作手册

- 任务接收

团队任务分配表

序号	角色	姓名	学号	分工
1	组长			
2	组员			
3	组员			
4	组员			
5	组员			
6	组员			

- 任务准备

工作方案设计表

序号	工作内容	负责人
1		
2		
3		
4		
5		
6		
7		
8		

实训设备、工具与耗材清单

序号	名称	型号与规格	数量	备注
1				
2				
3				
4				
5				
6				
7				

领取人：　　　　　　　　　　　　归还人：

项目三　CP Lab 实训系统的料仓工作站

- **任务实施**

  (1) 描述 CP Lab 实训系统料仓工作站整体功能

  任务实施过程记录表 1

序号	料仓工作站整体功能描述	
1	料仓工作站硬件整体结构	
2	料仓工作站背面硬件元器件	
3	料仓工作站正面硬件元器件	
4	料仓工作站侧面硬件元器件	

  (2) 描述 CP Lab 实训系统料仓工作站料仓安装工作流程

  任务实施过程记录表 2

料仓工作站料仓安装工作流程描述
(1) 准备料仓元件 步骤：
(2) 安装料仓托板 步骤：
(3) 安装料仓支架 步骤：
(4) 安装分料气爪 步骤：
(5) 安装滑台气缸 步骤：
(6) 安装电磁阀岛 步骤：
(7) 安装光纤传感器 步骤：
(8) 安装 RFID 步骤：
(9) 安装其他电缆 步骤：
(10) 固定料仓 步骤：

课堂笔记

（3）描述 CP Lab 实训系统料仓工作站 HMI 界面结构

任务实施过程记录表 3

序号	HMI 界面主菜单	详细描述
1	Home 主页界面	包括内容
2	Setup mode 计划模式界面	包括内容
3	Parameters 参数界面	包括内容
4	System 系统界面	包括内容

（4）描述 CP Lab 实训系统料仓工作站 HMI 手动控制设备工作流程

任务实施过程记录表 4

HMI 手动控制设备工作流程描述
（1）Home 主页界面 步骤：   （2）Setup mode 计划模式界面 ①Application 应用模块手动测试步骤：   ②Belt 传输带手动测试步骤：   ③Stopper 阻挡器模块手动测试步骤：   ④RFID 传感器读写手动测试步骤：   （3）Parameters 参数界面 步骤：

（5）安装 CP Lab 实训系统料仓工作站料仓
安装时，按照工作流程进行，每个步骤确保检查无误后再进行下一步骤的安装。

任务实施过程记录表 5

安装过程检查			
检查内容（正常打"√"，不正常打"×"，并检查更正）			
安装项目	安装过程中无器件遗留、无杂物	硬件安装正确	硬件安装牢固	分离片可拉出收回，活动自如无阻碍
准备料仓元件				
安装料仓托板				
安装料仓支架				
安装分料气爪				
安装滑台气缸				
安装电磁阀岛				
安装光纤传感器				
安装 RFID				
安装其他电缆				
固定料仓				

（6）CP Lab 实训系统料仓工作站 HMI 手动控制设备操作

操作时，按照上述的工作流程进行，同步口头描述手动操作过程。

任务实施过程记录表 6

操作过程检查			
检查内容（正常打"√"，不正常打"×"，并检查更正）			
项目		操作描述正确	操作无误	操作安全
Home 主页界面操作	Home 主页界面手动操作			
Setup mode 计划模式界面操作	Application 应用模块手动测试			
	Belt 传输带手动测试			
	Stopper 阻挡器模块手动测试			
	RFID 传感器读写手动测试			
Parameters 参数界面操作	Start condition 开始条件满足手动测试			
	Start condition 开始条件不满足手动测试			

考核评价

项目三　考核评价表 1

<table>
<tr><td colspan="7" align="center">《CP Lab 实训系统料仓工作站认知》任务</td></tr>
<tr><td rowspan="2">基本信息</td><td>班级</td><td></td><td>学号</td><td></td><td>分组</td><td></td></tr>
<tr><td>姓名</td><td></td><td>时间</td><td></td><td>总分</td><td></td></tr>
<tr><td>项目内容</td><td colspan="2">评价标准</td><td>分值</td><td>自评</td><td>小组互评</td><td>教师评价</td></tr>
<tr><td rowspan="5">任务考核
（60%）</td><td colspan="2">描述料仓工作站的整体功能</td><td>20</td><td></td><td></td><td></td></tr>
<tr><td colspan="2">描述料仓工作站硬件结构</td><td>20</td><td></td><td></td><td></td></tr>
<tr><td colspan="2">描述料仓工作站运行工作流程</td><td>20</td><td></td><td></td><td></td></tr>
<tr><td colspan="2">手动操作完成料仓工作站工作流程</td><td>40</td><td></td><td></td><td></td></tr>
<tr><td colspan="2" align="center">任务考核总分</td><td>100</td><td></td><td></td><td></td></tr>
<tr><td rowspan="6">素养考核
（40%）</td><td colspan="2">操作安全规范</td><td>20</td><td></td><td></td><td></td></tr>
<tr><td colspan="2">遵守劳动纪律</td><td>20</td><td></td><td></td><td></td></tr>
<tr><td colspan="2">分享、沟通、分工、协作、互助</td><td>20</td><td></td><td></td><td></td></tr>
<tr><td colspan="2">资料查阅、文档编写</td><td>20</td><td></td><td></td><td></td></tr>
<tr><td colspan="2">精益求精、追求卓越</td><td>20</td><td></td><td></td><td></td></tr>
<tr><td colspan="2" align="center">素养考核总分</td><td>100</td><td></td><td></td><td></td></tr>
</table>

项目三　考核评价表 2

<table>
<tr><td colspan="7" align="center">《CP Lab 实训系统料仓工作站装调》任务</td></tr>
<tr><td rowspan="2">基本信息</td><td>班级</td><td></td><td>学号</td><td></td><td>分组</td><td></td></tr>
<tr><td>姓名</td><td></td><td>时间</td><td></td><td>总分</td><td></td></tr>
<tr><td>项目内容</td><td colspan="2">评价标准</td><td>分值</td><td>自评</td><td>小组互评</td><td>教师评价</td></tr>
<tr><td rowspan="8">任务考核
（60%）</td><td colspan="2">描述料仓工作站及安装流程</td><td>20</td><td></td><td></td><td></td></tr>
<tr><td colspan="2">料仓站模块分料</td><td>20</td><td></td><td></td><td></td></tr>
<tr><td colspan="2">滑台气缸及料仓气缸接近开关</td><td>10</td><td></td><td></td><td></td></tr>
<tr><td colspan="2">电磁阀岛</td><td>10</td><td></td><td></td><td></td></tr>
<tr><td colspan="2">光纤传感器（工件检测）</td><td>10</td><td></td><td></td><td></td></tr>
<tr><td colspan="2">安装 RFID 传感器</td><td>10</td><td></td><td></td><td></td></tr>
<tr><td colspan="2">HMI 操作控制</td><td>20</td><td></td><td></td><td></td></tr>
<tr><td colspan="2" align="center">任务考核总分</td><td>100</td><td></td><td></td><td></td></tr>
<tr><td rowspan="6">素养考核
（40%）</td><td colspan="2">操作安全规范</td><td>20</td><td></td><td></td><td></td></tr>
<tr><td colspan="2">遵守劳动纪律</td><td>20</td><td></td><td></td><td></td></tr>
<tr><td colspan="2">分享、沟通、分工、协作、互助</td><td>20</td><td></td><td></td><td></td></tr>
<tr><td colspan="2">资料查阅、文档编写</td><td>20</td><td></td><td></td><td></td></tr>
<tr><td colspan="2">精益求精、追求卓越</td><td>20</td><td></td><td></td><td></td></tr>
<tr><td colspan="2" align="center">素养考核总分</td><td>100</td><td></td><td></td><td></td></tr>
</table>

项目三　考核评价表 3

基本信息	《CP Lab 实训系统料仓工作站 HMI 操作控制》任务					
	班级		学号		分组	
	姓名		时间		总分	
项目内容	评价标准	分值	自评	小组互评	教师评价	
任务考核 （60%）	描述 HMI 界面结构	20				
	描述使用 HMI 手动控制设备工作流程	30				
	利用 HMI 手动控制设备操作	50				
	任务考核总分	100				
素养考核 （40%）	操作安全规范	20				
	遵守劳动纪律	20				
	分享、沟通、分工、协作、互助	20				
	资料查阅、文档编写	20				
	精益求精、追求卓越	20				
	素养考核总分	100				

课后拓展

1. 查阅资料，了解光纤传感器的应用。
2. 查阅资料，了解 RFID 系统的构成及应用。

项目四　CP Lab 实训系统的激光测量工作站

学习目标

- **知识目标**
1. 熟悉激光测量工作站机械结构硬件的组成和组装；
2. 掌握激光测量工作站的电气连接及气动端口；
3. 掌握测量原理。

- **技能目标**
1. 手动完成激光测量工作站机械结构硬件的组装；
2. 手动完成激光测量工作站的电气连接及气动端口。

- **素质目标**
1. 培养学生精益求精的大国工匠精神，激发学生科技报国的家国情怀和使命担当；
2. 培养学生遵守生产规范的习惯以及爱岗敬业、团结协作的职业素养；
3. 要求学生明确专业目标，学会规划职业目标。

项目描述

本项目中主要测量工件的两个点的高度差，用测的数值与设定的数值进行比较，依此来判断工件是"合格"或"不合格"。其中绿色表示"合格"，黄色表示"检测中"，红色表示"不合格"。其功能为方向和误差检测，用来测量放置部件的质量。具体使用设备模块实物如图 4-1 所示。实施过程分两个阶段：

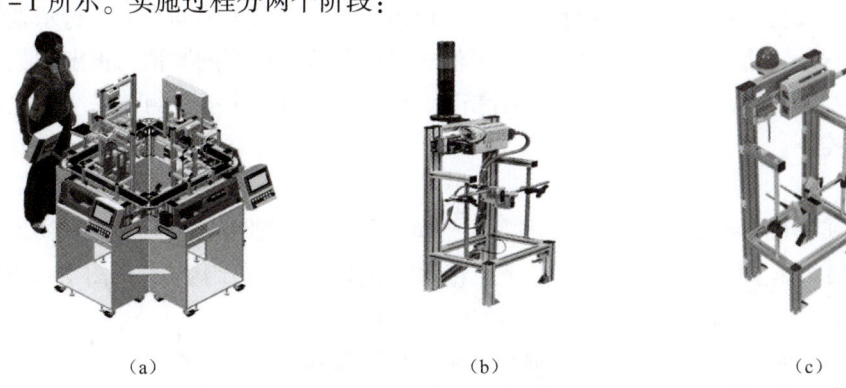

(a)　　　　　　　　　(b)　　　　　　　　　(c)

图 4-1　激光测量工作站

(a) CP Lab 实训系统工作站；(b) V1 版本激光测量工作站；(c) V2 版本激光测量工作站

第一个阶段通过学习激光测量工作站的整体功能，了解激光测量工作站硬件结构，掌握激光测量工作站的测量原理，完成手机盖前盖、后盖的区分以及放置方向的检测。

第二个阶段是激光测量工作站装调，具体描述激光测量工作站激光测距传感器的校准与调试，完成人机界面的操作。

本项目第一个阶段要完成的实训内容如下：
（1）认知激光测量工作站的整体功能；
（2）学习激光测量工作站的机械结构硬件及其工作流程；
（3）学习激光测量工作站的组装过程；
（4）明确测量原理。

本项目第二个阶段要完成的实训内容如下：
（1）描述激光测距传感器的测量原理；
（2）描述激光测距传感器的校准；
（3）熟悉激光测量工作站之人机界面制作（HMI）。

实训前的准备工作：
（1）实训资料：CP Lab 实训系统结构实物图、电气控制线路图、工作手册等，保证完整；
（2）实训工具：CP Lab 实训系统设备、电工工具一套；
（3）实训场地：保证作业场所的整齐、规范、有序；
（4）安全教育：安全操作指导手册一份。

知识链接

CP Lab 实训系统激光测量工作站是生产工序中的第二个工作站。

一、CP Lab 实训系统激光测量工作站认知

在本任务中，通过认知激光测量工作站，学习激光测量工作站机械结构硬件的组成和组装、描述电气连接及气动端口、描述测量原理。

1. CP Lab 实训系统激光测量工作站的整体功能

CP Lab 实训系统激光测量工作站是为手机盖零件的质量控制而设计的。该模块有两个模拟传感器，采用三角函数测量法进行测量。首先，将传感器安装到工作站的工作区域，利用采样点在示教治具的上台面与下台面两个不同点上进行示教的方法调试传感器，然后，再通过两个检测点的模拟值测量高度差，用测的数值与设定的数值进行比较，依此来判断工件是"合格"或"不合格"，并通过指示灯显示检测结果。由此可以进行简单的质量控制。

2. CP Lab 实训系统激光测量工作站的硬件结构

CP Lab 实训系统激光测量工作站的硬件结构包括两个激光测距传感器、检测指示灯（3色）、模拟量接线端子排、对射式光电传感器、光电传感器本体等。机械结构硬件如图 4-2 所示。

3. CP Lab 实训系统激光测量工作站的工作流程

当所有连接都已经正确完成，并通过安全检查后按如下流程工作：

（1）小车携带手机盖工件通过激光测量工作站的测量挡光板时，小车停止，并启动自动模式；

（2）激光测距传感器测量手机盖工件上的高低两点，并测算高度差；

（3）如果测量和评估合格，则小车被释放，手机盖被传输到下一工作站。

图 4-2　激光测量工作站的机械结构硬件
1—模拟量接线端子排；2—激光测距传感器 1；3—激光测距传感器 2；
4—对射式光电传感器；5—检测指示灯（3 色）；6—I/O 接线盒；7—光电传感器本体

二、CP Lab 实训系统激光测量工作站装调

1. CP Lab 实训系统激光测量工作站的安装流程

（1）工作站元器件组装过程。

激光测量工作站的组装内容主要是将激光传感器、调节杆和紧固件连接与固定。

首先，将激光传感器和短调节杆组装在一起。将短调节杆上有微小凸台的一端与激光传感器的支架固定在一起，用螺栓进行固定。

其次，将长调节杆穿过紧固件中间的孔位固定在一起，再将长调节杆固定在设备上，注意长调节杆带凸台的一端朝上，用长螺栓进行固定，将设备倒放，从底部固定长调节杆。然后将已组装的传感器装在紧固件上，旋紧紧固件的旋转螺栓。按照此顺序安装另一侧硬件。安装完成后再次对短调节杆和传感器进行调节，要求短调节杆处于水平状态，传感器处于垂直状态，两端设备尽量处于同一水平高度。

最后，连接传感器接线线缆。BG2 的线缆连接 BG2 的传感器，BG3 的线缆连接 BG3 的传感器，注意线缆的孔要与针脚对齐，插进去后再把螺母锁紧固定。

对整个工作站的底层连接，请按照如下方式连接：

首先，将两个槽螺母 M5 放入前十字轮廓的前槽中。再将另外两个槽螺母放入外形的后槽。插槽螺母必须调整到应用程序模块配置文件的距离。然后，安装该应用程序模块，将插槽螺母放置在安装支架下，以便螺钉能够固定。使用填充器头螺钉 M5×8，此时应用模块的安装支架已连接到横梁上，但尚未固定。当放置所有螺钉后，应用程序模块仍然可以移动到所需的位置。一旦这个位置被固定好，只需要拧紧螺钉，并将盖子安装在安装支架上。其安装示意图如图 4-3 所示。

（2）工作站电气连接及气动端口组装过程

应用程序模块与基本模块的电路板连接，将应用程序模块的 I/O 盒连接到工作站基本模

块的电气板上的 I/O 端子，当连接到另一个模块时，I/O 端子的终端名称可能发生变化。应用模块的模拟端子与基本模块的电气板上的模拟端子相连。连接示意图如图 4-4 所示。

图 4-3　工作站底层固定连接示意图

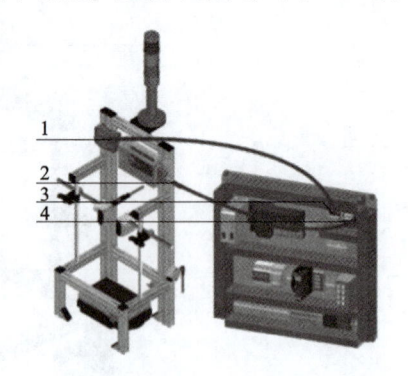

图 4-4　应用程序模块与基本模块的电路板连接
1—应用模块模拟端子；2—应用模块 I/O 盒；
3—电气板上 I/O 端子；4—电气板上模拟端子

应用程序模块的气动端口连接，将应用模块从阀门端子连接到输送机处的开关阀，即将气管插入 QS 插头。其示意图如图 4-5 所示。

（3）传感器调试过程。

激光测距传感器与测量对象的距离必须保持在其工作范围内。因此，在校准传感器的模拟输出信号之前，必须对传感器进行机械调整。

利用这两个传感器，我们希望对工件的两个测量距离进行比较测量。首先，调整传感器到调色板的距离，使其适合操作范围。对于后面的测量，调色板将是坐标原点。激光测距传感器 dBG2 和 dBG3 必须在 50 mm ~ 300 mm 的工作范围内，而实际使用是在 200 mm ~ 250 mm 之间的距离。两个传感器可以调整到相同的距离，调整传感器使光束直接射到工件上。对于反射性很强的物体，可以将传感器安装角度大概与 Z 轴成 5°角。调试结构如图 4-6 所示。

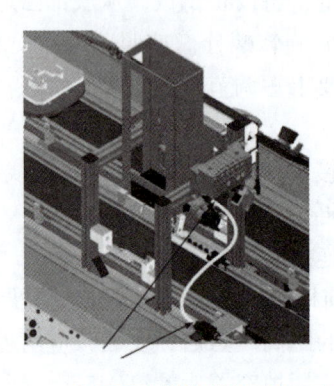

图 4-5　应用程序模块的气动端口连接

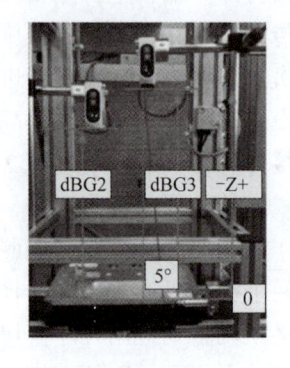

图 4-6　传感器连接调试结构

2. CP Lab 实训系统激光测距传感器原理

CP Lab 激光测量工作站的两个模拟量激光测距传感器，采用三角函数测量法工作，将传感器安装在各自的工作区域内进行示教，测量的两个点高度差的模拟量值就是需要检测的值。激光测距测量构件如图 4-7 所示。

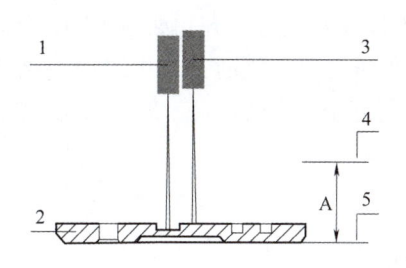

图 4-7 激光测距测量构件示意图

1—BG2；2—BG3；3—前盖工件；4—最大测量高度 A = 40 mm；
5—最小测量高度 0 mm

激光测距具体检测过程：由发射器发出激光脉冲，激光遇到物体被漫反射，接收器接收到反射回来的激光，通过光速、发射接收时间差、光束夹角，利用三角函数关系，计算出物体的实际距离。其三角法测量原理如图 4-8 所示，检测参数转换过程如图 4-9 所示。

费斯托 SOEL - RTD - Q50 - PP - S - 7L 型激光测量参数如下：
（1）额定测量范围：80 mm ~ 300 mm；
（2）额定输出信号：4 mA ~ 20 mA；
（3）校准测量范围：0 mm ~ 40 mm。

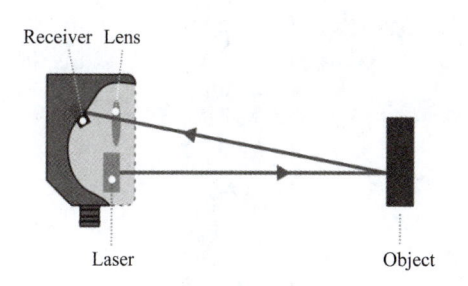

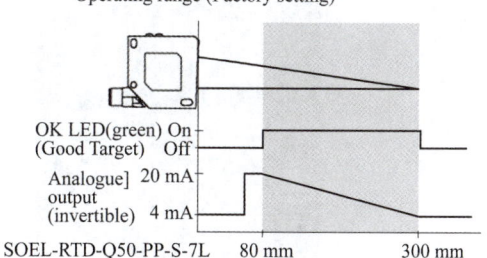

图 4-8 激光测距传感器三角法测量原理图　　图 4-9 激光测距传感器检测参数转换过程

3. CP Lab 实训系统激光测距传感器示教调试过程

激光测距传感器的示教是工件质量检测的基础，示教结果直接影响测量精度。下面我们来学习一下示教过程。示教治具如图 4-10 所示。传感器测量范围校准到 0 mm ~ 40 mm 的量程，0 mm 在示教治具的下台面，40 mm 在示教治具的上台面。示教治具示教两个极限点位置如图 4-11 所示。

CP Lab 实训系统激光测距传感器示教调试过程

示教过程首要调试好传感器，之后在工作范围内进行示教。

同时按 S & T 按钮至少 3 s 以激活设置模式，在设置模式下同时按 S & T 按钮以退出设置模式。

设置模式中按一次 T 键即可跳转到菜单选择中的一个点，在设置模式下按一次 S 键，即可保存当前值。

为了设置传感器的测量范围并提高分辨率，在本项目中必须将传感器的输出信号设置为模拟信号。0% 的模拟输出被设置为 Z 轴的零点，即托盘高度。最大输出 100% 设置为"示教治具的高度"。

调试过程中，将传感器尽可能垂直与待测试的工件或者托盘对齐。如图 4-12 所示。

托盘不能放置任何物体，在开始时，零点设置在托盘上，同时按下 BG2 传感器上的 T 和 S 按钮至少 3 s。之后 LED "Q1" 应该亮起橙色，绿色状态的 LED 应该闪烁。如果在传感器上调用设置菜单，绿色状态的 LED 闪烁。如图 4-13 所示。

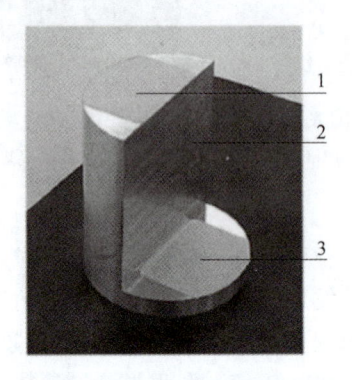

图 4-10　激光测距传感器示教治具

1—空白标签：用于设置 100% - value 的示教对象的上方测量面；2—示教对象；
3—空白标签：用于设置 0% - value 的示教对象的下方测量面

图 4-11　示教治具示教极限点位置

图 4-12　传感器安装　　　　图 4-13　BG2 传感器设置状态

多次按下 T 按钮（15x）以设置下限，直到 LED 出现以下现象：在设置菜单的第 15 项中，只有 OK LED 亮起，绿色状态 LED 继续闪烁。使用 S 按钮，可以接受 0% 值的模拟输出的当前设置。移除工件，在工件托盘上的传感器下限内示教（0 mm）。如图 4-14 所示。

再次按 T 按钮以设置上限，直到 LED 出现以下现象：在设置菜单的第 16 项中，OK LED 和"Q1"的 LED 亮起，绿色状态 LED 继续闪烁。S 按钮可用于接受 100% 值的模拟输出的当前设置。现在位于传感器设置功能的菜单项 16 中，其中模拟输出可以设置为 100%。插入测试工具并将传感器设定到上限（40 mm）。现在按 S 按钮，传感器到物体的当前距离取为 100% 值。如图 4-15 所示。

接下来按住 T 按钮的同时，按 S 按钮退出设置功能。绿色状态 LED 应不再闪烁。拆下已安装的工件，并重复这些步骤调度传感器 BG3。最后拆卸工件，并将传感器 BG2 和 BG3 重置至 HMI。

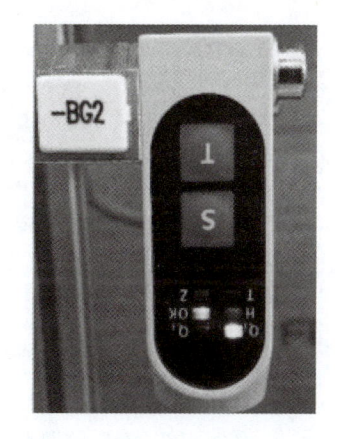

图 4-14　BG2 传感器设置 0%值　　图 4-15　BG2 传感器设置 100%值

4. CP Lab 实训系统激光测距工作站 HMI 操作控制

首先将设置进入 Default 工作模式，如图 4-16 所示。

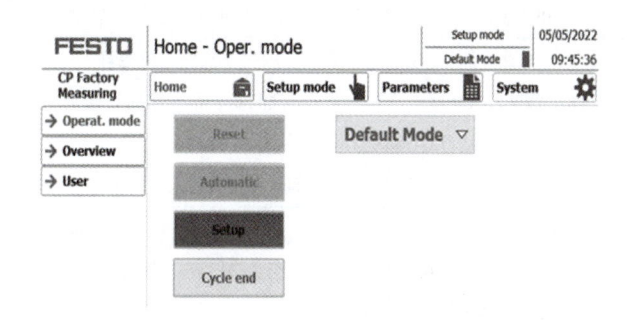

图 4-16　Default 工作模式

转到设置页面，并单击 Application 进入应用程序模块，如图 4-17 所示。进入 HMI 的激光测距传感器的范围值示教界面。如图 4-18 所示。其具体参数含义见表 4-1。

CP Lab 实训系统激光测距工作站 HMI 操作控制

项目四　CP Lab 实训系统的激光测量工作站　211

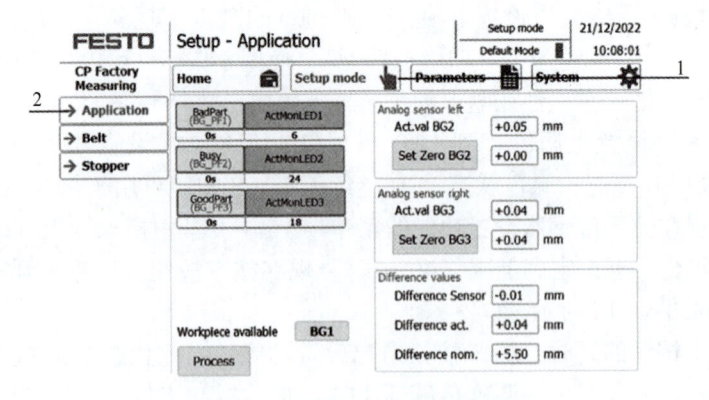

图 4-17　HMI 应用程序模块

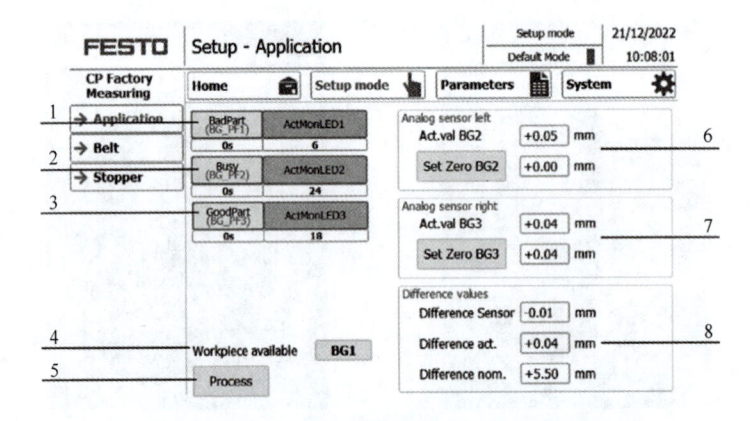

图 4-18　HMI 的激光测距传感器的范围值示教界面

表 4-1　HMI 的激光测距传感器的范围值示教界面参数含义

序号	含义
1	BadPart 显示 BG_PF1 表示（激活状态为蓝色）/工件不重合，按钮启动指示 1/打开红色指示灯
2	Busy 显示 BG_PF2（激活状态为蓝色）/活动应用程序模块，橙色灯上的 2 开关
3	GoodPart 显示 BG_PF3（激活状态为蓝色）/工件测量正常，按钮启动指示 3/打开绿色指示灯
4	如果被激活，显示工件可用/BG1/绿色
5	处理进程键可以用来跳转到进程屏幕。单个模拟值的当前级数以图形方式显示
6	如果激活，显示模拟传感器左侧 BG2 激活/绿色，当传感器复位时，保存模拟值的当前值，并从相应的传感器值中减去。只要按下其中一个"零键"至少 200 ms，就会被激活一次。通过闪烁的信息窗口指示操作员是否正确，必须主动单击此消息窗口
7	如果激活，显示模拟传感器左侧 BG3 激活/绿色，当传感器复位时，保存模拟值的当前值，并从相应的传感器值中减去。只要按下其中一个"零键"至少 200 ms，就会被激活一次。通过闪烁的信息窗口指示操作员是否正确，必须主动单击此消息窗口
8	显示差值

一旦检查了合理性，必须通过单击该字段进行确认。如图 4-19 所示。单个模拟值的当前级数以图形方式显示。并通过按钮 Application 应用程序跳回屏幕。如图 4-20 所示。

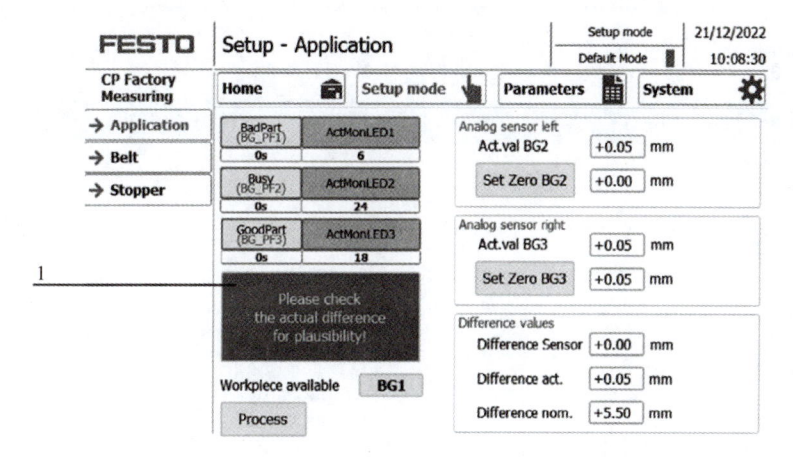

图 4–19　进程处理界面

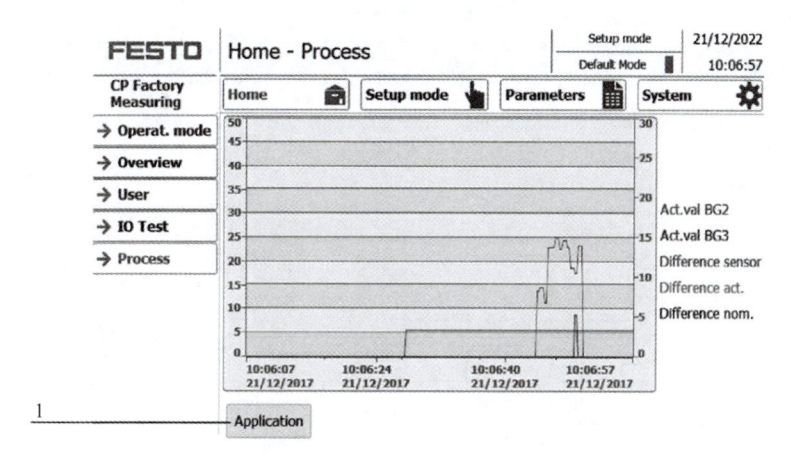

图 4–20　模拟值显示界面

项目实施

姓名：	学号：	班级：	日期：	课堂笔记
CP Lab 实训系统激光测量工作站认知工作手册			

- 任务接收

团队任务分配表

序号	角色	姓名	学号	分工
1	组长			
2	组员			
3	组员			
4	组员			
5	组员			
6	组员			

项目四　CP Lab 实训系统的激光测量工作站　213

- 任务准备

工作方案设计表

序号	工作内容	负责人
1		
2		
3		
4		
5		
6		
7		
8		

实训设备、工具与耗材清单

序号	名称	型号与规格	数量	备注
1				
2				
3				
4				
5				
6				
7				

领取人：　　　　　　　　　　　　　　　归还人：

- 任务实施

（1）描述 CP Lab 实训系统激光测量工作站的整体功能和机械结构硬件组成

任务实施过程记录表1

序号	激光测量工作站的整体功能和机械结构硬件组成
1	描述工作站的整体功能：
2	机械结构硬件包括：

负责人：　　　　　　　　　　　　　　　验收签字：

(2) 描述 CP Lab 实训系统激光测量工作站的工作流程

任务实施过程记录表 2

CP Lab 实训系统激光测量工作站的工作流程			
负责人		验收签字	

(3) 检查硬件运行前的安全性

连接硬件电路，检测各电路正确性，确保无误后再通电使用。

任务实施过程记录表 3

硬件运行前安全检查						
检查内容（正常打"√"，不正常打"×"，并检查更正）						
检查模块	工具部件无遗留、无杂物	硬件安装牢固	无接线错误、接线不牢	流量压力正常、阀门打开、指示正常	检查设备各部正常无损坏、无短路、无发热等不良现象	
料仓工作站						
激光测量工作站						
钻孔加工工作站						
工件输出工作站						
负责人				验收签字		

(4) 手动操作完成小车工作流程

完成小车启动、阻挡、停止、测量、放行等功能。

任务实施过程记录表 4

手动操作完成小车工作流程						
检查内容（正常打"√"，不正常打"×"，并检查更正）						
检查项目	小车进入传输带	阻挡器阻挡小车	挡光板是否有反馈	小车停止	自动模式启动	高度差是否有数值	小车离开传输带
小车携带手机盖工件通过激光测量工作站的测量挡光板							
激光测距传感器测量手机盖工件上两点的高度差							
测量合格							
测量不合格							
其他							

课堂笔记

姓名：	学号：	班级：	日期：

课堂笔记

CP Lab 实训系统激光测量工作站装调工作手册

- 任务接收

团队任务分配表

序号	角色	姓名	学号	分工
1	组长			
2	组员			
3	组员			
4	组员			
5	组员			
6	组员			

- 任务准备

工作方案设计表

序号	工作内容	负责人
1		
2		
3		
4		
5		
6		
7		
8		

实训设备、工具与耗材清单

序号	名称	型号与规格	数量	备注
1				
2				
3				
4				
5				
6				
7				

领取人： 归还人：

- 任务实施

    (1) 描述 CP Lab 实训系统激光测量工作站激光测距传感器的测量原理

    任务实施过程记录表 1

序号	描述激光测距传感器的测量原理	
负责人		验收签字	

    (2) 描述 CP Lab 实训系统激光测量工作站激光测距传感器的示教

    任务实施过程记录表 2

描述激光测距传感器的示教	
负责人		验收签字	

    (3) 手动操作,完成激光测距传感器的示教

    任务实施过程记录表 3

手动操作,完成激光测距传感器的示教	
负责人		验收签字	

    (4) CP Lab 实训系统激光测量工作站之人机界面制作(HMI)

    任务实施过程记录表 4

激光测量模块之人机界面制作(HMI)步骤	
负责人		验收签字	

课堂笔记

项目四　CP Lab 实训系统的激光测量工作站

（5）检查硬件运行前的安全性
连接硬件电路，检测各电路正确性，确保无误后再通电使用。

任务实施过程记录表 5

硬件运行前安全检查					
检查内容（正常打"√"，不正常打"×"，并检查更正）					
检查模块	工具部件无遗留、无杂物	硬件安装牢固	无接线错误、接线不牢	流量压力正常、阀门打开、指示正常	检查设备各部正常无损坏、无短路、无发热等不良现象
料仓工作站					
激光测量工作站					
钻孔加工工作站					
工件输出工作站					
负责人				验收签字	

（6）手动操作，完成激光测量模块之人机界面制作

任务实施过程记录表 6

手动操作，完成激光测量模块之人机界面制作	
负责人	验收签字

考核评价

项目四　考核评价表 1

基本信息	《CP Lab 实训系统激光测量工作站认知》任务				
	班级		学号		分组	
	姓名		时间		总分	
项目内容	评价标准	分值	自评	小组互评	教师评价
任务考核 （60%）	描述激光测量工作站的功能	30			
	描述机械结构硬件和组装	30			
	手动操作完成硬件组装	30			
	描述激光测量工作站的工作流程	20			
	任务考核总分	100			

续表

基本信息	《CP Lab 实训系统激光测量工作站认知》任务				
基本信息	班级		学号		分组	
	姓名		时间		总分	
素养考核（40%）	操作安全规范		20			
	遵守劳动纪律		20			
	分享、沟通、分工、协作、互助		20			
	资料查阅、文档编写		20			
	精益求精、追求卓越		20			
	素养考核总分		100			

项目四 考核评价表 2

	《CP Lab 实训系统激光测量工作站装调》任务				
基本信息	班级		学号		分组	
	姓名		时间		总分	
项目内容	评价标准	分值	自评	小组互评	教师评价
任务考核（60%）	描述激光测距传感器的测量原理	20			
	描述激光测距传感器的示教	20			
	熟悉激光测量模块之人机界面制作（HMI）	20			
	手动操作，完成激光测距传感器的示教	20			
	手动操作，完成激光测量模块之人机界面制作	20			
	任务考核总分	100			
素养考核（40%）	操作安全规范	20			
	遵守劳动纪律	20			
	分享、沟通、分工、协作、互助	20			
	资料查阅、文档编写	20			
	精益求精、追求卓越	20			
	素养考核总分	100			

课后拓展

1. 查阅资料，了解激光传感器的构成及工作原理。
2. 查阅资料，了解激光传感器的应用。

项目五　CP Lab 实训系统的钻孔加工工作站

学习目标

- 知识目标

1. 掌握钻孔加工工作站的组成及整体功能、工作流程；
2. 掌握钻孔加工工作站机械装调、传感器装调；
3. 掌握对射式光电传感器的检测方法。

- 技能目标

1. 钻孔加工工作站机械装调能力；
2. 钻孔加工工作站电气装调能力；
3. 相关传感器维修维护能力。

- 素质目标

1. 培养学生安全生产的职业意识，增强团队合作精神；
2. 培养学生分析问题与解决问题的能力；
3. 培养学生树立正确的职业态度与职业作风，加强成本意识和绿色环保意识。

项目描述

本项目主要实现对手机盖实施钻孔，当工件进入钻孔加工工作站时，通过传感器检测，并通过阻挡模块将小车托盘停止到传输带上。当小车停止时检查是否有工件，检查工件是否符合设置要求，并按设置钻孔要求实施钻孔，之后离开钻孔模块，具体实施分两个阶段进行：

第一个阶段通过学习钻孔工作站的整体功能，了解钻孔加工工作站硬件结构，掌握钻孔加工工作站的工作流程，完成手机盖按照订单要求钻孔的操作。

第二个阶段是钻孔加工工作站装调，具体描述钻孔加工工作站硬件装调过程，完成人机界面的操作。

本项目第一个阶段要完成的实训内容如下：
（1）认知钻孔加工工作站的整体功能；
（2）熟悉钻孔加工工作站的机械硬件结构及其工作流程。

本项目第二个阶段要完成的实训内容如下：
（1）动手实践钻孔加工工作站的硬件组装与调试；
（2）熟悉加工条件检测方法；
（3）熟悉钻孔加工工作站之人机界面制作（HMI）。

实训前的准备工作：

（1）实训资料：CP Lab 实训系统结构实物图、电气控制线路图、工作手册等，保证完整；

（2）实训工具：CP Lab 实训系统设备、电工工具一套；

（3）实训场地：保证作业场所的整齐、规范、有序；

（4）安全教育：安全操作指导手册一份。

安全操作指导手册

知识链接

CP Lab 实训系统的钻孔加工工作站是生产工序中的第三个工作站，实际设备模块实物如图 5-1 所示。

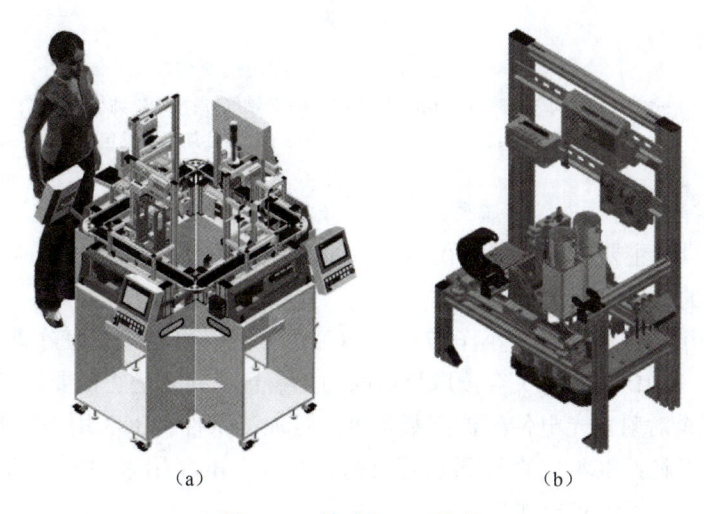

（a）　　　　　　　　　　　（b）

图 5-1　钻孔加工工作站

（a）CP Lab 实训系统工作站；（b）钻孔加工工作站

一、CP Lab 实训系统钻孔加工工作站认知

在本任务中，通过认知钻孔加工工作站的整体功能、机械结构硬件的组成、装调、工作流程，完成小车在钻孔加工单元上的启动、阻挡、停止、钻孔、放行工作流程。

1. CP Lab 实训系统钻孔加工工作站的整体功能

CP Lab 实训系统钻孔加工工作站主要就是钻手机模型的前盖孔，前盖前方两个孔以及后方两个孔。这四个角上四个孔的钻孔部位可以通过 MES 软件或者通过触摸屏进行指定，有三种模式，分别为只钻前方的孔、只钻后方的孔和前后孔都钻。通过这些定制化加工，我们可以实现个性化生产。

CP Lab 实训系统的钻孔加工工作站整体功能

2. CP Lab 实训系统钻孔加工工作站的硬件结构

CP Lab 实训系统钻孔加工工作站包括基础传输带基础组件和钻孔应用模块，基础传输带基础组件为实训系统的通用设备。基础传输模块主要包括外框架、传送带、24 V 电机、止动单元、电路板、接近传感器等。钻孔应用模块位于工位的上方，负责工件的加工操作。设备的控制主要是由 PLC、HMI 等完成，用于控制钻孔动作。

钻孔应用模块构成如图 5-2 所示。当放着工件的托盘从测量单元运输至钻孔加工单元，系统开始执行预先设定的动作，动作分为只左边钻孔、只右边钻孔、两边同时钻孔。钻孔完成后输送带运输托盘，传送至仓储单元。

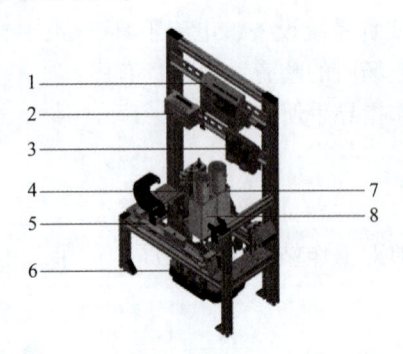

图 5-2 钻孔加工工作站应用模块构成
1—PLC；2—阀岛；3—启动电流限制器；4—Z 轴气缸；5—X 轴移动导轨；
6—盘及工件；7—钻孔加工工具包 1；8—钻孔加工工具包 2

3. CP Lab 实训系统钻孔加工工作站的工作流程

钻孔加工工具包主要用于实现钻孔操作，工具包由外壳、电机、钻头等组成。在自动模式下，一个完整的工作流程为：

（1）当上一个工作站的托盘小车被运到加工位置时，阻挡模块使小车停止；阻挡模块上有 RFID 芯片，RFID 的读写头会读取里面的加工信息，判断是否需要加工以及如何加工。

（2）通过三个对射式光电传感器判断是否满足加工条件；BG3 用来检测方向是否正确，正反面是否放置正确；BG4 用来检测是否有前盖工件；BG8 用来检测是否有后盖工件。上述几个条件满足，就可以实现加工。

（3）根据订单要求，进行定制化钻孔加工，两个钻具初始位置在左侧，打开钻头。

（4）如果是两边都需要钻孔，则钻具装置先向下钻孔，之后向上抬到位，再将钻具装置沿 X 轴运行到合适的位置，钻具装置向下钻孔，钻具装置向上运行，到位后关闭钻头。

（5）将钻具装置再沿 X 轴回到左侧初始位置。

（6）阻挡模块放行小车，进入下一个工序。

需要注意的是，第（2）步如果不满足加工条件，那么小车将会被直接放行，进入到下一个工作站。不满足加工条件的情况有很多，比如对射光电检测，发现前盖装反；或者在前面的测量站，测量的尺寸不合格；或者其他不满足加工条件的情况；都会将信号传递至钻孔站，使得小车不会被加工。

二、CP Lab 实训系统钻孔工作站机械结构装调

1. CP Lab 实训系统钻孔工作站的安装流程

本任务实施前需要进行设备安装与接线，为保证所有部件能够成功连接，所有的设备、线缆等均已进行清晰的标记。设备安装具体流程如下：

（1）安装开关电源模块，主电源为家用电 220 V。左上方红线为 24 V 输入，左下方蓝线为 0 V，黄线为接地线。安装效果如图 5-3 所示。

（2）安装基础传送模块。在 CP Lab 实训系统中，所有单元基础传送部分的硬件和软件

都是一样的，传送模块包括 PLC、传送带、电机、驱动器等。安装效果如图 5-4 所示。

（3）安装钻孔应用模块，需要的器件大致有外框架、钻孔工具包、X 轴气缸、Z 轴气缸、磁性开关、光纤传感器等，安装效果如图 5-5 所示。

图 5-3　开关电源模块安装　　　图 5-4　基础传送模块安装　　　图 5-5　钻孔应用模块安装

①钻孔加工工具的安装与调试。

钻孔应用模块的装调最关键的是要先把钻孔加工工具包组装起来。钻孔加工工具包内部主要有钻孔电机、钻头、保护罩、螺栓、顶丝等。

第一步，将钻孔电机的按钮打到 ON 的状态，塞进保护罩，并将上下保护罩拼在一起；注意压扣和孔对准，拼齐的时候，注意电缆插头和这个孔在同一侧，然后用螺栓固定并拧紧；接下来将顶丝拧入，并用内六角把顶丝拧紧；注意需要将三面顶丝都进行拧紧固定。

第二步，将组装好的钻头安装上去，装钻头的时候注意需要将压扣压住，这样钻头才可以固定，否则钻头会随着拧紧的操作一起旋转。钻孔加工工具包组装好后的安装效果如图 5-6 所示。

②钻孔加工工具包与外框架连接安装与调试。

首先将两个 M5 槽螺母放入前横梁的前槽中，然后将另外两个槽螺母放入型材的后槽中。之后根据应用模块型材的距离调整槽螺母。接下来安装钻孔工具包，必须将槽螺母放在安装支架下方，以便固定螺钉。使用 M5×8 圆头螺钉，将钻孔应用模块的安装支架放置到十字型材，当所有螺钉都安装好后，应用模块仍然可以移动到所需的位置，并确保可以正确传送工件。位置固定后，拧紧螺钉并将盖板放在安装支架上，安装效果如图 5-7 所示。

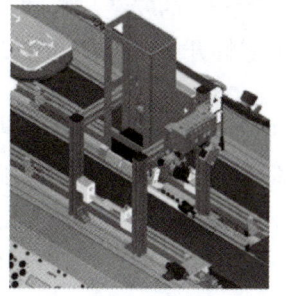

图 5-6　钻孔加工工具包组装　　　图 5-7　钻孔加工工具包与外框架连接

③气路安装与调试。

将气管（标准尺寸为 4 mm）插入 QS 插头，完成阀岛到传送带上开关阀的连接。效果如图 5-8 所示。

④钻孔加工应用模块的传感器安装与调试。

钻孔加工模块的加工是通过传感器实现对是否有托盘、是否有工件以及工件摆放是否符合要求几种情况进行检测的。

光纤式对射传感器通过可见红外光实现是否有托盘工件的检测。调节对射传感器，将光纤头彼此相对连接到位置处，使发射器和接收器光纤对齐。用小螺丝刀转动调节螺钉，直到出现开关状态有显示，安装效果如图 5-9 所示。

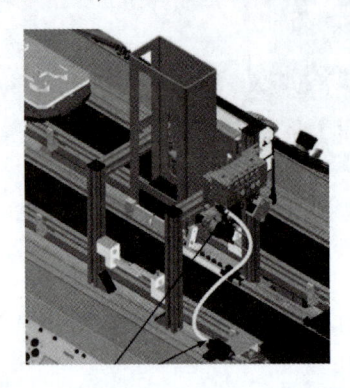

图 5-8 钻孔加工应用模块气路装调 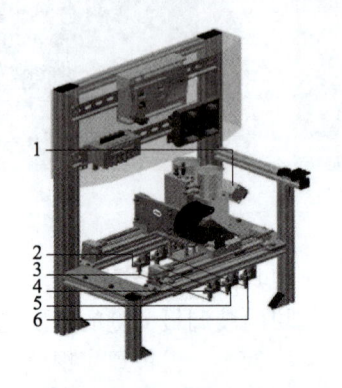　　图 5-9 钻孔应用模块传感器装调

1—光纤传感器数模转换；2—垂直夹紧/调整传感器锁定螺钉；
3—光纤接收传感器；4—光纤发射传感器；
5—光纤发射传感器；6—光纤发射传感器

调试时，先把模拟的手机后盖放置到前盖上方，正确叠加在一起。调节 BG8 传感器，BG8 传感器是要检测传感器的后盖，当有后盖的时候，要让对射光信号被挡住。通过调节高度，让发射器和接收器在同一个水平高度，使状态信号完全被挡住。此时，将前盖拿开，可以看到依然没有信号，说明高度不合适。再来调节一下高度和角度，可以看到此时信号灯已经亮了，再将手机前盖放上去即可看到信号灯已经亮了，说明此时已经安装合适。如果传感器检测不灵敏，可以使用一字螺丝刀，调节传感器本体上的旋钮，顺时针是灵敏度增大，逆时针是灵敏度减小。同样的方法调节其他几个传感器。在前盖放上去时，信号被遮挡，取下之后，正常工作。

⑤磁性开关的安装与调试。

调节磁性开关的位置，实现对钻头在两个端点处位置的检测。安装效果如图 5-10 所示。

⑥流量控制阀的安装与调试。

单向流量控制阀是用于控制双作用驱动单元的运动，通过在相反的方向加上气压实现两个方向上的运动，安装效果如图 5-11 所示。

最后，检查总体线路的完整，确定安全之后通电运行。

2. CP Lab 实训系统钻孔加工工作站 HMI 操作控制

钻孔加工工作站 HMI 界面的运行操作有以下几个步骤：

（1）设置应用模块。首先将程序调节至 Setup 模式，如图 5-12 所示。

（2）单击 Setup mode，进入设置页面，然后单击 Application，进行钻孔应用的相关设置。

CP Lab 实训系统钻孔工作站 HMI 操作控制

图 5-10 钻孔应用模块磁性开关装调
1—Z 轴顶部检测；2—Z 轴底部检测

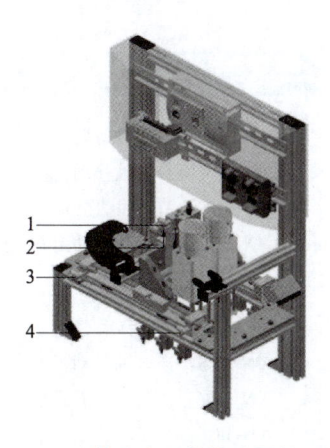

图 5-11 钻孔应用模块流量控制阀装调
1—单向流量控制阀（Z 轴气缸向上用）；
2—单向流量控制阀（Z 轴气缸向下用）；
3—单向流量控制阀（X 轴气缸向左用）；
4—单向流量控制阀（X 轴气缸向右用）

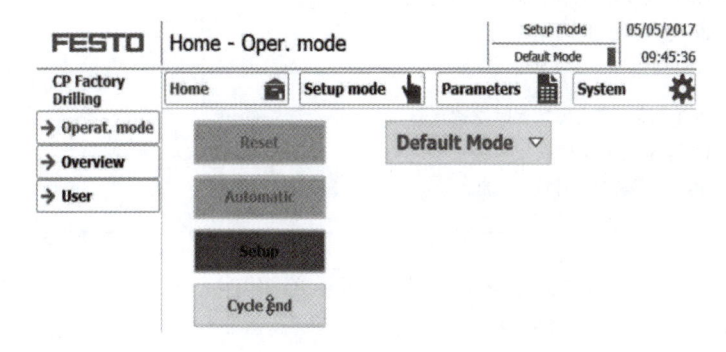

图 5-12 HMI 界面的 Setup 模式

（3）对钻孔应用单元的调节可以通过对应的传感器实现，在 Setup mode 页面下，每一个按键对应的作用设置如图 5-13 所示。钻孔应用功能说明见表 5-1。

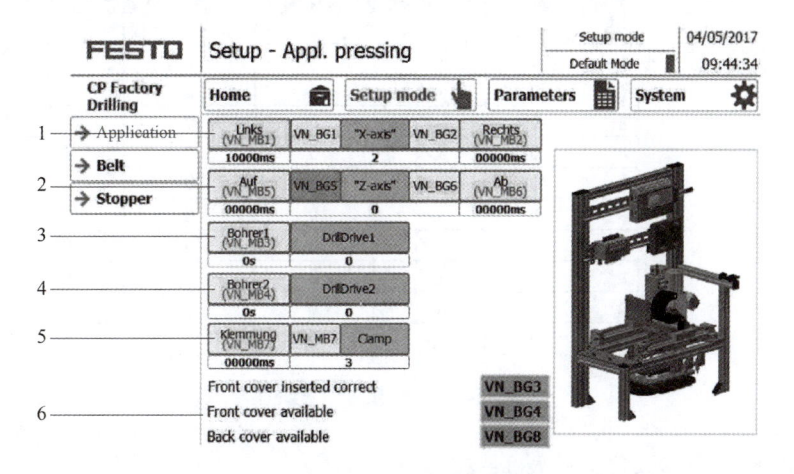

图 5-13 Setup 模式按键设置

项目五 CP Lab 实训系统的钻孔加工工作站 ■ 225

表 5 – 1 钻孔应用模块说明

序号	说明
1	VN_MB1：X 轴移动至左 VN_BG1：当 X 轴移动至左，按键亮起 VN_MB2：X 轴移动至右 VN_BG2：当 X 轴移动至右，按键亮起
2	VN_MB5：Z 轴移动至上方 VN_BG5：当 Z 轴移动至上方，按键亮起 VN_MB6：Z 轴移动至下方 VN_BG6：当 Z 轴移动至下方，按键亮起
3	VN_MB3：启动 1 号钻孔工具（激活后按键亮起）
4	VN_MB4：启动 2 号钻孔工具（激活后按键亮起）
5	VN_MB7：启动夹爪（激活后按键亮起） VN_BG7：夹爪夹持时亮起
6	VN_BG3：前面板正确插入时按键亮起 VN_BG4：前盖在上时按键亮起 VN_BG8：后盖在上时按键亮起

(4) 通信参数的设置在 Parameters 子菜单下，单击 Transitions 进行通信参数的设置，相关参数默认的含义如图 5 – 14 所示。

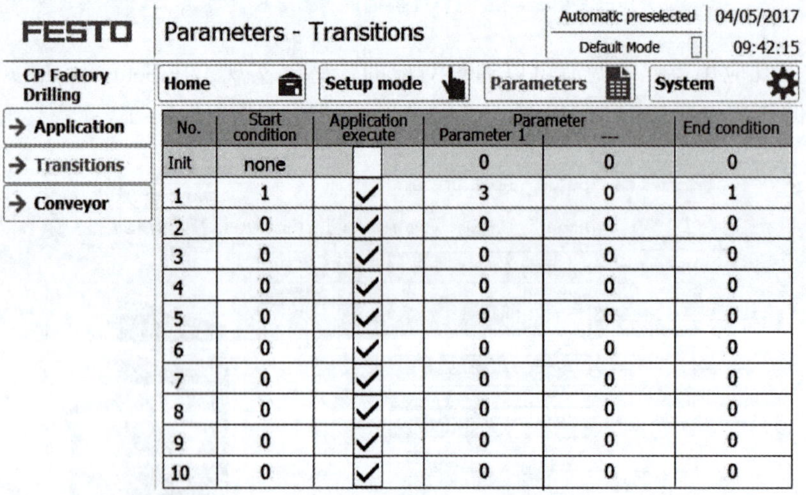

图 5 – 14 通信参数设置说明

在 Default 模式下参数含义见表 5 – 2。

表 5-2　Parameters 含义说明

参数编号	说明
1	参数值含义 1：左边钻孔 2：右边钻孔 3：两边都钻孔
2	未使用
3	未使用
4	未使用

（5）完成钻孔单元加工运行设置，可以直接切换自动模式运行。

项目实施

姓名：	学号：	班级：	日期：	课堂笔记

CP Lab 实训系统钻孔加工工作站认知工作手册

- 任务接收

团队任务分配表

序号	角色	姓名	学号	分工
1	组长			
2	组员			
3	组员			
4	组员			
5	组员			
6	组员			

- 任务准备

工作方案设计表

序号	工作内容	负责人
1		
2		
3		
4		
5		
6		
7		
8		

课堂笔记

实训设备、工具与耗材清单

序号	名称	型号与规格	数量	备注
1				
2				
3				
4				
5				
6				
7				

领取人：　　　　　　　　　　　　　　　　归还人：

- **任务实施**

（1）描述 CP Lab 实训系统钻孔加工工作站整体功能

任务实施过程记录表 1

序号	钻孔加工工作站装调整体描述
1	具有＿＿＿＿及＿＿＿＿模块
2	主要功能为＿＿＿＿＿＿＿＿＿
3	通过＿＿＿＿＿＿＿＿＿＿实现钻孔

（2）描述 CP Lab 实训系统钻孔加工工作站硬件结构

任务实施过程记录表 2

序号	钻孔加工工作站硬件结构描述	
1	钻孔加工工作站整体硬件结构及其功能	
2	钻孔加工工作站中基础传输带基础组件硬件结构	
3	钻孔加工工作站中钻孔应用模块结构	
负责人		验收签字

（3）描述 CP Lab 实训系统钻孔加工工作站工作流程

任务实施过程记录表 3

钻孔加工工作站工作流程描述	
负责人	验收签字

MES 系统应用

（4）检查硬件运行前的安全性

连接硬件电路，检测各电路正确性，确保无误后通电使用。

任务实施过程记录表 4

硬件运行前安全检查						
检查内容（正常打"√"，不正常打"×"，并检查更正）						
检查模块	工具部件无遗留、无杂物	硬件安装牢固	无接线错误、接线不牢	流量压力正常、阀门打开、指示正常	检查设备各部正常无损坏、无短路、无发热等不良现象	
基础传动带模块					
钻孔应用模块					
钻孔加工工具包					
负责人				验收签字		

（5）手动操作完成小车工作流程

完成小车在传输带基础组件上的启动、阻挡、停止、放行等功能。

任务实施过程记录表 5

手动操作完成小车工作流程					
检查内容（正常打"√"，不正常打"×"，并检查更正）					
检查模块	传输带正转	小车进入传输带	阻挡器阻挡小车	进行钻孔	阻挡器放行小车	小车离开传输带
负责人				验收签字	

工作手册

姓名：	学号：	班级：	日期：

CP Lab 实训系统钻孔加工工作站机械结构装调与 HMI 操作工作手册

- 任务接收

团队任务分配表

序号	角色	姓名	学号	分工
1	组长			
2	组员			
3	组员			
4	组员			
5	组员			
6	组员			

项目五　CP Lab 实训系统的钻孔加工工作站

• 任务准备

工作方案设计表

序号	工作内容	负责人
1		
2		
3		
4		
5		
6		
7		
8		

实训设备、工具与耗材清单

序号	名称	型号与规格	数量	备注
1				
2				
3				
4				
5				
6				
7				

领取人：　　　　　　　　　　　　　　　归还人：

• 任务实施

（1）描述 CP Lab 实训系统钻孔加工工作站整体功能

任务实施过程记录表 1

序号	钻孔加工工作站整体功能描述
1	主要进行＿＿＿＿装调和＿＿＿＿装调
2	钻孔加工电机是＿＿＿＿类型电机
3	光电传感器检测距离一般在＿＿＿＿

（2）描述 CP Lab 实训系统钻孔加工工作站硬件结构

任务实施过程记录表 2

序号	钻孔加工工作站硬件结构描述	
1	钻孔加工单元整体硬件结构及其功能	
2	钻孔加工单元机械装调介绍	
3	钻孔加工单元传感器装调介绍	
负责人		验收签字

课堂笔记

(3）描述装调内容，主要是机械装调和传感器装调

任务实施过程记录表 3

钻孔加工工作站工作流程描述			
负责人		验收签字	

（4）描述 HMI 整体功能

任务实施过程记录表 4

序号	HMI 操作描述	
1	HMI 作用及其功能	
2	手动操作 HMI 进行钻孔等	
3	在 HMI 上设置参数自动进行运行	
负责人		验收签字	

（5）检查硬件运行前的安全性
连接硬件电路，检测各电路正确性，确保无误后通电使用。

任务实施过程记录表 5

检查模块	工具部件无遗留、无杂物	硬件安装牢固	无接线错误、接线不牢	检查设备各部正常无损坏、无短路、无发热等不良现象
基础传动带模块				
钻孔加工工具包				
光电传感器				
负责人		验收签字		

考核评价

项目五　考核评价表 1

<table>
<tr><td colspan="6" align="center">《CP Lab 实训系统钻孔加工工作站认知》任务</td></tr>
<tr><td rowspan="2">基本信息</td><td>班级</td><td></td><td>学号</td><td colspan="2">分组</td></tr>
<tr><td>姓名</td><td></td><td>时间</td><td colspan="2">总分</td></tr>
<tr><td>项目内容</td><td colspan="2">评价标准</td><td>分值</td><td>自评</td><td>小组互评</td><td>教师评价</td></tr>
</table>

项目内容	评价标准	分值	自评	小组互评	教师评价
任务考核 （60%）	描述钻孔加工单元整体功能	20			
	描述钻孔加工单元硬件结构	20			
	描述钻孔加工单元运行工作流程	20			
	手动操作，完成小车进入钻孔工作站，阻挡、钻孔、放行等工作流程	40			
	任务考核总分	100			
素养考核 （40%）	操作安全规范	20			
	遵守劳动纪律	20			
	分享、沟通、分工、协作、互助	20			
	资料查阅、文档编写	20			
	精益求精、追求卓越	20			
	素养考核总分	100			

项目五　考核评价表 2

基本信息	《CP Lab 实训系统钻孔加工工作站装调与 HMI 操作》任务					
	班级		学号		分组	
	姓名		时间		总分	

项目内容	评价标准	分值	自评	小组互评	教师评价
任务考核 （60%）	描述钻孔加工单元硬件结构及各部件功能	10			
	描述钻孔加工工具包部件及原理	10			
	描述光电传感器原理及装调方法	10			
	完成整个单元机械装调和传感器装调	20			
	描述钻孔加工站 HMI 的功能	10			
	描述钻孔加工单元站 HMI 界面的组成	20			
	操作 HMI，完成小车的手动钻孔放行等	20			
	任务考核总分	100			
素养考核 （40%）	操作安全规范	20			
	遵守劳动纪律、课堂纪律	20			
	分享、沟通、分工、协作、互助	20			
	资料查阅、文档编写	20			
	精益求精、追求卓越	20			
	素养考核总分	100			

课后拓展

1. 查阅资料,了解直流电机的工作原理。
2. 前盖放反,查看光电传感器能否成功检测。
3. 将光电传感器调高,正常运行,小车如何动作?解释原因。

项目六　CP Lab 实训系统的工件输出工作站

学习目标

- **知识目标**

1. 掌握工件输出工作站的组成及相关元器件的功能；
2. 掌握工件输出工作站的机械装调与传感器装调；
3. 掌握工件输出工作站基本故障检查与排除；
4. 掌握工件输出工作站 HMI 操作方法。

- **技能目标**

1. 输出单元装调能力；
2. 输出单元维修能力；
3. 相关传感器维修维护能力；
4. 手动、自动实现输出单元动作。

- **素质目标**

1. 培养学生善学善思、精业敬业的职业操守；
2. 培养学生自主学习、勤于练习、敢于挑战的学习信念；
3. 培养学生较强的团队协作能力，有较强的责任感和认真专注的工作态度。

项目描述

本项目主要是实现把从传输带上传送过来的已经钻孔加工完成的工件，根据订单要求，通过传感器检测并分拣输出到对应的仓储位置中。其中工件的分拣条件可以在 MES 软件中进行定义，每个仓储位中最多存放两个工件，具体实施分两个阶段进行：

第一个阶段通过学习工件输出工作站的整体功能，了解工件输出工作站硬件结构，掌握工件输出工作站的工作流程，完成手机盖按照订单要求分拣的操作。

第二个阶段是工件输出工作站装调，具体描述工件输出工作站硬件装调过程，完成人机界面的操作。

本项目第一个阶段要完成的实训内容如下：
（1）认知工件输出工作站的整体功能；
（2）熟悉工件输出工作站的机械硬件结构及其工作流程。

本项目第二个阶段要完成的实训内容如下：
（1）动手实践工件输出工作站的硬件组装与调试；
（2）熟悉分拣条件的确定方法；

（3）熟悉工件输出工作站之人机界面制作（HMI）。

实训前的准备工作：

（1）实训资料：CP Lab 实训系统结构实物图、电气控制线路图、工作手册等，保证完整；

（2）实训工具：CP Lab 实训系统设备、电工工具一套；

（3）实训场地：保证作业场所的整齐、规范、有序；

（4）安全教育：安全操作指导手册一份。

安全操作指导手册

知识链接

CP Lab 实训系统的工件输出工作站是生产工序中的第四个工作站。具体使用设备模块实物如图 6-1 所示。

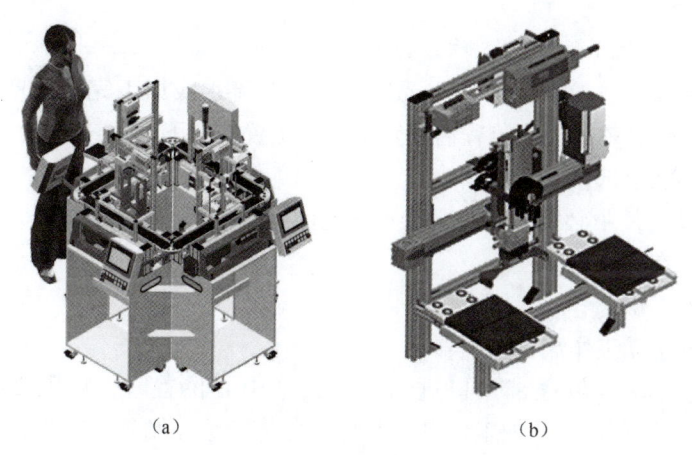

图 6-1　工件输出工作站
（a）CP Lab 实训系统工作站；（b）钻孔加工工作站

一、CP Lab 实训系统工件输出工作站认知

在本任务中，通过认知工件输出工作站，完成对工作站整体功能、机械结构硬件的构成与装调，工作流程的学习，掌握工件输出工作站分拣工件的手动与自动操作。

1. CP Lab 实训系统工件输出工作站的整体功能

本模块主要是把从传输带上传送过来的已经钻孔加工完成的工件，根据订单要求，通过传感器检测并分拣输出到对应的仓储位置。其中，工件的分拣条件可以在 MES 软件中进行定义，每个仓储位中最多存放两个工件。注意，当工件到达左或右仓储位置时，在夹持器没有松开之前，X 轴不得返回中心位置。

CP Lab 实训系统工件输出站整体功能

2. CP Lab 实训系统工件输出工作站的硬件结构

CP Lab 实训系统工件输出工作站主要由仓储应用单元和通用设备单元组成。通用设备单元主要由输送带模块、RFID 模块、触摸屏等组成。仓储应用单元主要元器件有电机控制器、阀岛、X 轴移动导轨、左仓储位、I/O 终端、X 轴电机、Z 轴气缸、夹持器、右仓储位。其中仓储应用单元如图 6-2 所示。

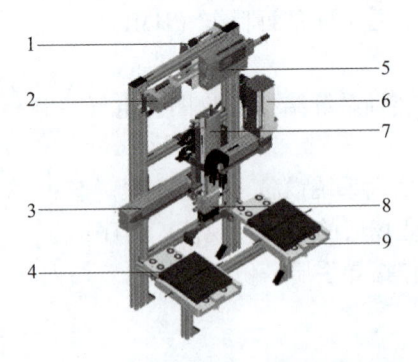

图 6 – 2　工件输出工作站仓储应用单元结构图

1—电机控制器；2—阀岛；3—X 轴移动导轨；4—左仓储位；5—I/O 终端；
6—X 轴电机；7—Z 轴气缸；8—夹持器；9—右仓储位

3. CP Lab 实训系统工件输出工作站的工作流程

CP Lab 实训系统工件输出工作站主要用于实现对流水线加工完成的产品，按照要求进行分拣并存储，一个完整的工作流程启动正确初始位置按如下设置：

（1）Z 轴必须在上部位置；
（2）左右存储仓位中必须至少有一个可用空间；
（3）X 轴必须在中心位置；
（4）夹爪必须打开。

其整个模块的手动工作流程如下：

首先，当托盘小车从传送带入口进入之后到达中心位置时，被阻挡模块阻挡，此时 RFID 读写头会进行读写订单的加工信息，并将信息传输给控制器。接下来夹持器会沿 Z 轴下降，下降到位后将工件夹紧并上升，上升到位后，夹持器会根据 PLC 的反馈指令执行分拣搬运动作，根据输出条件沿 X 轴左右移动，到位后松开夹持器，并将工件输出到对应的左仓储或者右仓储的正确位置。其中，左、右仓储模块是一个斜坡式的滑槽，上有滚珠，工件可以借助滚珠滑落到底部。因上面装有对射式光电传感器，当一侧仓储位装满的时候，会把对射式光电挡住，认为此时仓储位已经装满，需要人工把物料取出。如果在实际的生产现场，此模块可通过机器人将分拣后的产品进行打码、包装、运输等工作。最后，夹持器松开工件后，会沿 X 轴及 Z 轴移动并返回到初始位置，准备分拣下一个工件，完成下一个流程的工作。注意放置工件时，Z 轴不能移动。

二、CP Lab 实训系统工件输出工作站装调

1. CP Lab 实训系统工件输出工作站的安装流程

CP Lab 实训系统工件输出工作站的装调主要有机械装调和传感器装调两部分。机械装调主要是安装调试相关机械部件，连接相关电气路，保证夹持器能够正常完成开闭动作，滑台气缸能够正常升降。

传感器装调主要是对磁性传感器进行装调，工件输出站的磁性传感器一共有三个，其中两个用于检测滑台气缸，第三个主要用于进行夹持器的到位信号。滑台气缸上升、下降到位都会触发磁性传感器，夹持器的开闭也会触发对应的磁性传感器。

本任务实施前需要结合电气图纸进行设备安装与接线。为保证所有部件能够成功连接，

所有的设备、线缆、电气图纸、机械图纸等均已进行清晰的标记。设备安装大致流程如下：

（1）安装通用模块，首先安装开关电源，电源输入可以是 220 V 的家用交流电，经过开关电源之后转换为设备需要的直流电，开关电源安装相关器件准备如图 6-3 所示。

安装完成，安装效果如图 6-4 所示。其中，左上方红线为 24 V 输入，左下方蓝线为 0 V，黄线为接地线。

图 6-3　开关电源安装准备

图 6-4　开关电源安装效果

（2）安装基础传送带部分。

在"工业 4.0"设备中，所有单元的基础传送带部分硬件、软件都是一样的，传送带部分包括 PLC（西门子 ET200 SP 系列）、传送带、电机、驱动器等。安装完成效果如图 6-5 所示。

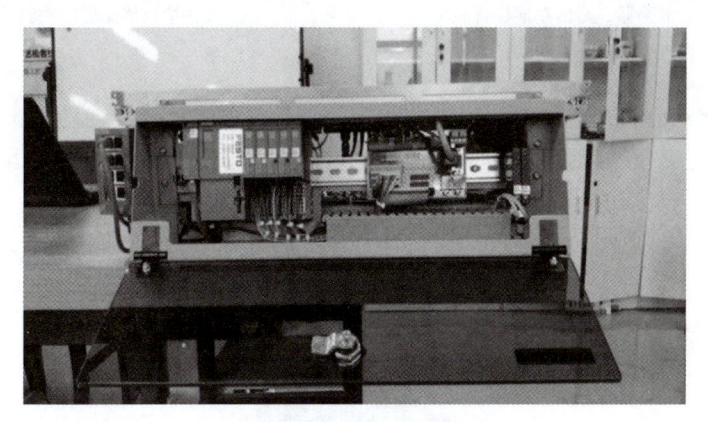

图 6-5　基础传送带安装效果

（3）安装仓储应用模块。

调节对射传感器，让发射端和接收端对齐连接到仓储平台上，使用小螺丝刀转动调节螺钉。对射传感器用于检测仓储平台上是否存在工件，工件检测对射传感器安装如图 6-6 所示。

调节 Z 轴接近传感器，使得在 Z 轴气缸到达顶端和底端的时候可以被传感器探测到。具体调节方法为，在气缸到达顶端时将接近传感器向上，使得 LED 刚好亮起，同样调节下方的接近传感器。Z 轴移动接近传感器安装如图 6-7 所示。

X 轴接近传感器的安装原理与方法和 Z 轴接近传感器类似，仅安装位置不同。X 轴移动接近传感器安装如图 6-8 所示。

夹持器抓取接近传感器用于检测 Z 轴气缸的末端位置。调节方法也和上文接近传感器的调节方法类似。夹持器抓取位置接近传感器安装如图 6-9 所示。

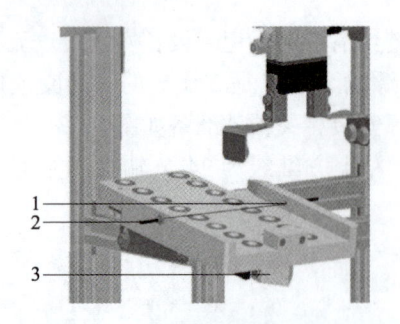

图 6-6 工件检测对射传感器安装
1—对射传感器发射端；2—对射传感器接收端；
3—仓储平台

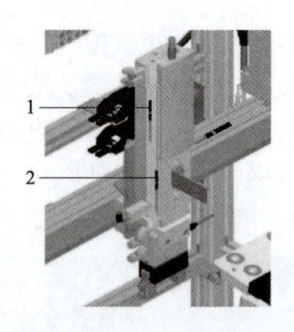

图 6-7 Z 轴移动接近传感器安装
1—接近传感器（Z 轴顶端位置）；
2—接近传感器（Z 轴底端位置）

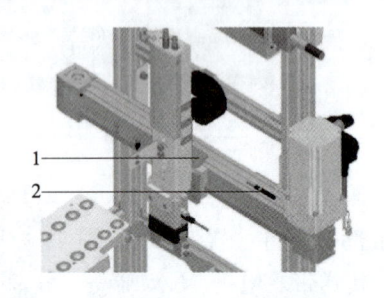

图 6-8 X 轴移动接近传感器安装
1—接近传感器（X 轴左端位置）；
2—接近传感器（X 轴右端位置）

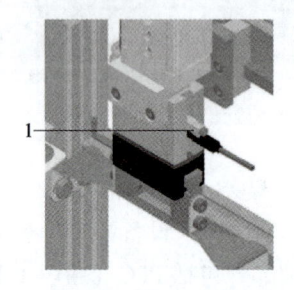

图 6-9 夹持器抓取位置接近传感器安装
1—接近传感器（夹持器位置感应）

单向流量调节阀通过程序控制气流的通断，气流的通断实现气缸动作，进而完成工件的抓取。调试时，先完全关闭两个单向控制阀，再旋转一圈后打开，开始试运行，再慢慢打开单向流量控制阀，直到达到所需的活塞速度。单向流量控制阀安装如图 6-10 所示。

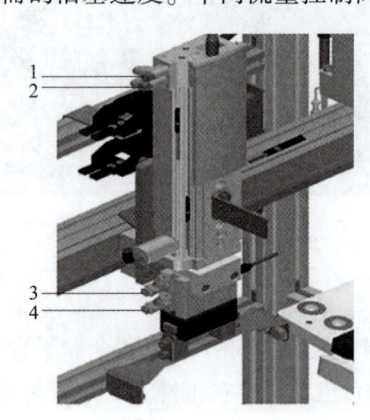

图 6-10 单向流量控制阀安装
1—Z 轴向上单向流量控制阀；2—Z 轴向下单向流量控制阀；
3—夹具张开流量控制阀；4—夹具闭合流量控制阀

最后完成工件输出单元装调，检查总体线路的完整，确认接线无误安全后通电测试。

2. CP Lab 实训系统工件输出工作站 HMI 操作控制

CP Lab 实训系统工件输出工作站的 HMI 界面是在前面装调完成的基础上，通过对 HMI

操作设置实现手动操作，自动操作完成工件的抓取、分拣、存储、小车放行等工作。

仓储单元程序编写完成，写入 PLC、HMI 进行相关器件调试，调试完成进行运行。具体的一些操作步骤大致有：

（1）切换到 Home 菜单下，单击 Setup 切换至设置模式，设置界面如图 6-11 所示。

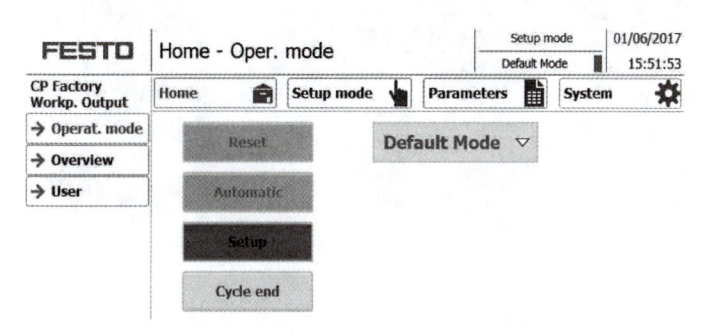

图 6-11　HMI 界面的 Setup 模式

（2）切换至 Setup mode 菜单，然后单击 Application 进行仓储单元应用设置相关操作和传感器对应的意义，如图 6-12 所示。应用设置参数说明见表 6-1。

（3）在当前 Setup mode 页面，单击 Axis control，轴控制器的所有当前值均在此界面显示。如图 6-13 所示。

（4）设备通信相关参数在 Parameters 页面下，单击 Transitions 即可查看相关通信参数，目前默认使用了第一个，对应的参数意义设置如图 6-14 所示。开槽气缸参数说明：1 表示仓储位置左，2 表示仓储位置右。

表 6-1　应用设置参数说明

序号	说明
1	Position set Bit 1：预选定移动至仓储平台 2（预选定后，按键亮起） Position set Bit 0：预选定移动至仓储平台 1（预选定后，按键亮起） 如果两个都预选定，则移动到中间 Start pos：移动至预选定的位置（Control enable 必须激活） Control enable：激活时按键亮起，允许进行移动 Referenced：移动操作完成时，按键亮起 Motion complete：接近目标位置时，按键亮起 Ready：当电机、气缸等到位，程序准备好按键亮起
2	Hoch：移动 Z 轴向上，单击后 GN_MB1 按键亮起 GM_BG1：Z 轴向上移动，到位后按键亮起 GM_MB2：移动 Z 轴向上，单击后 GN_MB2 亮起 GM_BG2：Z 轴向下移动，到位后按键亮起
3	Oeffnen：打开机械夹爪，单击后 GN_MB4 被激活，按键亮起 GM_BG4：夹爪打开后，GM_BG4 按键亮起
4	Klemmung：打开机械夹爪，单击后 GN_MB3 被激活，按键亮起 GM_BG3：夹爪打开后，GM_BG3 按键亮起
5	Deposit place left occupied：左侧仓储平台放满，VN_BG4 激活，按键亮起 Deposit place right occupied：右侧仓储平台放满，VN_BG5 激活，按键亮起

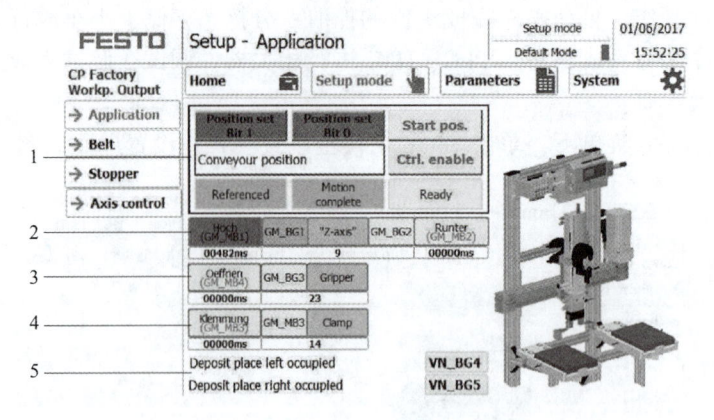

图 6−12 应用设置

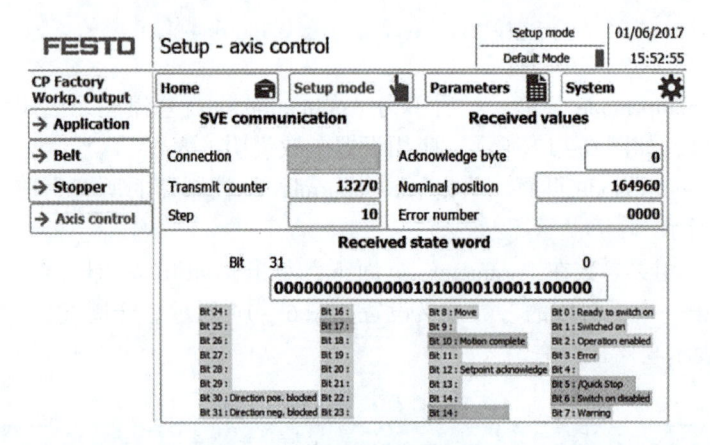

图 6−13 轴控制器参数显示

图 6−14 通信参数设置

项目实施

姓名：	学号：	班级：	日期：	课堂笔记

CP Lab 实训系统工件输出工作站认知工作手册

- 任务接收

团队任务分配表

序号	角色	姓名	学号	分工
1	组长			
2	组员			
3	组员			
4	组员			
5	组员			
6	组员			

- 任务准备

工作方案设计表

序号	工作内容	负责人
1		
2		
3		
4		
5		
6		
7		
8		

实训设备、工具与耗材清单

序号	名称	型号与规格	数量	备注
1				
2				
3				
4				
5				
6				
7				

领取人：　　　　　　　　　　　　　归还人：

- 任务实施

  (1) 描述 CP Lab 实训系统工件输出工作站整体功能及部件原理

  任务实施过程记录表 1

序号	工件输出工作站整体功能及部件原理	
1	工件输出站整体结构，各部件原理、功能	
2	手动操作实现工件抓取、小车放行	
3	步进电机在工件输出站的作用、工作原理	
负责人		验收签字

  (2) 描述 CP Lab 实训系统工件输出工作站工作流程

  任务实施过程记录表 2

工件输出站工作站工作流程描述	
负责人	验收签字

  (3) 检查硬件运行前的安全性

  进行所有操作之前必须检查设备的安全性，确保接线无误，不会发生危险。

  任务实施过程记录表 3

硬件运行前安全检查					
检查内容（正常打"√"，不正常打"×"，并检查更正）					
检查模块	工具部件无遗留、无杂物	硬件安装牢固	无接线错误、接线不牢	流量压力正常、阀门打开、指示正常	检查设备各部正常无损坏、无短路、无发热等不良现象
基础传动带模块					
工件输出模块					
负责人			验收签字		

课堂笔记

工作手册

姓名：	学号：	班级：	日期：	课堂笔记

CP Lab 实训系统工件输出工作站机械装调与 HMI 操作手册

- 任务接收

团队任务分配表

序号	角色	姓名	学号	分工
1	组长			
2	组员			
3	组员			
4	组员			
5	组员			
6	组员			

- 任务准备

工作方案设计表

序号	工作内容	负责人
1		
2		
3		
4		
5		
6		
7		
8		

实训设备、工具与耗材清单

序号	名称	型号与规格	数量	备注
1				
2				
3				
4				
5				
6				
7				

领取人： 归还人：

项目六　CP Lab 实训系统的工件输出工作站

- **任务实施**

（1）描述 CP Lab 实训系统工件输出工作站硬件构成及 HMI 操作任务

任务实施过程记录表 1

序号	CP Lab 实训系统工件输出工作站任务	
1	工件输出单元机械装调	
2	工件输出单元传感器装调	
3	工件输出站 HMI 各界面的功能	
4	实现自动、手动抓取、放行等	
负责人		验收签字	

（2）描述 CP Lab 实训系统工件输出工作站的装调内容（机械装调和传感器装调）

任务实施过程记录表 2

CP Lab 实训系统工件输出工作站运行安装流程描述	
负责人	验收签字

（3）描述 CP Lab 实训系统工件输出工作站 HMI 操作流程

任务实施过程记录表 3

CP Lab 实训系统工件输出工作站 HMI 操作流程描述	
负责人	验收签字

（4）检查硬件运行前的安全性

进行所有操作之前必须检查设备的安全性，确保接线无误，不会发生危险。

任务实施过程记录表 4

硬件运行前安全检查					
检查内容（正常打"√"，不正常打"×"，并检查更正）					
检查模块	工具部件无遗留、无杂物	硬件安装牢固	无接线错误、接线不牢	流量压力正常、阀门打开、指示正常	检查设备各部正常无损坏、无短路、无发热等不良现象
基础传动带模块					
工件输出模块					
负责人			验收签字		

考核评价

项目六　考核评价表 1

基本信息	《CP Lab 实训系统工件输出工作站认知工作手册》任务					
^	班级		学号		分组	
^	姓名		时间		总分	
项目内容	评价标准		分值	自评	小组互评	教师评价
任务考核（60%）	描述工件输出工作站的整体功能		20			
^	描述工件输出工作站硬件结构		20			
^	描述工件输出工作站运行工作流程		20			
^	手动和自动操作，完成小车进入、抓取工件、放行工作流程		40			
	任务考核总分		100			
素养考核（40%）	操作安全规范		20			
^	遵守劳动纪律		20			
^	分享、沟通、分工、协作、互助		20			
^	资料查阅、文档编写		20			
^	精益求精、追求卓越		20			
	素养考核总分		100			

项目六　考核评价表 2

基本信息	《CP Lab 实训系统工件输出工作站装调与 HMI 操作》任务					
^	班级		学号		分组	
^	姓名		时间		总分	
项目内容	评价标准		分值	自评	小组互评	教师评价
任务考核（60%）	描述工件输出单元整体功能		10			
^	描述工件输出单元机械装调		20			
^	描述工件输出单元传感器装调		10			
^	完成小车进入、夹爪抓取、放行小车工作流程		20			
^	描述工件输出单元 HMI 的各个界面		20			
^	完成手动、自动实现小车阻挡、工件抓取、小车放行		20			
	任务考核总分		100			
素养考核（40%）	操作安全规范		20			
^	遵守劳动纪律		20			
^	分享、沟通、分工、协作、互助		20			
^	资料查阅、文档编写		20			
^	精益求精、追求卓越		20			
	素养考核总分		100			

课后拓展

1. 查阅资料，了解气缸磁性传感器的原理、分类及安装方法。
2. 查阅资料，了解电缸与气缸的区别。
3. 思考工件输出工作站中仓储位置，传输带上的小车托盘会做如何处理？如果需要放到仓储位，需满足什么条件？并如何操作。

项目七　CP Lab 实训系统的 MES 软件

学习目标

● 知识目标

1. 掌握 MES 软件的构成和功能；
2. 掌握 MES 软件下单前的准备；
3. 掌握 MES 在智慧工厂生产中的作用。

● 技能目标

1. 熟练操作 MES 软件的资源设置与选择；
2. 熟悉 MES 工作计划的配置与零件关联；
3. 熟练掌握个性化与标准化 MES 工厂的下单过程。

● 素质目标

1. 培养学生坚韧不拔的学习精神，增强问题意识，聚焦实践中遇到的新问题，做到精益求精；
2. 培养学生实时关注国家科技发展动态的习惯；
3. 培养学生养成科技改变命运、精细成就未来的心理理念。

项目描述

本项目主要实现手机生产过程制作的生产控制（Production Control）、订单管理（Order Management）、质量管理（Quality Management）、主数据库（Master Data）四个部分的功能。总体上可以完成制造执行系统（MES）下单准备、资源准备、工作计划配置、零部件关联、客户订单、工厂生产订单、订单状态查看等相关操作，具体实施分三个阶段进行。

第一个阶段通过学习 MES 软件的操作界面，了解 MES 软件的整体功能。

第二个阶段完成 MES 软件下单之前的准备操作、MES 资源的选择与添加、工作计划的配置、零部件的关联操作过程。

第三个阶段完成 MES 软件进行个性化订单与标准化订单的下单生产，并查看订单的状态。

本项目第一个阶段要完成的实训内容如下：

（1）掌握 MES 软件的功能；
（2）熟悉 MES 软件的菜单功能；
（3）熟悉 MES 软件四大功能的具体完成过程。

本项目第二个阶段要完成的实训内容如下：

（1）动手实践下单前的准备工作；

（2）熟悉 MES 设备资源的选择与添加；

（3）熟悉 MES 根据订单的特点进行工作计划的配置；

（4）熟悉 MES 订单零部件的关联；

（5）熟练操作个性化 MES 客户订单的下单生产过程；

（6）熟练操作标准化 MES 工厂订单的下单生产过程；

（7）熟练操作查看 MES 订单的生产状态，监控手机前盖下料、测量、钻孔、入库等相关操作。

实训前的准备工作：

（1）实训资料：CP Lab 实训系统 MES 软件安装包、工作手册等，保证完整；

（2）实训工具：CP Lab 实训系统 MES 软件、电脑一台；

（3）实训场地：保证作业场所的整齐、规范、有序；

（4）安全教育：安全操作指导手册一份。

安全操作指导手册

知识链接

CP Lab 实训系统的 MES 软件是针对手机生产过程制作的一套信息化软件。

一、CP Lab 实训系统 MES 软件的界面与功能介绍

CP Lab 实训系统 MES 软件界面分为四个区，分别为菜单区、树形窗口区、工作区以及状态显示区。其中菜单区涵盖了软件的所有使用功能，为了方便大家操作，在工作区的左侧用快捷操作将系统的 4 个主要功能模块放到树形窗口区，大家可通过菜单栏来更改用户、打开特殊工具和树形窗口。在界面的最下方有一个状态显示区，用于显示当前用户。MES 软件界面如图 7-1 所示。

CP Lab 实训系统的 MES 功能介绍（设备效率与产品质量统计分析）

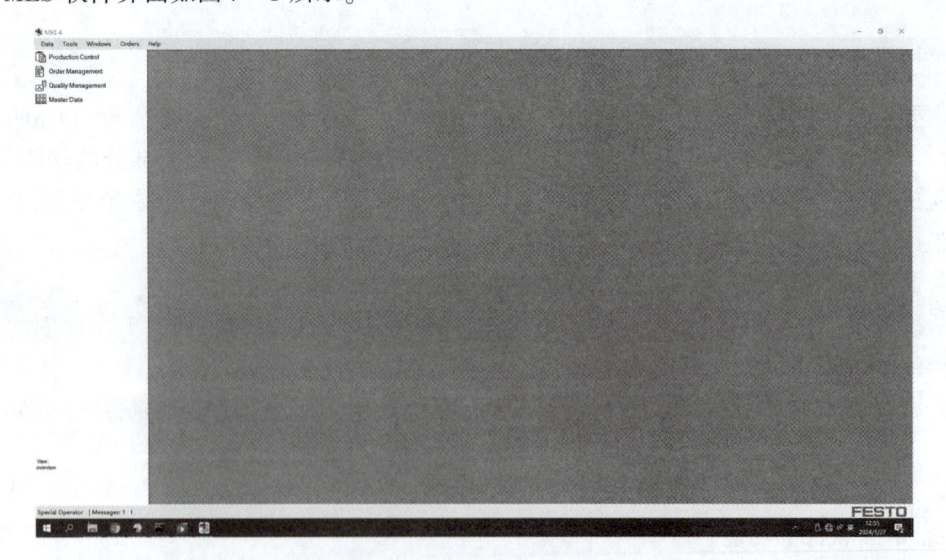

图 7-1 MES 系统软件界面

整个软件的主要功能包括生产控制（Production Control）、订单管理（Order Management)、质量管理（Quality Management）、主数据库（Master Data）四个部分。

1. 生产控制（Production Control）

生产控制主要用于监控设备当前生产状态。界面如图7－2所示。

图7－2　MES系统生产控制界面

（1）Buffers是仓库管理，界面如图7－3所示。

如果在左侧窗口中选择了一个站点，相应的仓库信息将显示在右侧窗口中。

BufPos：仓库位置号

PNo：零件号

Description：零件描述

ONo：订单编号（如果编号为0，表示该零件没有订单。）

OPos：订单位置

TimeStamp：改为库存信息的时间

PalletID：零件托盘ID号

BoxID：零件的箱子ID号

Image：零件图像

图7－3　MES系统生产控制—Buffers操作界面

项目七　CP Lab实训系统的MES软件　　249

如果右键单击仓库表中的某一行，还可对其信息进行编辑或清除。操作界面如图 7 – 4 所示。

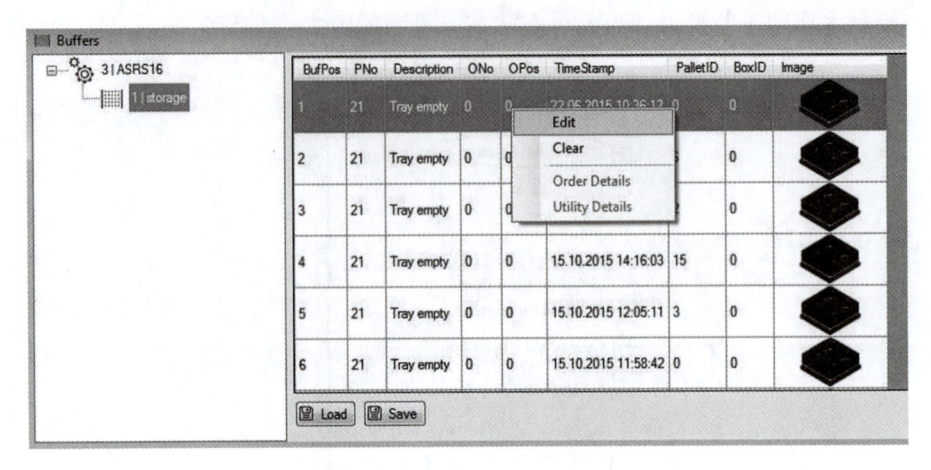

图 7 – 4　MES 系统生产控制—Buffers 数据信息修改界面

（2）Utilities 是生产手机用到的治具管理，包括小车、托盘、箱子等，可以对治具进行编号、填充物料等设置，操作界面如图 7 – 5 所示。

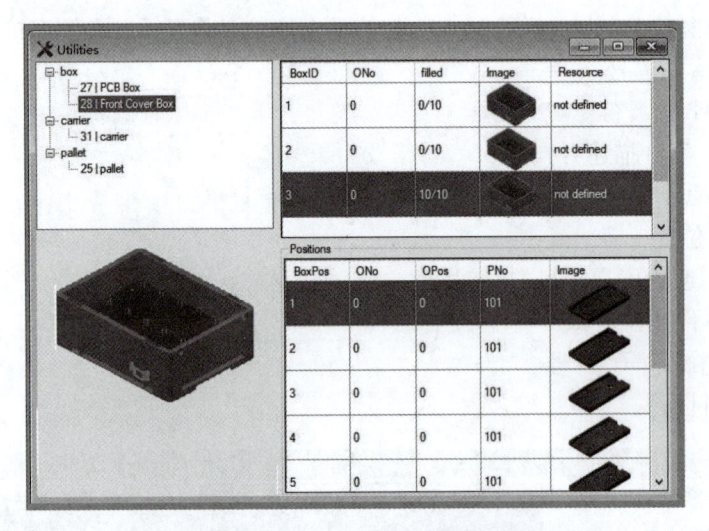

图 7 – 5　MES 系统生产控制—Utilities 操作界面

（3）Resources 是查询四个工作站的工作状态。其显示界面如图 7 – 6 所示。

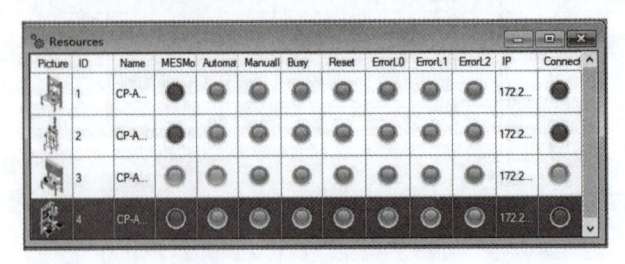

图 7 – 6　MES 系统生产控制—Resources 操作界面

250　▪ MES 系统应用

Resources 操作界面的选项参数说明如下：

Picture：设备资源图片

ID：设备资源的 ID 号

Name：设备资源名称

MESMode：MES 模式激活为绿色，否则为红色

AutomaticMode：自动运行模式被激活为绿色，否则为灰色

ManualMode：手动运行模式为绿色，否则为灰色

Busy：资源单元忙碌为黄色，否则为灰色

Reset：资源单元复位为黄色，否则为灰色

ErrorL0：资源单元存在 0 级错误则为红色，否则为灰色

ErrorL1：资源单元存在 1 级错误则为红色，否则为灰色

ErrorL2：资源单元存在 2 级错误则为黄色，否则为灰色

IP：资源单元的 IP 地址

Connected：资源单元与 MES 服务器连接成功为绿色，否则为红色

2. 订单管理（Order Management）

订单管理主要用于订单的创建、管理、查看计划订单和实际订单、监控等，显示每个订单的当前状态。包含当前执行订单（Current Orders）、计划订单（Planned Orders）、新建客户订单（New Customer Order）、新建产品订单（New Production Order）、已完成订单（Finished Orders）。界面如图 7-7 所示。

（1）Current Orders 是当前执行订单或实际执行订单，主要用于查看订单的加工时间、当前工序、下一工序及订单完成情况，取消订单（删除不需要加工的订单或发生故障后取消订单）等。界面如图 7-8 所示。

图 7-7 MES 系统订单管理界面

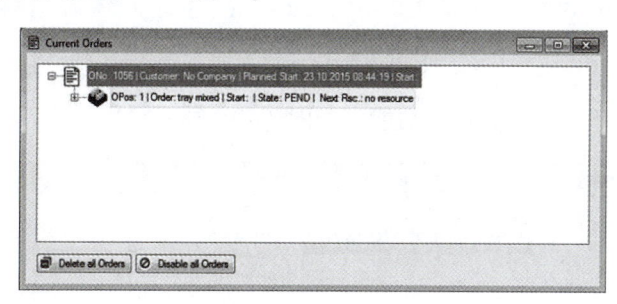

图 7-8 MES 系统订单管理—Current Orders 操作界面

订单根据计划开始时间按订单编号进行排序，每个订单都有一个或多个订单位置，有些订单可能还有子订单，用鼠标单击可以显示/隐藏订单信息。

订单列表中的一行包含了主订单的重要信息。

ONo：订单编号

Customer：订单客户

Planned Start：订单预计开始生产的时间

Start：订单实际开始生产的时间

另外，关于订单和子订单最重要的信息也显示在列表中。

OPos：子订单的位置编号

Order：订单描述

Start：订单生产的开始时间

End：订单完成时间

State：此订单当前所在单元的状态（PEND = 等待，IDLE = 空闲，BUSY = 忙碌，ERROR = 错误）

Next Rsc：此订单下一步需要加工的单元名称

单击右键主订单编号位置行，会有三个选项：

Disable Order（禁用订单）：使订单无效，在订单没有开始执行前，此命令使订单从实际订单移到计划订单，之后可以根据需要改变计划，并将其移动到实际订单。

Delete Order（删除订单）：如果删除一个订单，此订单中所有的命令及子订单都将被删除。

Show Details（订单详细信息显示）：显示订单的所有详细信息。

操作界面如图 7 – 9 所示。

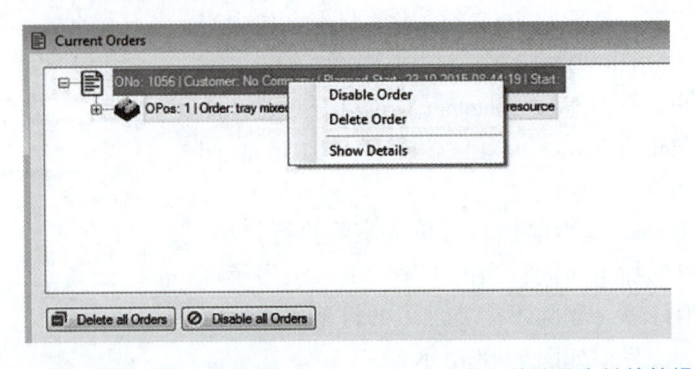

图 7 – 9　MES 系统订单管理—Current Orders 主订单编号右键快捷操作

单击右键订单位置编号行，会有禁用订单、删除订单、开始步、重置步、结束步、结束出错步、复位以及订单详细信息显示功能，如图 7 – 10 所示。

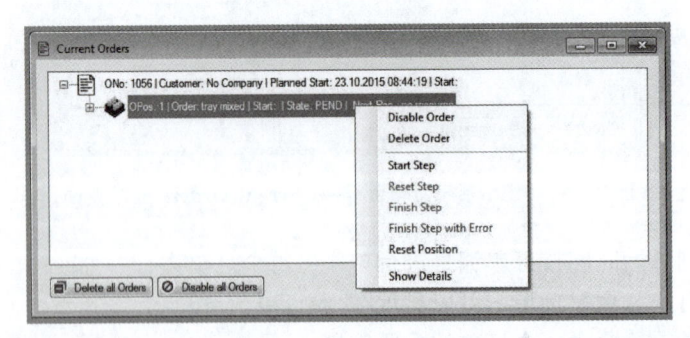

图 7 – 10　MES 系统订单管理—Current Orders 订单位置右键快捷操作

订单详细信息显示如图 7 – 11 所示。具体信息包括订单基本信息（订单编号、客户编号、客户姓名、客户所在公司、计划开始时间、计划结束时间);订单位置详细信息(订单位置号、订单位置的零件编号、工作计划编号、零件描述、加工实际需要的步骤数、生产状态、零件的计划开始生产时间、零件的计划结束生产时间、零件的实际开始生产时间、零件的成品实际结束生产时间);订单生产载体信息(如承运商、运输箱子、托盘等);订单具体生产步骤计划信息(步骤编号、操作描述、工序号、操作名称、资源 ID、下一步编号、第一步标记、出错步骤编号、步骤计划开始时间、步骤计划结束时间、步骤实际开始时间、步骤实际结束时间);订单操作参数显示(参数号、参数描述、参数值)等。

图 7-11 MES 系统订单管理—Current Orders 订单详细信息显示界面
1—订单基本信息;2—订单生产位置详细信息;3—订单生产步骤计划信息;
4—订单位置列表;5—订单生产载体信息;6—自动刷新;7—参数信息

(2) Planned Orders 是计划订单,用来显示计划订单的状态、激活订单或修改订单计划时间等。计划订单操作界面如图 7-12 所示。

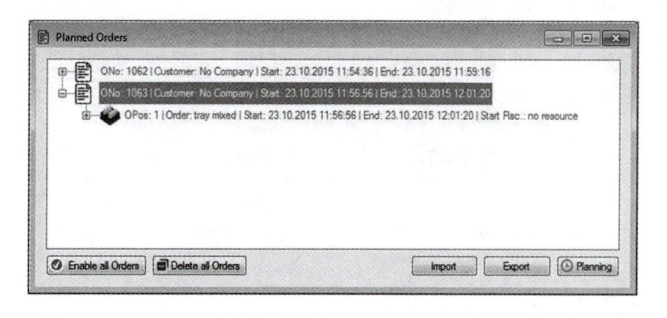

图 7-12 MES 系统订单管理—Planned Orders 操作界面

其订单显示信息基本和 Current Orders 显示相同,唯一不同的就是 Current Orders 显示的是 Next Rsc(表示当前订单的下一个订单的资源),而 Planned Orders 里显示的是 Start Rsc(显示起始订单的资源)。另外,其同样具有右键快捷功能,包括启动订单(Enable Order)、删除订单(Delete Order)、订单详细信息显示(Show Details)。通过窗口底部的两个按钮可实现所有订单的启动或删除,如图 7-13 所示。

项目七 CP Lab 实训系统的 MES 软件 253

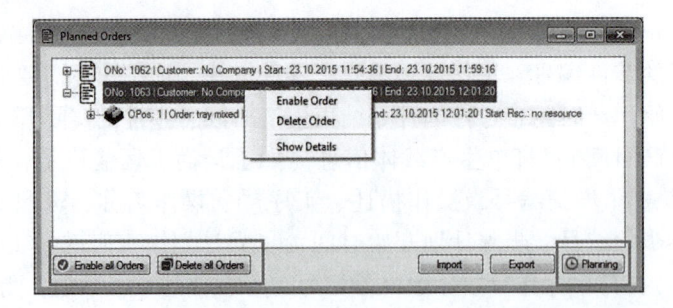

图7-13　MES系统订单管理—Planned Orders订单右键快捷操作界面

通过窗口底部右下角的"计划"按钮，可以显示"计划订单"的详细信息。显示具体信息如图7-14所示。如果左键单击计划列表中的订单位置，可以在窗口底部修改计划开始时间，结束时间是自动计算的。

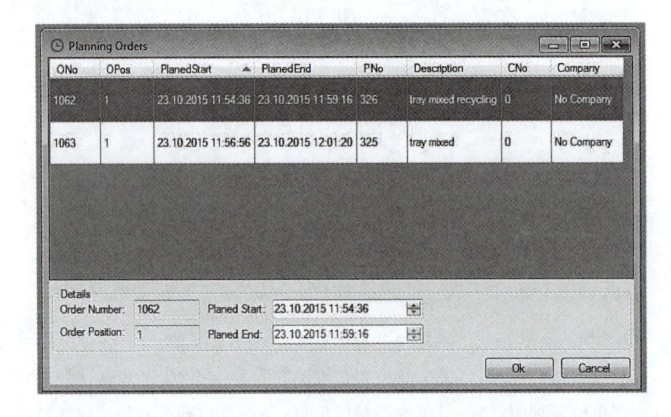

图7-14　MES系统订单管理—Planning Orders订单具体信息显示界面

（3）New Customer Order是新客户订单窗口，在此可根据客户需要建立客户订单，进行个性化生产与销售，如图7-15所示。

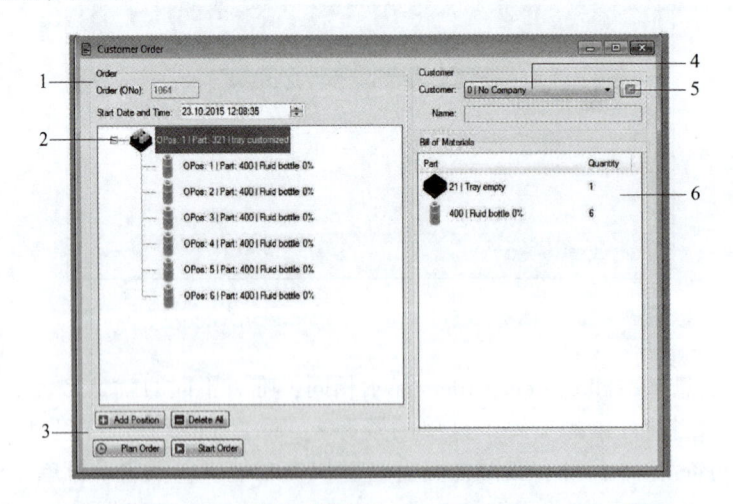

图7-15　MES系统订单管理—New Customer Order界面
1—订单编号；2—订单位置；3—订单位置添加；
4—订单客户名称或公司选择；5—新建客户名称或公司；6—订单所有部件清单

(4) New Production Order 是新生产订单窗口，在此可创建新零件的生产订单，此产品生产出来之后可作为库存存起来，以备后续销售用，如图 7-16 所示。

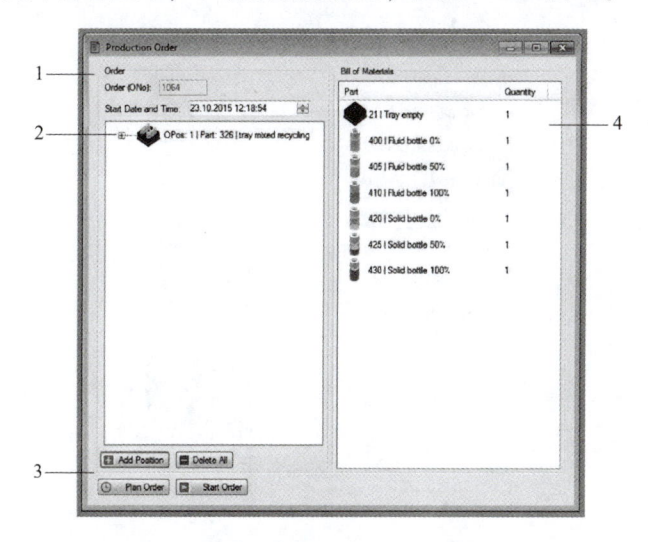

图 7-16　MES 系统订单管理—New Production Order 界面
1—实际订单编号和开始生产时间；2—订单列表；
3—订单编辑按钮区；4—订单生产所需零件清单

(5) Finished Orders 是已完成订单，查看或统计某一时间段完成的订单情况及加工耗费的时间，订单实际加工耗时与合适的加工时间可通过柱状图查看，帮助技术分析加工流程，调整加工工序，提高生产效率，如图 7-17 所示。

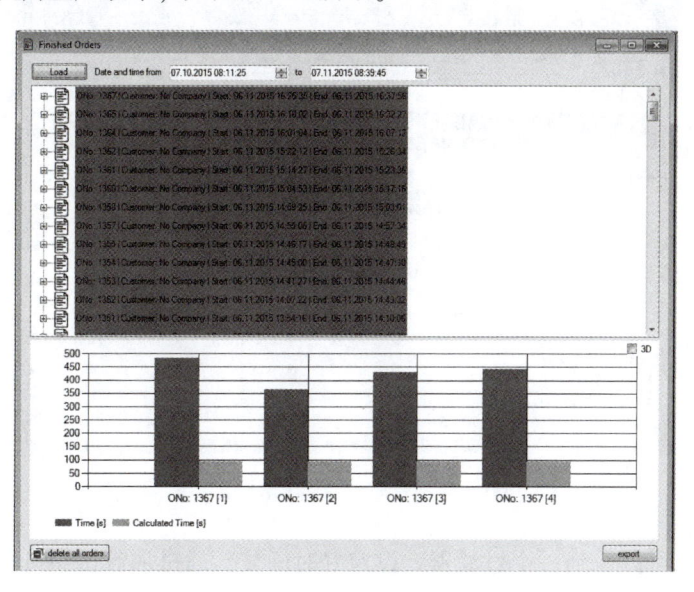

图 7-17　MES 系统订单管理—Finished Orders 界面

要对订单进行更详细的分析，可以使用导出功能将已完成的订单导出到 .csv 文件，然后可以使用 Excel 对其进行评估。

项目七　CP Lab 实训系统的 MES 软件　255

3. 质量管理（Quality Management）

质量管理用于查看不同工位的生产效率、效率报告以及已执行订单的质量情况等。界面如图 7-18 所示。

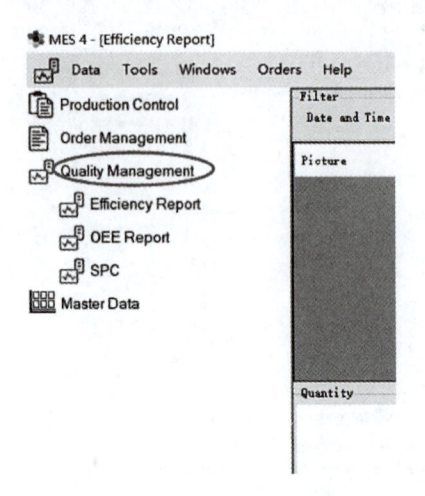

图 7-18 MES 系统质量管理界面

Efficiency Report：效率报告，查看每个工作模块的工作时长，发生故障的时间。通过产量和废品的柱状图看得出工作单元的废品率，通过工作、闲置、错误、启动所占百分比可以分析出工作单元的效率，显示界面如图 7-19 所示。

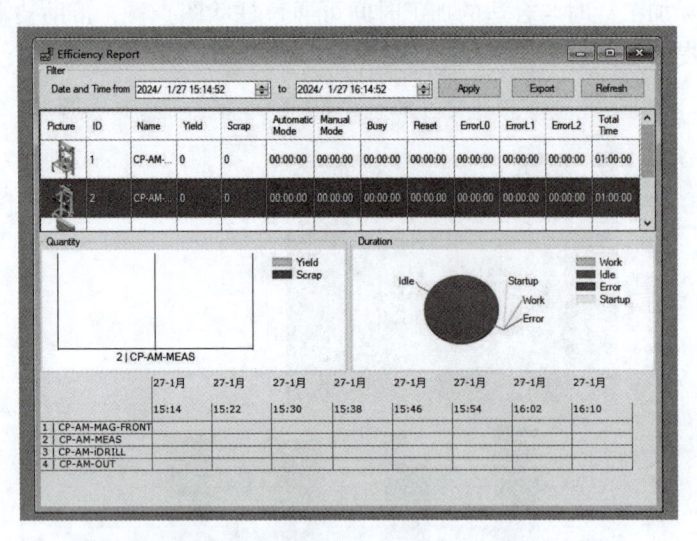

图 7-19 MES 系统质量管理—Efficiency Report 界面

在窗口左上角可以看到一个过滤器。设定好时间域，通过加载按钮可以获取某一时段的效率报告。

效率报告信息列表参数含义：

Picture：工作单元图片

ID：工作设备资源 ID 号

Name：工作单元名称

Yield：在指定的观察期内生产的合格零件

Scrap：在指定的观察期内生产的零件作废/不合格

Automatic Mode：系统处于自动模式运行时间

Manual Mode：系统处于手动模式运行时间

Busy：系统生产的时间

Reset：系统处于复位模式的时间

ErrorL0：系统的错误级别为 0 的时间

ErrorL1：系统的错误级别为 1 的时间

ErrorL2：系统的错误级别为 2 的时间

Total time：系统的总工作时间

单击某个工作单元，可以获取此工作单元的信息图表，如图 7－20 所示。

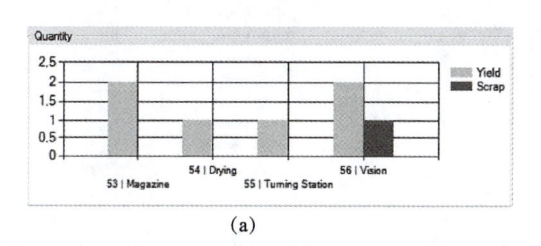

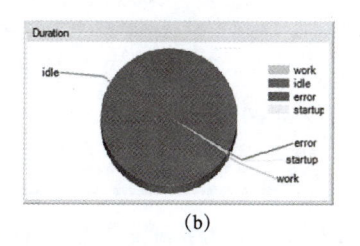

图 7－20　MES 系统质量管理—Efficiency Report 中工作单元信息
(a) Quantity（数量，生产数和错误数的比例）；Yield－产量；Scrap－废料；
(b) Duration（持续时间，它显示了不同状态的持续时间）
work = 工作时间；idle = 空闲（准备工作）时间；error = 错误时间；startup = 启动时间

理想情况下，饼图将完全是绿色的，意味着应用模块将连续运行。借助高效的 PPC 系统可以优化"work"的比例，可以使用"日期和时间"过滤器来选择要分析 CP Lab 的各个时间段。

OEE Report：设备综合效率报告，可以在一定时间内显示每个单独应用模块的 OEE，用来显示设备的使用情况，表现实际的生产能力相对于理论产能的比率。通过 OEE 模型的各子项分析，通过过滤器进行指定，显示 OEE 以及组成 OEE 的可用性、性能和质量三个因素。能准确清楚地告诉你设备效率如何，在生产的哪个环节有多少损失，以及你可以进行哪些改善工作。数据既显示为绝对百分比值，也显示为条形图。

在窗口的上部，有一个过滤器，通过在时间字段中的"从至的日期和时间"中输入所需的时间段，单击加载按钮，会根据时间段进行过滤。如图 7－21 所示。

在时间过滤器下面，显示了包含重要信息的表格。

Picture：设备图片

ID：设备 ID

Name：设备名称

OEE：各种设备的总体工厂效率 = 可用性 × 效率 × 质量

Availability：可用性 = 自动模式下的时间/总时间

Efficiency：设备利用率 = 计划运行时间/实际运行时间

Quality：质量 = 所有零件 – 报废零件/所有零件

SPC：生产质量的统计，可以看出生产产品的合格率和不合格率，以图表的形式显示出来。

4. 主数据库（Master Data）

主数据库包含零件（Parts）、工作计划（Work Plans）、工作单元模式或资源（Resources）、操作窗口（Operations）、客户信息（Customers）、通用部件（Utilities）等。界面如图7-22所示。主数据库用于添加、配置或删除零件、工作流程和工位信息等。

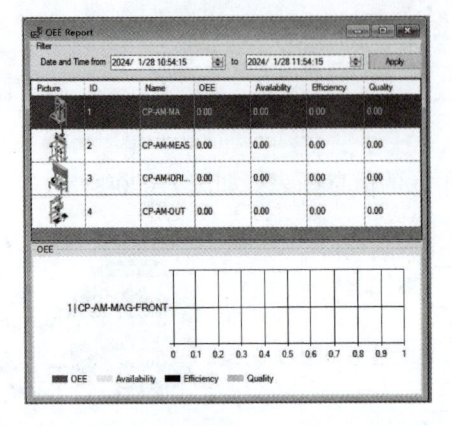

图7-21　MES系统质量管理—OEE Report界面　　　图7-22　MES系统主数据库

（1）Parts：零件，包括外加工（external production）零件和自加工（production part）零件、装工件的箱子、小车载体、托盘以及一些自定义的零件界面，如图7-23所示。可进行自定义零件、编辑零件、添加零件、删除零件等操作。

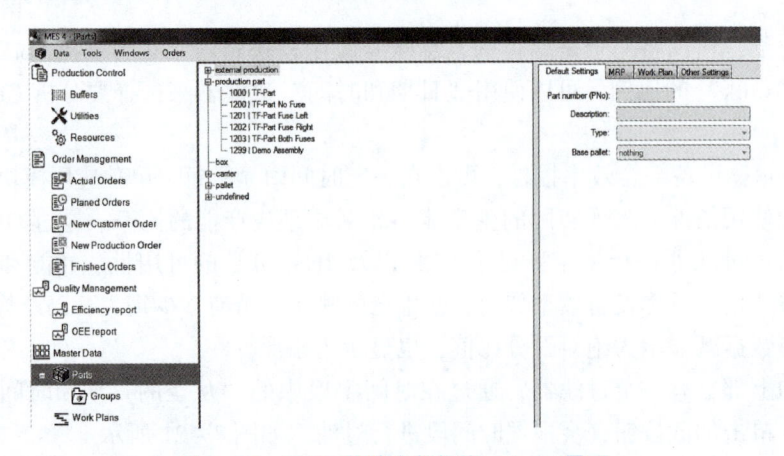

图7-23　MES系统主数据库—Parts界面

添加用户自定义的零件，具体信息包括：

Default Settings：默认信息。如零件号、零件描述、零件类型、零件基础的设置与显示。

MRP：物料需求计划信息。如物料类型、安全库存等级、最小批量数。

Work Plan：工作计划。分配的工作计划和相应的计算零件清单，在客户订单中可能有所不同。

Other Settings：其他。

Groups：群组。No.25 表示已定义的托盘，No.26 表示没有定义的托盘，如图 7 – 24 所示。

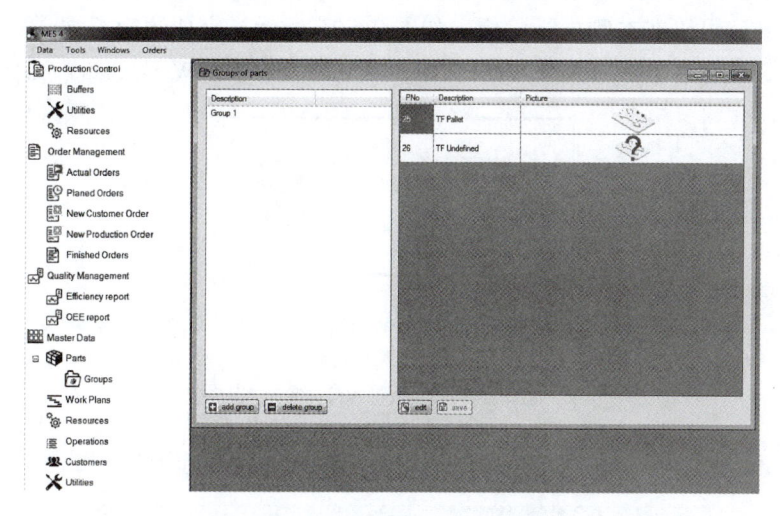

图 7 – 24　MES 系统主数据库—Parts 界面 Groups 显示

（2）Workplans：工作计划以及加工工序的设定，可根据客户的要求自定义工序生产不同的产品，显示工作计划的主要数据，如工作计划编号、名称、类型以及相关描述等，如图 7 – 25 所示。

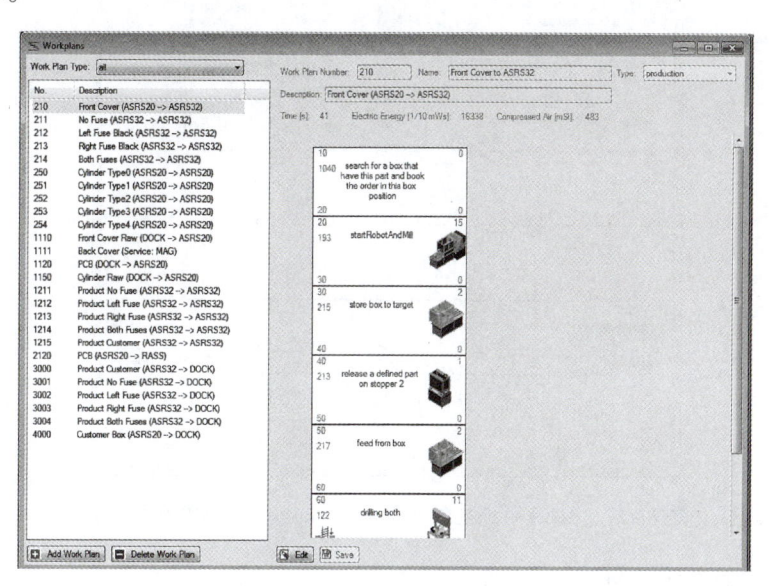

图 7 – 25　MES 系统主数据库—Workplans 界面显示

在 7 – 25 图中的 Work Plan Type 中可以通过选择不同选项来改变滤波器，显示不同类型的工作计划。

all：显示所有工作计划

production：显示加工生产工作计划

customer：显示客户工作计划

templates：显示模板工作计划

单击 Edit 按钮可以编辑工作计划，如果需要修改参数，必须在表中选择参数。如果已经选择好了参数，可以在右侧进行编辑，如图 7-26 所示，完成更改后要单击 Save 进行保存。除此之外，还可以添加（Add Work Plan）或删除（Delete Work Plan）工作计划。

图 7-26　MES 系统主数据库—Workplans 界面的工作计划编辑

参数说明：20—步骤编号；303—操作的编号和相应的图片；30—下一步的编号；
中间英文—操作描述；4—资源编号；999 错误步骤显示

右键单击该步骤，可以删除该步骤、插入新步骤或编辑所选步骤。如图 7-27 所示。

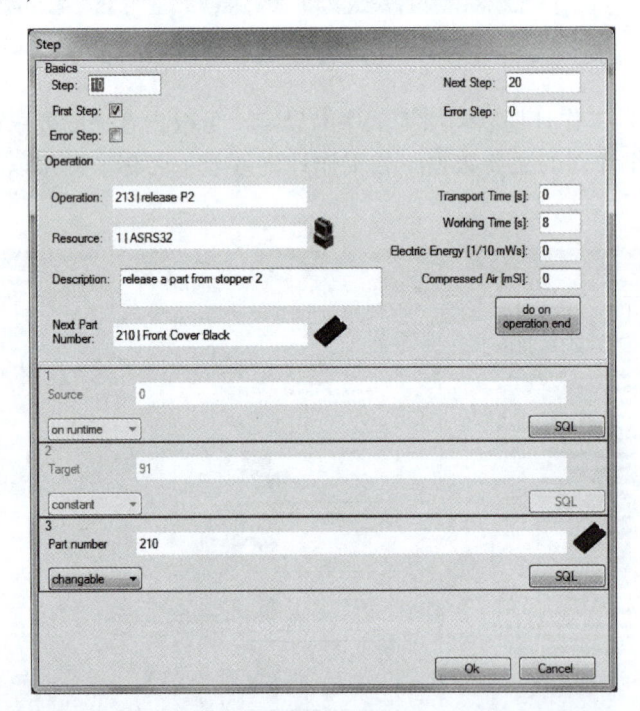

图 7-27　MES 系统主数据库—Workplans 界面的步骤编辑

步骤编号界面参数说明：

Step：如果这是生产的第一步，则突出显示（First Step 复选框）

Next Step：完成后激活的下一步

Error Step：出错时的下一步编号，如果这是一个错误步骤，则高亮显示（Error Step 复选框），始终可"Error Step（错误步骤）"。这种设置仅对于需要作出选择的站是必须的，如果在工作站上发生错误，作业将跳至"Error Step"（错误步骤）。单独的数字范围对于错误步骤很有用，以便识别它们。在 CP 工厂，通常是数字 99x 的步骤。

Resource：此处为必须执行处理步骤所需的设备资源，一般为执行此工序而设计的资源，建议先选择设备资源，因为操作仅限于特定设备所具有的操作。

Operation：此处为处理步骤时需要执行的操作。资源上可能有各种操作，具体取决于已在主数据中创建了哪些操作。

Description：操作的描述。如果在所选操作的主数据中存储了对操作的说明，则会在此处自动显示说明。但是，也可以手动添加或更改描述。目的是对操作期间要执行的操作进行确切说明和解释。

Transport Time [s]：运输时间。是指从当前设备到下一台设备的计划运输时间。此计划时间主要用于对实际输运时间的比较。

Working Time [s]：工作时间。在此输入计划的工作时间，即执行操作所需的设备加工时间。如果工作时间存储在操作的主数据中，则会自动应用，但也可以手动添加或更改。

Electric Energy：所需电能。在此输入执行操作所需的能量。如果能耗存储在操作的主数据中，则将自动采用此能耗，但也可以手动添加或更改能耗。

Compressed Air：压缩空气流量。要在此处输入执行操作的压缩空气流量。如果压缩空气流量存储在主数据中，则会自动被采用，但也可以手动添加或更改。

do on operation end：在成功完成操作后执行几个 SQL 命令（例如，清空存储架等）。

操作中将显示所有参数，不能编辑的参数将被禁用。参数编号显示在左上方，参数说明如下。参数值集中显示；也可以根据设置进行修改。如果仍希望在客户订单中修改该参数，如果无法再处理该参数，或者该参数是在运行时计算的（可变、恒定或运行时），可以设置该选项。根据设置 SQL 命令被解释为参数选择列表或在步骤查询中执行。

（3）Resources：设备资源窗口。可设置单元工作模式，可查看、改变或新建单元工作模式。如图 7 - 28 所示，在窗口的左侧，是资源列表（图 7 - 28 中的 1）。如果打开一个资源，将显示该资源的相应部分。资源由操作和缓冲区组成。如果单击一个资源、一个缓冲区或一个操作，所有相应的信息将显示在窗口的右侧。

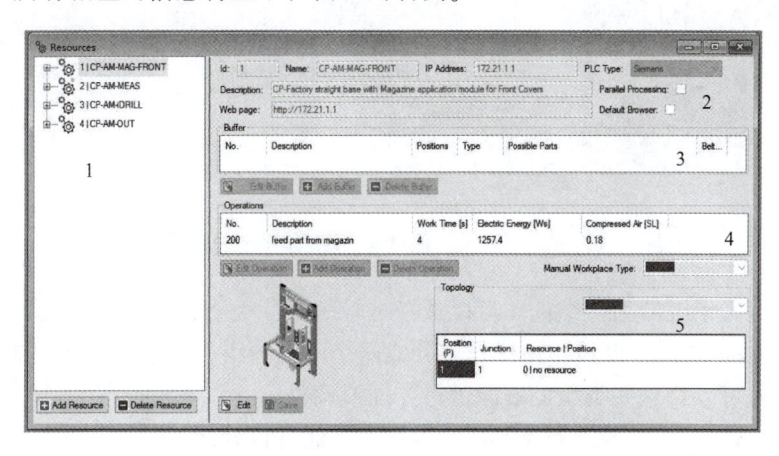

图 7 - 28　MES 系统主数据库—Resources 界面

1—设备资源列表；2—设备资源信息；3—缓冲区；4—操作信息；5—资源编辑

在窗口的顶部（图 7 - 28 中的 2），有资源的主要数据。

Id：资源的唯一编号

Name：设备资源名称

Ip Address：设备资源地址

Description：描述

PLC Type：控制类型（对通信包的字节顺序有影响）

Parallel Processing：并行操作，即几个操作可以同时执行。

Web page：在这里可以链接一个有更多信息的网站。如果需要使用新浏览器的功能，可以激活默认浏览器（Default Browser）。

在主数据下面（图7-28中的3）有暂存资源显示，即Buffer（缓冲区选项）。

No.：暂存选项的编号

Description：缓冲区描述

Positions：缓冲选项的内存位置数量

Type：类型（包括随机存取、先进先出存储、存储到AGV、AGV的外存导入）

Possible Parts：可以存储的零件

BeltNo：传送带编号（其类型为需要"to"和"from AGV"时使用）

在缓冲选项下面是操作（图7-28中的4）。

No.：操作工序号

Description：操作的描述

Working Time [s]：完成操作所需的时间

Offset Time [s]：显示偏移时间

在操作选项下面是资源编辑（图7-28中的5），显示界面如图7-29所示。

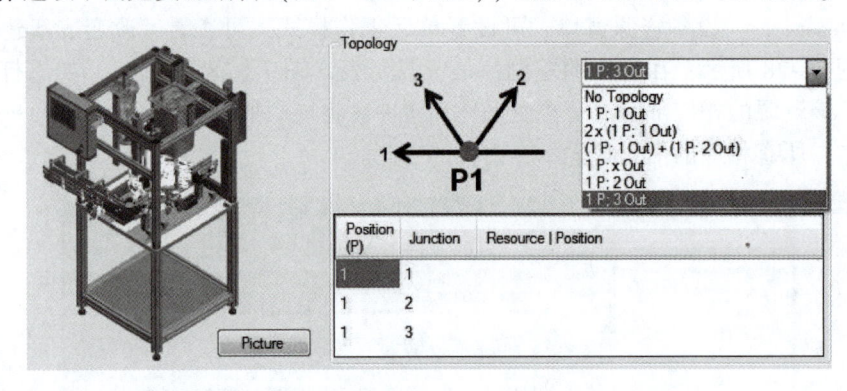

图7-29　MES系统主数据库—Resources的资源编辑

这里可以定义系统的拓扑结构，可以选择桩号的拓扑类型，并始终输入下一个桩号。

（4）Operations：操作窗口，该操作被分成两个不同的组，显示界面如图7-30所示。

资源操作：可以将这些类型的资源进行分配或调整。

内部操作：这些是MES服务器的特定操作，不能进行分配。

（5）Customers：客户信息。客户产品始终要分配给特定客户，因此必须先创建一个新客户或选择一个现有客户。窗口的左侧是已有的客户名单，如果选择了一个客户，右侧就是该客户的详细信息，显示如图7-31所示。

如果没有客户信息，可通过"Master Data"（主数据）-"Customers"（客户），选择"Add Customer"来添加新客户，并填写如下信息：

Customer Number（客户编号）（CNo）：客户的唯一标识号。这是由系统自动生成的。

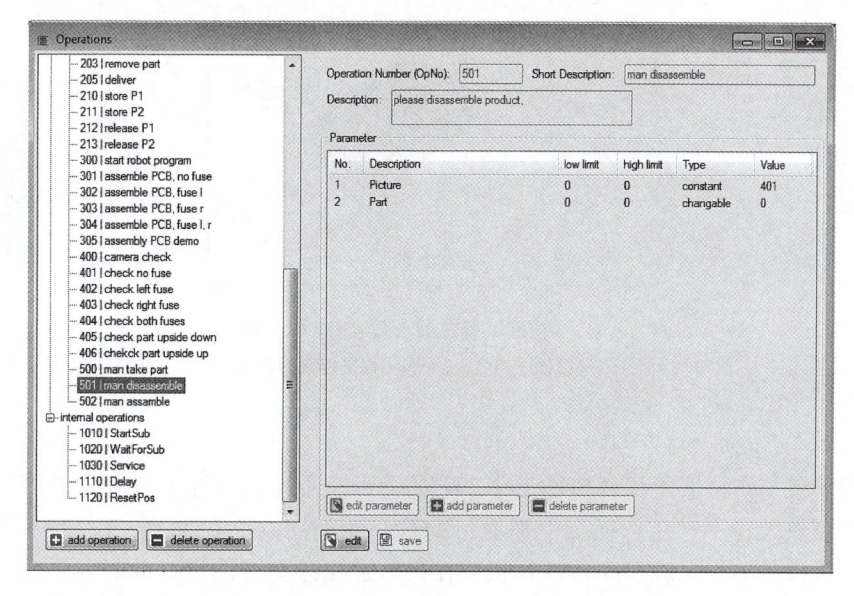

图 7-30　MES 系统主数据库—Operations 的界面

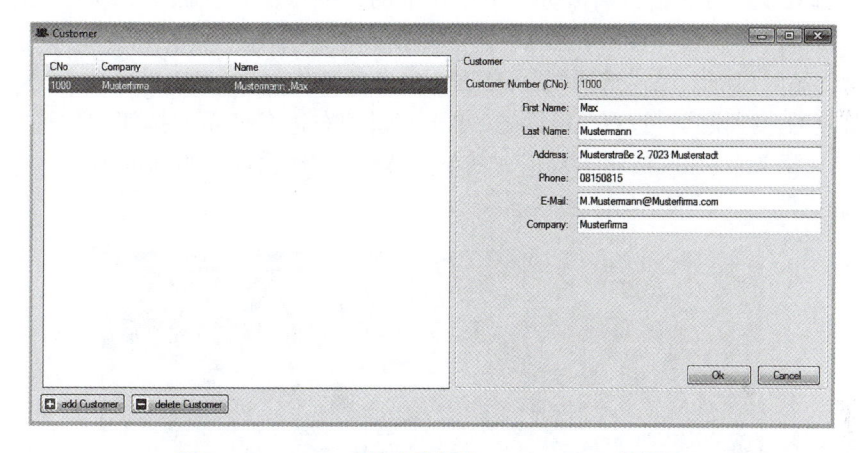

图 7-31　MES 系统主数据库—Customers 的界面

First Name（名字）：联系人的名字

Last Name（姓）：联系人的姓氏

Address（地址）：公司/联系人的地址

Phone（电话）：联系人的电话号码

Email（电子邮件）：联系人的电子邮件地址

Company（公司）：客户的公司名称

一旦保存了产品和客户数据，就可以创建产品的 Work Plan（工作计划）了。客户订单的工作计划与标准生产订单的工作计划用相同的方式创建。主要区别在于应在"Type"（类型）下选择"Customer"（客户）而不是"Production"（生产）。

（6）Utilities：实用程序窗口。在此窗口中，可以显示或修改实用程序，显示如图 7-32 所示。

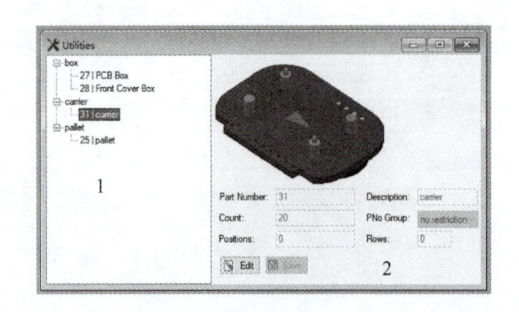

图 7-32 MES 系统主数据库—Utilities 的界面

1—实用程序列表；2—实用程序包含的数据

二、CP Lab 实训系统 MES 下单的准备

开机前准备工作：取走闭环传输带小车上的托盘及工件，并且小车箭头朝向传输带运行方向；将托盘放入仓库（注意托盘上抓取钉的这一侧朝向仓库里面）；工件底壳放入料仓；保险丝放入机械手单元保险丝库；PCB 板放在机械手托盘上（注意托盘的方向）。

打开 380V 电源，压缩气源，打开每个单元上的电源开关（凸轮开关）；确保每一个单元上的 PLC 都处于运行状态；确保每一个单元上的二联件压力不低于 5bar；确保每一单元上的急停按钮都已经拔起（释放）。

各个工作站触摸屏上模式选择均为 MES。单击各工作站的 HMI 界面中的 Operat. mode，就会弹出对应的选择模式，选择 Automatic 单击窗口的右边有三角形按钮的位置，选择 MES Mode 模式，如果 Automatic 按钮是灰色，就单击 Setup 按钮，停止当前的 Default 模式，就能单击 Automatic 按钮，如图 7-33 所示。

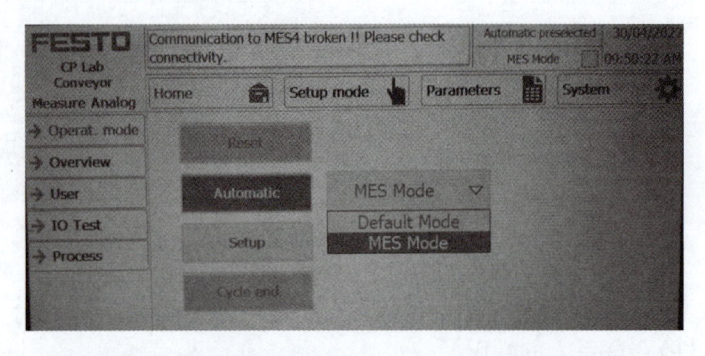

图 7-33 各工作站 HMI 界面 MES 工作模式设置显示

如图 7-34 所示是成功切换为 MES 模式的状态，右上角的 MES Mode 变为绿色，说明已经成功切换为 MES 模式。其他三个站同样设置。

如果有机械手装配工作站，则可按下控制面板 RESET 按钮，安全继电器复位后触摸屏上 Reset 按钮闪烁；按下触摸屏 Reset 按钮，单元复位，复位完成后 Automatic 按钮闪烁；按下触摸屏 Automatic 按钮，Automatic 按钮长亮，本单元启动完成。如果 Reset 灯不闪烁且触摸屏有报警，单击触摸屏上红色警告条，进入报警信息界面，根据提示清除报警后（如果机械手报警不能清除请在示教器上操作）单击 Quit Fault 按钮退出报警信息界面。

通过上述步骤，分别操作 CP Lab 实训系统的料仓工作站、激光测量工作站、钻孔加工

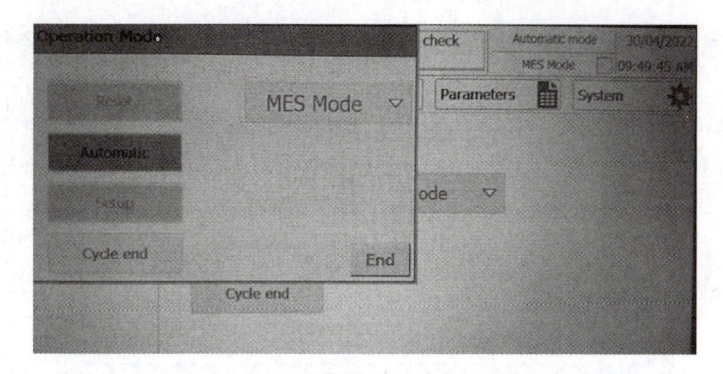

图 7-34　各工作站 HMI 界面 MES 工作模式设置成功显示

工作站、工件输出工作站的触摸屏，将模式切换到 MES 模式。

打开 CP 工厂的订单管理电脑（MES），打开桌面上的 MES4 快捷方式。先在电脑上查看状态，观察电脑是否和 PLC 连接成功，单击菜单中的 Production Control 就会有三个选项栏，这里我们选择 Resources 资源查看状态，如果图右边两个红圈里浮现的是绿色，那就说明连接成功，其他的灯颜色不同，可以忽略不计，若有黄色灯，那就说明有些站的传感器没有调试好，需要继续调试，调试界面如图 7-35 所示。

图 7-35　各工作站连接情况显示

三、CP Lab 实训系统 MES 资源的选择与添加

下单前的准备工作做好后，接下来在 MES 软件中导入设备并配置，操作步骤如下：

双击 MES4 图标，数据库选择当前数据库，打开 MES 软件。

在软件界面中单击 Production Control，然后单击 Resources 显示设备资源界面。目前设备资源是空的，没有任何设备，这时候需要在软件中导入四个工作站，如图 7-36 所示。

CP Lab 实训系统 MES 资源的选择与添加

在软件界面单击 Master Data，然后单击 Resources 资源，在左边空白处单击鼠标右键，在弹出的窗口中单击 Import 添加资源，如图 7-37 所示。

现在导入的第一个工作站——料仓工作站：单击 Import 后就会弹出一个资源选择窗口，如图 7-38 所示。找到对应实际设备的第一个站，选择第一个站的名字 CP-AM-MAG-FRONT.xml 文件，选中后再单击下面的 Open，即可导入成功。然后对导入的第一个工作站进行配置，ID 设置为 1，IP 地址设置成和 PLC 的 IP 地址一样，即 172.21.1.1，PLC 类型选择西门子，配置好以后单击 Save 进行保存，如图 7-39 所示。

项目七　CP Lab 实训系统的 MES 软件　265

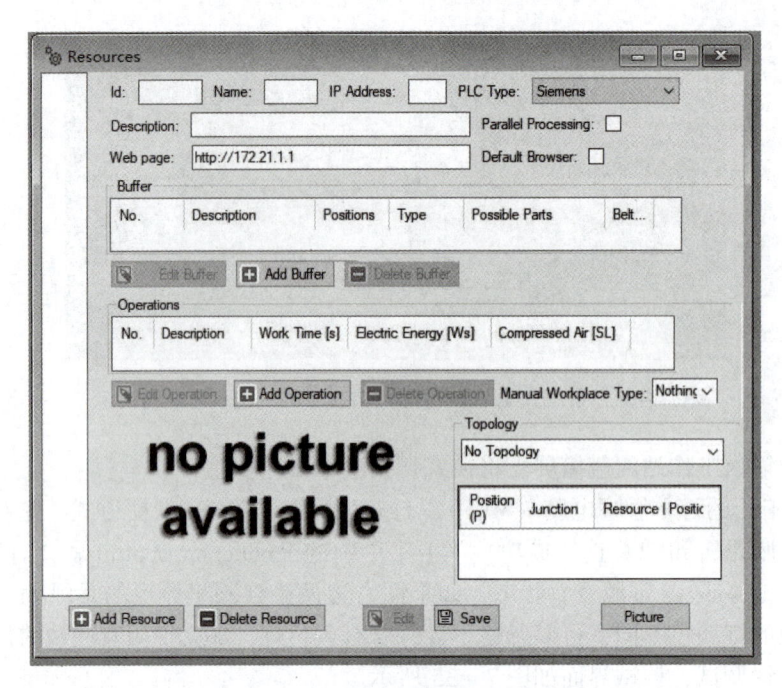

图 7 – 36　资源显示窗口

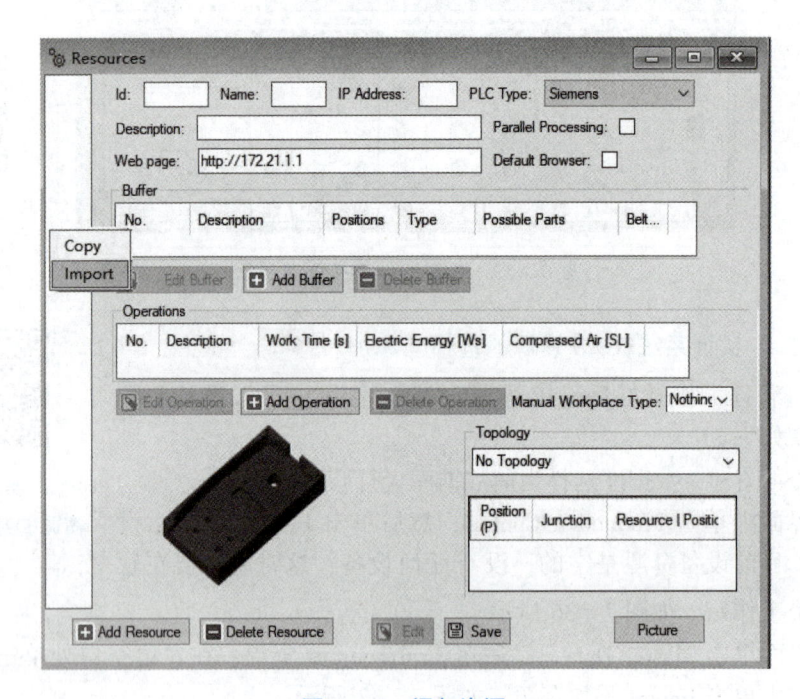

图 7 – 37　添加资源

在 MES 软件中按下面方法顺序导入剩下的三个工作站。

导入的第二个工作站——激光测量站：在资源框中单击鼠标右键选择 Import。在弹出的对话框中选择 CP – AM – MEAS.xml 文件，之后单击 Open 打开。然后对导入的第二个工作站进行配置，ID 设置为 2，IP 地址设置成和 PLC

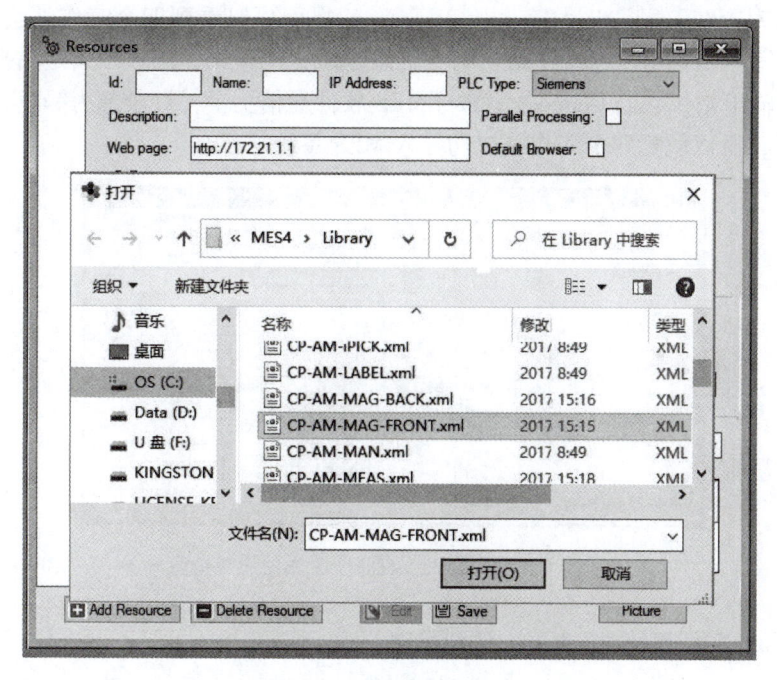

图 7-38 添加选择现有资源

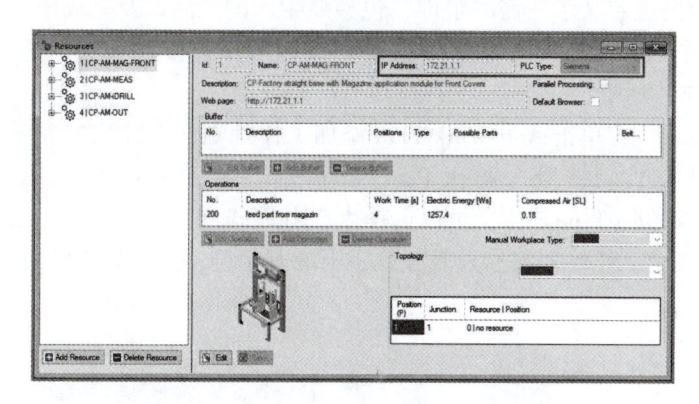

图 7-39 第一个工作站资源导入并配置成功

的 IP 地址一样,即 172.21.2.1,PLC 类型选择西门子,配置好以后单击 Save 进行保存。

导入的第三个工作站——钻孔加工站:在资源框中单击鼠标右键选择 Import。在弹出的对话框中选择 CP-AM-iDRILL.xml 文件,之后单击 Open 打开。然后对导入的第三个工作站进行配置,ID 设置为 3,IP 地址设置成和 PLC 的 IP 地址一样,即 172.21.3.1,PLC 类型选择西门子,配置好以后单击 Save 进行保存。

导入的第四个工作站——工件输出站:在资源框中单击鼠标右键选择 Import。在弹出的对话框中选择 CP-AM-OUT.xml 文件,之后单击 Open 打开。然后对导入的第四个工作站进行配置,ID 设置为 4,IP 地址设置成和 PLC 的 IP 地址一样,即 172.21.4.1,PLC 类型选择西门子,配置好以后单击 Save 进行保存。

导入工作站之后,在 MES 软件界面单击 Production Control,然后单击 Resources,在设备资源界面就可以看到刚才添加的四个工作站,如图 7-40 所示。关闭软件后重启 MES 软件,选择当前数据库，在 Production Control – Resources 界面可以看到四个工作站会和 MES 软件自动通信上，第一个站是料仓工作站，第二个站是激光测量站，第三个站是钻孔加工站，第四个站是工件输出站，它们 Connected 都与 MES 软件通信上了，灯全部为绿色，它们目前是 MES 模式运行，所以就把四个工作站成功导入 MES 系统。

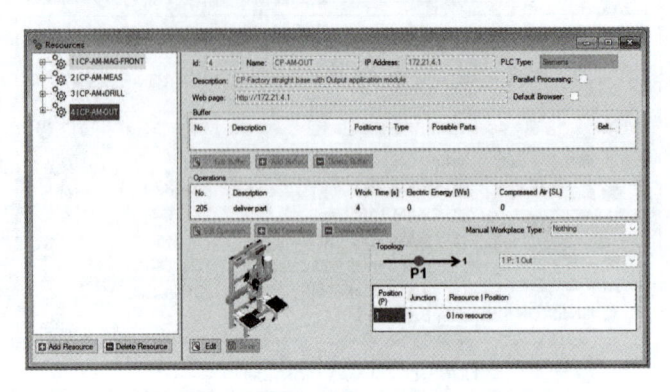

图 7 – 40　CP Lab 实训系统四个工作站设备资源导入

四、CP Lab 实训系统 MES 工作计划配置

在设置好了基本数据之后，您可以开始创建工作计划。在创建工作计划之前，必须首先检查 MES4 中是否已经定义了所需的组件，包括要生产的产品以及完成该产品所需的所有半成品和提供的零件。建议先将具有相应顺序和参数的工作步骤草绘，然后再将其转移到 MES 中的电子工作计划中。

单击 Work Plans，再单击 Add Work Plan 添加工作计划，在弹出的界面中，需要填写三个选项，分别是工作计划编号（Work Plan Number）、名字（Name）、工作计划详细说明（Description）。在类型（Type）中，可以选择生产者模式（Production），也可以选择客户模式（Customer），注意工作计划编号只能写数字不能有字符，而且只能设定一次，如图 7 – 41 所示。

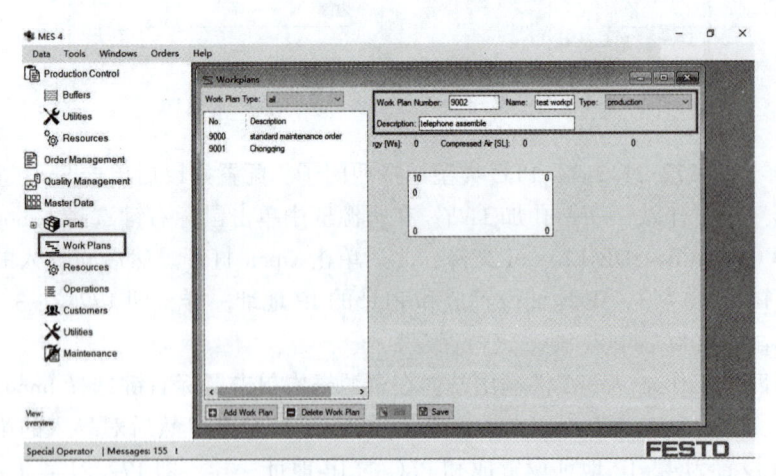

图 7 – 41　CP Lab 实训系统 MES—Workplans 配置界面

（1）添加前盖料仓工作站工作计划，填写完成之后在下方的空白框中，单击鼠标右键，

弹出菜单栏，选择编辑、向上添加、向下添加、删除等选项。单击编辑对该模块进行参数的定义与资源的选择。

单击编辑之后，在新弹出的窗口中，最少设置 4 个参数，其他参数可以保持默认。

第一步，生产工序中处理步骤的设置，将 Step 设置为任意数字。这些步骤通常以 10 的顺序开始。例如，步骤 1 = 10，步骤 2 = 20，步骤 3 = 30，依此类推。我们这里设置为 10。

第二步，生产工序中的下一个工作步骤。因为是第二步，所以将 Next step 设置为 20。注意：在工作序列的最后一步，应输入 0，因为没有下一步（通常自动完成）。

第三步，勾选 First Step，因为这是第一步，而步数 Step 就是我们完成了第一步而反馈给下一个站的数字值。下一个站的第一步数字值要对应上一站的下一步数字值，只有这样下一站才会有动作。

第四步，资源 Resource 选择上述的四个站中的 CP – AM – MAG – FRONT. xml，单击 Ok 按钮。如图 7 – 42 所示。

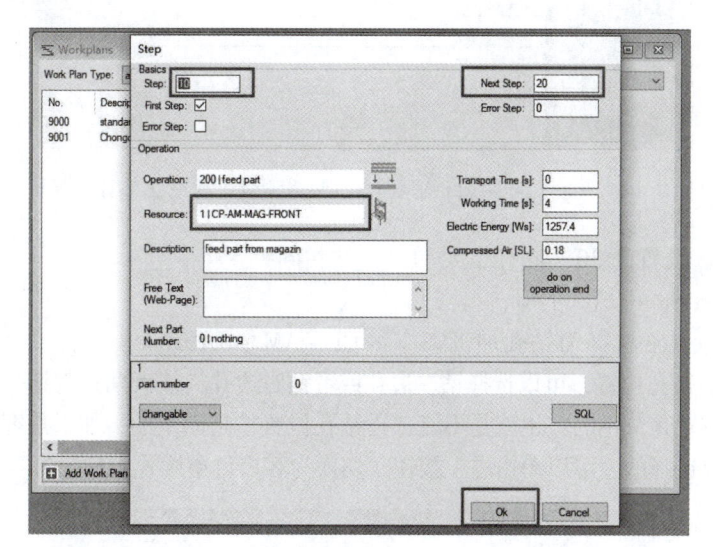

图 7 – 42　CP Lab 实训系统 MES—料仓工作站工作计划配置

输入所有必需的数据后，按确定。然后将返回工作计划的概览。在这里，第一个处理步骤的字段就显示出来了。

（2）按照同样的方式操作，添加激光测量工作站工作计划。右键单击小框，再单击 add below，就可以再添加一个小框图，右键单击新建的小框图，选择编辑，就会弹出一个新的界面。

第一步，Step 设置为 20，要和上一个站的下一步数字对应，否则此站不会有动作。

第二步，Next step 设置为 30，下面的 First step 不需要勾选，因为这不是第一步。

第三步，Resource 选择上述的四个站中的 CP – AM – MEAS 激光测量工作站，下面的 default difference 是指两个测距传感器的差值，upper limit 是指最高的极限，lower limit 是指最低的极限，如图 7 – 43 所示。

（3）按照同样的方式操作，添加钻孔加工工作站工作计划。右键单击小框，再单击 add below，就可以再添加一个小框图，右键单击新建的小框图，选择编辑，就会弹出一个新的界面。

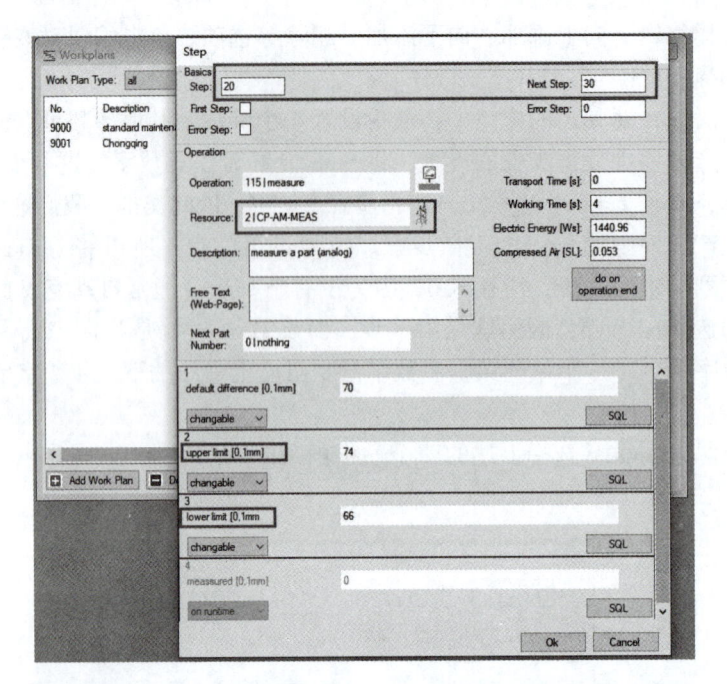

图7-43　CP Lab 实训系统 MES—激光测量工作站工作计划配置

第一步，Step 设置为 30，同样也要和上一站相同。

第二步，Next Step 设置为 40。

第三步，Resource 选择为钻孔加工工作站 CP – AM – iDRIL。

第四步，选择钻孔位置，可以选择钻左边孔或者钻右边孔，或者两边都钻孔，注意生产者模式的时候红色点位置是灰色的，也就是不能选择钻孔位置，是固定的；如果是客户生产模式，颜色为黑色，是可以选择的。可以单击右上按钮，切换为客户订单模式，如图7-44 所示。

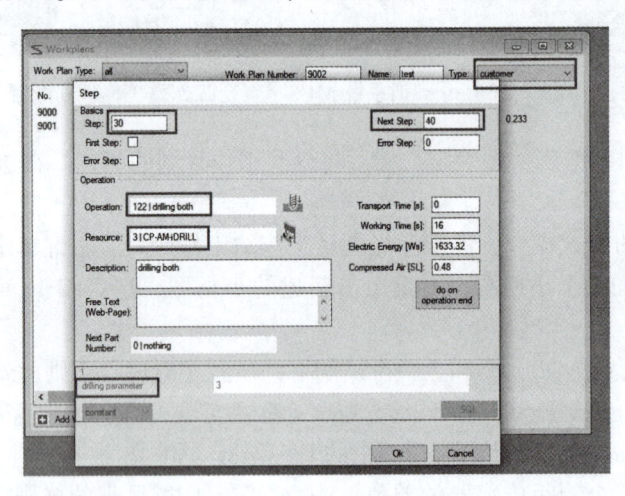

图7-44　CP Lab 实训系统 MES—钻孔加工工作站工作计划配置

（4）按照同样的方式操作，添加工件输出工作站工作计划。右键单击小框，再单击 add below，就可以再添加一个小框图，右键单击新建的小框图，选择编辑，就会弹出一个新的界面。

第一步，Step 设置为 40，同样也要和上一站相同。

第二步，Next Step 设置为 0，因为后面没有工作站了，所以写 0 作为下一步，表示下一站没有，无动作。

第三步，Resource 选择为工件输出工作站 CP – AM – OUT。

第四步，选择出库位置，放左边库位或者右边库位，或者随便放库位。但是每边库位的容量均为 2 个工件，因此库房共计最多放置 4 个工件就装满而无法再存放工件了，如图 7 – 45 所示。

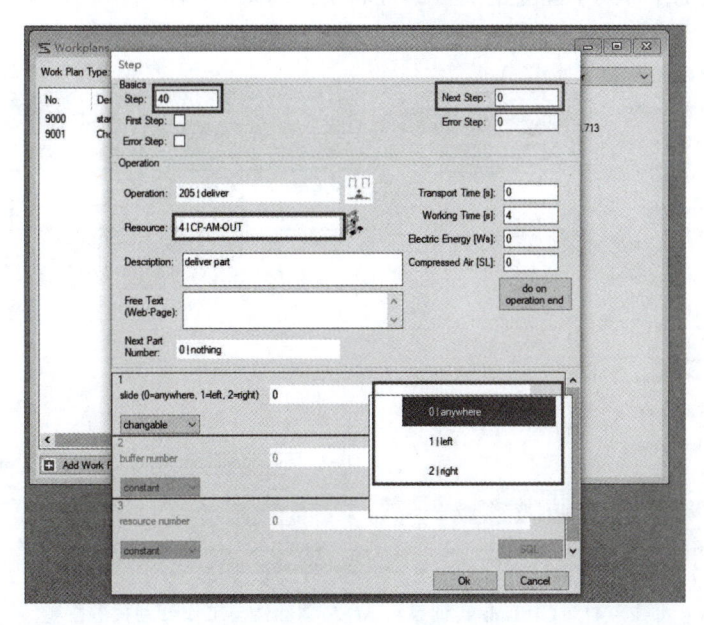

图 7 – 45 CP Lab 实训系统 MES—工件输出工作站工作计划配置

如果单击下方的 save 没有出错能正常保存，就说明建立成功。如果出错，一般都是第一个模块的站台没有勾选上 First step，或者是对应的站反馈给下一站的数字不正确，或者没有对应的站台反馈的数字。四个工作站的工作计划配置成功后如图 7 – 46 所示。

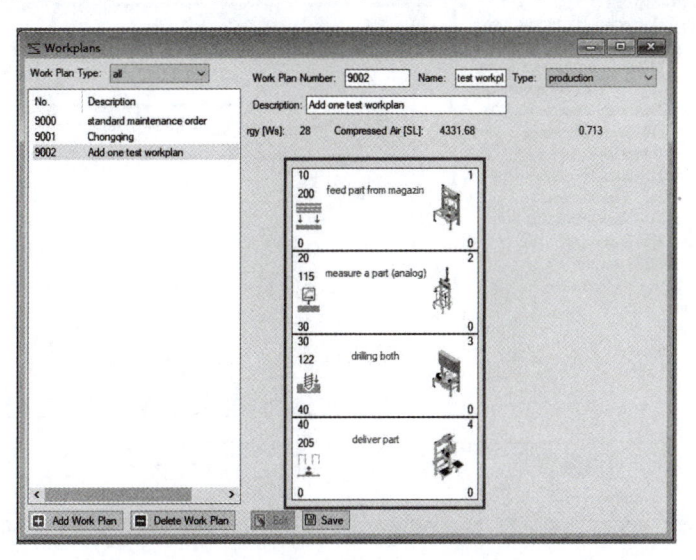

图 7 – 46 CP Lab 实训系统 MES—四个工作站工作计划显示

五、CP Lab 实训系统 MES 零部件关联

如果同时创建了工作计划和相关产品（以及所需的半成品），则工作计划仍必须与要生产的产品关联匹配上。

各站点工作计划配置后，必须将该零件和工作计划关联在 Production part 里面。单击 Master Data，选择 Parts 零件选项，在弹出界面中单击 Add Part，设置好编号和描述，再单击 Work Plan，关联工作计划中建立的文件编号名字，如图 7-47 所示。

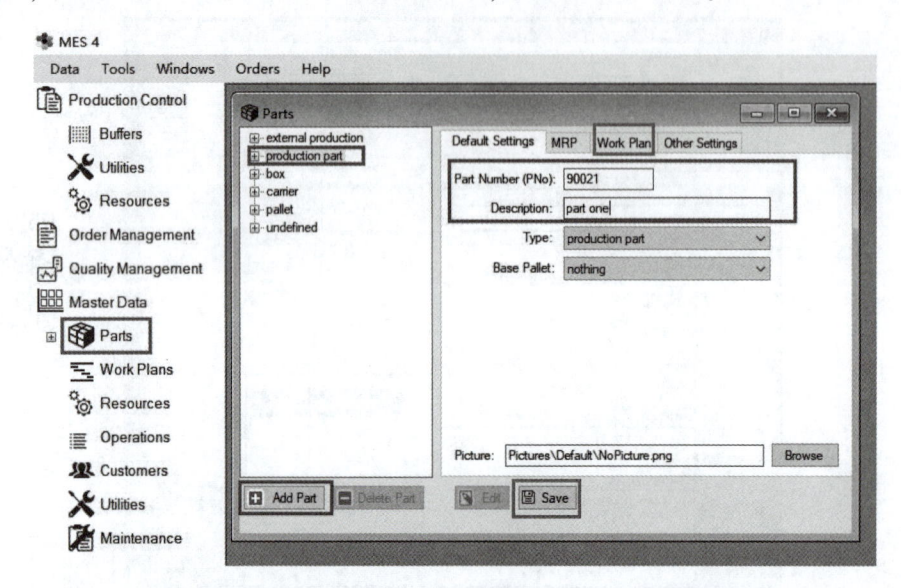

图 7-47　CP Lab 实训系统 MES 零部件与工作计划关联配置

选择好关联的工作计划，单击 Save 保存即可，如图 7-48 所示。

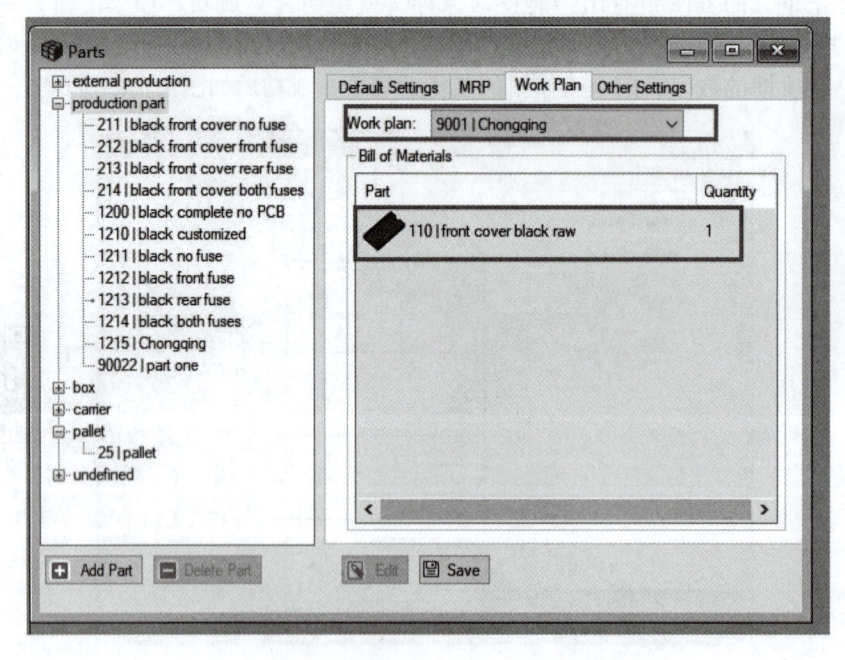

图 7-48　MES 零部件与工作计划关联显示

六、CP Lab 实训系统个性化 MES 客户订单下单生产

成功创建新产品和工作计划后，即可在 CP 工厂开始生产该产品。

个性化 MES 客户订单下单生产，可以在下单过程中设置许多参数，如测量站的高度差、最高值和最低值还有出库位置等。

个性化 MES 客户订单下单生产步骤如下：

①单击 New Customer Order。
②单击 Add Position 键。
③选择 Part NO。
④输入要下单生产的数量。
⑤输入两个测距传感器的差值。
⑥自定义盖子测量上限值。
⑦自定义盖子测量下限值。
⑧自定义钻孔位置。
⑨自定义输出滑槽位置。
⑩单击 Ok 按钮。

具体操作如图 7-49 所示。

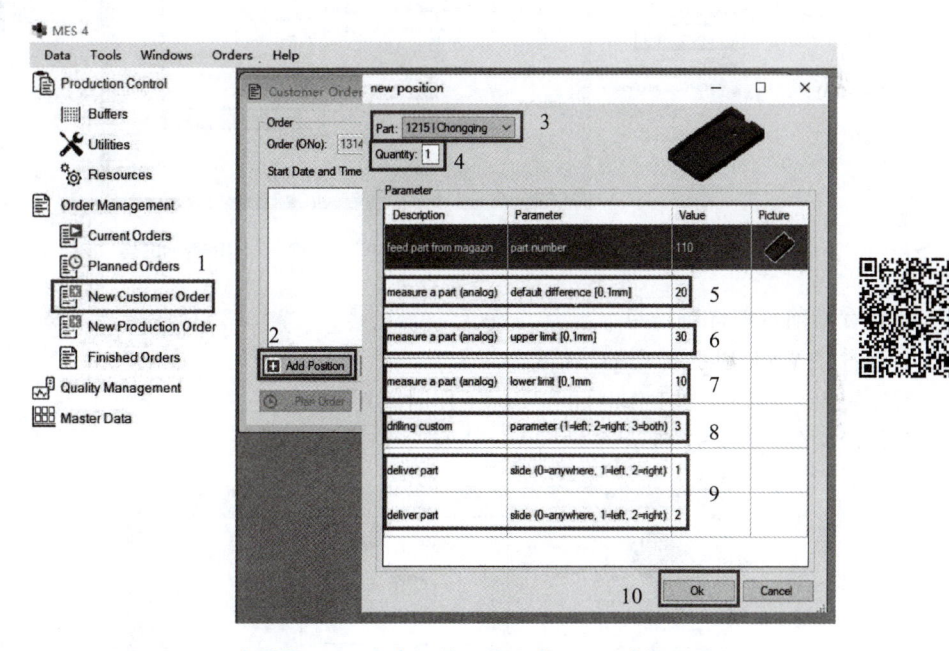

图 7-49　个性化 MES 客户订单下单生产 1~10 步操作过程

⑪单击 Start Order。

设备开始执行订单生产，具体操作如图 7-50 所示。

⑫单击 Current Order。
⑬查看当前订单正在执行的站。
⑭单击右键，在弹出的菜单中单击 Show Details。

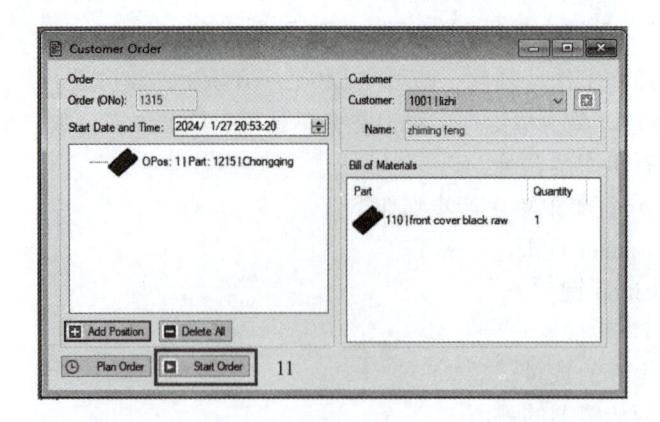

图 7-50　个性化 MES 客户订单下单生产 11 步操作过程

具体操作如图 7-51 所示。

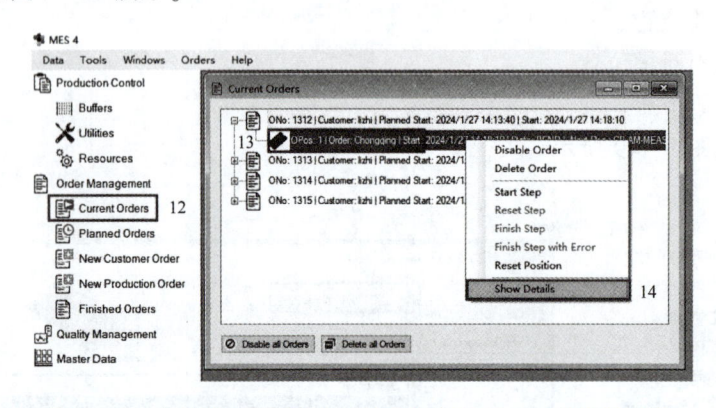

图 7-51　个性化 MES 客户订单下单生产 12~14 步操作过程

⑮查看当前订单详细信息。
⑯查看按 Work Plan 排列的站信息。
⑰查看每个站的计划工作时间和实际工作时间对比。
具体操作如图 7-52 所示。

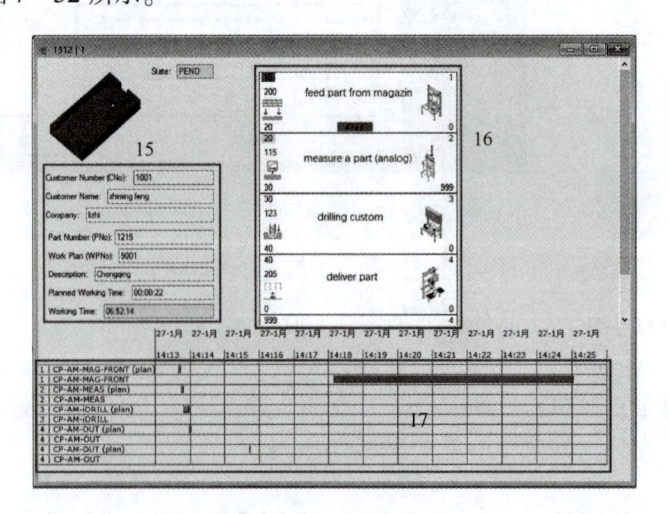

图 7-52　个性化 MES 客户订单下单生产 15~17 步操作过程

七、CP Lab 实训系统标准化 MES 工厂下单生产

注意工厂生产订单不能在下单时改变高度差和存放位置，都是固定的，和前面的模块设置相关。也就是说，只能在前面模块的设置里面进行更改位置存放等参数。

标准化 MES 工厂下单生产步骤如下：

①单击 New Production Order。
②单击 Add Position。
③选择 Part NO.。
④在 Quantity：（数量）中输入要下单生产的数量。
⑤单击 Ok 后，将显示订单中的物料视图以及生产订单所需的物料。

具体操作如图 7-53 所示。

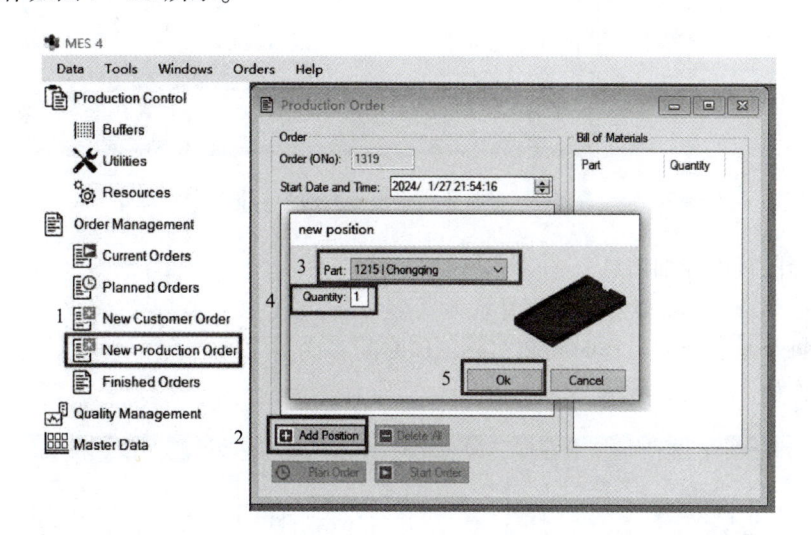

图 7-53　标准化 MES 工厂下单生产前 1~5 步操作过程

⑥根据当前 Work Plan 列出 Parts 清单。
⑦单击 Start Order。

设备开始执行订单生产，具体操作如图 7-54 所示。

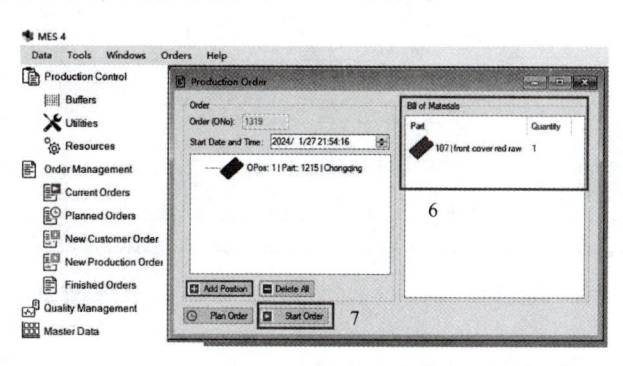

图 7-54　标准化 MES 工厂下单生产前 6~7 步操作过程

⑧单击 Current Order。
⑨查看当前订单正在执行的站。

⑩单击右键，在弹出的菜单中单击 Show Details。

具体操作如图 7-55 所示。

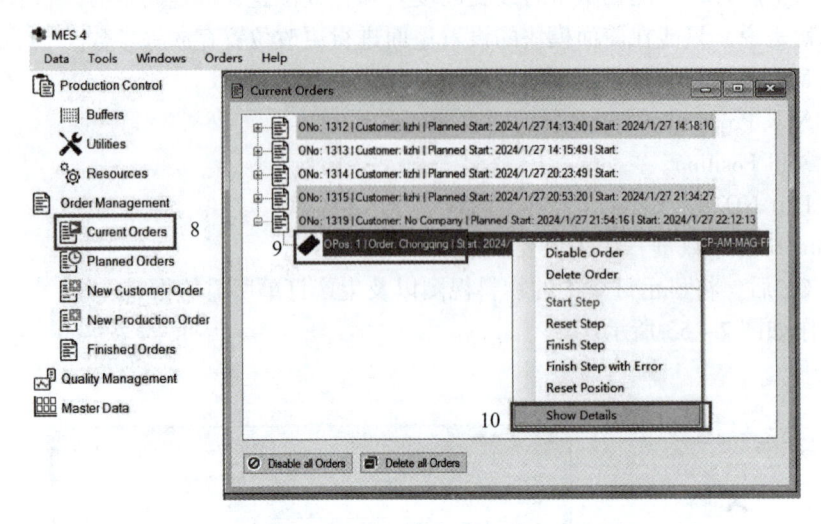

图 7-55　标准化 MES 工厂下单生产前 8~10 步操作过程

⑪查看当前订单详细信息。
⑫查看按 Work Plan 排列的站信息。
⑬查看每个站的计划工作时间和实际工作时间对比。
具体操作如图 7-56 所示。

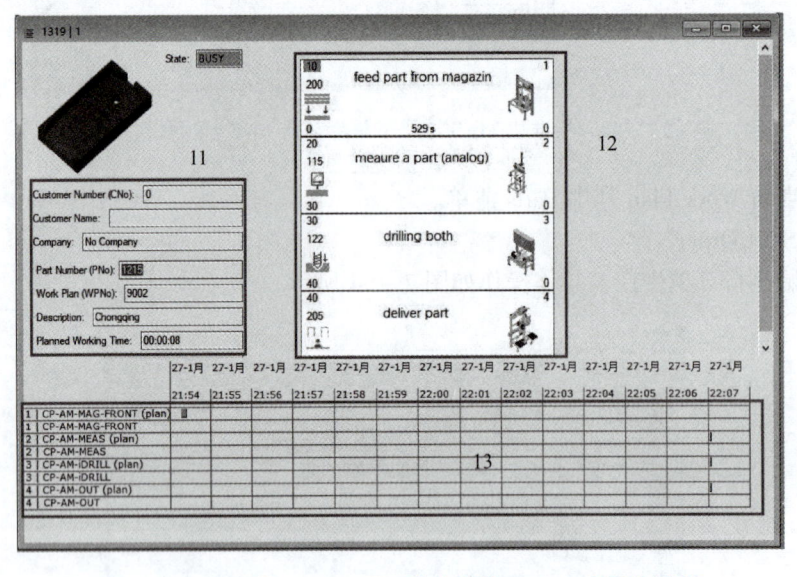

图 7-56　标准化 MES 工厂下单生产前 11~13 步操作过程

八、CP Lab 实训系统 MES 订单状态查看

单击 Order Management 菜单，再单击 Current Orders 查看当前订单状态，包括正在进行的订单和已经完成的订单，如图 7-57 所示。

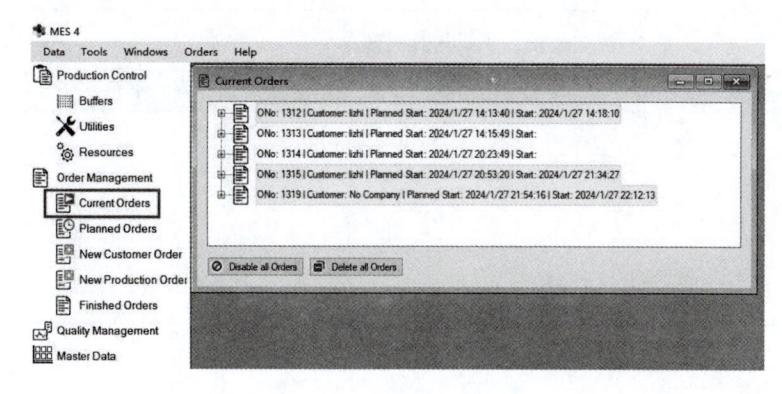

图 7-57　MES 订单查看

项目实施

姓名：	学号：	班级：	日期：	课堂笔记
CP Lab 实训系统的 MES 软件工作手册			

- 任务接收

团队任务分配表

序号	角色	姓名	学号	分工
1	组长			
2	组员			
3	组员			
4	组员			
5	组员			
6	组员			

- 任务准备

工作方案设计表

序号	工作内容	负责人
1		
2		
3		
4		
5		
6		
7		
8		

项目七　CP Lab 实训系统的 MES 软件

课堂笔记

实训设备、工具与耗材清单

序号	名称	型号与规格	数量	备注
1				
2				
3				
4				
5				
6				
7				

领取人：　　　　　　　　　　　　　归还人：

- 任务实施

（1）描述 MES 系统的主要界面功能

任务实施过程记录表 1

描述 MES 系统的主要界面功能

（2）配置 MES 系统

任务实施过程记录表 2

序号	MES 系统配置步骤		操作记录
1	下单准备		
2	资源准备		
3	工作计划配置	添加前盖料仓工作站	
		添加激光测量工作站	
		添加钻孔加工工作站	
		添加工件输出工作站	
4	零部件关联		
5	客户订单		
6	工厂生产订单		
7	订单状态查看		

(3) 检查硬件运行前的安全性

连接硬件电路，检测各电路正确性，确保无误后通电使用。

任务实施过程记录表 3

硬件运行前安全检查					
检查内容（正常打"√"，不正常打"×"，并检查更正）					
检查模块	工具部件无遗留、无杂物	硬件安装牢固	无接线错误、接线不牢	流量压力正常、阀门打开、指示正常	检查设备各部正常无损坏、无短路、无发热等不良现象
前盖料仓工作站					
激光测量工作站					
钻孔加工工作站					
工件输出工作站					
负责人				验收签字	

(4) 自动操作完成订单加工流程

利用 MES 系统，监控手机前盖下料、测量、钻孔、入库等相关操作。

任务实施过程记录表 4

自动操作完成订单加工				MES 系统	
检查内容（正常打"√"，不正常打"×"，并检查更正）					
检查项目	前盖料仓工作站	激光测量工作站	钻孔加工工作站	工件输出工作站	监控反馈显示
料仓中有前盖 小车中有托盘 托盘中有工件					
料仓中有前盖 小车中有托盘 托盘中无工件					
料仓中有前盖 小车中无托盘 托盘中无工件					
料仓中无前盖 小车中有托盘 托盘中有工件					
其他					

考核评价

项目七　考核评价表

基本信息	《CP Lab 实训系统的 MES 软件》任务					
	班级		学号		分组	
	姓名		时间		总分	
项目内容	评价标准		分值	自评	小组互评	教师评价
任务考核 （60%）	描述 MES 系统的主要界面功能		10			
	配置 MES 系统		20			
	利用 MES 系统完成个性化订单生产		35			
	利用 MES 系统完成标准化订单生产		35			
	任务考核总分		100			
素养考核 （40%）	操作安全规范		20			
	遵守劳动纪律		20			
	分享、沟通、分工、协作、互助		20			
	资料查阅、文档编写		20			
	精益求精、追求卓越		20			
	素养考核总分		100			

课后拓展

1. 查阅资料，了解 ERP、MES、SCADA、PLC 在自动化生产中的关系。
2. 尝试完成一次性下多个生产订单的任务。

项目八　CP Lab 实训系统的网络商城

学习目标

- **知识目标**

1. 了解网络商城在"工业 4.0"系统中的作用；
2. 熟悉网络商城的构成及工作流程；
3. 熟悉网络商城客户端和销售端。

- **技能目标**

1. 全面了解网络商城；
2. 熟练使用网络商城客户端进行下单；
3. 熟练使用网络商城销售端，正确新建商品并上架。

- **素质目标**

1. 培养学生创新创业意识，善于结合网络资源和电子商务解决智能生产问题，善于整合专业资源，自主创新；
2. 让学生明确复合型人才的定位与实践；
3. 培养学生良好的职业素养，锻炼学生自主学习能力和口头表达能力，能够做到跨专业、跨学科学习，利用新一代信息技术创新高端、智能、绿色的装备制造。

项目描述

本项目主要通过网络商城软件实现手机下单、监控生产与销售过程相关信息。具体实施分三个阶段进行。

第一个阶段通过学习网络商城软件的操作界面，了解网络软件的整体功能。

第二个阶段完成网络商城软件客户端的学习与操作。

第三个阶段完成网络商城软件销售端的学习与操作。

本项目第一个阶段要完成的实训内容如下：

1. 掌握网络商城软件的结构和功能；
2. 熟悉网络商城软件的菜单功能。

本项目第二个阶段要完成的实训内容如下：

1. 熟悉网络商城软件客户端的使用；
2. 动手实践下单前的准备工作。

本项目第三个阶段要完成的实训内容如下：

1. 熟悉网络商城管理销售端的构成；

2. 掌握网络商城管理销售端的工作流程；
3. 动手实践新建新产品并上架。

实训前的准备工作：

1. 实训资料：CP Lab 实训系统网络商城软件安装包、工作手册等，保证完整；
2. 实训工具：CP Lab 实训系统网络商城软件、电脑一台；
3. 实训场地：保证作业场所的整齐、规范、有序；
4. 安全教育：安全操作指导手册一份。

安全操作指导手册

知识链接

"工业 4.0"的核心内容是三项集成，即纵向集成、横向集成和端到端集成。纵向集成即实现企业内部的信息共享，比如我们学过的 MES 系统，它实现了制造过程的信息共享；比如 ERP 系统，它实现了企业管理信息共享，如果将企业内的各项软件信息整合起来，就可以实现纵向集成。横向集成是企业间的共享，比如一个生产企业可能与它的上游供应商和下游经销商信息共享。端到端集成则是实现价值链上所有端的互联，比如商家，客户，制造企业等。我们即将学习的网络商城就是实现端到端集成的一个环节。网络商城将商家、客户、制造过程连接在一起，使客户可以从产品设计、产品生命周期以及使用反馈等全程参与。这样做商家可以制造出更符合客户需求的高质量、高效率、透明化的产品和服务，让客户得到心仪的产品，形成双赢或者多赢的关系。

CP Lab 实训系统的网络商城软件共由三个部分组成，包括客户端、管理销售端和生产端。客户端面向客户，其主要功能包括采集客户信息，为客户提供产品信息、客户下达订单和信息反馈等。管理销售端面向企业销售或者管理层，其主要功能是汇总各类信息并进行分析，从而为决策者提供信息支持。比如它可以汇总客户信息、销售信息、生产信息、提供企业数据分析等。生产端面向企业的生产部门，其主要功能是接收客户订单，并按订单要求进行生产加工。

网络商城的三个部分分工明确，同时也是相互关联。客户通过客户端向工厂下单，工厂收到订单后根据订单进行生产，为客户提供产品。客户信息、订单信息和使用反馈同时会传递给管理销售端，用于企业内部信息共享和分析。企业对生产工厂的管理，可以提升工厂效率、资源利用率等，从而为客户提供更优质、更高效、更优惠的产品和服务。工厂的产品生产进度可以同时被客户和管理销售端获取。除了网络商城已有的这三大模块，在产品生命周期中还常涉及研发、物流、质量、采购、售后等部门的工作。此处我们强调：与现有的网络商城不同的是，在"工业 4.0"的网络商城客户可以定制自己需要的产品，而不是从已有的大批量生产的产品中选择自己需要的产品。同时，整个过程体现了所有环节信息的实时共享。另外，客户是直接向制造企业下订单，省略了中间环节。不但可以节省成本，更重要的是客户可以参与到产品设计到产品报废的整个过程，更利于产品和过程的优化。

1. CP Lab 实训系统网络商城客户端介绍

本任务主要认知网络商城模块，具体为描述网络商城模块的整体功能、描述网络商城的结构和工作流程、正确使用网络商城客户端进行下单操作、正确使用 MES 系统对前述订单进行生产。

任务实施步骤如下：

CP Lab 实训系统网络商城客户端介绍

282　MES 系统应用

(1) 首先，进入网络商城"工业 4.0"软件首页，如图 8-1 所示。

图 8-1 CP Lab 实训系统网络商城首页

(2) 在软件首页单击"网店"，进入客户注册/登录界面。按要求输入注册/登录信息，完成注册/登录；

(3) 了解网络商城客户端主页面各部分的功能，如图 8-2 所示。我们可以看到主页面包含结算货币设置；客服电话、账户信息、愿望清单、购物车、结算标签栏；搜索栏；根据工厂名称排列的产品列表以及展示图等内容。同时可以通过单击 Admin 更换到网络商城管理销售端账户。

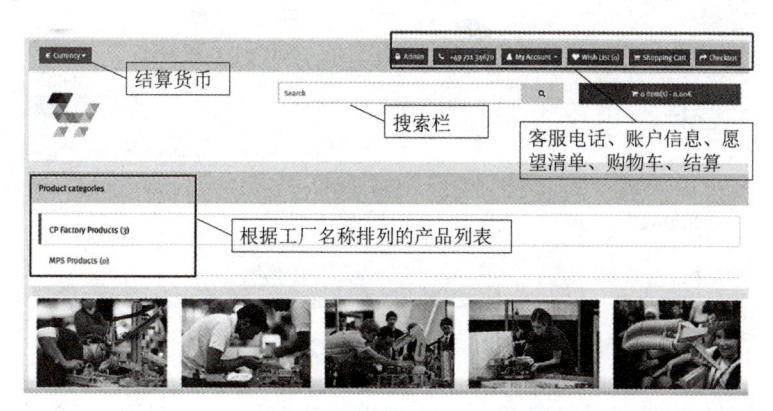

图 8-2 CP Lab 实训系统网络商城客户端主界面

(4) 当客户需要定制产品时，可以单击选定的工厂进入产品列表进行下单。如果我们希望选购 CP Factory 的产品，可以单击第一个 CP Factory Products 进入产品选择界面。进入产品选择界面后，上面主菜单部分功能没有发生变化，下面中间的显示区可以看到产品列表。客户可以根据需求选择需要的商品或者定制自己需要的产品，如根据需求和喜好定制不同颜色、款式、尺寸和型号的手机，如图 8-3 所示。

(5) 由于 CP Lab 实训系统的"工业 4.0"产线是由可以自由组合的单个工位组合而成，所以理论上可以在同一条生产线上实现不同产品的生产，从而实现小批量定制化生产。我们使用的教学软件在这里没有设置定制选项，所以我们直接选择需要的商品，比如选择 front cover。单击 ADD 后可以看到购物车里有一件商品。单击 checkout，进入结算界面。结算界面包含付款信息、物流信息、商品和价格信息，带红星标记的为必填内容，如图 8-4 所示。

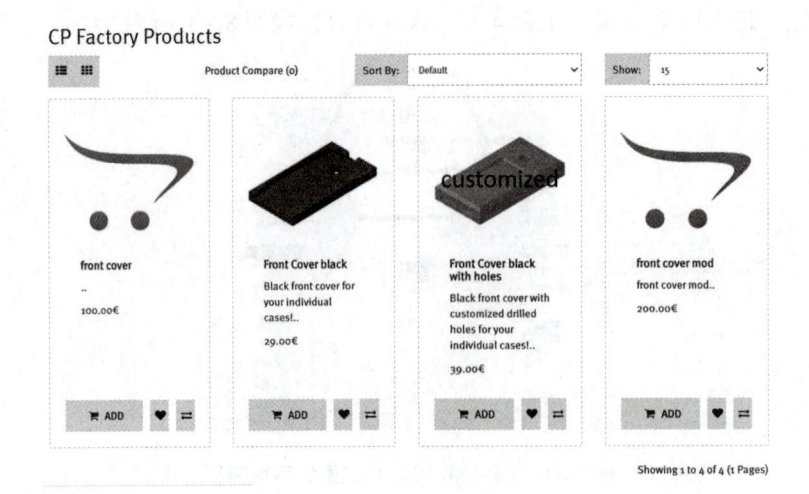

图 8-3　定制化商品选项界面

在真实的"工业 4.0"网络订单系统中，内容会更加详细，此处为方便展示将内容简化了。

图 8-4　网络商城订单设置界面

（6）按要求填写信息后确认订单，会出现以下这个界面，表明已下单成功。此时，企业销售管理端可以看到订单的内容。同时，工厂端在 MES 系统中也可以看到该订单，如图 8-5 所示。

图 8-5　订单下单成功显示界面

(7) 回到软件主页面，单击"MES4"进入 MES 系统。在页面左上角选择"订单"选项，进入订单页面，如图 8-6 所示。

图 8-6 查询订单界面

(8) "在等候订单"标签栏下可以看到刚才客户下的订单，如图 8-7 所示。组织生产后，MES 系统内会自动将订单状态改为"完结订单"，如图 8-8 所示。会显示订单号、生产日期、顾客、订单位置号等信息。

2. CP Lab 实训系统网络商城销售端介绍

企业管理销售端是一个实时的信息交互平台，其作用在于为管理者提供决策数据或者为销售者提供销售管理。CP Lab 实训系统的网络商城是基于费斯托教学用虚拟网络商城，所以内容仅为教学展示，现实的网络商城内容根据使用者需求各有不同。本任务主要认知网络商城模块管理销售端，具体为描述网络商城模块管理销售端的构成、描述网络商城模块管理销售端工作流程、正确新建产品并上架该产品。

CP Lab 实训系统网络商城销售端介绍

图 8-7 待生产订单显示

项目八 CP Lab 实训系统的网络商城 ■ 285

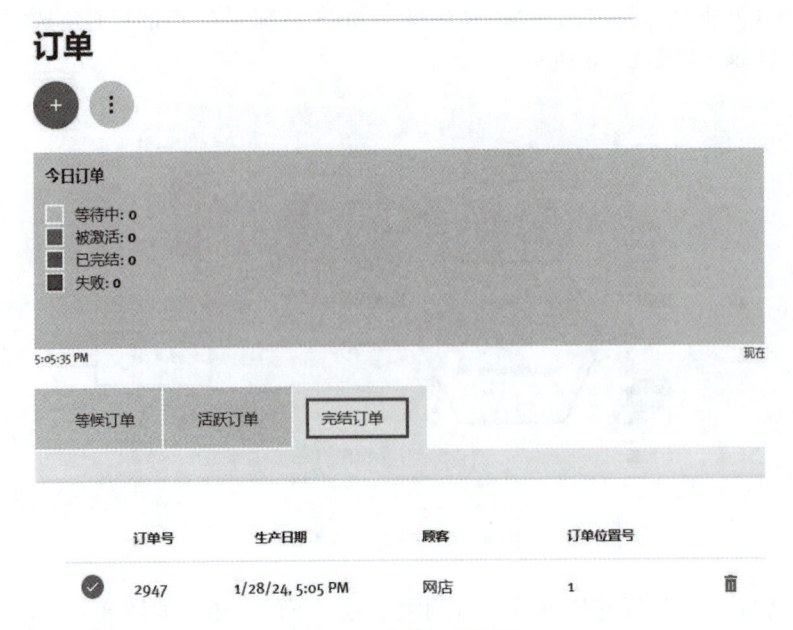

图 8-8　完结订单显示

任务实施步骤如下：

(1) 选择网店，进入网店主页面；在主页面右上角单击 Admin 按钮进入登录页面；在登录页面输入用户名和密码进入企业管理销售端主页面，如图 8-9 所示。

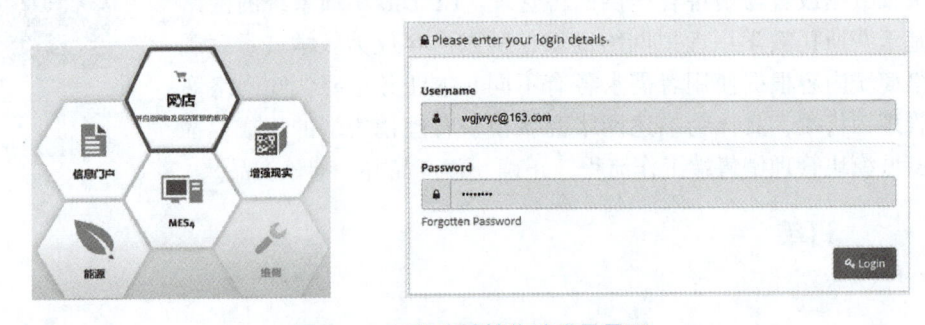

图 8-9　网络商城销售端登录界面

(2) 主页面左侧导航栏列出了管理销售端能够实现的各项功能，包括产品目录、页面设计、销售统计、客户维护、市场营销等。右侧是主看板，集中了各项企业认为最重要的信息，比如这里列举了总订单数、总销售额、总客户数量、销售数据分析等，如图 8-10 所示。

(3) 产品目录包含产品分类、产品利润情况、产品特性、产品生产商、产品评论等内容。单击 Categories，进入产品分类，产品列表如图 8-11 所示。与客户端相对应，右边页面展示出以生产工厂命名的产品目录，单击 Action 可进行编辑。后面的所有界面出现 Action 的都表示可以单击 Action 进行编辑。单击 Products，右边页面展示出以产品名称为序的产品列表。单击 Recurring Profiles，右边页面展示各产品利润信息。Attributes 分为产品特性和产品特性组。产品属性及选项设置如图 8-12 所示。Options 是可选择的内容，也可进行编辑。

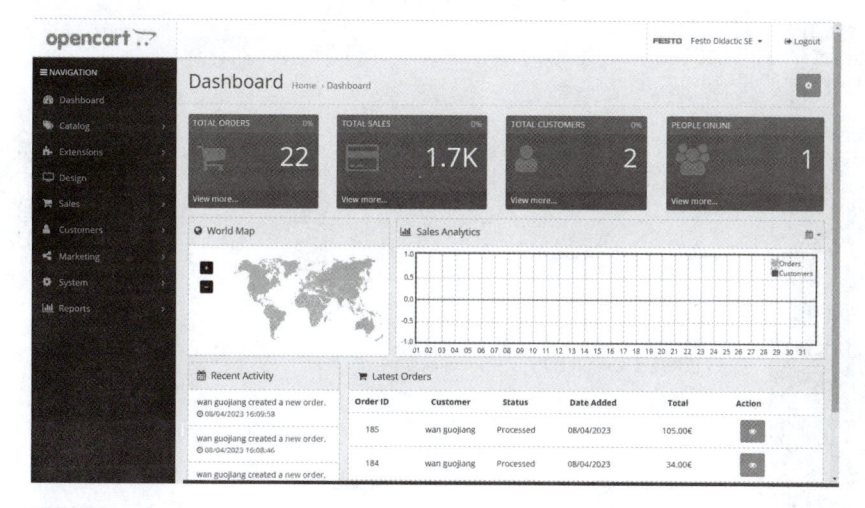

图 8–10　网络商城管理销售端功能显示

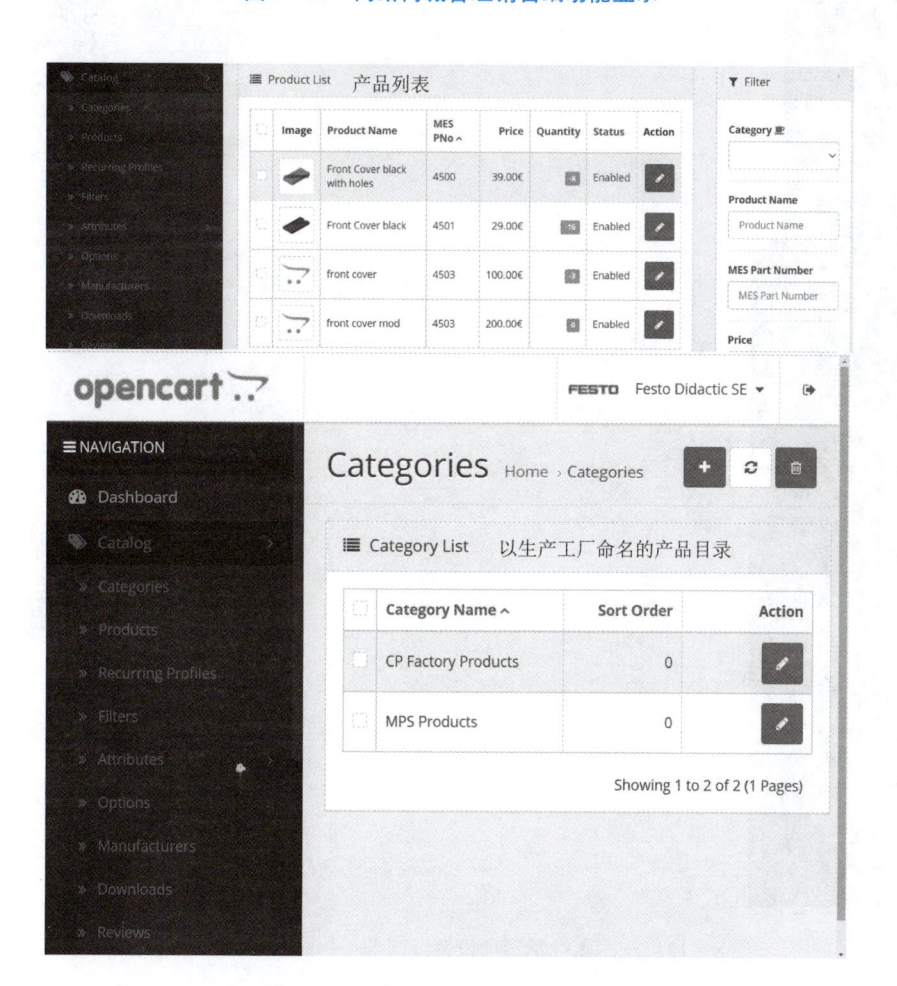

图 8–11　产品目录与产品列表展示

项目八　CP Lab 实训系统的网络商城　287

图 8–12　产品属性及选项设置

（4）接下来是生产工厂列表及店铺信息，如图 8–13 所示。比如店铺信息、物流信息、隐私条款等。Extensions 是一些附加功能，比如市场竞争力、发生的事件等。

（5）Design 标签栏包含对页面的设置和对语言的设置，如图 8–14 所示。

288　■　MES 系统应用

图 8–13　生产工厂列表及店铺信息显示

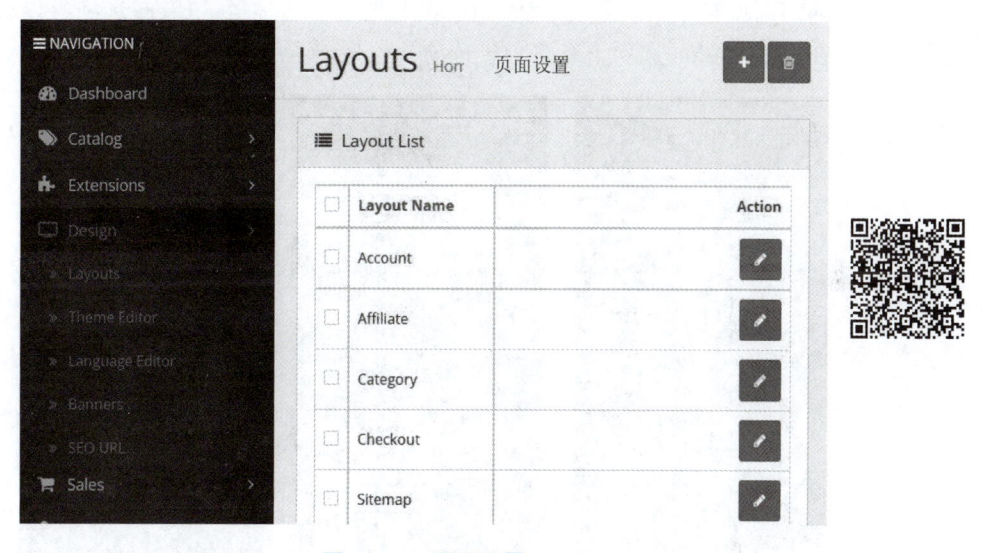

图 8–14　页面设置

（6）Sales 销售管理包括订单管理、利润管理、退货管理和礼品券管理。Orders 可以看到订单的具体下单客户、生产状态、销售价格、下单时间等。如果需要快速找到某订单，可以采用 Filter 过滤功能进行查找，如图 8–15 所示。

图 8–15　销售管理功能显示

项目八　CP Lab 实训系统的网络商城　■　289

(7) 客户管理包括客户信息、客户分组等内容，如图 8-16 所示。客户信息中可以查看客户名称、联系方式、客户状态等内容。

图 8-16 客户信息管理

(8) Marketing 是市场营销的部分内容，如图 8-17 所示。比如设置促销、优惠券等。System 是对网络商城整个系统进行设置，比如 IP 地址、名称等。Users 选项可以设置用户名称和权限。在 Localisation 选项下有多个子选项，包括语言、货币、库存、税收等。

图 8-17 市场营销管理

(9) Reports 是对目前数据的一些呈现，比如销售额、完成订单金额、正在加工订单金额等，如图 8-18 所示。

(10) 下面是如何上架一个新的商品操作步骤。首先单击 Catalog，选择 Products，然后单击加号，出现产品添加页面，如图 8-19 所示。

(11) 单击加号后，在 General 标签页可以设置产品名称，比如设为 Front cover。可以对产品进行描述，但不是必须，只有带红星标记的才必须输入内容。可以输入商品标签，便于客户检索。如图 8-20 所示。

(12) 单击 Data 标签页，需要输入 MES Part Number，此处的 Part Number 一定要与工厂能生产的商品 Part Number 一致，否则 MES 系统无法生产，如图 8-21 所示。比如，我们打开 MES4 可以看到目前产品 Part Number 是从 4 500 ~ 4 503，那么这里只能对应输入这些零件号。

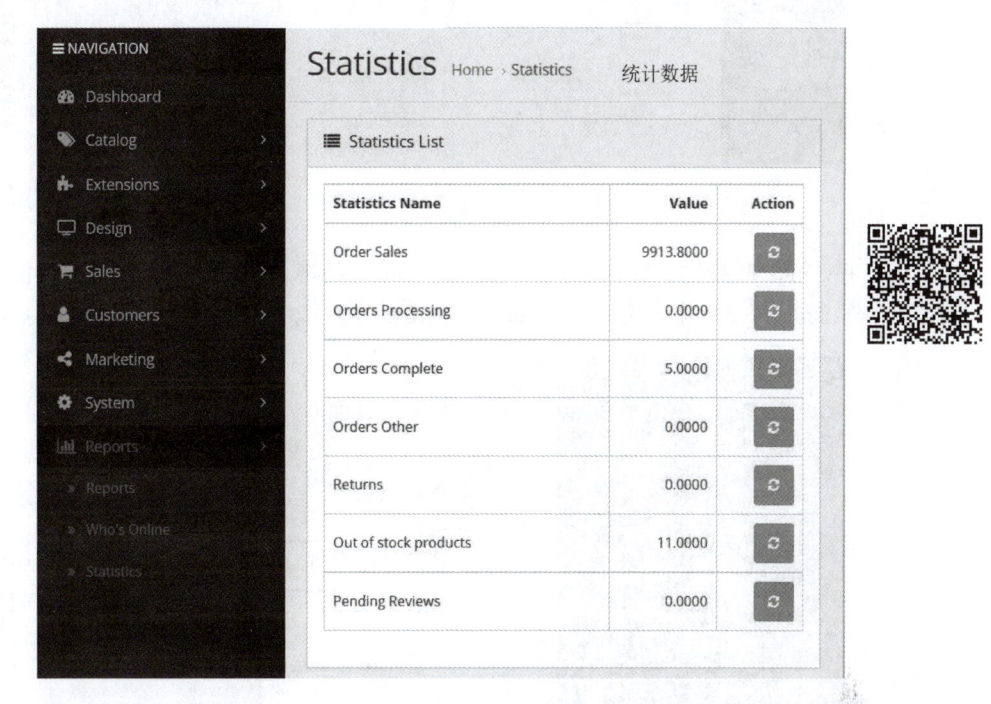

图 8 – 18　数据统计显示

图 8 – 19　上架新产品添加

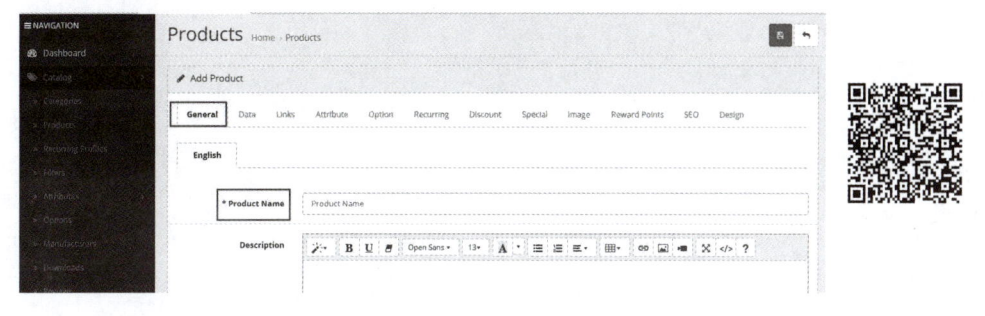

图 8 – 20　添加上架产品描述

图8-21　上架产品零件号设置

（13）在 Links 标签栏，需要正确填写生产厂商的名称，否则无法与 MES 通信，此处我们选择 Festo Didactic SE 作为生产商，如图8-22所示。

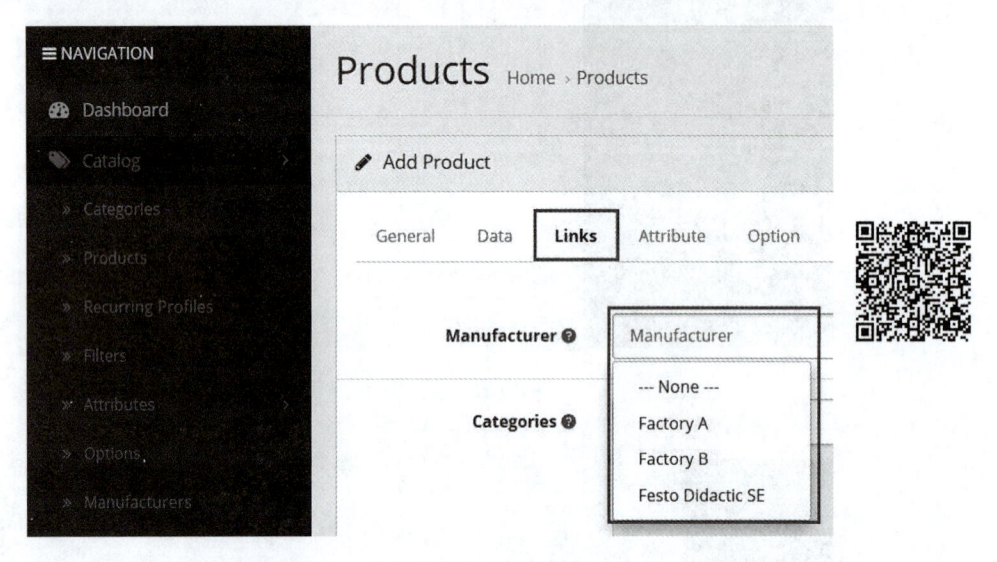

图8-22　上架产品生产商的标识

（14）后面的标签允许我们添加其他信息，比如产品图片、产品属性等，需要但不是必须添加。单击保存信息，就可以看到产品目录中新增了一个商品。同时，在客户端也可以看到该产品并可下单购买。此时，产品上架完成。

项目实施

| 姓名： | 学号： | 班级： | 日期： | 课堂笔记 |

CP Lab 实训系统的网络商城工作手册

- 任务接收

团队任务分配表

序号	角色	姓名	学号	分工
1	组长			
2	组员			
3	组员			
4	组员			
5	组员			
6	组员			

- 任务准备

工作方案设计表

序号	工作内容	负责人
1		
2		
3		
4		
5		
6		
7		
8		

实训设备、工具与耗材清单

序号	名称	型号与规格	数量	备注
1				
2				
3				
4				
5				
6				
7				

领取人：　　　　　　　　　　　　归还人：

项目八　CP Lab 实训系统的网络商城

- 任务实施

　　(1) 描述网络商城系统客户端的主要界面功能

任务实施过程记录表 1

描述网络商城系统客户端的主要界面功能

　　(2) 描述网络商城系统销售端的主要界面功能

任务实施过程记录表 2

描述网络商城系统销售端的主要界面功能

　　(3) 描述添加新上架产品过程

任务实施过程记录表 3

添加步骤序号	操作记录

　　(4) 检查硬件运行前的安全性
　　连接硬件电路，检测各电路正确性，确保无误后通电使用。

任务实施过程记录表 4

硬件运行前安全检查					
检查内容（正常打"√"，不正常打"×"，并检查更正）					
检查模块	工具部件无遗留、无杂物	硬件安装牢固	无接线错误、接线不牢	流量压力正常、阀门打开、指示正常	检查设备各部正常无损坏、无短路、无发热等不良现象
前盖料仓工作站					
激光测量工作站					
钻孔加工工作站					
工件输出工作站					
负责人				验收签字	

课堂笔记

（5）自动操作完成订单加工流程

利用网络商城系统监控手机订单的生产过程相关操作。

任务实施过程记录表5

自动操作完成订单加工显示						网络商城系统
检查内容（正常打"√"，不正常打"×"，并检查更正）					
检查项目	前盖料仓工作站	激光测量工作站	钻孔加工工作站	工件输出工作站	监控反馈显示
料仓中有前盖 小车中有托盘 托盘中有工件					
料仓中有前盖 小车中有托盘 托盘中无工件					
料仓中有前盖 小车中无托盘 托盘中无工件					
料仓中无前盖 小车中有托盘 托盘中有工件					
其他					

考核评价

项目八　考核评价表

基本信息	《CP Lab 实训系统的网络商城》任务				
	班级		学号		分组	
	姓名		时间		总分	
项目内容	评价标准	分值	自评	小组互评	教师评价
任务考核 （60%）	描述网络商城的主要界面功能	10			
	描述网络商城客户端功能	20			
	描述网络商城销售端功能	35			
	新建产品并上架	35			
	任务考核总分	100			
素养考核 （40%）	操作安全规范	20			
	遵守劳动纪律	20			
	分享、沟通、分工、协作、互助	20			
	资料查阅、文档编写	20			
	精益求精、追求卓越	20			
	素养考核总分	100			

课后拓展

1. 尝试完成为某一商品新增一个促销活动。
2. 尝试根据需要在网络商城中设置店铺界面。
3. 查阅资料，了解电子商务与智慧生产的联系。

参考文献

[1] 彭振云,高毅,唐昭琳. MES 基础与应用 [M]. 北京：机械工业出版社,2019.

[2] 林森,晏致涛,王俊洲. 制造执行系统 MES 的功能与实践 [M]. 北京：人民邮电出版社,2021.

[3] 北京新奥时代科技有限责任公司. 制造执行系统实施与应用 [M]. 北京：电子工业出版社,2022.

[4] 饶运清. 制造执行系统技术及应用 [M]. 北京：清华大学出版社,2022.

[5] 黄培. MES 选型与实施指南 [M]. 北京：机械工业出版社,2020.

[6] 贾林斌,陈斌. MES 在智能制造中的应用与实践 [M]. 北京：人民邮电出版社,2022.

[7] IEC. Enterprise – control system integration Part 1：Models and terminology：IEC 62264 – 1：2013 [S].

[8] IEC. Enterprise – control system integration Part 3：Activity models of manufacturing operations management：IEC 62264 – 3：2016 [S]. Geneva：IEC,2016.